Hans Weigel:

Karl Kraus oder Die Macht der Ohnmacht

Versuch eines Motivenberichts zur Erhellung eines vielfachen Lebenswerks

Deutscher
Taschenbuch
Verlag

dtv

Von Hans Weigel
sind im Deutschen Taschenbuch Verlag erschienen:
Lern dieses Volk der Hirten kennen (363)
O du mein Österreich (488)

Im Text ungekürzte Ausgabe
April 1972
Deutscher Taschenbuch Verlag GmbH & Co. KG,
München

Umschlaggestaltung: Celestino Piatti
Gesamtherstellung: C. H. Beck'sche Buchdruckerei,
Nördlingen
Printed in Germany · ISBN 3-423-00816-4

Das Buch

Karl Kraus gesehen von Hans Weigel: das ergibt ein Bild des großen Satirikers, entworfen von einem Satiriker. Hans Weigel wuchs in Wien mit den ›Fackel‹-Heften heran, er nahm teil an den legendären Vortragsabenden von Karl Kraus, erlebte den dramatischen Kampf dieses absoluten Kritikers der Korruption, der geistigen wie der materiellen, als einen Abschnitt seines eigenen Lebens. Indem Hans Weigel sein Buch auf das Phänomen Karl Kraus konzentriert, entsteht von selbst das Kaleidoskop einer Zeit, die von der Jahrhundertwende bis zum Beginn der Machtergreifung Hitlers in Deutschland reicht. Daß die »gute alte Zeit« nicht so gut war, die »goldenen zwanziger Jahre« alles andere als golden waren, sondern die Keime der späteren Entwicklung in sich trugen, daß die eigentliche Wirklichkeit hinter den Fassaden lag, wird an kaum einem anderen Beispiel so deutlich. Die Hauptakteure scheinbar glanzvoller Jahrzehnte, unter anderen Kaiser Franz Joseph, Kaiser Wilhelm II., aber auch Schriftsteller und Künstler, deren Namen wir alle kennen, werden im kritischen Spiegel von Karl Kraus vorgestellt. Hans Weigel gibt eine genaue Schilderung von Karl Kraus' Privatleben, seiner Herkunft, seinen komplizierten menschlichen Beziehungen, er läßt uns an der Entstehung und der explosiven Wirkung der Schriften teilhaben. Das Buch, reich mit Zitaten belegt, ist eine sachlich fundierte, stilistisch brillante Darstellung, die eine Fülle von Anregungen bietet.

Der Autor

Hans Weigel wurde 1908 in Wien geboren, ist seit 1932 hauptberuflich freier Schriftsteller, lebte von 1938 bis 1945 in der Schweiz, vorher und nachher in Wien. Bis 1962 war er Theaterkritiker, gab die Anthologie ›Stimmen der Gegenwart‹ heraus, bearbeitet seit 1934 Komödien Nestroys für Wiener Theater, schrieb das Libretto der Oper ›Bunbury‹, übersetzt ins Deutsche, vor allem Komödien Molières. 1967 erhielt er das österreichische Ehrenkreuz erster Klasse für Kunst und Wissenschaft. – Werke u. a.: ›Der grüne Stern‹, ›Hölle oder Fegefeuer‹, ›Unvollendete Symphonie‹, ›O du mein Österreich‹ (dtv-Band 488), ›Lern dieses Volk der Hirten kennen‹ (dtv-Band 363), ›Das Buch der Wiener Philharmoniker‹, ›Götterfunken mit Fehlzündung‹.

Inhalt

Für Hinweise auf Druckfehler in der Originalausgabe danke ich herzlichst den Herren Michael Guttenbrunner, Edwin Hartl, Friedrich Jenaczek und Minister Dr. Hans Reichmann.

H. W.

Der echte Satiriker zieht, was er ins Lächerliche zieht, mit dem gleichen Griff auch ins Ernsteste. *Polgar*

»Solche Dinge sind nur in Wien möglich«, lautet die stereotype Redensart, wenn Senatus Populusque Vindobonensis irgendeine himmelschreiende Schufterei, Dummheit oder Taktlosigkeit der staunenden Welt zum Besten gegeben hat. Wer aber das sagt, ist wieder – Wien! *Kürnberger*

Denn meiner Ohnmacht, auch vor dem wenigen, das ich vermocht habe, bin ich mir bewußt; ihr stolzes Gefühl ist in mein Wirken einbezogen, dem keine Wirkung zugehört.
Karl Kraus

Und was habe ich denn zu versäumen? Ist nicht die ganze Ewigkeit mein? *Lessing*

Für Elfriede Ott

Der apokalyptische Humorist

Keiner hat Wien und Österreich ein Leben lang derart verhöhnt, geschmäht, vernichtend attackiert; denn keiner hat Wien und Österreich tiefer geliebt und darum so sehr an Wien und Österreich gelitten.

Keiner war ein größerer Journalist als er, der in den Journalisten Teufel sah und sie für den Untergang der Welt verantwortlich machte.

Keiner war so voll von Widerspruch und widersetzt sich so ganz und gar der Klassifizierung und der zusammenfassenden Darstellung. Seine Widersprüche sind nicht aufzulösen, seine Haltung ist selbst in ihrer Oberflächendimension kaum recht zu deuten. Man sah nur, wohin er zielte, und konnte nie recht ausnehmen, von wo aus. Man konnte für ihn, mit ihm sein, aber nie neben ihm.

Jedes seiner Worte, jedes seiner Urteile ist zwar eindeutig und unmißverständlich, ist kaum zu widerlegen. Doch die meisten spotten jeder Frage, in wessen Namen, mit welcher Legitimation sie gesagt wurden. Hinter Karl Kraus steht keine Religion, kein System, keine Partei, hinter Karl Kraus steht immer wieder immer nur Karl Kraus. Er ist sich selbst ein geschlossenes System, er ist eine Ein-Mann-Kirche, ist selbst Gott und Papst und Evangelist und Gemeinde dieses Bekenntnisses. Er spricht in eigenem Namen, in eigenem Auftrag und ohne Rücksicht auf Resonanz. Er verachtet das Publikum seiner Leseabende und haßt die Leser seiner Zeitschrift, er verbittet sich jede Zustimmung . . .

. . . und hier setzt schon der erste, unauflösliche Widerspruch ein; denn zugleich hängt er am Beifall des Auditoriums, für den er danken kommt und den er voll Stolz registriert, zugleich druckt er ausführlich zustimmende Referate der Zeitungen ab.

Man müßte all das sein, was in seinen Augen widerwärtig und hassenswert war, um den Versuch zu unternehmen, seiner Person und ihrem Ausdruck im Wort gerecht zu werden: man müßte Psychologe, noch besser Psychoanalytiker sein, Literarhistoriker, Historiker und Politiker in einer Person, dazu Österreicher, noch besser Wiener, und mosaischer Herkunft. Man muß all das sein, was er als Möglichkeit in sich hatte, was er zu negieren und zu überwinden strebte und doch, indem er es zu vernichten schien, ein Leben lang gelebt und durch sein Wirken triumphal rehabilitiert hat.

Will man sich nach seiner seelischen Disposition fragen, wird man mit den naheliegenden Oberflächenkategorien »Eitelkeit« oder »Größenwahn« nicht viel anfangen können, auch nicht mit dem Habitus, den man »egozentrisch« nennt; auch die »überkompensierte« äußere Schwäche wird man nicht brauchen können.

Ich glaube, daß zwei Erkenntnisse am ehesten den Weg zum Verständnis der Einzigartigkeit des Phänomens Karl Kraus eröffnen und daß sie, aufeinander bezogen, seine Entwicklung und seine Besonderheit erklären.

Karl Kraus, materiell relativ unabhängig, frei von Belastungen und Vorschriften im Hinblick auf Beruf und Stellung, hat als junger Mann von fünfundzwanzig Jahren verwirklicht, wovon jeder kluge, selbständige Unzufriedene jeder Zeit träumt: er hat sich ein Forum geschaffen, um ohne Rücksichten und Hemmungen, jenseits aller Cliquen und Bindungen in absoluter Freiheit seine Meinung zu äußern, zu kritisieren, anzuklagen, zu kämpfen. Er hat den Wunsch, den alle träumen, restlos und absolut erfüllt. Er hat von seinem fünfundzwanzigsten Jahr bis zu seinem Tod nur getan, was er wollte.

Und er hat, zweitens, ein einziges, das er wollte und das, wie ich glaube, seine restlose und letzte Erfüllung gewesen wäre, nicht zu tun vermocht und war darum verurteilt, es sein Leben lang auf Umwegen zu umkreisen und nur indirekt, behelfsmäßig zu verwirklichen. Er war im Grund seines Wesens Schauspieler, besser gesagt: Theatermensch; und er konnte nicht zum Theater. So wurde er, das Bühnendasein mit der Seele suchend, alles andere, was er zu werden vermochte, so mußte ihm, was sonst vielleicht nur Nebenbei – neben der theatralischen Berufung – gewesen wäre, zur Hauptsache, und, wo immer denkbar, dem Theater angenähert werden:

»Wenn ich vortrage, so ist es nicht gespielte Literatur. Aber was ich schreibe, ist gedruckte Schauspielkunst.« Und: »Ich bin vielleicht der erste Fall eines Schreibers, der sein Schreiben zugleich schauspielerisch erlebt.«

Weil er nicht den Hamlet spielen und nicht ›Maß für Maß‹ inszenieren und ein Theater in seinem Sinn leiten konnte, mußte er zum kritischen Gewissen nicht nur der Bühnenkunst, nicht nur der Kunst, sondern der Zustände seiner Welt werden und sich immer neue Formen des Ausdrucks erschließen, produktive und reproduktive, die ihn für die eine schicksalhafte Vergeblichkeit entschädigten.

Zwischen dem mißglückten Versuch des Neunzehnjährigen, am 14. Januar 1893 als Franz Moor im Rudolfsheimer Volkstheater, Wien XIV, zu gastieren, und der Gründung der ›Fackel‹ durch den Fünfundzwanzigjährigen im Frühjahr 1899 besteht gewiß ein direkter biographischer Zusammenhang. Das Theater als Institution, das sich ihm nicht erschloß, ist der einzige Traum für ihn geblieben, der Traum bleiben mußte (er hat auch einen Einakter ›Traumtheater‹ geschrieben). Alles andere, wonach ihm zumute war, konnte er beginnen. Weil er nicht zum Theater konnte, schrieb er, gründete er eine Zeitschrift, wurde er der größte Publizist und Satiriker seiner Zeit; und als er das alles geworden war und dazu der einzige Mitarbeiter der von ihm herausgegebenen Zeitschrift ›Die Fackel‹, arrangierte er eine Aufführung von theatergeschichtlicher Bedeutsamkeit, die Uraufführung der ›Büchse der Pandora‹ von Frank Wedekind, begann eine Tätigkeit als Vorleser nicht nur eigener Schriften, sondern auch klassischer Texte, las ganze Bühnenwerke vor, bearbeitete sie und institutionalisierte später sein systematisches Wirken als Vorleser von Bühnenwerken durch den Namen »Theater der Dichtung«. Er schrieb selbst Bühnenwerke, er führte Wortregie und sprach Rollen im Rundfunk, er kehrte immer wieder zur Theaterkritik zurück, er fühlte sich Johann Nestroy, dem Wiener Schauspieler-Autor, so nahe und so verwandt, daß ein Kommentator mit Recht meint, Nestroys Entdeckung und Würdigung als Satiriker durch Karl Kraus lasse sich »nur als kaum verschleierte Selbst-Aussage verstehen«.

Und er wird, als er schon Autor, Herausgeber und Vorleser ist, nach eineinhalb Jahrzehnten der ›Fackel‹ und vier Lebensjahrzehnten einer Leistung hingegeben, die in ihrer Qualität, Intensität und Vielfalt bewundernswert und kaum glaublich ist ... er wird in den großen vier Jahren der »großen« – seiner großen – Zeit von 1914 bis 1918 auch noch zum Lyriker und vermag, einige der bedeutendsten, weil schönsten Gedichte, die der deutschen Sprache im ersten Drittel des Jahrhunderts gelungen sind, zu produzieren, reine, vom Tageskampf und von der Negation losgelöste lyrische Gedichte ... und dies alles vermutlich nur, weil er damals in Rudolfsheim als Darsteller des Franz Moor erfolglos geblieben ist.

Hätte er Aufsehen erregt, wäre er »angekommen« wie Max Reinhardt, der damals den Spiegelberg spielte, er wäre innerlich bereichert, in seinem unmittelbarsten Wollen bestätigt, Schauspieler, Regisseur, Theaterleiter geworden und hätte von der Literatur, von der Zeitschrift, vom Kampf gegen die Mißstände geträumt, und die Welt wäre um einen der bedeutendsten Geister der Zeit ärmer gewesen.

Er hätte als Theatermann, wie jeder kluge Kopf, immer wieder gesagt, gedacht, geträumt: man sollte . . . man müßte . . . All dies, was andere schwärmend und räsonierend im Optativ leben, hat er in den Indikativ übersetzt. Und er hat sich für den versagten Haupttraum entschädigt, indem er keine Hemmungen und Schranken dessen, was er zu sollen und zu müssen glaubte, gelten ließ. Doch wie kann man ihn charakterisieren, wie kann man ihm gerecht werden, der das eine, was er nicht wurde, ausglich, indem er so vielerlei geworden ist?!

Der Aktschluß eines seiner Dramen bringt den Auftritt einer Kaffeehausbesucherin, die singt:

Ich bin so mied,
ich bin so mied.

worauf der Chor respondiert:

Sie ist so mied.
Wir sind so mied.

In einem anderen, fast zur gleichen Zeit veröffentlichten Drama erscheint zum Aktschluß in phosphoreszierendem Schein »Der ungeborene Sohn« und sagt der Menschheit!:

Wir, der Untat spätere Zeugen,
bitten euch, uns vorzubeugen,
Lasset nimmer uns entstehn!
. . .

Karl Kraus singt als Zusatzstrophe in einer Offenbach-Operette ein Gstanzl:

In der Volksoper eben
ist's a halberte G'schicht.
Die Helena tun s' geben,
Aber schön ist sie nicht.
Dulliöh!

Und er deutet lehrhaft die Geheimnisse der Sprache: »... das Fakultativum ›gleichen‹ hat in Zusammensetzungen durchaus die starke Abwandlung, so daß die Tätigkeit des Gleichmachens dann nicht anders konstruiert als die Eigenschaft des Gleichseins. Es wird also ›verglichen‹: wenn ich nicht eine Sache als solche gleich mache (glätte) oder reale Dinge in Übereinstimmung bringe (Münzen, Gewichte), sondern wenn ich eine Sache einer andern gleich stelle oder sie an ihr messe; doch kann sie auch als solche ›beglichen‹ oder ›ausgeglichen‹ werden (wobei allerdings mit einer vorgestellten Forderung oder Rechnung verglichen wird). Nur im rein mechanischen Sinn wird etwas ›gegleicht‹; aber selbst da ›ausgeglichen‹.«

Er entwirft eine parodistische neue Volkshymne:

Gott erhalte, Gott beschütze
vor dem Kaiser unser Land!
...

Sie steht im selben Band seiner ›Worte in Versen‹ mit dem großen Gedicht ›Apokalypse‹, das Zeilen wie diese enthält:

Und Hagel ward mit Feuer und Blut gemengt;
und brennend stürzt ein großer Berg ins Meer.
Ein fahles Pferd. Und der drauf saß, hieß: Tod;
die Hölle folgte nach. Getötet ward
der dritte Teil der Menschheit.

Im selben Band findet sich ein Epigramm über die österreichische Post:

... was immer dir widerfährt durch die Post,
ein jeder Verlust hat in sich schon den Trost.
Du gibst einen Brief auf die Post – nun eben:
du hattest ihn doch aufgegeben.

Im selben ›Fackel‹-Heft wie das Dulliöhgstanzl hält er nach einer großen Affäre Abrechnung mit seiner Mitwelt in Sätzen wie:

»Was ich erlebt habe in dieser Kluft zwischen Ansehn und Erbärmlichkeit, in diesem Schlammgrund, dessen Ausdünstung alle Hygiene wettmacht, in diesem Abenteuer, da ich einem ganzen Staat mit seinen sämtlichen Ohnmachthabern den Klauen der Erpressung entriß, das auszudrücken könnte keine Rücksicht, keine Vorsicht je verhüten, höchstens die Laune einer Betrachtung vertagen, der manchmal doch ein Konjunktiv wichtiger scheint als ein Kujon.«

In der kolossalischen Darstellung des Ersten Weltkriegs ›Die letzten Tage der Menschheit‹, die mit der Vision des »ungeborenen Sohnes« endet, ist eine ganze Szene, das Gespräch eines baltischen Herrn und einer baltischen Dame, um der Pointe willen eingefügt, daß die Dame sagt: »Tanz ich, so schwitz ich. Schwitz ich, so stink ich. Tanz ich nicht, schwitz ich nicht, stink ich nicht.«

In einem großen Artikel über das Delikt der Erpressung stehen (in dem Vorkriegsband ›Sittlichkeit und Kriminalität‹) die Sätze:

»... Die Rechtmäßigkeit oder Rechtswürdigkeit des angewendeten Drohmittels bildet für ihn« (den Kassationshof) »kein besonderes Merkmal der Erpressung. Dagegen muß nach seiner Ansicht die Leistung, zu der der Bedrohte verhalten werden soll, eine rechtswidrige sein, das heißt: Erpressung liege nur dann vor, wenn der Bedrohende ›kein Recht‹ auf die Leistung hatte... Daß diese Auffassung falsch ist, lehrt der klare Wortlaut des dem Erpressungsparagraphen folgenden § 99 ...«

Mit ebensolchem Engagement und, wie die Untersuchung über die Erpressung, oft an leitender Stelle eines ›Fackel‹-Hefts sind die Dinge des Theaters behandelt; Karl Kraus ist ganz in seinem Element, wenn er über Fragen des Stils und der Besetzung diskutiert, wie etwa:

»Aber die Shakespeareschen Kraftmenschen wird man der dünnen Persönlichkeit des Herrn Kainz im Ernst nicht zumuten. Und Herr Reimers, der schmucke Salonherr, hat sich aus der klassischen Dichtung, der er bloß als Herold, nicht als Heros dienen kann, mit Recht in ein bequemes Naturburschentum zurückgezogen ...«

Von einer italienischen Reise berichtet er im Stil eines feuilletonistischen Humoristen:

»... Man ist auf die blaue Grotte angewiesen. Kann aber eine Sehenswürdigkeit auch täuschender nach einer bekannten Ansichtskarte hergestellt werden? Von diesen Wänden tropft das Staunen sächsischer Reisender, und weil dieses Blau im Laufe der Zeiten ein etwas kitschiges Genre geworden ist, darum bohrt der Bootsmann gleich bei der Einfahrt in seiner Nase, um der Sache wieder einen aparteren Anstrich zu geben.«

Wo ist ein Lebenswerk, das in Produktion und Reproduktion und in der Spannweite der Inhalte und Formen, der Höhen und Tiefen, der Objekte und der Mittel diesem auch nur in die Nähe käme?!

Hier ist ein alttestamentarischer Prophet, der Katarakte des Zorns über sein Volk ergießt und Couplets singt, ein Sprachmeister und Sprachlehrer, der Humoresken schreibt, ein Lyriker, der die Politik und Kulturpolitik seiner Zeit mitgestaltet, ein Kabarettist, der den ›König Lear‹ und ›Hanneles Himmelfahrt‹ unvergeßlich lebendig macht, ein Satiriker, der Shakespeare nachdichtet, ein bitterer Chronist der schändlichen Zeit, der die besten Witze seiner Zeit gemacht hat.

Allein seine Witze und Wortspiele wiegen ein Lebenswerk auf und würden verdienen, ihn unsterblich zu machen. Mit Recht wurde denn auch ein Band der großen neuen Gesamtausgabe ›Unsterblicher Witz‹ benannt:

Vater Korngold war Kritiker, sein Sohn war Komponist. Karl Kraus schreibt: »Sämtliche ausübenden Musiker wissen von der Güte des Alten ein Lied zu singen, wenn sie die Güte haben, ein Lied vom Jungen zu singen.«

Die beiden Publizisten Singer und Kanner haben eine Tageszeitung ›Die Zeit‹ gegründet und groß aufgezogen. Karl Kraus, der diese Zeitung besonders unbegabt geschrieben findet, schreibt: »Singer und Kanner haben ein Unvermögen in die Zeit gesteckt.«

Angesichts der Zustände bei den österreichischen Bahnen: »Man kann, wenn man von Wien nach Prag will, auf zwei Arten ums Leben kommen: durch die Nordbahn und durch die Franz-Josefs-Bahn.«

Er vergleicht Max Reinhardt mit dem Wunderdoktor Zeileis, der die Patienten mit einem heilkräftigen Stab kuriert: »Bei Reinhardt ... muß es eine Wirkung sein, wie sie Zeileis nachgerühmt wird, welcher aber mit einem richtigen Stab hantiert, dessen unser Zauberer nicht bedarf; er hat ihn bloß um sich.«

Ein Arzt namens Marmorek hatte ein Serum gegen die Tuberkulose entwickelt, für das in den Zeitungen große Reklame gemacht wurde, obwohl es wertlos und vermutlich sogar schädlich war. Karl Kraus schreibt: »Ein Kranker, der an das Mittel des Herrn Marmorek glaubt, wird selig.«

Die Tendenz der neueren Operetten im Stil der ›Lustigen Witwe‹ ist es, »dem niedrigsten Nachtlokalpatriotismus zu schmeicheln«.

Ein Literarhistoriker hatte Maximilian Harden als »eine rätselhafte Natur« bezeichnet. Karl Kraus, nachdem er Harden polemisch vernichtet hatte: »Da kam ich und löste das Rätsel in nichts auf.«

Ein sozialdemokratischer Parteitag mit heftigen Streitereien läßt ihn feststellen, daß die Sozialdemokraten »sich gebärden, als ob ›Klassenkampf‹ immer nur die zarte Umschreibung für eine Schulbubenrauferei bedeutet hätte«.

Der Theaterkritiker Paul Goldmann schreibt »in einem unaufhaltsam dünnflüssigen Stil, der besonders der Kritik von Durchfällen angepaßt ist«.

Wenn die österreichische Mannschaft bei den Olympischen Spielen schlecht abschneidet und man nachher phrasenhaft meint, es komme vor allem auf das »Repräsentieren« an, schreibt Karl Kraus ironisch, dieses sei wichtiger als die »zweifelhaften« Siege, »die jeder gut Hergelaufene erringen kann«.

Er trauert dem alten Burgtheater nach und stellt fest, daß noch »eine Klosettfrau lebt, die noch bessere Zeiten gesehen hat. Solange zumal diese am Ruder ist, hat der genius loci noch nicht völlig abgedankt«.

»Die ›Neue Freie Presse‹ ist im Begriffe, einen Artikel zum Preise von – das weiß ich nicht, aber jedenfalls zum Preise von Gastein zu schreiben.«

Wie immer man Karl Kraus nennt, wie immer man ihn klassifiziert, hat man recht und unrecht. Er war ein großer Widersprecher und ein säkularer Widerspruch. Als er starb, schien er sich überlebt zu haben. Da er fünfzehn Jahre später aufzuerstehen begann, sahen wir, daß er überlebt hatte und uns überleben wird.

Das verlorene Paradies

Der aus Prag stammende Philosoph und Sprachkritiker Fritz Mauthner schreibt in seinen Erinnerungen: »Ich verstehe es gar nicht, wenn ein Jude, der in einer slawischen Gegend Österreichs geboren ist, zur Sprachforschung n i c h t gedrängt wird. Er lernte damals genaugenommen drei Sprachen zugleich verstehen. Deutsch als die Sprache der Behörden, der Bildung, der

Dichtung und seines Umgangs; Tschechisch als die Sprache der Bauern und Dienstmädchen ... ein bißchen Hebräisch als die heilige Sprache des Alten Testaments und als Grundlage für das Mauscheldeutsch, welches er von den Trödeljungen, aber gelegentlich auch von ganz gut gekleideten jüdischen Kaufleuten seiner Umgebung oder gar seiner Verwandtschaft hörte ...«

Walter Muschg zitiert diese Erkenntnis im Hinblick auf Franz Kafka, der »zwar deutsch sprach und schrieb, aber von den Quellen der deutschen Sprache abgeschnitten, zur sprachlichen Urschöpfung gar nicht imstande war«.

Karl Kraus, von den gleichen Voraussetzungen ausgehend, hat die dreisprachige Disposition zum Sprachforscher mitbekommen, in seine neue Heimat mitgenommen und aus der fruchtbaren Spannung zwischen dem Angeborenen und Erworbenen höchste schöpferische Inspiration gewonnen.

Er wurde am 28. April 1874 in der tschechischen Kleinstadt Jičin, nordöstlich von Prag, geboren und übersiedelte drei Jahre später mit seiner Familie nach Wien. Mit einem wundersamen, bis in sein zweites Lebensjahr reichenden, umfassenden (und sehr akustisch orientierten) Gedächtnis ausgestattet, hat er zweifellos das tschechisch-deutsch-jüdische Sprachklima seiner Geburtsstadt als grundlegendes Erlebnis bewahrt. Er hatte mit der deutschen Sprache ebenso wie mit der Stadt Wien nicht die Erfahrungen ihres selbstverständlichen Vorhandenseins beim Erwachen des Bewußtseins; er mußte beide neu erwerben, sich zu ihnen überwinden, er ist in die deutsche Sprache als Landessprache wie in die Stadt Wien übergetreten.

Er stammte aus einer wohlhabenden kinderreichen Familie mosaischer Konfession. Er hatte, auch darin Kafka und so vielen anderen Autoren seiner Zeit unähnlich, keinen Konflikt mit seinem Vater, keinerlei Anlaß zur Revolte gegen das Elternhaus. Die durch diese segensreiche Konstellation freigestellten Energien und Kräfte mag ein geheimnisvoller seelischer Vorgang in einem größeren, umfassenderen »Vaterkomplex« angelegt haben: in die Haßliebe der Auseinandersetzung mit Österreich und mit dem Jüdischen.

Vater Jakob Kraus war liebevoll und verständig, tüchtig und ehrenwert, wenn auch mit Neigung zu gelegentlichen Zornesausbrüchen; er ließ seinen Sohn nach absolvierter Mittelschule studieren, was und solange er wollte (acht Semester an der Wiener Universität, mit zunächst juridischen, dann philosophischen Vorlesungen), er hatte keinen Einwand, als das Studium aufgegeben und die Karriere als Schriftsteller angestrebt wurde, er stand sogar durchaus positiv zu der ›Fackel‹, deren erstes Jahr er noch erlebte.

Die Mutter Ernestine, geborene Kantor, Tochter eines Arztes in Jičin, war schon 1891 gestorben; Germaine Goblot, eine französische Autorin, deren Arbeit über Karl Kraus unvollendet blieb, schreibt: »Als sie ... starb, erschreckte er seine Umgebung durch die Gewalt seines Kummers. Er hatte von ihr rührende Reliquien bewahrt, einige Haare, ein Blatt, das er von ihrem Grabe gepflückt hatte, einen Brief ... von ihr hatte er vielleicht seine Gefühlskraft des Mitleids, seinen Hang zum Traume.«

Karl Kraus war von zarter Konstitution. Er war klein, wenn auch nicht zwergenhaft, und er war zwar nicht ersichtlich verkrüppelt, doch an den Folgen einer Rückgratverkrümmung leidend (die ihm dann auch den Militärdienst ersparte), von leicht anomaler Haltung: die eine Schulter etwas hochgezogen. Er hatte, was jeden, der ihn nur von Photographien kennt, sehr verblüfft, »große blaue Augen, die hinter den Brillengläsern von Feuer sprühten« (Sigismund von Radecki), und in seiner Jugend blondes Haar.

Es wäre verfehlt, sowohl die Kleinheit wie die Andeutung der Mißgestalt zur Grundlage einer psychologischen Deutung dieser Persönlichkeit und dieser Karriere zu machen. Das Phänomen Karl Kraus ist kein Beispiel der Überkompensation, sondern ein faszinierendes Kapitel in der Psychopathologie des Genies. Er wurde nicht, was er gewesen ist, weil er in irgendeiner Hinsicht ausgestoßen oder benachteiligt war, weil er einbringen wollte, was ihm auf anderem Gebiet versagt war. Die Prämissen seiner Jugendjahre liegen in einer völlig logischen, sinnvollen und gesunden Auseinandersetzung mit dem großen Problem der Vaterstadt und der Muttersprache, in der unbewältigten Spannung zwischen dem »Deutschen« und dem »Jüdischen«. Die Eltern, die Geschwister, die Schule, die Freunde boten, wie wir aus manchem Zeugnis wissen, keine besonderen, außergewöhnlichen Konflikte. Karl Kraus war etwas unsicher und ängstlich der Großstadt gegenüber, war ein völlig normaler Sohn, Bruder, Schüler und Freund, war klug und interessiert, ohne abnorm frühreif zu wirken, zeigte als Mittelschüler gewisse Talente, Lehrer und Schauspieler parodistisch zu kopieren, wirkte bei Liebhaberaufführungen mit.

Seine Auseinandersetzung mit dem »Jüdischen« war gewiß von allem Anfang an intensiv und dürfte im Gymnasium ein entscheidendes Stadium erreicht haben. Im dreizehnten Heft der ›Fackel‹ nennt er den Namen seines und eines anderen Religionsprofessors, deren »dreister Terrorismus ... bisher noch alljährlich eine regelrechte Abfallbewegung gezeitigt« hat, und meint, daß viele »spätere ihren orthodoxen Peinigern dankbar sein« mögen, die »wider Willen die Keime einer gesunden Lebensauffassung in die Knabengehirne gelegt hatten«. (Ich selbst erinnere mich, daß rund dreißig Jahre nach Karl Kraus' Gymnasialzeit der Name des Religionsprofessors Weiß mit Abscheu genannt wurde.) Die Entwicklung, die das Gymnasium ausgelöst hatte, führte in konsequenter Logik später dann dazu, daß Karl Kraus aus der israelitischen Religionsgemeinschaft austrat.

Grundlegend waren die Erlebnisse des Knaben in der Begegnung mit der Landschaft des Wienerwaldes, vor allem in seiner Jugendlandschaft um Weidlingau bei Wien; dort ist sein lebenslang zurückgeträumtes verlorenes Paradies, das er schon, während es war, als Paradies empfunden hat; dort formte sich das große positive Gegenbild seines Weltbildes im Umgang mit Wiesen und Schmetterlingen, im ländlichen Schwimmbad, in dem Sommertheater mit den holden alten Operetten:

Da war mir frei und froh
vor bunter Szene,
liebte Madame Angot,
schöne Helene.

Blaubarts Boulotte und,
nicht zu vergessen,
Gerolstein, Trapezunt,
alle Prinzessen.

Hier war sein Traumreich: die Operette, die erste Begegnung mit deutscher Lyrik im simplen Lesebuchvers und Schullied, vor allem auch der entscheidende Eindruck großen Theaters, den ihm das Burgtheater vermittelte. Das Jahrzehnt seines Reifens vom Knaben zum Mann war das letzte Jahrzehnt des alten Burgtheaters am Michaelerplatz. Hier sah er in dem intimen, durch große Vergangenheit wie durch die Todgeweihtheit geheiligten Raum Charlotte Wolter, Adolf von Sonnenthal und die anderen Burgschauspieler einer großen Zeit.

Das Trauma der verlorenen Jugend war identisch mit dem Verlust des ehrwürdigen alten Hauses. Jeder, wann immer er leben mag, ist geneigt, in der Welt seines zweiten Lebensjahrzehnts die verlorene letzte große Zeit zu sehen; doch wurde dies Karl Kraus mit vielfacher Intensität durch sein Burgtheatererlebnis im Zeichen des demolierten alten Hauses nahegelegt.

Das verlorene Paradies aber erstreckt sich über seine Schulzeit hinaus. Er hatte nicht zu kämpfen, nicht zu ringen, um sich nach absolviertem Gymnasium durchzusetzen. An der Universität hört er, ohne sich mit dem Studium zu belasten, Vorlesungen nach Gutdünken, er findet daneben schnell und mühelos Anschluß an das literarische Wien und ist alsbald, erstaunlich schnell, nach fast beängstigend glattem Aufstieg als junger Schriftsteller etabliert. Dabei hat er aber nicht den Ehrgeiz, als Lyriker oder als Erzähler oder als Dramatiker zu wirken, er versucht sich auch nicht als Autor größerer literarischer Essays. Er ist mitten unter Dichtern oder solchen, die sich dafür halten, wird aber ganz selbstverständlich Journalist. Er gestaltet nicht, er betrachtet. Von 1892 (Abschluß des Gymnasialstudiums) bis 1899 versucht er, bewältigt er, lebt er eben das, was er dann schonungslos bekämpfen und anklagen wird.

Karl Kraus wird Mitarbeiter der von dem angesehenen Literaten Michael Georg Conrad in Deutschland herausgegebenen Zeitschrift ›Die Gesellschaft‹, der Wiener ›Montagsrevue‹, der Wiener Zeitung ›Freie Presse‹, der Wiener Zeitschrift ›Liebelei‹, der ›Wiener Literatur-Zeitung‹, des ›Wiener Familien-Journals‹, der ›Wiener Rundschau‹, der ›Breslauer Zeitung‹ und anderer Zeitungen und Zeitschriften. Gelegentlich verwendet er dabei das Pseudonym »Crêpe de Chine«.

Er schreibt, selbstverständlich, vor allem über Theater. Er berichtet sowohl über Premieren als über Affären und über die allgemeine Theatersituation (»die gänzliche Verwahrlosung des modernen Vorstadttheaters«). Er lobt Hofmannsthals Dramolett ›Gestern‹: »Die großartige Psychologie ... wird in Gedanken ausgesprochen, die wahrhafte Gedankenperlen sind ... fast jeder Vers ein Gedanke von unergründlicher Tiefe, von unsagbarer Schönheit.« Er bejaht den Naturalismus, er bejaht noch den Burgtheaterdirektor Burckhard, von dem er bald abrücken wird, und nennt ihn ironisch zustimmend den »Entweiher geheiligter Schablone, der Ibsen und Hauptmann und Fulda und andere Verbrecher der ›neuen Schule‹ aufführt«. Er schwärmt für die »göttliche« Duse mit ihrer »ewig-großen einzigen Kunst« und tadelt Sarah Bernhardt, die »größte Poseurin des Jahrhunderts«. Wenn er in einer Buchbesprechung schreibt »ein Moderner«, meint er es positiv. Er kann auch kräftig »verreißen« (»... das ist das größte Verbrechen, das überhaupt – gedichtet werden kann« – »öffentlich brandmarken ... das muß man, sonst nimmt das überhand und wir bekommen künftig mit Verlegerchens Hilfe noch ein paar solche Exkremente aufgetischt.«).

Ein Leitmotiv seines Lebens klingt an, wenn er Hermann Bahr, »den Linzer Franzosen«, mehrfach ironisiert; »der sitzt fleißig im Griensteidel, zupft auf seiner Nervenguitarre ... und überwindet; ich glaube, er überwindet jetzt den Symbolismus«. Er kann mild sein gegen weniger bedeutende Kollegen: ein Buch von Alexander Engel ist für ihn ein »liebes Büchlein, das sich lesen läßt und das auch jeder gerne lesen wird«. Er tadelt eine neu erscheinende Wiener literarische Zeitschrift, weil sie gegen die Moderne ist: »Träge, schwere, papierne, muckige Alte sind ihre Vasallen, Professoren und Pfaffen. In euren Werkstätten riecht es nach Moder und Schweiß, pfui. Wie mir die sticke, muffige Luft den Atem nimmt.«

Immer wieder begegnet man den späteren Objekten seiner Schonungslosigkeit, die hier noch gerühmt werden: ein Buch von Karl Busse ist »ein Meisterwerk«; zu den »fröhlichen, kernigen Naturen« gehören nicht nur Detlev von Liliencron und Arno Holz, sondern auch Otto Julius Bierbaum. Unter die »wirklichen Satiriker« seiner Zeit zählt er neben Liliencron, Hartleben und Wedekind auch den später so grausam verhöhnten Otto Ernst, dessen ›Neue Gedichte‹ er »eines der bedeutendsten modernen Bücher« nennt.

Er sieht Österreich nur als Provinz an, deren Literatur »froh und glücklich sein muß, zum Literaturstaate Deutschland zu gehören«.

Anläßlich eines Streites zwischen dem Wiener Burgtheater und dem deutschen Dramatiker Ludwig Fulda wendet er sich charakteristischerweise in schärfster Polemik gegen Hermann Bahrs Stellungnahme zu diesem Konflikt. Ihn inspiriert schon jetzt weniger die Sache an sich, als vielmehr ihr publizistisches Echo. Er zitiert Bahr und spricht zuvor von der »verheerenden Wirkung, die dieser Mann in unserer jungen Literatur ausübt«; man sehe allenthalben, »wie korrumpierend Hermann Bahrs ganz absurde Sensationsriecherei und Originalitätshascherei auf junge Talente einwirkt«. Und er wettert seitenlang gegen Bahr, »den Tagesschreiber, der als Literat überhaupt nicht mehr ernst zu nehmen ist, der im Dienst eines Tagblattes kritzeln muß, was ihm zum Kritzeln gegeben wird ...«, der »den heillosesten Blödsinn zusammenquakt«, der »in albernster, hohlster, nach trostlosester Impotenz riechender Weise« für einen seiner Freunde Reklame macht. »Es ist tieftraurig mitanzusehen, wie dieses Talent sich total verlumpt und verludert« – und all dies, weil Bahr für Paris und Wien gegen Deutschland Partei nimmt!

Ein positives Leitmotiv klingt gleichfalls auf: die Liebe zu dem volkstümlichen Komiker Alexander Girardi und seiner Fähigkeit, »absonderlichen, aus ein paar armseligen Wortspäßen zusammengesetzten Operettenfiguren menschliche Züge zu verleihen, charakteristische Details aus Eigenem beizusteuern, die vorgeschriebene Gehirnerweichung grotesk zu verwerten«.

Wir finden in diesen frühesten Arbeiten vieles, was uns sub specie künftiger polemischer Haltungen bewegt, etwa die Notiz, daß Maximilian Harden eine neue Zeitschrift gründet: ›Die Zukunft‹. »Wer Harden kennt, und das dürften nicht wenige sein – wird wissen, was er von diesem neuen Unternehmen zu halten hat, das in seiner Universalität alle verwandten Journale übertreffen wird. Eine solche Zeitschrift mußte entstehen, und wir begrüßen ihre Gründung mit heller Freude und einem herzlichen Glückauf. Schade nur, daß alles Große, Moderne, Epochale in der Literatur immer von Deutschland kommen muß. In Österreich will sich's halt noch immer nicht regen.«

Neben dem Theater und der Literatur aber sind in diesen frühen journalistischen Zeugnissen des jungen Karl Kraus auch echte feuilletonistische Stimmungsbilder anzutreffen, insbesondere seine Korrespondenzen aus Ischl, wo man etwa lesen kann:

»Ischl befindet sich jetzt in jener entzückenden Jahreszeit, da der Sommer die Fluren erobert, über die Dächer hinweg in die Häuser eindringt und sonnige Freude, ein Wohlgefühl wiederkehrender Gesundung auf die Villenfassaden, die sandigen Gehwege und das Pflaster der Straßen ergießt. Freilich wechselt der Sonnenschein gerne mit Regen, doch büßt die Passage, selbst durch heftigere Niederschläge, nichts von ihrer Bequemlichkeit ein, da das Wasser schnell in den Boden versickert.«

Später wendet sich das Feuilleton den bedeutenden Gästen Ischls zu: »Brahms sammelt fleißig musikalische Anregungen, desgleichen Johann Strauß, der hier mit Frau und Tochter die Villa Wien bewohnt ...«

Und wenn er anschließend auch die Librettisten der künftigen Strauß-Operette ironisiert: er ist noch im Paradies. Und wenn er Bücher, Stücke, Schauspieler und Direktoren noch so unsanft anpackt, wenn er selbst in furchtbaren Attacken gegen Bahr und andere exzediert: er ist noch im Paradies vor der Erkenntnis des Guten und Bösen. Er wächst allmählich in eine normale, voraussichtlich sehr erfolgreiche journalistische Karriere. Er beherrscht sein Handwerk, er sonnt sich nach Art aller Anfangenden in dem Bewußtsein, Lob und Tadel schwarz auf weiß zu spenden, in das Geschehen einzugreifen, er geht nach Art aller Anfangenden in seinem triumphalen Machtgefühl extrem weit als Spender von Tadel wie von Lob, er hat Anteil an dem Betrieb, der ihn, wie alle Anfangenden, fasziniert und durch manche üblen Seiten zugleich abstößt, er ist nicht mit allem einverstanden; doch dies auszusprechen ist ja Bestandteil seines Metiers.

Seine große Bahr-Polemik erschreckt einige Freunde, stempelt ihn aber nicht zum Ausgestoßenen. Er hat sich mit dem großen Liliencron angefreundet, hat Gerhart Hauptmann, dessen Bild auf seinem Schreibtisch steht, in Berlin kennengelernt, er ist im Literatencafé Griensteidel (Ecke Schauflergasse-Michaelerplatz) Stammgast, er ist mit Felix Salten befreundet, mit Schnitzler und Hofmannsthal gut bekannt, er hat Peter Altenberg kennengelernt. »Ich war damals, 1894, der ›reine Niemand‹«, schreibt Peter Altenberg fünfundzwanzig Jahre später. »Wir trafen uns in Ebensee, und auf dem Wege nach Traunkirchen ... gewann ich mir sofort den sonst Ungewinnbaren.« Karl Kraus veranlaßte als erster den Druck von Prosaskizzen Altenbergs in der Zeitschrift ›Liebelei‹, deren Mitarbeiter er war. Später sandte er empfehlend »hinter meinem Rücken die in Nachtkästchen, Tischladen, Kleiderkasten etc. etc. verstreut liegenden Manuskripte« an den Berliner Verlag S. Fischer, berichtet Altenberg weiter. »Ob er es nur tat, um zu erweisen, daß die anderen keine Echten waren, weiß ich nicht. Aber möglich wäre es immerhin bei seiner aggressiven Gesinnungsart.« Daraufhin wird Peter Altenbergs erstes Buch ›Wie ich es sehe‹ gedruckt, und S. Fischer bleibt Altenbergs Verleger.

Neben der publizistischen Aktivität versuchte Karl Kraus sich auch schon sehr früh als Vorleser. Der große konservative Kritiker Ludwig Speidel hatte die »Modernen« als »Kotpoeten« bezeichnet. Karl Kraus veranstaltete am 21. Oktober 1892 vor geladenen Gästen eine Vorlesung mit dem polemischen Titel ›Im Reich der Kotpoeten oder Zwei Stunden modern‹. Er las Stücke von Michael Georg Conrad, Liliencron, Bierbaum, Arno Holz, Karl Busse, Anton Lindner, Paul Wertheimer, Georg Freiherr von Ompteda. Das gedruckte Programm verhieß neckisch ein »Kulinarisches Intermezzo (25 Minuten)« und enthielt auch die Bemerkung »(Errötet wird nicht!!)«.

Und als Gerhart Hauptmanns ›Weber‹ erschienen, von Karl Kraus begeistert aufgenommen wurden, aber nicht gespielt werden durften, las er im August 1893 in Ischl, später auch in München und Wien ›Die Weber‹ mit Erfolg vor. In München schrieb ein Kritiker, Kraus »wuchs mit seiner Aufgabe von Akt zu Akt«, er »besitzt eine ganz bedeutende schauspielerische Begabung«; in Wien druckte die ›Neue Freie Presse‹ einen Bericht der ›Gesellschaft‹ ab, wo von »ungemeinem Talent« und von der »unübertrefflichen« Gabe die Rede war, und referierte anschließend über die Wiener Vorlesung und ihren »wohlverdienten Beifall«.

Daß er diese Seite seiner Aktivität aufgab, ist verwunderlich. Vermutlich aber war sein Versagen als Schauspieler ein so tiefgehender Schock, daß er zunächst auf persönliches Wirken jeder Art in der Öffentlichkeit verzichtete.

Mit alldem war Karl Kraus in Wien nicht geworden, was wir heute »prominent« nennen, aber er war vorhanden, er war mit allen legitimen Chancen »mitten drin«. Und er manövrierte sich auch noch nicht »hinaus«, als er seine Satire ›Die demolierte Literatur‹ 1896 in der ›Wiener Rundschau‹ und im folgenden Jahr als sechsunddreißigseitige Broschüre erscheinen ließ.

Hier rechnet Karl Kraus mit seinen Kollegen und Tischgenossen vom Literatencafé ab, indem er die Schließung des »Griensteidel« zum Anlaß eines Nachrufes nimmt.

»Wien wird jetzt zur Großstadt demoliert.« So beginnt die Satire, die nur dem Eingeweihten und Kenner verständlich sein kann und die doch bis 1901 fünf Auflagen erlebte und Sensation hervorrief. Lobende Besprechungen erschienen nicht nur in den führenden österreichischen Blättern, sondern auch im ›Berliner Tageblatt‹, in der ›Frankfurter Zeitung‹, in den ›Münchener Neuesten Nachrichten‹, im ›Prager Tagblatt‹. »Manche Partien an der ›Demolierten Literatur‹ enthalten Aperçus, die zum Besten gehören, was Satire je geschaffen ...«, schrieb das ›Berliner Fremdenblatt‹.

Der Jubel wirkt heute kaum mehr verständlich, der Durchbruch des Satirikers mit gerade diesem Werk ist schwer zu begreifen. Karl Kraus ist einige Jahre später von seinem Erstling abgerückt, er hat das Werk nicht neu auflegen lassen, er hat es in keinen seiner Sammelbände aufgenommen und schon 1909 gemeint: »›Die demolierte Literatur‹ – hätte ich sie nie geschrieben!« und: »Ich lege jetzt keinen Wert mehr auf diese Schrift ...«, da das »letzte Wörtchen der ›Fackel‹ jene ganze Schrift künstlerisch aufwiegt«.

Die Satire erscheint auch heute noch geistreich und elegant, aber doch eher billig und gewiß nicht sensationell: »... die Jüngsten sprechen von den ›jungen Künstlern‹, und als eines Tages das Erstlingswerk eines Neunzehnjährigen erschienen war, rief ein zwanzigjähriger Gönner aus: ›Es ist mir nicht unlieb, daß die jungen Leute jetzt ein bißchen emporkommen!‹ ... Kurz, alles, was im Café Griensteidel die Zeche schuldig blieb, war jetzt abgeklärt.«

Keine Eigennamen (außer Griensteidel) sind genannt, doch alle Betroffenen waren erkennbar und sind es heute noch. Von besonderem Reiz ist das Porträt des jungen Hofmannsthal:

»Die Tatsache, daß Einer noch ins Gymnasium ging, begeisterte den Entdecker« (Bahr) »zu dem Ausrufe: ›Goethe auf der Schulbank!‹ Man beeilte sich, den Jüngling für das Kaffeehaus zu gewinnen, und seine Eltern selbst führten ihn ein: sollte doch gezeigt werden, daß er vom Vater die Statur, des Lebens ernstes Führen, vom Mütterchen die Frohnatur, die Lust zum Fabulieren habe. Seine Bewegungen nahmen bald den Charakter des Ewigen, seine Korrespondenzen den des ›Briefwechsels‹ an. Er ging daran, ein Fragment zu schreiben, und war es seiner Abgeklärtheit schuldig, seine Manuskripte für den Nachlaß vorzubereiten. In hoheitsvollen Versen ließ er noch den Erben an Adler, Lamm und Pfau das Salböl aus den Händen der toten alten Frau verschwenden – dann studierte er sich seine ›Letzten Worte‹ ein.«

Es folgt Leopold, Freiherr von Andrian, »der, wie man erzählte, seine Manieriertheit bis auf die Kreuzzüge zurückleitet«; Arthur Schnitzler wird, vergleichsweise, milde angefaßt als »der Dichter, der das Vorstadtmädel burgtheaterfähig machte ... Zu gutmütig, um einem Problem nahetreten zu können, hat er sich ein- für allemal eine kleine Welt von Lebemännern und Grisetten zurechtgezimmert, um nur zuweilen aus diesen Niederungen zu falscher Tragik emporzusteigen«.

Schärfer und ausführlicher wird Felix Salten charakterisiert:

»Er schrieb immer das, woran seine Freunde gerade arbeiteten ... Wiewohl er in einem Ausverkaufe von Individualitäten billig zu einer solchen gekommen sein soll, hat sich ihm das reine Künstlertum auf die Dauer doch nicht rentiert. Er ... lief bald in den Hafen der Journalistik ein ... seine Freunde hatten ihm einige unterstandslose Beobachtungen mit auf den Weg gegeben, und ein paar verkommene Nuancen, die einst vom Tische abgefallen waren, raffte er noch in Eile auf ... wohl wissend, daß er, wo er sich nicht auf seine Freunde verlassen konnte, schon auf eigene Faust undeutsch schreiben werde, begann er seine Tätigkeit. Zunächst fragte er einen Wachmann nach der Lage des Theaters, dessen Tradition zu bekämpfen er entschlossen war ... Die Verwechslung des Dativs mit dem Akkusativ gelang ihm noch immer mit unverminderter Jugendfrische ... man erkannte ihn auch in nicht unterzeichneten Artikeln. Wenn er zum Beispiel bei einer alternden Schauspielerin den ›heißen Atem‹ vermißte, ›der Einem nur aus kindlichen Mädchenbusen anweht‹, so wäre es ein übriges gewesen, hier auch noch eine Chiffre hinzuzufügen.«

Als »Charakterkopf, der sehr hübsche Ansätze zu einem Dulderantlitz zeigt«, ist Felix Dörmann zu agnoszieren, ferner der schreibende Maler Beraton, der »dem Stilleben zu bedeutendem Aufschwung verhelfen und namentlich als Stilblütenmaler Hervorragendes leisten könnte«; der Librettist Viktor Leon, der fast immer mit einem zweiten Autor auf dem Theaterzettel erscheint, wobei »was dem einen an Humor fehlt, der andere durch Mangel an Erfindung wettmacht«, und viele andere Zeitgenossen sind in diesem Stil porträtiert.

Roter Faden der Darstellung ist die Abrechnung mit Hermann Bahr, der auch auf dem Umschlag der Broschüre karikiert zu sehen ist. Und wenn man die Einstellung des damaligen Karl Kraus allen anderen Glossierten gegenüber zu Recht als »ambivalent« bezeichnet hat: gegen Bahr ist er von echtem Haß erfüllt, was aber den Humor in der Abrechnung nicht ausschließt:

»Die Kunstgrößen, die er einführte, waren einzig und allein ihm dem Namen nach bekannt; oft hatte er sie von spanischen Theaterzetteln oder gar portugiesischen Straßentafeln abgelesen. Noch heute versteht er es, unkontrollierbaren Tatsachen den Schein des Erlebten zu geben, Dinge, die er gerade anbringen will, tiefursächlich zusammenzuhängen. Er ist – um in seinem Stil mit Goethe zu sprechen – ein ungemeiner Zettelkasten, den nicht er, sondern der ihn hat.«

»Der Führer..., der so tat, als ob Weimar und nicht Urfahr die Vorstadt von Linz wäre, weitete seinen Blick und wurde so vielseitig, daß man allgemein befürchtete, er werde sich am Ende noch mit Farbenlehre und Optik beschäftigen. Denn nicht zufrieden damit, eine ungefähre Kenntnis des Theaters zu besitzen, fing er jetzt an, bildende Kunst zu mißverstehen, ja abstrakt philosophische Themen eingehender zu verflachen.«

»Ohne ihn wäre manche Talentlosigkeit frühzeitig zugrunde

gegangen und vergessen worden. Es sind nicht wenige, die sich rühmen können, von ihm entdeckt zu sein. Sie tragen das unauslöschliche Brandmal seiner Prophezeiung, Europa werde in vier Wochen von ihnen sprechen.«

»... der Einfluß dieses Mannes, der ... auch noch kommenden Mittelmäßigkeiten den Boden gelockert hat, soll nicht undankbarerweise vergessen werden. Die solchen Impuls empfangen hatten, gingen allerdings, während er an der Überschätzung neuer Talente arbeitete, den Weg eigener Entwicklung.«

Nun hatte zwar Karl Kraus eine Fülle von Gegnern »gewonnen«, gleichzeitig aber auch eine entscheidende Etappe zum Erfolg zurückgelegt. Eine einzige katastrophale Folge (für den Täter, nicht für das Opfer) wurde durch die Broschüre ausgelöst. Der fünf Jahre ältere Felix Salten, mit Kraus befreundet – die beiden hatten eine Zeitlang sogar zusammen gewohnt –, ließ sich dazu hinreißen, Karl Kraus brutal zu attackieren.

Karl Kraus war, zumindest in Wien, Karl Kraus geworden. Überdies brachte ›Die demolierte Literatur‹ ihrem Autor eine fixe journalistische Tätigkeit ein. Vom 1. Januar 1898 an schrieb er regelmäßig eine aktuell-satirische Wochenchronik für die Wiener Zeitschrift ›Die Wage‹, worin er in der Art der klassischen ›Wiener Spaziergänge‹ Daniel Spitzers aktuelle lokale, politische und künstlerische Ereignisse glossierte.

Und damit stand er am Scheideweg, denn er fühlte wohl, daß er entweder Journalist oder Karl Kraus bleiben konnte, nicht beides, daß die Zeit reif war, die Frucht vom Baum der Erkenntnis zu ernten. Im November 1898 gab er die Mitarbeit an der ›Wage‹ auf. Er bereitete eine eigene Zeitschrift vor.

Aus dem Ghetto in die Wüste

Nicht das Jahr 1899 mit dem ersten ›Fackel‹-Heft, sondern das Jahr 1898 ist das eigentliche Schicksalsjahr. Karl Kraus verläßt im November die ›Wage‹ und damit seine erste und einzige fixe und regelmäßige Tätigkeit in fremdem Auftrag.

Er hat als Wochenchronist der ›Wage‹ schon manche seiner späteren Meinungen vorweggenommen und seinen Horizont über das Theater und die Literatur und die feuilletonistische

Stimmung hinaus zur allgemeinen, auch politischen Aktualität erweitert.

Das satirische Element ist nun schon köstlich ausgereift:

»Der vornehmere Bürgermeister der böhmischen Hauptstadt hielt sich in taktvoller Reserve und begnügte sich, die Vernichtung des deutschen Eigentums zu organisieren. Wie anders der erste Verwaltungsbeamte des benachbarten Werschowitz! Der half selbst mit, wie ein schlichter Mann aus dem Pöbel, raubte persönlich und stahl, was zu stehlen war.«

Wir finden da Glossen und Kommentare über eine Kochkunstausstellung, über die Wiener Polizei, über Studentenunruhen, die erste Abrechnung mit Theodor Herzl anläßlich der Premiere seines Stücks ›Das neue Ghetto‹, Betrachtungen über die Direktionskrise im Burgtheater (»... Burckhard, der als Direktionssekretär Proben einer so stupenden Unfähigkeit lieferte, daß er bereits nach drei Monaten zum definitiven Direktor ernannt werden konnte ...«), Glossen über den dichtenden Teppichfabrikanten Philipp, Ritter von Haas, über eine neue Regierung (»Mit einer Politik des Zauderns kommen wir nicht rückwärts; nunmehr wird ein neuer Ministerrat beschließen, um wieviele Jahrzehnte Österreich zurückgeworfen werden soll«), über die Eröffnung der Wiener »Sezession« (»... Von den jungen Wiener Malern ... müßte ... ihr begabtester, der fünfundachtzigjährige Rudolf von Alt, uns erhalten bleiben«), über ein patriotisches Festspiel des Alfred, Freiherrn von Berger, über Bismarcks Tod, über Zeitungskonfiskationen, über journalistische und politische Geschmacklosigkeiten angesichts des Todes der Kaiserin Elisabeth, über die Sprachenverordnungen, über die Gewerbe-Ausstellung und mancherlei anderes aus dem Bereich der Politik, Gesellschaft und Kultur.

Das alles ist, dem großen Vorbild Daniel Spitzer durchaus ebenbürtig (und ohne ihn nicht gut denkbar), witzig, amüsant, unerschrocken, persönlich, durchaus schon auf ›Fackel‹-Höhen. ›Die Wage‹ war unentbehrlich als Generalprobe des Publizisten Karl Kraus. Aber sie wird überwunden. Sie wird der Vergangenheit zugeordnet, von der kein Weg weiterführt. Ein radikales Abwenden von allem Bisherigen schreibt Karl Kraus sich vor. Er bricht eine Brücke ab, er vollzieht polemisch-literarisch den Bruch mit Herkunft und Vergangenheit.

Man kann aus Jičin nach Wien übersiedeln. Aber man kann die Glaubensgemeinschaft seiner Väter nicht durch eine Übersiedlung verlassen.

Über das Datum des Austritts aus der mosaischen Glaubensgemeinschaft differieren die Quellen. Er dürfte am 12. Oktober 1899 formell erfolgt sein.

»Ischl, im September 1898« ist der literarische Vollzug dieses Austritts datiert, die Broschüre ›Eine Krone für Zion‹ erscheint schon in dem Verlag, der ›Die Fackel‹ herausbringen wird.

Tiefer und leidenschaftlicher als alles Künstlerische und Politische, heftiger selbst als der Kampf für die Sprache und gegen die Presse hat ihn dieses Thema berührt als sein eigentlicher Kampf mit dem Engel. In seinen anderen Auseinandersetzungen ist er auch als Unterliegender gewachsen. An dieser hat er geblutet und ist er gestorben. Denn indem er gegen das Jüdische antrat, rang er nicht um, sondern gegen sich selbst.

Wenn Karl Kraus überhaupt zu verstehen ist, dann nur im Miterleben seines Leidens an dem, was er selbst gewesen ist: am Österreichischen und am Jüdischen.

Die ›Krone für Zion‹ ist ein erster, oberflächlicher Beitrag zu dem mehr als dreißigjährigen Krieg. Sie distanziert den Autor noch nicht vom Jüdischen, sondern nur von der damals in Wien entstandenen Bewegung des Zionismus, und bringt gleich in ihrem ersten Satz den bemerkenswerten, überraschenden Hinweis, daß man die Zwecke dieser Bewegung »zionistische oder mit einem guten alten Wort antisemitische nennt«.

Karl Kraus ist um eine Spende für diese Zwecke gebeten worden. Er »glaubte ... im ersten Moment, daß der freundliche Sammler ... sich das berühmte ›Schußgeld auf Juden‹ abholen komme, wurde aber bald belehrt, daß der Antisemitismus, wie ihn die Zionisten predigen, von so barbarischen Maßnahmen vorläufig absehe und sich damit begnüge, die für die bloße Austreibung der Juden erforderlichen Geldmittel aufzubringen«. Er sieht »die jüdischen Antisemiten mit einem bei den arischen unerhörten Eifer dem über alle kleinlichen Differenzen gemeinsamen Ziel zusteuern«. Er meint, daß der Sammler »sich durch möglichste Verbreitung seiner kleinen gelben Flecke, die zum Eintritt in das neue Ghetto berechtigen, zum Finanzminister des Judenstaates emporstrebern will«.

Es folgt eine satirische Darstellung des Zionistenkongresses in Basel und eine Abrechnung mit den westlichen Intellektuellen, die plötzlich ihr Judentum außen tragen. Ein Wiener Dichter »trennt sich von seiner exotischen Krawatte, die das Ensemble der ›sonderbaren Schwermut‹ stören könnte, bestellt beim vornehmsten Tailleur ein Gewand à la Sack und Asche und gibt auf die Frage, was ihm denn fehle, immer nur zur Antwort: Die Heimat ...!«, er erledigt die literarischen Berufsgeschäfte »in einem nationalen Restaurant, wo des Abends die gleichgestimmten Freunde zusammentreffen, um außerdem auch dem Messias entgegenzuharren«. Den militanten Zionisten sei es gelungen, »Christen, die dem Antisemitismus bisher keinerlei Geschmack abzugewinnen vermochten, allmählich von der Heilsamkeit der Absonderungsidee zu überzeugen«. – »Wie sich der jüdische Typus durch gewisse körperliche Stigmata den Spott der Ganzdummen zugezogen hat, setzen unsere strammen Um-jeden-Preis-Juden ihren Stolz darein, diese Stigmata besonders zu betonen... Es liegt neuerdings ein Verdienst darin, keine geradlinige Nase zu besitzen, und man kann sie darum nicht hoch genug tragen.«

Gegen die »unduldsamen Märtyrer« des Zionismus verteidigt Karl Kraus schließlich die Assimilationslehre. »Der unumstößliche Glaube an die Anpassungsfähigkeit des jüdischen Charakters ist die beste Orthodoxie; man lasse ihn nur erst einmal den – Glauben der Väter werden.« – »Es dreht sich ja doch nur um gewisse im Pferch des Ghetto gezeugte Äußerlichkeiten, die freilich unsere Hetzrabbiner in dem parodistischen Bewußtsein ihrer ›Sendung‹ wie ein Allerheiligstes konservieren möchten.« – »Mir scheint das Baseler Weh und Ach aus einem Punkte zu kurieren, und ich wette, daß es bei systematischer Behandlung kaum mehr als zwei Generationen braucht, um eine galizische Chederschule in ein Adelscasino zu verwandeln.«

Karl Kraus empfindet die Notwendigkeit einer Lösung für die gefährdeten jüdischen Massen im Osten sehr deutlich, aber er will die zivilisierten Juden des Westens nicht einbezogen sehen und sieht im Sozialismus das weltweite Gegengift gegen den Zionismus, weil er *alle* wahrhaft Entrechteten über ihre Religion hinaus zu erlösen vermag. »Es ist kaum anzunehmen, daß die Juden diesmal trockenen Fußes in das gelobte Land einziehen; ein anderes rotes Meer, die Sozialdemokratie, wird ihnen den Weg dahin versperren.«

Die Weltgeschichte hat die Wette nicht angenommen und das Experiment der »kaum mehr als zwei Generationen« nicht zugelassen.

Die Realität des Staates Israel läßt die Polemik gegen die Anfänge des Zionismus heute weltfremd und fast absurd erscheinen. Doch wir müssen das Problem des »Jüdischen« bei Karl Kraus im Licht seiner Gegenwart sehen. Karl Kraus war mit drei Jahren aus der deutsch-tschechisch-mauschelnden Umwelt der böhmischen Kleinstadt in die Hauptstadt avanciert. Er stellte sich dieser Stadt und ihrer Sprache (die er ohne jeden Anklang an die Herkunft sprechen lernte), er wollte sich in Wien eingemeinden in gleichberechtigter Freiheit. Den »christlichen« Antisemiten fühlte er sich gewachsen; da begann von jener Seite her, die er in sich überwunden hatte, der Ruf zu ertönen, daß die »Juden« keine bloße Religionsgemeinschaft seien, sondern ein Volk, eine Nation, die sich ihren Staat schaffen müsse.

Er hat die Herkunft nicht verleugnet, aber die religiösen Bindungen gelöst. Und er mußte sich dagegen wehren, wenn er die mittelalterliche Schande namens Ghetto von jenen, die, wie er, die Schranken längst durchbrochen hatten, nun, wie er meinte, in neuer Form verewigt sah. Er wollte Theodor Herzl, den Dramatiker, begabten Feuilletonisten und Pariser Korrespondenten der ›Neuen Freien Presse‹ nicht als Anwärter auf die Krone eines Staates anerkennen, für den auch er zu optieren hatte. Er war Wiener geworden und fühlte sich als Österreicher, als Untertan des Kaisers Franz Joseph. Mit dem Staat, mit der Stadt galt es sich auseinanderzusetzen, doch nicht im Namen einer, wie er glaubte, fatamorganischen Utopie, sondern auf dem Boden der realen wienerischen und österreichischen Tatsächlichkeit.

Er distanzierte sich von Zion. Die jüdisch-nationale Presse beschimpfte ihn, die ›Sozialistischen Monatshefte‹, Berlin, die ›Ostdeutsche Rundschau‹, die ›Gesellschaft‹, Leipzig, rühmten die Broschüre, die ›Österreichische Wochenschrift‹ verglich Karl Kraus mit Daniel Spitzer und Ludwig Börne, mit Voltaire und Swift, doch die liberale Presse Österreichs, welche die ›Demolierte Literatur‹ hoch gepriesen hatte, fühlte sich, obwohl dem Zionismus durchaus abhold, anscheinend in ihrem »jüdischen« Nerv getroffen und schwieg.

Immer noch aber war Karl Kraus innerhalb und nicht außerhalb, wenn er jetzt auch als gefährlich galt, seiner Anschauungen wegen nicht minder als wegen der Brillanz seiner Formulierungen.

Und es mag ebenso die Brillanz wie die Gefährlichkeit gewesen sein, welche die Herausgeber der ›Neuen Freien Presse‹ bewog, an Karl Kraus heranzutreten und ihm vorzuschlagen, er möge das seit Daniel Spitzers Tod verwaiste Ressort des Wochenchronisten übernehmen. (Eine ähnliche »geradezu enthusiastische Einladung« richtete ungefähr zur gleichen Zeit der angesehene Kritiker und Redakteur Max Kalbeck im Namen des ›Tagblattes‹ an Karl Kraus.)

Er war bereits im Stadium des Übergangs: nicht mehr ›Wage‹, noch nicht ›Fackel‹. Noch standen alle Wege offen. Er ist noch nicht fünfundzwanzig Jahre alt und kann bereits nicht nur eine gesicherte Position im bürgerlichen Sinn bekommen, sondern Einfluß, eine journalistische Machtposition. Doch er lehnt ab. Denn schon als Mitarbeiter der ›Wage‹ hat er »allwöchentlich länger darüber nachdenken müssen«, wie er bald nachher in der ›Fackel‹ berichtet, »was ich schreiben dürfe, als alles das zu schreiben Zeit erfordert hätte, was ich nicht schreiben durfte«. Er fürchtet nicht die Zensur des Staatsanwaltes, »vielmehr die intimere eines Chefredakteurs«.

Er entschließt sich zur »Selbstverbannung« aus »Ekel vor dem verfälschten Futter«.

Die ›Neue Freie Presse‹ hatte den hochbegabten jungen Autor zur Mitarbeit aufgefordert, der, »von den seither durchschauten Mätzchen der Vornehmheit getäuscht«, gelegentlich Literaturkritiken, Plaudereien, Korrespondenzen aus Ischl für diese Zeitung geschrieben hatte.

Er hatte dabei sogar dem damals allmächtigen Feuilletonisten Theodor Herzl assistiert. Ein Jahr, ehe er ihn in der ›Krone für Zion‹ satirisch abwertete, war über eine große Überschwemmung im Salzkammergut zu berichten, und Karl Kraus »überbrachte ihm Bergrutschungen, verbogene Bahnschienen, eingestürzte Tunnels und zerstörte Brücken«. Die Redaktion war mit ihrem Mitarbeiter zufrieden gewesen. In ihm aber wuchs der Protest.

Fünf Jahre später schildert er ein Erlebnis aus jener Zeit, das vielleicht den Ausschlag zu seiner inneren Abkehr vom Journalismus gegeben hat, sicherlich aber ein Schlüssel-Erlebnis für ihn gewesen ist.

»Da ich noch im Flügelkleide liberaler Schuld steckte und mich nach den Lorbeeren eines geistigen Taglöhners gelüstete, empfing ich das erste Grauen über diesen Beruf, Schicksale in Originalnachrichten einzufangen, in dem Augenblick, da – im Sommer war's – den im Kurort sich erholenden Hyänen gemeldet ward, eine Leiche liege auf dem Perron des Bahnhofs. ›Anscheinend den besseren Ständen angehörend.‹ Das Rudel war aufgestört. Einen reisenden Wiener, dessen Familie in Wien weilte, hatte der Herzschlag getroffen. 11 Uhr, ›fürs Abendblatt‹ ging's noch. Da half keine Vorstellung, daß Frau und Kinder das Unglück erfahren sollten, bevor sie's in der Zeitung läsen! Aus Ihnen wird nie ein Journalist!«

Dazu kamen die jüngeren Erfahrungen mit »dem Zwang eines unabhängigen Wochenblattes« in der ›Wage‹.

Karl Kraus steht vor der Versuchung, er hört »noch einmal wie von weiter Ferne gesprengte Ketten rasseln«. Er tritt aus der »Welt der ›angenehmen Verbindungen‹«, der »Beziehungen«, die er als Novize in seinen »Flegeljahren« gewonnen und gepflegt hat:

»Es gibt zwei schöne Dinge auf der Welt: Der ›Neuen Freien Presse‹ angehören oder sie verachten. Ich habe nicht einen Augenblick geschwankt, wie ich zu wählen hatte.«

Die Situation ist klassisch, die Konsequenz jedoch einzigartig. Viele sind in die Wüste gegangen, um ein gelobtes Land zu suchen. Wer aber hat sich aus dem gelobten Land je selbst in die Wüste geschickt?

Jeder Sensible und Gewissenhafte, von Ethik und Moral Geprägte leidet unter den Reibungen, Halbheiten, Kompromissen des »Betriebs«, nicht nur als Journalist, sieht um sich Faules und Böses, trauert: Man sollte, man müßte . . . kämpft im Bereich des Relativen und erschöpft sich, wenn's hochkommt, in halben Siegen. Dieser eine aber macht wahr, was die andern träumen. Er optiert für das Absolute wie Ibsens tragischer Held in der Tragödie ›Brand‹. Karl Kraus war von »tiefer Verehrung für den Dichter, der ›Kaiser und Galiläer‹ und ›Die Kronprätendenten‹, ›Brand‹ und ›Peer Gynt‹, ›Frau Inger‹ und ›Die nordische Heerfahrt‹ geschrieben hat«, erfüllt, er kannte also Brands Tragödie und wußte, daß ihr Held an seinem Imperativ »Alles oder nichts« scheitert.

Frei von allen Rücksichten, jenseits seines Wissens und seines Gewissens will er Journalist sein, außerhalb des Journalismus und gegen den Journalismus, der unbestechliche Chronist der Chronisten, der Spiegel des Spiegels. Er hat das Metier erlernt und es dabei kennengelernt. Er ist Kritiker geworden und hat dabei erkannt, daß alles, was da ist, von Kritikern kritisiert wird, nur nicht die Kritik. Er bezieht jenen Punkt, der fest genug ist, um von dort aus eine Welt aus den Angeln zu heben. Er hat keine Hintermänner, keine Auftraggeber, er ist weder einer Gruppe noch einer Richtung, noch einer Weltanschauung verpflichtet, er handelt im eigenen Namen, auf eigene Rechnung und Gefahr. Er kennt keine Götter außer den jeweils selbst auf Widerruf inthronisierten, das kann Liliencron sein oder Alexander Girardi, Bismarck oder die Sozialdemokratie, das sind Goethe und Shakespeare, Nestroy und Offenbach. Das Gesetz, nach dem er antritt, ist in der deutschen Sprache, und sonst nirgends, kodifiziert.

In einer einzigartigen kopernikanischen Wendung wird er von einem Trabanten zu einem Mittelpunkt und ist bereit, jedes Opfer zu bringen, jeden Preis zu bezahlen. Er weiß schon im ersten ›Fackel‹-Heft, daß er »bald vielleicht ein Verfemter« sein wird.

»Er brachte sich zum Opfer, um den Beweis zu erbringen, daß die Menschheit nicht verloren ist, solange noch eine Stimme spricht« (Friedrich Sieburg).

»Ich hatte«, schreibt er im Rückblick auf seine Entscheidung, »entdeckt, daß nicht ich für die ›Neue Freie Presse‹, wohl aber die ›Neue Freie Presse‹ für mich reif sei.«

Der Satz steht in einem Aufsatz des fünften Heftes der ›Fackel‹, erschienen Mitte Mai 1899: ›Ich und die ‚Neue Freie Presse'.‹ Und am Ende dieses Aufsatzes steht der Vermerk »(Fortsetzung folgt)«. Doch nach dem Erscheinen des fünften Heftes hatte sich manches Erregende begeben, so daß zunächst wohl die Muße zur Fortsetzung fehlte. In den Heften 6, 7, 8 ist die Betrachtung ›Ich und die ‚Neue Freie Presse'‹ nicht ausdrücklich fortgesetzt worden. Hingegen sind eigentlich sämtliche von Ende Mai 1899 bis zum Februar 1936 erschienenen ›Fackeln‹ weitere (direkte oder indirekte) Folgen des Aufsatzes ›Ich und die ‚Neue Freie Presse'‹ vom Mai 1899.

Wird er jetzt erschöpft zusammenbrechen?

Die erste Nummer der ›Fackel‹ erschien »Wien, Anfang April 1899« ursprünglich in einigen hundert Exemplaren, mußte alsbald nachgedruckt werden und erreichte innerhalb von zehn Tagen die sensationelle Auflagenhöhe des dreißigsten Tausends. Der programmatische Leitartikel des Herausgebers, »der auch in den Fragen der Politik die ›Wilden‹ für die besseren Menschen hält«, unternimmt es, »einen Kampfruf auszustoßen«. Die Zeitung wählt als Leitwort »kein tönendes ›Was wir bringen‹, aber ein ehrliches ›Was wir umbringen‹«. Sie beabsichtigt »eine Trockenlegung des weiten Phrasensumpfes«. Das *Mene Tekel*, welches in »unserer durch Altarkerzen verstärkten Finsternis zuweilen aufleuchtet«, soll ohne Parteibrille deutlich gezeigt werden, eine »beherzte Fronde gegen cliquenmäßige Verkommenheit auf allen Gebieten« soll ermuntert werden, »Mißvergnügte und Bedrängte aus allen Lagern« sollen gesammelt werden.

Auf Seite 1 ist von »diesen Blättern« und »dieser Zeitung« die Rede, deren Herausgeber sich unpersönlich als solcher bezeichnet. Diese »dritte Person« wandelt sich noch auf Seite 1 in die erste Person »wir«. Auf Seite 3 steht bereits »ich«.

Der zweite Aufsatz, auf Seite 4 beginnend, erläutert ausführlich dieses »ich«, das »den Maulkorb in den Papierkorb warf«, entwirft ein Selbstbildnis seiner Haltung und Gesinnung, grenzt sich gegen die »täglich zweimal verfälschte öffentliche Meinung« ab, gegen die Zionisten, gegen die »periodisch erscheinenden Dummheiten und Lächerlichkeiten unseres politischen, gesellschaftlichen und literarischen Lebens«, gegen den »halb verwesten Liberalismus«, gegen »das schmutzige Kartell journalistischer Theaterpaschas«, und bekennt seine »unbesiegbare Lust, Gesellschaftsgötter zu lästern«.

Es ist eindrucksvoll, hier schon viele Themen des künftigen lebenslangen Wirkens angeschlagen zu sehen, etwa auf Seite 8 des ersten Hefts in der ersten der dem Selbstbildnis folgenden aktuell-politischen Glossen ein Wortspiel zu finden (der Finanzminister ist in einem »Kabinett, das näher dem Hofe als der Straße zu gelegen ist«), das sieben Jahre später aufgegriffen (»Seitdem die Herren Prade und Derschatta ins Kabinett gegangen sind, scheinen sie die Aussicht auf den Hof der Aussicht auf die Straße vorzuziehen.«) und zwanzig Jahre später in dem Epigramm ›Wohnungswechsel‹ wiederkehren wird:

> ...
> Ein Kabinett mit Aussicht auf die Gasse
> ist jenem mit der Aussicht nach dem Hofe
> doch vorzuziehn!

Während die programmatische Introduktion der Zeitschrift und ihres Herausgebers etwa sieben Seiten, die politische Aktualität etwa fünf Seiten einnimmt, folgt nun eine Darstellung der Wiener Theaterverhältnisse von rund elf Seiten Umfang. An sie schließt sich aktuelle Theaterberichterstattung von dreieinhalb Seiten. Eine eineinhalbseitige »Zuschrift aus Künstlerkreisen« schließt den redaktionellen Teil, dem Inserate der ›Demolierten Literatur‹ und der ›Krone für Zion‹ folgen.

Das wesentliche Ereignis dieses ersten Heftes ist seine Resonanz weit mehr noch als sein Inhalt. »Einen solchen Tag hat Wien nicht wieder erlebt«, bemerkt Robert Scheu rückblickend zum zehnten Jahrestag der ›Fackel‹; »War das ein Geraune, ein Geflüster, ein Hautrieseln! Auf den Straßen, auf der Tramway, im Stadtpark, alle Menschen lesen aus einem roten Heft ... Es war märchenhaft.«

Der Erfolg galt dem brillanten Stil, der Angriffslust, der Ungeniertheit im Kampf gegen politische, gesellschaftliche, künstlerische Tabus. Er galt dem Versprechen, daß hier dreimal monatlich jenseits der allseits wirksamen Bindungen und Rücksichten die Wahrheit gesagt werden sollte. Doch, wieder laut Robert Scheu: »Eine einzige Frage schwirrte damals durch Wien: wird er noch einmal in seinem Leben fünfzig Zeilen schreiben können oder wird er jetzt erschöpft zusammenbrechen? Waren es die Zinsen oder das Kapital? Es waren die Zinseszinsen.«

Karl Kraus war unter anderem fleißig. Er arbeitete vierzehn bis sechzehn Stunden täglich. (Als er nach dem ersten Jahrzehnt fühlte, daß er Erholung und Entspannung nötig hatte, hielt er zu diesem Zweck Vorlesungen eigener und fremder Werke ab.) Und er besaß überdies ein geradezu märchenhaftes Gedächtnis. Er arbeitete gewiß nicht leicht, aber er arbeitete fanatisch und unablässig. Wie es ein unbegreifliches Wunder ist, daß Franz Schubert in seinem kurzen Leben auch nur das Niederschreiben seines Werkes zu leisten vermochte, so ist es angesichts eines rein äußerlich gesehenen Quantums von gestaltetem, vielfach korrigiertem eigenem Text, von Bearbeitungen, von redaktionellem Wirken, von Korrespondenz, dazu Vorlesungen, Studien, Texteinrichtungen und reichlicher Lektüre kaum faßbar, wie all dies in siebenunddreißig Jahren geschaffen und bewältigt werden konnte, noch dazu wenn man weiß, wie intensiv die Texte nicht nur nach der Niederschrift, sondern auch vor der Zusammenfassung von ›Fackel‹-Aufsätzen in Bücher immer wieder verändert und umgeformt wurden.

Maßgebend für die Einmaligkeit der Leistung war: das Bewußtsein dieser Einmaligkeit und der totalen Freiheit, die Karl Kraus intensiv erlebte und schrankenlos auslebte. Er tat und schrieb nur, was er wollte; er fand im Schreiben die äußerste Selbstbestätigung, und wie er sich keinem seiner Objekte gegenüber durch Hemmungen belastete, so hat er auch sich selbst gegenüber keine Hemmung zwischengeschaltet, hat er sich selbst in seine absolute Freiheit einbezogen und sich als Gegenbeispiel für alles, was er ablehnte, rühmend und anerkennend mit ins Bild gesetzt.

Große Schauspieler (und Karl Kraus war ein großer Schauspieler) vermögen viel Unwahrscheinliches: Sie können kleinen Wuchses sein und auf der Bühne groß wirken, sie können äußerlich reizlos sein und Schönheit glaubhaft machen, sie können beschränkt sein und Klugheit darstellen, plump sein und Grazie verkörpern. Der Schauspieler Karl Kraus hat die Figur des kämpferischen Publizisten entworfen und hat sie siebenunddreißig Spielzeiten lang en suite durchgehalten.

In der ersten ›Fackel‹ stellt der Herausgeber sich als solcher und als »Publizist« vor. Er steht noch nicht als Satiriker (wie er sich später stets nennen wird) dem Material gegenüber. »Was wir umbringen«, nicht »wie wir umbringen« ist die Devise. Er hat den Ehrgeiz, die Gesamtheit dessen, was zu kritisieren und zu glossieren ist, in der ›Fackel‹ zur Sprache zu bringen. Er bricht nicht erschöpft zusammen, sondern hält die Höhe zunächst bis zu einer ersten, äußerlich bedingten Pause im Sommer 1901.

Er wird sofort leidenschaftlich gehaßt und schwärmerisch bewundert. Die Zeitungen schweigen über die ›Fackel‹, und das ist nicht etwa Resultat einer Übereinkunft, sondern ein erbärmlicher, doch naheliegender Reflex. Für die Leser wird der Umgang mit der ›Fackel‹ durch diese Tatsache ihrer äußeren Resonanzlosigkeit nicht erschwert, sondern in seinem Reiz gesteigert. Da man die ›Fackel‹ nur an den Verkaufsstellen angekündigt, sonst jedoch nirgends zur Kenntnis genommen findet, haftet ihr etwas Geheimnisvolles an. Wir sind daran gewöhnt worden, nur das für gesichert zu halten, was wir in der Zeitung lesen. Hier lesen wir, was die Zeitung nicht registriert, und es ist, als wären wir Verschwörer, Illegale einer nicht faßbaren Bewegung. Auch wenn wir nicht einverstanden sein mögen, auch wenn da Einzelnes uns nicht berührt oder betrifft: die Institution des Anti-Institutionellen spricht uns magisch an. Indem wir lesen, naschen wir gleichsam von der verbotenen Frucht und haben Anteil an der Kühnheit dessen, der schreibt.

Karl Kraus war vom ersten ›Fackel‹-Heft an eine Wiener Institution. Die Feinde machten aus der Feindschaft kein Hehl. Die Zustimmenden stimmten meist heimlich zu und fanden für die Heimlichkeit bei Karl Kraus Verständnis.

Nach dem Tod des großen Burgschauspielers Josef Lewinsky, gegen den sich, als er alt geworden war, das Burgtheater unschön und kränkend verhalten hatte, druckt Karl Kraus 1907 vier an ihn gerichtete Lewinsky-Briefe aus den Jahren 1901, 1902 und 1905 ab. Lewinsky stellt sich im ersten als »Abonnent Ihrer mir wertvollen Zeitschrift« vor, bittet um eine Auskunft, dankt im zweiten Brief für die Auskunft, und als Karl Kraus sich später polemisch für ihn eingesetzt hat, schreibt Lewinsky (1902): »Sie haben unlängst eine so wohlwollende Gesinnung für meine Person an den Tag gelegt, daß ich mich veranlaßt fühle, Ihnen bestens zu danken.« Der letzte Brief (1905) dankt für eine in der ›Fackel‹ abgedruckte ältere Abhandlung über das Burgtheater und für »wohlwollende Gesinnung in Beurteilung meiner Tätigkeit in letzteren Jahren in dieser Zeitschrift ...«.

Im November 1913 druckt Karl Kraus einen an ihn gerichteten Brief des zwei Jahre vorher verstorbenen kleinen Journalisten Sigmund Wilheim ab, dem er damals einen sehr freundlichen Nachruf gewidmet hatte. Dieser ergreifende Brief, Bekenntnis der trostlosen inneren und äußeren Situation eines anständigen Menschen im Verband einer damaligen Wiener Redaktion, endet: »Ich wünsche Ihnen, daß Ihnen der frische Mut nie versiegen möge in dem großen Kampf gegen das infame Gesindel.«

Nach dem Tod des Schriftstellers Robert Hirschfeld enthüllt Karl Kraus, daß er auch mit diesem anständigen und kultivierten Kollegen Kontakt gehabt und von ihm Material bekommen hat. Viele Theaterleute, Journalisten, Politiker waren inoffiziell Freunde der ›Fackel‹ und ihres Herausgebers und versorgten ihn mit Stoff; und über die Tatsachen, die ihm zugetragen wurden, hinaus, ist er in diesem ersten Stadium auch »recherchierend« aktiv und beschäftigt zu diesem Zweck Helfer, die er gelegentlich als »Reporter« bezeichnet.

In den ersten einundachtzig Heften der ›Fackel‹ bis zur Pause des Sommers 1901 ist außer vom Theater immer wieder die Rede: von der Korruption, von zu Unrecht vergebenen Literaturpreisen, von dem zur Zeit in Wien lebenden, lästig betriebsamen amerikanischen Humoristen Mark Twain, von der liberalen Wiener Journalistenvereinigung »Concordia« und dem durch sie ausgeübten Terror, vom Nepotismus in den Dynastien regierender Universitätsprofessoren, vom Sterben des Johann Strauß, »dem arglosen Verschwender so vieler Glückseligkeit« und seinen Librettisten, »Lieferanten, die drängend um den Schreibtisch standen« und »im Dreivierteltakt zu feilschen begannen«, von der Judenfrage und vom Antisemitismus, von der Südbahngesellschaft, von der Bankenpolitik, von der österreichischen

Justiz und den Zuständen in den österreichischen Gefängnissen, von der katastrophalen Situation des österreichischen Parlamentarismus, von reformbedürftigen Verhältnissen an den österreichischen Schulen, vom Nepotismus im »Gewerbeverein«, von der »Verblödung« der Parteien (die Sozialdemokratie inbegriffen), von der Gerichtspsychiatrie, von Kaiser Franz Joseph, vom Wiener Bürgermeister Dr. Karl Lueger, von der Wiener Sezession, von Gustav Klimt, von der österreichischen Staatsbahn, vom Thronfolger Erzherzog Franz Ferdinand, von den Wiener Gaswerken, von der Wiener Börse und vor allem von dem Echo all dessen in der Presse, ganz besonders in der ›Neuen Freien Presse‹.

Auf dreimal zweiunddreißig Seiten kleinen Formats im Monat wollte er die Gesamtheit dessen, was zu erfassen und anzupacken war, was ihm wichtig schien und was er sagen mußte, vorbringen und gestalten.

(Dazu ist zu bemerken, daß ›Die Fackel‹ über diese Zeit hinaus, nämlich bis zum Heft 154 – Februar 1904 –, nicht von Karl Kraus allein geschrieben wurde. Unter etlichen Artikeln finden wir Zeichen und Chiffren, die das andeuten, manchmal werden die Mitarbeiter auch genannt, doch selbst ungezeichnete Beiträge stammen nicht immer von Karl Kraus selbst, wenn er sie auch verantwortet und sie gelegentlich redigiert und stilisiert hat.)

Er ist nicht erschöpft zusammengebrochen, aber er fühlt ohne Zweifel, daß er sich gleichzeitig zu viel und zu wenig vorgenommen hat. Er wird allmählich vom Allgemeinen zum Besonderen vordringen, vom Antikorruptionismus zur Kultur- und Sprachkritik. Der Spiegel wird nach und nach wichtiger werden als das, was sich in ihm spiegelt.

Ein Aufsatz der frühen ›Fackel‹ über das Zuckerkartell ist von Belang als Hinweis auf einen Mißstand und wird von jedem an wirtschaftlichen Fragen Interessierten mit Interesse zur Kenntnis genommen. Ein Aufsatz aus den späteren Jahren ist, ungeachtet seines Inhalts, als Text von jedem Leser mit Gewinn zu lesen.

Karl Kraus wird über den Gegenstand, über das Material hinaus zur Gestaltung streben, sich zur Sache äußern, indem er nicht nur sie und ihren Reflex in der Tagesjournalistik, sondern vor allem ihren Widerschein in seinem Geist darstellt. Neben die Dinge, um die es sich handelt, wird gleichrangig die Form der Auseinandersetzung treten. Je weiter er auf diesem vorgezeichneten Weg vordringt, desto weniger bricht er erschöpft zusammen, im Gegenteil: sein Atem wächst, seine Kraft gewinnt ungemessene Reserven. Hier ist er in seinem Element.

Und man muß fragen und ist berechtigt, das Phänomen Karl Kraus in seinem ganzen gigantischen, genialischen Vollbringen anzuschauen und daraufhin zu wägen, ob »Kampf gegen die Presse« als große Konstante eines säkularen Lebenswerks wichtig genug, bedeutend genug, wirklich so säkular war, daß es solchen Aufwand und Einsatz rechtfertigte.

Man stelle sich vor – was natürlich ganz irreal und bloß eine Arbeitshypothese ist: Karl Kraus wäre nicht im Koordinatensystem von »Verbindungen« und »Beziehungen« gereift, er hätte nicht als »geistiger Taglöhner« Mitarbeit an Zeitungen und Zeitschriften geleistet, er wäre nicht von der ›Neuen Freien Presse‹ und vom ›Tagblatt‹ wohlwollend beobachtet und zum Eintritt aufgefordert worden, sondern hätte von Anfang an als unabhängiger Einzelgänger frei über seine eigene Zeitschrift verfügt. Dann hätte er vielleicht – ich wage sogar zu sagen: vermutlich – die Welt von einem anderen Punkt her aus den Angeln gehoben. Er wäre dann vielleicht von Anfang an rein durch die Sprache zur Sache gelangt, er hätte die Kritik an der Justiz nicht nur einige Jahre lang, sondern ganz und gar in das Zentrum seiner produktiven Destruktion gestellt, oder vielleicht das Soziale im weitesten Sinn, oder die Problematik des Gesundheitswesens und der akademischen Medizin, und auch aus diesen Richtungen ließe sich ein ethisches, moralisches und kritisches Lebenswerk gestalten – ebenso wie es sich innerhalb der Grenzen des Politischen gestalten ließe und noch auf manche andere Manier.

Aber Karl Kraus war in seinen Schicksalsjahren Journalist, ehe er sich entschloß, nein zu sagen. Und er konnte nicht anders als: nein sagen, nein zu sich selbst, nein zu seinen eigenen Anfängen. Weil er bei der Presse war und sich von seinen Anfängen radikal abwandte, mußte sein »Nein« dem Journalismus gelten. Weil die ›Neue Freie Presse‹ ihn holen wollte – nicht, wie Übelwollen und Mißverstehen von Anfang an höhnten, »weil er nicht hineingekommen war« –, mußte er gerade sie zum zentralen Gegenstand der Abwertung machen. Weil er seiner Natur nach Publizist war und als Journalist begonnen hatte (und auch weil das Publizistische in seiner Tagtäglichkeit dem ersehnten Theater so verwandt war), mußte er, was immer er aufgriff, im journalistischen Widerhall hören und vor allem den Widerhall bekämpfen; er mußte »beim Journalismus« bleiben, um ihn journalistisch zu überwinden.

Er war gegen die Lüge und bekämpfte die Verlogenheit der Zeitungen. Er war gegen den Krieg und geißelte die Kriegsberichterstatter. Er haßte die Phrase und brandmarkte das Zeitungsdeutsch. Er war für die großen Dichter und veranstaltete Razzien auf Literarhistoriker, die »Zunft, deren Urteilskraft ich stets unter die der Zeitungsleute gestellt habe« (»Literaturgeschichte ist die Unfähigkeit zum Journalismus«).

Und er war, im edelsten, höchsten Sinn, so egozentrisch, so sehr um Selbstrechtfertigung bemüht, daß er sich in die äußerste produktive Leidenschaft steigerte, wenn es um das ging, was er selbst war, was ihn selbst betraf, wenn es galt, sein ideales Ich, die von ihm geschaffene Figur des Karl Kraus gegen Verfälschung und Kompromittierung zu behaupten. Er verachtete, wie jeder Schauspieler, das Publikum und war, wie jeder Schauspieler, der Wirkung und Resonanz verfallen.

Er war ein konzessionswilliger Journalist gewesen; dagegen mußte er ein Leben als idealer Journalist setzen. Er war Wiener und Österreicher geworden, darum mußte er gegen alles kämpfen, was faul und fragwürdig war im Staat und in der Stadt. Er war im mosaischen Glauben aufgewachsen, darum mußte er sich von allem distanzieren, was ihn an jenen, die seinesgleichen gewesen waren, schmerzte und abstieß.

Er hat immer in eigener Sache negiert und Gegenbeispiele gesetzt. Er hat sich selbst bis zur Unerträglichkeit und Peinlichkeit erhöht und sich oft mit kleinlicher Umständlichkeit, dem Querulanten gleich, im Detail erschöpft, um »das letzte Wort zu behalten«, doch dies alles immer nur um dieses Absoluten willen.

Und so war er bei allem Selbstbewußtsein und aller Selbstgerechtigkeit am strengsten gegen sich selbst, extrem streng gegen alle, die ihm ähnlich waren, die sich in seiner Nähe befanden, die ähnliche Wege gingen wie er. Da er Protektion und Cliquenwesen ablehnte, wollte er nicht in den Verdacht geraten, daß er sich Schwächen solcher Art selbst zuschulden kommen ließ. Drum war es so schwierig, fast unmöglich, mit Karl Kraus befreundet zu sein.

Er ist der ideale Kritiker, der »es besser machen kann«. Er will den Journalismus, will Österreich, Wien und die Juden besser machen. Und wenn er daran verzweifelt, will er selbst der bessere Journalist, Österreicher, Wiener und Jude sein.

Wie populär und erfolgreich die ›Fackel‹ von Anfang an war, geht auch daraus hervor, daß schon nach drei Monaten eine parodistisch-polemische Gegenschrift erschien, ›Der Pinsel‹, mit einem dem Original zum Verwechseln ähnlichen Umschlag. Sie brachte es auf zwei Nummern. Autor und Herausgeber war der junge, dem Zionismus nahestehende Erwin Rosenberger. Der Inhalt ist allerdings derart armselig und kläglich, daß Karl Kraus sich mit Recht in keine Polemik einließ und Zitate auch heute noch unergiebig wären. Wichtiger, als was in den öden Heftchen steht, ist die Feststellung, daß man schon durch Schmarotzen am Ruhm des Karl Kraus Geschäfte zu machen und populär zu werden versuchte.

Am Ende des ersten ›Fackel‹-Quartals, in Heft 9, Ende Juni 1899, war ein »Rechenschaftsbericht« erschienen:

Anonyme Schmähbriefe	236
» Drohbriefe	83
Überfälle	1

Anschließend wird ein Wiener Journalist zitiert, der am 13. Mai geschrieben hatte: »Zum Satiriker und Pamphletisten gehört eine sehr robuste Konstitution, und Herr Karl Kraus wird seine Schreibweise etwas ändern müssen, wenn er Wert darauf legt, das erste Quartal seiner ›Fackel‹ zu erleben.«

Karl Kraus fügt mit dem Datum »30. Juni, 12 Uhr nachts« selbstbewußt hinzu: »Im Befinden des Herausgebers ist keine Veränderung eingetreten.«

Die Erbärmlichkeit der Zeitgenossenschaft und die Berechtigung aller noch so heftigen publizistischen Schläge gegen sie ist allein schon an dem Faktum abzulesen, daß die Wiener »Kulturfaktoren« gegen Karl Kraus immer wieder feige mit realen Schlägen vorgingen, als würden moralische Argumente dadurch entkräftet und nicht viel mehr bestätigt.

Als erst vier Hefte der ›Fackel‹ erschienen waren, wurde Karl Kraus in der Nacht vom 10. auf den 11. Mai 1899 überfallen und blutig geschlagen.

»Für das, was ich ... seit ein paar Wochen an dieser Stelle sage, hat Wiens Geistigkeit sich nicht anders zu rächen gewußt als durch den verteufelt schlauen Einfall, daß sie mir drei

Blutbeulen beibringen, die Lippen zerkratzen und mein Auge gefährden ließ«, und zwar durch einen »armen Mißbrauchten«, bei dem sich »Schwachsinn und Körperkraft glücklich gepaart« fanden. Hinter dem Attentat standen die in der ›Fackel‹ Angegriffenen: Hermann Bahr, Julius Bauer und andere. Felix Salten, »der solange mit der deutschen Grammatik gekämpft hatte, bis er endlich durch eine resolute Attacke auf meine Person das Terrain gewann«, hatte im Gerichtssaal »Wert darauf gelegt, seine Überfallspriorität festgestellt zu sehen«.

Ein gerichtlich Entmündigter war der »arme Mißbrauchte«, und während er in einem Wiener Kaffeehaus zuschlug, umringten andere die beiden und wehrten jeden ab, der zu Hilfe kommen wollte.

Auch durch dieses üble Attentat ist Karl Kraus nicht zusammengebrochen; die »Autoren der Mißhandlung«, die sich vor Gericht »in dem Stolz einigten, Vollstrecker, Zuseher oder Mitwisser der Kratzwunden, die ich erhielt, gewesen zu sein«, haben ihr Ziel nicht erreicht. Karl Kraus nennt die Gerichtsverhandlung »eine Orgie des Faustrechtsbewußtseins, die das junge Wien gefeiert hat«, und geht zur Tagesordnung über. Ihm ist weiter nichts geschehen, als daß sein »Kampf diesmal um ein paar Tage später, als kalendarisch in Ordnung wäre, fortgesetzt« wurde.

Bedeutender, wenn auch in höherem Sinn gleichfalls unerheblich, war ein Prozeß, den Karl Kraus einige Zeit später verloren hat.

Er war von Anfang an und bis an sein Ende immer wieder genötigt (und auch gern bereit), Prozesse zu führen, als Kläger oder Beschuldigter vor Gericht zu erscheinen.

Zum Beispiel hatte er einmal den Journalisten Berthold Frischauer als einen »klebrigen Herrn« bezeichnet. Frischauer hatte ihn verklagt, der Richter hatte den Wahrheitsbeweis für den Ausdruck »klebriger Herr« zugelassen, daraufhin hatte Frischauer die Klage zurückgezogen.

1900 wurde er von Hermann Bahr und von Emmerich Bukovics, dem Direktor des Deutschen Volkstheaters in Wien, verklagt.

Er hatte sich, wie nicht anders denkbar, auch nach dem Überfall, den Bahr mit verantwortet hatte, sehr intensiv mit der Erscheinung Hermann Bahrs beschäftigt, den er für um so gefährlicher hielt, als er die Mehrzahl seiner Kollegen an Begabtheit übertraf. Bahr war für ihn ein Muster der Inkompatibilität der

Tätigkeiten des Dramatikers und Theaterkritikers. Karl Kraus hatte unter anderem festgestellt, daß Bahr einen Essay für die ›Zeit‹ geschrieben hatte, und »siehe da, es war eine Anpreisung des Theaters, von dessen Kasse er Tantiemen bezieht«; Karl Kraus warf Bahr den »Mißbrauch des kritischen Amtes« vor, er druckte ein Zirkular der Freimaurer ab, in dem es hieß: »Samstag, den 7. Oktober findet die Premiere von Hermann Bahrs ›Athlet‹ statt. Unser Bruder Bahr wünscht einen großen Erfolg. Die Karten für Sie und Ihre Freunde sind reserviert...« Im Juni 1900 bezeichnet Karl Kraus Bahr neuerlich als unsachlichen Theaterkritiker, dessen Herabsetzung der Berliner Bühne Otto Brahms zugunsten des Wiener Deutschen Volkstheaters »die Grenzen der Hermann Bahr konzedierten Unverschämtheit« überstieg. Bahr habe seine »materielle Abhängigkeit von einer Theaterkanzlei annonciert« und hatte dazu »nicht einen, er hatte mehrere unsaubere Gründe für sein kritisches Vorgehen. Herr Brahm hat ihm sein Stück ›Josephine‹ abgelehnt, und Herrn Bukovics ist er nicht nur für Tantiemen, sondern auch für Überlassung eines Freiplatzes zu Dank verpflichtet«. Und nun folgt ein herrlicher Satz. Karl Kraus wäre schon bedeutend, wenn er nur die Korruption aufdeckte, aber er ist unsterblich, da er seinen Kampf in sprachlich so vollendeter Form führt. Er schreibt: »Andere Journalisten lassen sich durch Freiplätze vom Tadeln nicht abhalten; aber ein Kritiker, dem ein Theaterdirektor gleich einen Freiplatz in Unter St. Veit schenkt, hat guten Grund – zum Bauen einer Villa.«

Im nächsten Heft wird die Polemik weitergeführt: Hermann Bahr mache so viel Reklame für Bukovics, »daß er den Wert des Grundstücks in St. Veit längst überboten haben muß«.

Etwas später greift Karl Kraus Hermann Bahr in einer anderen Sache an. Wegen eines vom Burgtheater angenommenen und nicht aufgeführten Schnitzler-Stücks war eine große Protestaktion lanciert worden, der Hermann Bahr sich angeschlossen hatte. Karl Kraus fand den Wirbel, der da gemacht wurde, deplaciert und übertrieben und fragte, warum Bahr nicht lieber gegen das Verfahren protestierte, das im »Volkstheater« gegen einen noch wenig bekannten, von ihm entdeckten Autor, Rudolf Holzer, geübt wurde. »Der junge Autor ... erhielt von Herrn Bukovics die ehrenwörtliche Zusicherung der Aufführung im Herbst 1899. Bis heute« (September 1900) »ist das Werk unaufgeführt... Mit einem ... gebrochenen Ehrenwort kann er nichts anfangen. ... aber ich zweifle, ob Herr Bahr den Protest unterzeichnen wird.«

Die Polemik gegen Bahr, den »Innviertler Gamin«, den »jodelnden Freimaurer«, nimmt an Heftigkeit zu – als Auftakt zu dem Prozeß, der im Februar 1901 stattfindet und dem ein ganzes Heft der ›Fackel‹ gewidmet ist, die damit erstmals nicht im üblichen »Umfange von 16–32 Seiten« erscheint, sondern achtundvierzig Seiten stark ist.

Wegen des von ihm erhobenen Vorwurfs, daß Bukovics Bahr einen Baugrund geschenkt und daß er Rudolf Holzer gegenüber sein Ehrenwort gebrochen habe, wurde Karl Kraus von beiden verklagt und in dem Prozeß verurteilt.

Vor Gericht wurde die Eintragung eines Kaufvertrages vorgewiesen. Sie geschah zwar erst fünf Monate nach der Publikation des Faktums in der ›Fackel‹ und zu einem Preis, der beträchtlich unter dem Kaufpreis des benachbarten Grundstücks lag, doch dies konnte die Verurteilung in diesem Punkt nicht verhindern.

Was Rudolf Holzer betrifft, so hatte er mehreren Herren seine Geschichte erzählt; bei der Verhandlung aber »fiel er um«, im buchstäblichsten Sinn: er wurde ohnmächtig, nachdem er, als Zeuge vernommen, sich an nichts erinnern hatte können. Auf alle Fragen, selbst auf die Frage, ob er denn überhaupt ein schlechtes Gedächtnis habe, antwortete er: »Ich kann mich nicht erinnern.«

Rudolf Holzer hat tätige Reue geübt und 1913 freiwillig öffentlich erklärt, daß Karl Kraus »im Rechte« war.

Und sein Stück, dessen Aufführung ehrenwörtlich zugesichert worden war, ist (obwohl Bukovics seine Zusicherung vor Gericht erneuert hatte) auch weiterhin nicht gespielt worden, und Karl Kraus hat nicht versäumt, dies späterhin mit Genugtuung zu registrieren:

»Herr Bukovics hat Herrn Rudolf Holzers ›Frühling‹ noch immer nicht aufgeführt.« – ». . . daß . . . Herrn Holzers ›Frühling‹ noch immer vom Deutschen Volkstheater nicht aufgeführt worden ist . . .« – »Der ewige ›Frühling‹ des Herrn Rudolf Holzer! Jetzt hat sich, weil er noch immer nicht aufgeführt ist, sogar das Literaturblatt der ›Neuen Freien Presse‹ seiner angenommen. . . . Und ich habe, weil ich einen Wiener Theaterleiter auf dieses heimische Talent aufmerksam machte, 1800 Kronen Strafe zahlen müssen! Und wenn ich Herrn Bukovics heute an sein im Gerichtssaal gegebenes Versprechen erinnerte, er würde mich neuerdings klagen, und neuerdings würde der Zeuge Holzer bekennen: ›Ich kann mich nicht erinnern . . .‹«

Eine andere Zeugin, die behauptet, sich erinnern zu können, erweist sich gleichfalls als unglaubwürdig:

Karl Kraus »hatte eine ›Fackel‹ gefüllt« (stimmt nicht!) »mit der Anklage, daß der Schriftsteller Hermann Bahr, der damals vorübergehend« (stimmt nicht!) »Theaterrezensent war, einen Baugrund in Hietzing vom Direktor des Volkstheaters, Bukovics, als Bestechung bekommen hatte, damit er über das Theater gut schreibe. Bahr, ein ehrenwerter Mann« (stimmt nicht!) »ließ das nicht auf sich sitzen. ... es kam zu einer großen mehrtägigen Gerichtsverhandlung mit einer Unzahl von Zeugen. ... Ich war mit meinen Freunden dort. ... Holzer, ein junger Dichter, fiel mit den Worten: ›Nun ist meine Laufbahn beim Teufel!‹ in Ohnmacht. Er wurde auf einer Bahre hinausgetragen ... Aber nun kam der Höhepunkt. Bahr zog die Bankquittung« (stimmt nicht!) »über die Zahlung des Grundes hervor, die vor Jahren« (stimmt nicht!) »ausgestellt war«.

Soviel über die Glaubwürdigkeit der Alma Maria geb. Schindler verw. Mahler gesch. Gropius verehel. Werfel.

Der Fall des Hermann Bahr ist in die Geschichte eingegangen, und da es sich um deren besonderes Kapitel »Österreichische Kulturgeschichte« handelt, konnte es geschehen, daß Hermann Bahr all dem (und mancherlei anderem), was ihm nachgewiesen wurde, zum Trotz weiterhin und bis in unsere Zeit Ansehen genoß und genießt, daß weder seine Lächerlichkeit noch seine monumentale Charakterlosigkeit noch seine mehrfache und flagrante und indiskutable Inkorrektheit ihm die gebührende moralische Verachtung einbrachten und daß der österreichische Staat zu seinem hundertsten Geburtstag sogar eine Hermann-Bahr-Briefmarke herausbrachte und das Bundesland Oberösterreich eine große Hermann-Bahr-Ausgabe patronisierte, die glücklicherweise in den Anfängen steckenblieb, so daß gerade noch die Unlesbarkeit seiner Prosa nachweisbar bleibt.

Im Heft 69 der ›Fackel‹ ist nicht nur das gerichtliche Urteil gegen Karl Kraus, sondern auch eine weit einleuchtendere Verurteilung des Bahr nachzulesen. Da sind siebzehn scharfe Angriffe Bahrs gegen das »Volkstheater«, insbesondere gegen Direktor Bukovics, aus den Jahren 1893 bis 1895 konfrontiert mit kritischen Lobeshymnen nach dem November 1895, der Zeit, in der Bahr am »Volkstheater« gespielt wurde. Aus einer »jämmerlichen Regie« wurde eine »kluge Regie«. Anschließend wird aus einem der zahlreichen Bände von Bahrs gesammelten Theaterkritiken zitiert. Bahr hat darin seine Volkstheaterkritiken aus den Jahren 1892 bis 1899 nachträglich zugunsten des Volkstheaters verändert. »Da gibt es Feuilletons, die dem oberflächlichen Blick wörtlich herüber genommen scheinen; aber wer näher zusieht und genau vergleicht, entdeckt, daß da und dort ein ganzes oder halbes Sätzchen, eine Bosheit gegen Herrn Bukovics, ein Tadel gegen seine Schauspieler weggelassen ist. Und das gibt dann Entdeckerfreuden, um die einen selbst Herr Bahr beneiden könnte.«

Die Gefährdung des kritischen Urteils durch persönliche Beziehungen zwischen dem Kritiker und dem Kritisierten war von Anfang an ein Hauptmotiv für Karl Kraus. Er war in diesem Punkt wohl darum so besonders heikel, als auch er selbst in seinen Lehrjahren nicht ganz immun gegen die Wiener »Freunderlwirtschaft« gewesen war. Er hatte den Herausgeber eines Blattes, an dem er mitarbeitete, gelobt, er hatte Alexander Engel, mit dem gemeinsam er für eine Redaktion arbeitete, gelobt; einer seiner spärlichen Beiträge in der ›Neuen Freien Presse‹ war die positive Besprechung des Buches ›Shakespeares Hamlet im Lichte der Neuropathologie‹ von seinem Jugendfreund und Schulkameraden Karl Rosner gewesen.

Karl Kraus hat dieses Problem (vielleicht auch um der Selbstreinigung willen) als so brennend empfunden, daß er seinen ersten Aufsatz in der ersten ›Fackel‹ dem ›Familienidyll der Korruption bei den Wiener Theatern‹ gewidmet hatte. Der Presse, so schreibt er, seien »fast alle Bühnen tributpflichtig, fast alle haben ... jene Stücke aufzuführen, die sie selbst« (die Presse) »verfaßt oder zumindest vidiert und protegiert hat«.

Die leidenschaftliche Anklage gipfelt in der polemischen Vernichtung des Operettenlibrettisten, Stückeschreibers und Journalisten Julius Bauer, des Repräsentanten einer Presse, »deren Schmutz den Kot schmutzig macht«.

Anschließend gibt Karl Kraus, sichtlich als Gegenbeispiel, in Heft 1 der ›Fackel‹ Proben seiner eigenen Schauspielkritik. Und wie wir ihn kennen, hätte er diese Rubrik sicherlich weitergeführt und sehr wichtig genommen.

Auch im zweiten Heft werden Premieren besprochen. Alexander Girardi wird erwähnt. Und dann heißt es:

»Von den Darstellern des ›Schlafwagenkontrollor‹ ist außer Girardi nur das Fräulein Annie Kalmar zu erwähnen. Sie, die Herrlichste von allen, wird von Publikum und Kritik immerzu noch als die Salondame *pur sang*, als Ausstattungsgegenstand des Theaters behandelt. Vermutlich auch von der Direktion, die nur allzu selten der feinen und graziösen Art der Dame größeren Spielraum gewährt. Ihre Schönheit steht ihr hinderlich im Wege. Wenn sie, wie im ›Biberpelz‹, ›Les Amants‹, ›Unser Käthchen‹ und jetzt wieder in der Bissonschen Novität eine wirkliche und ungemein natürliche Humorbegabung erweist, so scheinen dies die Leute, geblendet von ihrem Anblick, gar nicht zu merken. Die Direktion sollte das Publikum endlich der schon pensionsfähigen Anmut der Frau Odilon entwöhnen und einen Teil ihrer Agenden dem Fräulein Kalmar übertragen.«

Im dritten Heft anläßlich einer neuen Kritik ein Postscriptum:

»Frl. Annie Kalmar endlich erwies sich in der langen Erzählung des ersten Aktes als die beste, weil einzige Sprecherin des Theaters. Ich habe jüngst Frl. Kalmar als vornehmes, natürliches, besserer Beschäftigung würdiges Talent zu loben mich erkühnt. Dies verhalf mir zu dem Anblicke etlicher breit grinsender Gesichter, und etliche Leute konnten es nicht fassen, daß eine Schauspielerin, deren von Gott und der Direktion gegebenes Amt es wäre, ›bloß schön‹ zu sein, am Ende auch Begabung zeigen könnte. Herrn v. Bukovics mag es freilich unbequem sein, wenn er einer Dame, die er ausschließlich als Augenweide für sein Stammpublikum von Lebemännern engagiert hat, allmählich auch Rollen wird zuteilen müssen; ich aber pflege mir aus grinsenden Gesichtern nichts zu machen.«

Nach diesem dritten Heft bricht, was sichtlich als ständige Rubrik geplant war, ab. Karl Kraus gibt seine Tätigkeit als ständiger Kritiker der Wiener Premieren auf und verzichtet damit ohne Zweifel auf eine Form des Wirkens, die ihm Herzenssache war.

Er setzt sich im folgenden mit Gastspielen auswärtiger Ensembles auseinander, er nimmt Stellung zu allgemeinen Problemen des Theaters, er äußert sich über die Zustände und über die Kritiker, aber nicht mehr, wie er es vorhatte, zu den Wiener Aufführungen der abgelaufenen Wochen.

Nach seinem Versagen als Schauspieler hat er einen zweiten Verzicht im Kampf um die ersehnte und geliebte Sphäre zu leisten. Denn er konnte nicht selbst tun, was er anderen vorwarf: über Premieren schreiben und mit einer Schauspielerin persönlich befreundet, ja auch nur an ihr interessiert, für sie eingenommen sein. Er hatte die ideale Forderung erhoben und mußte sich ihr mit allen Konsequenzen unterwerfen.

Im Kampf um das Theater hat er eine zweite Niederlage erlitten.

Annie Kalmar hatte Karl Kraus in einem rührenden Brief (datiert vom 22. April 1899) gedankt, nachdem seine erste Kritik erschienen war:

»... Ich muß Ihnen meinen aufrichtigen Dank aussprechen, daß Sie in Ihrem hochintelligenten Werke meiner gedachten.

Sie sind der erste und einzige Journalist, der mich zu verstehen scheint...«

Annie Kalmar, damals einundzwanzigjährig, beklagt sich in dem Brief, daß ein fünfjähriger Kontrakt sie an das Deutsche Volkstheater feßle. »Mir fehlt es nicht an ehrenvollen Anträgen für erste Stellungen an ersten Bühnen – ich mußte refüsieren.« Sie hat sich »in der Provinz in klassischen Rollen, wie Goethes Gretchen, mit großem Erfolg« versucht, muß aber immer wieder am Volkstheater »künstlerische Frondienste« leisten.

Annie Kalmar rühmt die ›Fackel‹: »Es ist jedes Wort wahr und ehrlich, bedeutend und geistreich, was ich da las, und werde ich in Zukunft eine eifrige Leserin Ihrer Schrift sein.«

Karl Kraus hat Annie Kalmar kennengelernt (es heißt: erst im Sommer 1900, als ihr Vertrag mit dem Volkstheater abgelaufen war).

Annie Kalmar erkrankte und verbrachte den Sommer im Sanatorium Purkersdorf bei Wien, wo Karl Kraus sie täglich besuchte.

Sie war von Alfred, Freiherrn von Berger, an das Hamburger Schauspielhaus engagiert worden und trat im Herbst 1900 das Engagement auch an; sie konnte jedoch nicht auftreten, da sie unheilbar an Miliartuberkulose erkrankte. Karl Kraus tat alles für ihre Pflege, er reiste alle zehn Tage zu ihr nach Hamburg; täglich bekam er telegraphischen Bericht über ihr Befinden.

Das war in jenen Monaten des Jahres 1901, als Karl Kraus durch den Prozeß gegen Bahr und Bukovics äußerlich und innerlich so sehr beansprucht war.

Am 2. Mai 1901 starb Annie Kalmar.

Karl Kraus hatte in dieser Zeit weiterhin drei ›Fackel‹-Hefte monatlich zu betreuen und zum großen Teil selbst zu schreiben; er mußte sich mit der Konfiskation einer ›Fackel‹ und etlichen juristischen Auseinandersetzungen befassen.

Die ganze Qual dieser Zeit steht zwischen den Zeilen eines Satzes am Ende der »Anfang Mai 1901« erschienenen ›Fackel‹:

»Der Herausgeber bittet, die Verspätung der vorliegenden Nummer zu entschuldigen und kann, da er seit einiger Zeit leidend ist, auch das pünktliche Erscheinen der nächsten Hefte nicht zusichern.«

Annie Kalmar wurde auf dem Ohlsdorfer Friedhof in Hamburg begraben; der Sarg wurde später in ein neues Grab überführt.

Karl Kraus ließ in Wien einen marmornen Grabstein anfertigen, mit einem Porträtrelief und der Inschrift »Ihrem Andenken gewidmet von Karl Kraus«.

Im einundachtzigsten Heft der ›Fackel‹, Wien, Ende Juni 1901, findet sich nach Aufsätzen und Glossen über die ›Neue Freie Presse‹, über die Wiener Börse, über Hermann Bahr, über die Sezession, die Witzblätter, »die kolorierten Pestbeulen der Wiener Journalistik«, und anderem ein Brief Peter Altenbergs an Karl Kraus, betitelt ›Wie Genies sterben‹ (später aufgenommen in den Band ›Nachfechsung‹).

›Die Fackel‹ ist so sehr das persönliche Tagebuch, gleichsam das Protokoll seiner Erlebnisse und Erfahrungen geworden, daß Karl Kraus dort auch an einem Ereignis, das ihn persönlich tief berührt, nicht vorbeigehen kann.

Peter Altenberg:

»... die schändliche, feige Satanskralle infamer Lebenskünstler durfte die Lichtvolle in die dunklen Abgründe reißen.

... Meuchelmörder ... blieben immer wach, wachend über ihr eigenes Wohl, ewig bewußt, bewußt ihrer schurkischen Lüste, während die Kindliche, unbewacht, unbewußt, zum Opfer wird.

... Die Zerstörkräfte des geselligen Wien hatten ihre Wirkung getan, und es konnte dem künstlerischen Edelmann in der Fremde nicht mehr glücken, eine Begabte zu jenen Höhen zu geleiten ...«

Am Ende des Heftes kündigt der Herausgeber an, daß die nächste Nummer erst »im Herbste folgen« werde. Er müsse sich auf Grund der »ärztlichen Konstatierung einer totalen Nervenerschöpfung« eine »mehrwöchentliche Ruhe gönnen, ohne sie durch den Gedanken zu vergällen, daß ihrer auch meine Lieblingsgegner teilhaftig werden«. Erst im Herbst soll ein »frohes Wiedersehen mit Freund und Feind« folgen.

Annie Kalmar war von Peter Altenberg bewundert worden. In ihrem Nachlaß fand sich ein Altenberg-Brief (Mai 1931 in der ›Fackel‹ abgedruckt), ein Hymnus auf ihre Schönheit.

In Altenbergs winzigem Zimmer im Wiener Grabenhotel, das mit Photographien angefüllt war, hing auch ein Bild Annie Kalmars.

In dem Band ›Wie ich es sehe‹ steht Altenbergs »ideale Grabschrift« für Annie Kalmar:

»Wie ein adeligstes Paradigma der eigentlichen Pläne des Schöpfers mit diesem Kunstwerk ›Frau‹ wardst Du, Lieblichste, in dieses ›Tal der Unzulänglichkeiten‹, gesendet, Annie Kalmar!

Auf daß die Männer es lernten, an der süßen Anmut eines Lächelns bereits glückselig werden zu können!

Aber sie lernten es nicht!

Sie fraßen sich satt und entfernten sich.

Da zog denn der Schöpfer vorzeitig sein adeligstes Paradigma zurück, rief es wieder zu sich, da es doch unnütz war unter den Menschen.«

Karl Kraus hat 1931 diesen Gedanken in einer Strophe seines Gedichts an Annie Kalmar aufgenommen:

Denn Lust ist ohne Dank, und ohn Erbarmen
vernichtet sie die Schönheit, ihr gespendet,
erstickt den Glanz, der Menschliches geblendet,
und kehrt befriedigt in die Niederungen.

Karl Kraus vergleicht Annie Kalmar in dem Gedicht mit Antonia in ›Hoffmanns Erzählungen‹, die an ihrem Gesang sterben muß.

Er hat sein 1910 erschienenes Buch ›Die chinesische Mauer‹ Annie Kalmar gewidmet, ohne sie zu nennen, indem er ein Shakespeare-Zitat (aus ›Ende gut alles gut‹) an den Schluß des Buches stellte:

Für sie, die ohne Wahl und Hoffnung liebt,
Alles verlierend, stets von neuem gibt,
Nie zu besitzen hofft, wonach sie strebt,
Und rätselgleich in süßem Sterben lebt.

In einem Brief Alfred, Freiherrn von Bergers über die »Umlegung der Reste unserer Annie Kalmar« auf dem Ohlsdorfer Friedhof steht der Satz: »Die arme Annie hat diesen Akt posthumer Treue still über sich ergehen lassen, wie sie im Leben zu ihrem Unglück fast alles mit sich geschehen ließ.«

In seinem einaktigen Spiel ›Traumtheater‹ mit der Widmung »In memoriam Annie Kalmar« läßt Karl Kraus 1924 einen Dichter und eine Schauspielerin auftreten. Nach einem Gespräch mit dem Regisseur über die Schauspielerin träumt der Dichter eine Begegnung mit der Schauspielerin, die anschließend erst einen »alten Esel«, dann einen Gymnasiasten beglückt. Und der Dichter meditiert über Tag und Traum, Spiel und Wirklichkeit, Welt und Bühne, und rechtfertigt das Wesen der Schauspielerin, die dem Dichter sagt:

Nur du hast mich. Wenn scheinbar ich entwandre,
bin ich nicht ich und stets nur eine andre.

Und schon vorher, im einaktigen ›Traumstück‹, geschrieben zu Weihnachten 1922, tritt vor dem träumenden Dichter ein Bild aus dem Rahmen und spricht zur Musik des Flüsterchors aus dem Olympia-Akt von ›Hoffmanns Erzählungen‹ Verse vom Dauern des Gewesenen:

... Ich schwand und schwand dahin
im süßen Michverschwenden,
um nimmermehr zu enden
in deinem Dank dafür ...

Dreißig Jahre nach ihrem Tod, im Mai 1931, veröffentlicht er in der ›Fackel‹ Annie Kalmars Bild, Peter Altenbergs Brief und sein Gedicht (erschienen 1930 im neunten Band der ›Worte in Versen‹) an Annie Kalmar:

... und jenem Glück erwies ich Dank und Denken.

Und immer wieder will es hin mich lenken,
wo es gelandet, nah bei einem Hafen,
und herbstlich war's, bald wird die Welt entschlafen,
und krank erklang die Stimme der Sirene.

Und wie ich mich in ferne Tage wähne,
so ist's, als ob's Antonias Stimme sei,
sie schwand dahin mir bis zum Tag des Mai,
und alle Pracht versank für eine Träne.

Werner Kraft, der im ›Silberboot‹ die auf Annie Kalmar sich beziehenden Dokumente veröffentlicht hat, meint, es scheine, »daß diese Frau ... die persönliche Existenz von Karl Kraus für sein ganzes Leben bestimmt hat«.

Es könnte sein, daß sie viel mehr, nämlich sein Weltbild, entscheidend mitgeformt hat. Sie und Otto Weininger waren vermutlich die Quellen all dessen, was Karl Kraus über Eros und Sexus gedacht und geschrieben hat.

Doch es ist nun nötig, die Chronologie in dieser Darstellung ein erstes Mal zu durchbrechen und auf einem weiten Bogen durch unerfreuliche Regionen von Annie Kalmar fort- und wieder zu ihr zurückzugelangen.

Harden

Der Fall Harden ist ein Beispiel für eine große Abkehr, wie sie im Leben und Wirken des Karl Kraus immer wieder zu registrieren ist.

Es soll nun gezeigt werden, daß diese Wandlung eines Bewunderers in einen fanatischen Hasser angesichts des Maximilian Harden, wenn schon nicht berechtigt, so doch zumindest gerechtfertigt gewesen ist. Und es ist zu sagen: Wenn einer erst zustimmt und dann bekämpft, bleibt immer noch die Frage, ob der Kampf und nicht vielleicht die anfängliche Zustimmung zu kritisieren wäre.

Der blutjunge Karl Kraus hatte die Gründung der ›Zukunft‹ begrüßt. Der künftige Herausgeber der ›Fackel‹ hatte sich mit dem dreizehn Jahre älteren Harden angefreundet und sich vor dem Start der ›Fackel‹ mit ihm beraten. Hier fand er das Vorbild einer unabhängigen, Politik und Kunst betrachtenden, von einem einzigen Einzelnen geprägten Zeitschrift.

Heft 2 der ›Fackel‹ wird eröffnet mit einem zustimmenden Brief Hardens: »Kamerad Kraus« mit seinem »starken Talent und der neidenswerten Frische seines Witzes« wird in seinem »kecken Planen« ermutigt. Das erste Heft wird ein »verheißender Anfang« genannt. Und in einem sehr ausführlichen Antwortbrief an den »lieben, verehrten Herrn Harden« dankt Karl Kraus anschließend für Wohlwollen und Anerkennung und setzt dem älteren Vorbild Harden, der in seinem Brief die Wiener Presse als »unendlich hoch über der Berliner« stehend bezeichnet, auseinander, warum er anderer Meinung ist; er erweitert die Antwort zu einem großen, zwölfseitigen Artikel über die Wiener Zustände und unterzeichnet sie »in herzlicher Verehrung«.

Im dritten Heft wird auf den »Freund Harden« angespielt. Im siebenten Heft wird Harden gegen Kaiser Wilhelm II. in Schutz genommen, im dreißigsten Heft wird Harden ausführlich zustimmend zitiert, im sechsundfünfzigsten Heft wird ein Majestätsbeleidigungsprozeß, in dem Harden verurteilt wurde, erwähnt und die »trostlose Erkenntnis« formuliert, »daß im heutigen Deutschland der Patriotismus die Form der Majestätsbeleidigung angenommen« habe. In der Streitsache Bahr hatte Karl Kraus Harden um ein Gutachten gebeten und dieses bei Gericht verlesen, im dreiundachtzigsten Heft der ›Fackel‹ zitiert Karl Kraus zustimmend eine negative Kritik Hardens über Rudolf Lothar aus dem Jahr 1900, in Heft 122 ruft er aus, daß der Kunstwert eines Harden-Essays (ungeachtet seines fragwürdigen Inhalts) sämtliche »positiven Leistungen Sudermanns« aufwiege.

Als Maximilian Harden 1903 in der Osternummer der ›Neuen Freien Presse‹ einen Aufsatz veröffentlicht, wendet sich Karl Kraus in einer ausführlichen Glosse gegen die schadenfrohen Kommentare angesichts dieses scheinbaren Verrats. Seine Wertschätzung Hardens habe nicht gelitten, doch sei von Identität der Gesinnung nie die Rede gewesen. Es sei »die Übung edler Gartenkunst mit der nützlichen Arbeit der Straßenreinigung nicht zu vergleichen«. Karl Kraus kommt ausführlich auf seinen Antwortbrief in Heft 2 zurück, in dem er sich ja schon von Hardens Einschätzung der Wiener Presse distanziert hatte. Doch habe er sich »an dem seltenen Anblick tadellos deutscher Sätze in der ›Neuen Freien Presse‹« erfreut.

In Heft 140 wird ein Interview, das Harden für die Pfingstnummer des ›Neuen Wiener Journals‹ gegeben hat, nur auf seinen Inhalt hin und ohne Kommentar der Tatsache, daß Harden diesem Blatt ein Interview gewährt, auszugsweise wiedergegeben. In Heft 143 setzt sich Karl Kraus mit dem Parteitag der deutschen Sozialdemokraten auseinander, der darüber debattierte, »ob ein deutscher Genosse für Hardens ›Zukunft‹ schreiben dürfe«, und findet das geistige Niveau, das in dieser Debatte zutagetrat, »erschreckend niedrig«.

Harden war also als Publizist wie als Stilist anerkannt und »verehrt« worden. Sogar sein Erscheinen in der ›Neuen Freien Presse‹ wurde hingenommen, und dies spricht für Hardens Ausnahmestellung innerhalb der Klassifikation der »Prominenz« durch Karl Kraus, der einmal eine Art »schwarze Liste« bedeutender Zeitgenossen zu veröffentlichen begonnen hatte, die er solcherart vor weiterer Mitarbeit bei der ›Neuen Freien Presse‹ warnen wollte.

Nun hatte (und hier sind wir in Annie Kalmars Nähe geraten) Harden durch seinen Nachruf auf die Berliner Schauspielerin Jenny Gross – der er ihren Reichtum vorwarf, den sie durch Beziehungen zu Männern erworben hatte – Karl Kraus verstimmt und, wie er sagt, »manchem Anhänger ermöglicht, die Grenzen seiner Persönlichkeit zu erkennen«.

Und Harden hatte überdies in seiner Stellungnahme zu der sensationellen Affäre der Prinzessin Louise von Coburg (die ihren Gatten verlassen hatte und von dessen Familie für wahnsinnig erklärt und entmündigt werden sollte) nach der Meinung von Karl Kraus den »Standpunkt der Ungerechtigkeit bezogen«. Karl Kraus spricht das aus, im Oktober 1904, selbst publizistisch intensiv mit dieser und ähnlichen Affären befaßt; er schreibt es »mit einem Nachdruck, der die Freundschaft schmerzt«. Harden ist in dieser Auseinandersetzung für Karl Kraus immer noch »groß als Essayist«, aber nun kann die Form den Inhalt nicht mehr heiligen, nun wird Harden scharf kritisiert, weil er sich auf die Seite der »deutschen Pastoren und Züricher Frauenvereine« stellt, welche »das Selbstbestimmungsrecht der weiblichen Sinne vollends aufheben«.

Diese erste große Abrechnung vollzieht sich in Heft 166 der ›Fackel‹.

Auf der letzten Seite des Heftes 167 ist, kleingedruckt, als letzte der »Antworten des Herausgebers«, der Bruch vollzogen:

»*Neugieriger*. Sie fragen, ob Herr Harden ›reagiert‹ habe. Gewiß. Er hat die Zusendung des Tauschexemplars der ›Zukunft‹ eingestellt. Jetzt muß ich das Blatt abonnieren. Ja, ja, so strafen Große.«

Es scheint zwischen Karl Kraus und Harden so zugegangen zu sein wie zwischen ihm und der ›Neuen Freien Presse‹. Der unreife Karl Kraus war dafür; nun ist er nicht mehr »reif für Harden«, sondern Harden ist »reif für ihn«.

Karl Kraus ist zu dieser Zeit in jenes Stadium hineingewachsen, das im ersten seiner Bücher, ›Sittlichkeit und Kriminalität‹, kodifiziert ist. Er kämpft nicht mehr gegen Korruption und Heuchelei ganz allgemein, er ist tief ergriffen von der Moralheuchelei und ihrem grausigen Niederschlag nicht nur in der Presse, sondern ebenso in der Prozeßführung und Judikatur der »Sittlichkeitsprozesse«. Er widmet ein ganzes Heft seiner Zeitschrift dem Fall Hervay, dem »Hexenprozeß von Leoben«, und verwirft dabei auch Hardens Stellungnahme zu diesem Fall (»Das Bekenntnis zum Fall Hervay ist von den sozialkritischen Verirrungen dieses außerordentlichen Essayisten die traurigste«).

In diesem Stadium ist Harden noch ein außerordentlicher Essayist, doch schon wird, erstmals, sein »gestelzter Stil« beanstandet.

Karl Kraus (wir sind in Annie Kalmars Nähe) verteidigt nun leidenschaftlich und mit Vorrang vor allen anderen publizistischen Aufgaben das, was ihm als das Recht der Frau erscheint. Darum wendet er sich auch gegen Harden. Karl Kraus ist für sexuelle Selbstbestimmung, für die Freiheit des Privatlebens, insbesondere des sexuellen Privatlebens, von jedem Eingriff und jeder Einbeziehung der Öffentlichkeit.

Und er muß sich jetzt um so radikaler von Harden distanzieren, als dieser viele Ähnlichkeiten mit ihm hatte und hat. Indem er Harden züchtigt, kämpft er wieder einmal gegen sich selbst, gegen den Karl Kraus, der er gewesen ist, der er hätte werden können.

Es beginnt eine jahrelange erbitterte Fehde von beispielloser Wucht und Schärfe, eingeleitet durch den Satz: »Ich trage einen Haß unter dem Herzen und warte fiebernd auf die Gelegenheit, ihn auszutragen.« Die Höhepunkte der Polemik sind in den Büchern ›Die chinesische Mauer‹ und ›Literatur und Lüge‹ aufbewahrt.

Maximilian Harden hat in großen Prozessen gegen den Fürsten Philipp zu Eulenburg und den Grafen Kuno Moltke die homosexuellen Abenteuer dieser hohen Aristokraten und Schlüsselfiguren des wilhelminischen Deutschland mit Hilfe von Konfidenten und allerlei plebejischem Gesindel angeprangert, um gegen das Regime zu kämpfen. Karl Kraus, gewiß ein Feind des deutschen Kaisers und seines Systems, trat mit einer selbst bei ihm bisher unbekannten Intensität und Extensität für die Angeklagten und gegen ihren Denunzianten ein:

». . . nun hebt in deutschen Landen ein Prozeß an, der . . . in die idealsten Höhen deutschen Kulturgestankes führt . . . Nichts, nichts, nichts, was wir an irgendeiner publizistischen Schändlichkeit der letzten Jahre erlebt haben, an irgendeiner Affäre, die allen Sexualjammer der Menschheit in dumpfen Gerichtsstuben aufbrechen ließ, vermag diesem Eindruck standzuhalten . . . In Deutschland, wird es heißen, war es im zwanzigsten Jahrhundert möglich, daß ein Mann, der die Feder führte, nicht nur der

Tollwut einer paragraphierten Sittlichkeit Vorschub geleistet hat, sondern auch von Woche zu Woche sich der Erfolge einer Razzia gerühmt hat ... daß ein Literat stolz auf die Ergebnisse von Untersuchungen war, die er im Bunde mit schlichten Erpressern aus dem Volke, mit Milchmeiern, Fischerknechten, Wachtmeistern und Detektivs führte... In Deutschland, wird es heißen, war es möglich, daß sich eine Denunziation, neben der die erwiesene Päderastie eine geistige Leistung ist, als eine Tat der Feder ausschrie...«

Ein ganzes Doppelheft der ›Fackel‹ ist der ersten großen Abrechnung vorbehalten, zum erstenmal nimmt ein einzelner Aufsatz derartige Ausmaße an. Er ist überschrieben ›Maximilian Harden. Eine Erledigung‹ und erscheint bald auch als Broschüre. Die ganze makabre Welt des Prozesses wird gezeichnet, mit ihr ein Bild des Triumphs entfesselter Plebejer und einer pervertierten öffentlichen Meinung.

Karl Kraus ist ausführlich und eindringlich bemüht, seine ambivalente Stellung zu Harden ins Bild hineinzunehmen und ihre Entwicklung zu begründen. Es ist, als hätte er nun wieder einmal nachzuholen, was seine private Situation ihm erspart hat: den Aufstand gegen den Vater. Karl Kraus muß nachweisen, daß, ungeachtet aller scheinbaren Parallelen und Ähnlichkeiten, er kein Harden und Harden kein Karl Kraus ist. Er grenzt sich von dem einstigen Idol ab und erhebt sich über Harden mit (gelinde gesagt) selbstbewußter Hybris:

»Um einen Horizont zu kriegen, mußte ich nicht bis Marokko laufen, und ich war's zufrieden, daß sich mir auf dem Stefansplatz das Weltbild enthüllte. Ich lernte den Vergleich meiner Tätigkeit mit der des Herrn Harden ... immer mehr als eine unverdiente Kränkung empfinden... Meine Stellung außerhalb des Presselagers ist eine ganz andere als die des Herrn Harden, dessen Isoliertheit nicht innerlich geboten, nicht eine Sache des Temperaments, sondern eine Sache der Konjunktur ist...«

Daß er für das Recht des Individuums auf Lust und gegen Sexualschnüffelei kämpft, ist legitim und verdienstvoll. Seine große und umfangreiche Harden-Polemik, die zu ihrer Zeit gewaltigen Widerhall hatte, ist heute, da Harden, Eulenburg und Moltke dem Leser so fern sind wie Cicero und Catilina, Demosthenes und Philipp von Mazedonien, noch ebenso lesens- und bewundernswert.

Und durch welche Motive immer die Wendung und die totale Feindschaft ausgelöst wurden (Hardens Mitarbeit an der ›Neuen

Freien Presse‹?): die kämpferische Leistung, sittliche Kraft und literarische Größe werden in ihrem Gewicht und ihrer Berechtigung dadurch nicht beeinträchtigt.

Die Causa Kraus kontra Harden wird nun dadurch noch zusätzlich charakterisiert, daß Karl Kraus jetzt den Stil des »großen Essayisten« gestelzt nennt und daß Harden für ihn alsbald kein großer Essayist mehr ist. Dazu wäre allerdings schon angesichts des »verheißenden Anfangs«, des »kecken Planens«, der »neidenswerten Frische« anno 1899 Anlaß gewesen.

Nun heißt es: »Daß einer ein Mörder ist, muß nichts gegen seinen Stil beweisen. Aber der Stil kann beweisen, daß er ein Mörder ist. ... die unbestreitbare Eigenart des Ausdrucks besteht von Gnaden der Indolenz, mit der die deutsche Sprache im Zeitungsdienst jeden Nutzwert zu ertragen gelernt hat.«

Karl Kraus verteufelt nun, da Harden in Fragen der Sexualmoral seinen Widerspruch ausgelöst hat, die Sprache Hardens, dessen »lohendes Temperament«, wie er in einem geflügelt gewordenen Wort sagt, »Ledernheit sprüht«. Der Stil verrät den Mann, und Hardens Stil ist ein »verquollener Brei informierter Fadheit«, seine einst »tadellos deutschen Sätze« sind nun »Schwulst«, »kalligraphische Schnörkel«; an ihnen will Karl Kraus »die große Unbedeutung dieses literarischen Charakters nachweisen«.

Er hat für Hardens Sprache das Etikett »Desperanto« gefunden und veröffentlicht unter diesem Titel in der ›Fackel‹ mehrfach »Übersetzungen aus Harden« in Tabellenform, die tatsächlich die satirische Aggression rechtfertigen und zudem höchst komisch sind, etwa

Der Stank verfliegt schnell	Das Gerücht erweist sich als haltlos
Der liebste Kömmling	Der willkommenste Besuch
Den Sitz Konstantins erklettern	Den byzantinischen Thron besteigen
Das Tier mit den zwei Pigmentschichten unter dem Chagrinleder	Das Chamäleon

Das Ohr läßt von außen her keine Schallwelle durch das ovale Fenster ins knöcherne Labyrinth	Man hört nichts
Sein Wollen blößen	Seinen Plan enthüllen
Der Kanalvetter	England
Sich mit frevler Hand aus dem Sonnenbezirk jäten	Sich umbringen
Unterm Wonnenmond im borussischen Sodom bezetern	Im Mai über preußische Sittenverderbtheit klagen
Der Ruch der Männerminne	Der Verdacht der Homosexualität

Und er hat in einer herrlichen Parodie die Totenrede des Marc Anton im Harden-Stil entworfen:

»Mitbürger! Freunde! Nachfahren des im Tiberbezirk von der Wölfin Gesäugten! Hört mich an: Cäsarn in die Grube zu senken, nicht mit blinkender Rede ihm seines Wirkens bleibende Spur zu zeichnen, bin ich vor euch, die der Volkheit Wollen eint, getreten ...«

Wir verstehen, warum Harden heute vergessen und Karl Kraus heute lebendig, warum Harden nichts weiter ist als ein Kapitel der Karl-Kraus-Biographie und eine Fußnote der Geschichte des Deutschen Reichs vor 1914. Wir möchten im Bild des Karl Kraus seine grandiose Abwertung Hardens um keinen Preis missen. Nur ist zu fragen, ob seine – nennen wir es: Treulosigkeit berechtigt war. Und wir finden auch darauf eine Antwort.

Man könnte verschiedener Meinung darüber sein (und war es auch unter Hardens Zeitgenossen), ob im Kampf gegen ein nachweisbar schauerliches Regime alle Mittel, selbst die eines Eulenburg-Prozesses, erlaubt seien, um eben dieses Regime zu zersetzen. Harden durfte sich zumindest auf mildernde Umstände berufen, Harden durfte zumindest das Ziel seines Kampfes, wenn schon nicht die Methoden, rechtfertigen. Harden durfte nur eines nicht.

Er hat im Juni 1910 in einem Wiener Montagblatt auf die Angriffe des Karl Kraus repliziert. Die Tonart und die Argumente sind kleinlich und gehässig, doch das mag hingehen. Doch Harden begeht jene Geschmacklosigkeit, derentwegen er von Karl Kraus bekämpft wurde, nun auch gegen Karl Kraus selbst und spielt in dem Artikel auf »seinen grotesken Roman« mit Annie Kalmar an. Er wußte im Jahre 1901, damals mit Karl Kraus befreundet, genau und aus nächster Nähe, was sich Tragisches begeben hatte.

Mag Karl Kraus, mag Harden in der Sprache und in der Sache Recht oder Unrecht gehabt haben: angesichts dieser einen üblen Anspielung ist rückwirkend und für alle Zukunft alles, was gegen Harden gesagt und getan wurde, gerechtfertigt.

»Mein Roman«, schreibt Karl Kraus, »lag Herrn Harden nicht als Rezensionsexemplar vor, aber er wußte von ihm, weil ich ihn besuchte, wenn ich auf der Reise zu einem Sterbebett in Berlin Station machte ... Detlev von Liliencron ... Deutschlands großer Dichter, weiß, wo der Roman beerdet liegt, und hat das Grab in seinen Schutz genommen ... Aus den Erkenntnissen dieses grotesken Romans wuchs mir die Fähigkeit, einen Moralpatron zu verabscheuen, ehe er mir den grotesken Roman beschmutzte ... Herr Harden ist tot, aber der groteske Roman lebt. Er hat die Kraft, immer wieder aufzuleben, und ich glaube, ich verdanke ihm mein Bestes.«

Geschlecht und Charakter

Die vom Arzt diktierte Ruhepause (im Sommer 1901, nach Annie Kalmars Tod) benützte Karl Kraus zu einer großen Reise nach Dänemark und Norwegen.

In der Zwischenzeit hatten Plakate in Wien verkündet: »Die Fackel ist tot. Es lebe die neue Fackel!«

Moriz Frisch, der bisherige Drucker der ›Fackel‹ (Inhaber der »Vorwärts«-Druckerei, die auch die sozialdemokratische ›Arbeiter-Zeitung‹ druckte), hatte nach dem Plagiat des ›Pinsel‹ das Titelblatt der ›Fackel‹ unter seinem Namen in das Markenregister eintragen lassen und machte sich diesen Vorteil und die Abwesenheit des Herausgebers zunutze. Die Bezeichnung einer

Publikation als ›Neue Fackel‹ wurde zwar durch eine behördliche Intervention alsbald untersagt, doch am 12. Oktober 1901 erschien die Wochenschrift ›Im Fackelschein‹, herausgegeben von Justinian Frisch, dem Sohn des Druckers, mit dem gleichen roten Umschlag, im gleichen Format, in gleicher typographischer Anordnung wie die ›Fackel‹. Auf dem Umschlag war ein wesentliches Merkmal der bisherigen Umschlagzeichnung, eben eine Fackel, zu sehen. Moriz Frisch hatte auch die Abonnentenlisten der ›Fackel‹ an sich genommen und erhoffte sich eine lukrative Konkurrenz, wenn nicht gar die Nachfolge der ›Fackel‹.

Das erste Heft namens ›Im Fackelschein‹ enthält die Bemerkung des Herausgebers Justinian Frisch: »Aus urheberrechtlichen Gründen habe ich den ursprünglich in Aussicht genommenen Titel geändert. Ich glaube, den Leser nicht erst darauf aufmerksam machen zu müssen, daß meine Wochenschrift mit der angekündigten ›Neuen Fackel‹ identisch ist.«

Die ganze Unternehmung ist von einer derart haarsträubenden Widerwärtigkeit, wie man sie kaum für möglich hält. Der Text des ersten Heftes beginnt so, als wäre er von Karl Kraus verfaßt: »In Nr. 81 der ›Fackel‹ erteilte ich, um allen Mißverständnissen vorzubeugen, meinen verehrten Feinden die beruhigende Versicherung ...« und versucht im Stil des Objekts einen Angriff auf Karl Kraus. Und dann wird ein hilfloser Versuch unternommen, Glossen à la ›Fackel‹ zu produzieren.

Eine weitere behördliche Intervention zwang Vater und Sohn Frisch, den Titel der Zeitschrift neuerlich abzuändern. Sie hieß hinfort ›Im Feuerschein‹ und hatte, bis auf das Format, äußerlich keine Ähnlichkeit mehr mit der ›Fackel‹. In der juristischen Auseinandersetzung zwischen Karl Kraus und den beiden Herren Frisch kam es in der Folge bis zum Dezember 1902 zu insgesamt fünfzehn zivilgerichtlichen, strafgerichtlichen und handelsgerichtlichen Urteilen, durch die Karl Kraus mühsam und schrittweise wieder in seine Rechte als Herausgeber der ›Fackel‹ eingesetzt wurde.

Die Zeitschrift ›Im Feuerschein‹, in der Karl Kraus weiterhin angegriffen und beschimpft wurde, ist im Januar 1903 eingegangen, nachdem eine Preisreduktion als letztes Mittel der Werbung erfolglos geblieben war.

Es ist bezeichnend für die Faszination und Provokation, die von Karl Kraus ausging, daß am Rande seiner publizistischen Aktivität immer wieder konkurrierende und schmarotzende Gegengründungen auftauchten. Zwischen dem ›Pinsel‹ und dem

›Fackelschein‹ war es ein ebenso unbedeutender »Sturm« gewesen, kurz darauf vereinigten sich der ehemalige Drucker Frisch und der Verleger der ›Demolierten Literatur‹, Ludwig Bauer (langjähriger Korrespondent der ›Neuen Freien Presse‹ in Paris), im ›Don Quixote‹, später erschienen dann mit einem »fackel«-roten Umschlag auch kleinformatige ›Freie Blätter‹.

Karl Kraus aber brach wieder einmal nicht erschöpft zusammen, sondern übersiedelte mit der ›Fackel‹ in die Druckerei Jahoda & Siegel, wo sie bis an ihr Ende wohlbehaust war und vom Oktober 1901 bis zum Februar 1936 im Sinne des Herausgebers vorbildlich betreut wurde.

Sie verzichtete auf den bisherigen kunstgewerblichen Umschlag und zeigte auf dem roten Papier nur noch Schriftzeilen.

(Justinian Frisch verschwand und tauchte, viel später und sehr gespenstisch, als Übersetzer der Vicki Baum aus dem Englischen aus der berechtigten Versenkung auf.)

Nicht viel später war für Karl Kraus ein neues, wenn auch weniger zermürbendes Abenteuer zu bestehen.

Der volkstümliche Feuilletonist und Dramatiker C. Karlweis brachte ihn auf die Bühne des Deutschen Volkstheaters.

Karlweis war hauptberuflich Oberinspektor der Südbahngesellschaft und als solcher berechtigt, Freikarten auszugeben. In dieser Eigenschaft war er von Karl Kraus höchst witzig apostrophiert worden. Die Zustände bei der Südbahn waren ein besonderes Thema der ersten ›Fackeln‹ gewesen; ein aufsehenerregender Artikel des bedeutenden Sozialdemokraten Dr. Wilhelm Ellenbogen in Heft 25 hatte auf die grauenhafte und gefährliche Mißwirtschaft sowohl in sozialer Hinsicht wie in bezug auf die mangelnde Sicherheit hingewiesen. Die Polemik gegen die Südbahngesellschaft ging weiter, und Karl Kraus machte ihr unter anderem zum Vorwurf, daß sie sich Journalisten durch reichliche Freikartenbewilligung gefügig mache: »›Bahn frei!‹ heißt jetzt die Parole für unsere junge Literatur.« Und: »Daß es diesem Bühnenschriftsteller, wenn er die Leute auf die Südbahn schickt, nur darum zu tun sei, seine Rivalen auf die rascheste Art aus dem Weg zu räumen, darf niemand behaupten. Eines aber muß der unparteiischeste Kritiker dem Dichter lassen: Er hat einen neuen Zug in die Literatur gebracht, und zu allgemeinem Nutz und Frommen sei hier mitgeteilt, daß dieser Zug um 7.30 früh ab Wien-Südbahnhof geht ...«

Nun wurde im Oktober 1901 am Deutschen Volkstheater ein neues Stück von Karlweis, ›Der neue Simson‹, aufgeführt. Darin trat, von einer Schauspielerin dargestellt, ein Knabe namens Alfred Ackermann in der Maske des Karl Kraus auf, ein sechzehnjähriger Gymnasiast, dem es »noch keiner recht machen können« hat, der mit »der brillanten Flugschrift gegen die Moderne in der Moderne« debütiert hat und der einen »Sensationsartikel ›Gegen die Ehe‹« schreibt. Auf die Frage, ob er »nicht einmal auch f ü r etwas geschrieben« habe, antwortet er: »Für etwas eintreten in dieser Welt des allgemeinen senilen Blödsinns? Das müssen Sie einem Jüngeren zumuten.« Er will ein eigenes Blatt herausgeben, gegen alles und gegen alle, ». . . die Wirkung soll eine reinigende sein«. Man sagt ihm: »Mit Schmutz werfen ist bekanntlich das beste Reinigungsmittel« und »Frechheit ist Macht! – Das setzen Sie als Motto auf Ihr Blatt!« Und als er ankündigt, er werde sein Blatt ›Die Knute‹ nennen, heißt es: »Das ist etwas, aber zu wenig . . . Nennen Sie Ihr Blatt ›Der Gestank‹.«

Weder das Stück noch die Schlüssel-Szenen sind an sich von Belang, doch sprechen auch sie und ihre Resonanz für die bedeutende Rolle, die Karl Kraus im Bewußtsein seiner Umwelt spielte.

Weitere polemische und prozessuale Konsequenzen unterblieben, da Karlweis bald nach der Premiere ernstlich erkrankte und kurze Zeit darauf starb.

Im selben Monat Oktober hatte das Blatt ›Wiener Karikaturen‹ das Andenken Annie Kalmars durch Anspielungen auf ihren Schmuckreichtum gröblichst verunglimpft und wurde von der Mutter der Verstorbenen vor Gericht zur Verantwortung gezogen. Das Ergebnis war eine Ehrenerklärung, in welcher der verantwortliche Redakteur das Erscheinen der Notiz »auf das höchste bedauerte und deren Aufnahme als eine beklagenswerte Ungehörigkeit« anerkannte. Nach dieser Verhandlung hatte nur die ›Arbeiter-Zeitung‹ die Ehrenerklärung, das ›Wiener Tagblatt‹ und das ›Deutsche Volksblatt‹ aber die inkriminierte Notiz wörtlich abgedruckt.

Noch übler war das Vorgehen des Journalisten, Dramatikers und Johann-Strauß-Librettisten Bernhard Buchbinder gewesen, der schon am 13. April (Annie Kalmar starb am 2. Mai) im ›Neuen Wiener Journal‹ in der Rubrik »Hinter den Kulissen« die Worte »Annie Kalmar im Sterben« drucken ließ – der Ausschnitt war der Armen an ihr Totenbett zugeschickt worden. In einer Wiener Gerichtsverhandlung gaben der Autor Buchbinder und der verantwortliche Redakteur des ›Neuen Wiener Journals‹ die Erklärung ab, es sei ». . . ein Artikel erschienen, in welchem der damals mit dem Tode ringenden Schauspielerin Annie Kalmar auf eine höchst ungerechtfertigte und ungehörige Weise nahegetreten wurde«. Die beiden Herren erklärten, daß sie »aufrichtig bedauern, die Veröffentlichung dieses Artikels nicht verhindert zu haben«.

Das ›Neue Wiener Journal‹ hat den Abdruck dieser Erklärung verweigert.

Karl Kraus war schon lange vor diesen – ihn persönlich betreffenden – Erfahrungen gegen die Presse gewesen, so konnten sie ihn in aller Schmerzlichkeit nur bestärken und bestätigen.

In einer anderen Hinsicht aber war all dies, was er, wenn man so sagen darf, Annie Kalmar schuldete, für Karl Kraus entscheidend.

Er machte ihre Sache zu der seinen. Sein zentrales Thema: die Eingriffe der Öffentlichkeit in die privateste Sphäre (hier im Zusammenhang mit Harden schon vorwegnehmend angedeutet) gab den Anstoß zu den ersten großen, auch literarisch und stilistisch neue Höhen erreichenden Arbeiten, die er der Aufbewahrung im Buch für wert hielt.

Und er begann, zweitens, sich Gedanken über Weib, Eros und Sexus zu machen, die allem Anschein nach »pro domo« gedacht und formuliert wurden.

Im September 1902 erschien der erste dieser Essays, ›Sittlichkeit und Kriminalität‹, mit Shakespeare-Zitaten eingeleitet, seine erste Arbeit aus der ›Fackel‹, die alsbald auch als Broschüre veröffentlicht wurde.

»Was die Justiz ... erreichen kann, ist der Schutz der Wehrlosigkeit, der Unmündigkeit und der Gesundheit«, unzulässig aber seien Eingriffe der Gesetzlichkeit »in das sittenloseste Privatleben« und Verfolgung wegen Kuppelei, wenn es sich um »zwei Mündige und Willige« handelt. »Gesetzgeber als schnüffelnder Reporter, der vor der Öffentlichkeit die Dessous des Lebens lüpft«, »Gerechtigkeit als indiskreter Dienstbote, der an Schlafzimmertüren horcht und durch Schlüssellöcher späht!«

Karl Kraus tritt auch für die Straflosigkeit des homosexuellen Verkehrs ein, vor allem auch um dem bedenklichen Übel der Erpressung zu steuern, durch die »die Unterlassung der Strafanzeige mit täglichen Höllenqualen und dem wirtschaftlichen Ruin erkauft wird«, und er wendet sich ebenso heftig gegen die Praxis der Polizei und der Justiz wie gegen die »verlotterte Presse«, die bei einem im Juli 1902 abgehaltenen Ehebruchsprozeß »kein Detail, kein Bruchstück dieser Ehe ihren Lesern vorenthalten wollte«, und tritt für die Angeklagte ein, die, »an den Pranger einer verhundertfachten Öffentlichkeit gepfählt, Torturen« erlitt, »welche ein Mittelalter, das bloß Daumenschrauben und nicht die Presse kannte, nicht zu vergeben hatte«. Er fordert eine »gesetzliche Reform, die richterlichem Losgehen auf dem Moralterrain Zügel anlegt. Nirgends tritt Lebensunkenntnis oder Verbitterung des Richters leichter in Erscheinung als gerade hier, wo über Allzumenschliches verhandelt wird«.

Satirische Form, sprachliche Geschliffenheit, pathetischer Höhenflug neben treffsicherem Witz, das war von Anfang an, schon von der ›Wage‹ her, in dem publizistischen Meister Karl Kraus hervorragend ausgeprägt. Nun weitet sich die Form und gewinnt großen Atem; aus Glossen, Stellungnahmen, Randbemerkungen und Artikeln werden Essays. Sie sind, jenseits ihres Inhalts, Meisterwerke von literarischem Rang, heute noch aktuell und selbst dort, wo der Stoff uns fernliegt, wo die Voraussetzungen für die Nachgeborenen im Dunkeln bleiben, mit Zustimmung und Genuß zu lesen. In diesen Aufsätzen, später in dem Band ›Sittlichkeit und Kriminalität‹ und in einem Teil der ›Chinesischen Mauer‹ gesammelt, spricht ein Kämpfer gegen philiströse Vorurteile und antiquierte Moralbegriffe; ein im besten Sinn Fortschrittlicher kämpft für die Freiheit des Individuums von öffentlichen Einmischungen und Indiskretionen, ein Kritiker Österreichs brandmarkt insbesondere die spezielle österreichische Praxis in dieser heiklen und wesentlichen Sphäre. Karl Kraus klagt die Wiener Richter und Berichterstatter an, er konfrontiert drakonische Urteile wegen nichtiger Vergehen mit nachsichtigen Strafen für Brutalitäten, er nennt die Richter und Staatsanwälte Mayer, Feigl, Pollak, Hanusch und andere beim Namen, er wiederholt immer wieder leitmotivisch seine These, daß »bloße Vermittlung oder Vermietung einer Gelegenheit für den geschlechtlichen Verkehr zwischen zwei willigen und mündigen Menschen« nicht strafwürdig sei, er weist in Anspielungen darauf hin, daß Delikte, die streng verfolgt zu werden pflegen, bei Angehörigen der höchsten und allerhöchsten Kreise vertuscht und nicht verfolgt werden (das Haus Habsburg war nicht frei von homosexuellen Mitgliedern), nicht um – wie Harden – die Hochgestellten der Verfolgung auszusetzen, sondern um gleiche Straflosigkeit für alle zu fordern.

Er betrachtet den Fall der Louise von Coburg, den Fall der Gattin des steirischen Bezirkshauptmannes Hervay, gegen die der »Hexenprozeß« von Leoben geführt wurde, den sensationellen Fall einer anderen Louise, der ehemaligen Kronprinzessin von Sachsen, jetzt Gräfin Montignoso, die gleichfalls den Hof verlassen hatte und jetzt von »Hofhunden, Pressekötern und Polizeihunden« gehetzt wurde. Er kommentiert den Fall des Wiener Universitätsprofessors Dr. Theodor Beer, der zwei Knaben »unzüchtig berührt« hatte, und fragt, ob nicht die ausführliche Aufrollung der Tat in einem großen Prozeß vor der Öffentlichkeit für die Kinderseelen schädigender gewesen sei als das Delikt. (»Ein Sittlichkeitsprozeß ist die zielbewußte Entwicklung einer individuellen zur allgemeinen Unsittlichkeit, vor deren düsterem Grund sich selbst die erwiesene Schuld des Angeklagten leuchtend abhebt.«) Er kämpft gegen das verlogene Totschweigen der Syphilis, die in bürgerlichen Blättern nicht beim Namen genannt werden darf. Er attackiert die Gerichtspsychiater, er bewahrt in der ›Fackel‹ seine »tiefe Nichtachtung des Maximilian Harden« auf, »die wahrlich nicht mehr von dieser Welt ist«.

In kleinen und in sehr großen Texten, in allgemeinen Betrachtungen und in solchen, die an das Tagesgeschehen anknüpfen, verarbeitet er gültig und verdienstvoll das große Thema des Zusammenstoßes zwischen der Sittlichkeit und den Sittenrichtern, im »unerhörten Kontrast von Sitte und Sein«. Er wird es sein Leben lang im Auge behalten.

Seine kämpferische Attitüde ist sehr jugendlich in ihrem revolutionären, reformatorischen Pathos. Und weil sie so ist, geht er hier auch in Kampfstellung gegen die Kirche, und nicht nur gegen die Klerikalen und die Christlich-Sozialen.

Schon in der ersten ›Fackel‹ war »unsere Finsternis« durch Altarkerzen verstärkt gewesen.

Nun lesen wir: »Gewissensbisse sind die sadistischen Regungen des Christentums. So hatte Er es nicht gemeint.« – »Alles Erotische beruht auf der Überwindung von Hemmungen ... Beliebte Hemmungen sind ... das Nichtzuhausesein einer Frau, das Verreistsein, die christliche Sündenlehre und das Strafgesetz.« – »Unter dem Bannfluch der christlichen Moral wird der außereheliche Geschlechtsverkehr zur Sünde ...« – »... die Meßbänder« (als Behelfe der Polizei) »helfen nicht, solange in einem Staat die Meßgewänder Mode sind.« – »... manches zur Liebe bestimmte Geschöpf wird das Opfer des großen christlichen Nächstenhasses.«

Indem er derart und auf diesem Gebiet kämpft, predigt und anklagt, ist er durchaus kein Einzelgänger, sondern eben das, was man »modern« nannte.

Das neue Jahrhundert war ja gerade in Wien beglückend reich an Neuerern gerade in Zusammenhang mit einem neuen sexuellen Weltbild. Einer von ihnen sollte auf Karl Kraus gerade in dieser für sein Ringen um das Sexualproblem entscheidenden Phase besonderen Einfluß gewinnen.

Im Mai 1903 erschien in Wien das Buch ›Geschlecht und Charakter‹ des dreiundzwanzigjährigen Otto Weininger, der im Oktober desselben Jahres im Sterbehaus Beethovens freiwillig aus dem Leben schied.

Strindberg hat Weininger für sein Buch gedankt, es hatte gewaltiges Aufsehen erregt, wurde in zahlreiche Sprachen übersetzt und hielt nach dem Ersten Weltkrieg bei der neunzehnten Auflage.

Hätte er weitergelebt, wäre Otto Weininger wohl neben Sigmund Freud gestellt worden.

Sein genialisches, von Einfällen und Wissen überquellendes, kühnes, eigenwilliges, weises und fürchterliches Buch behandelt (die frühen Arbeiten Freuds schon einbeziehend) in philosophisch-psychologisch-biologischer Zusammenschau vor allem die Frauenfrage. Weininger teilt die Menschen in die »sexuellen Typen« Mann (M) und Weib (W), deren Substanz allerdings nie rein, sondern nur in Mischverhältnissen auftritt. Er entkleidet den Typus W systematisch aller Werte, die dem M eignen: Das Weib ist zum Unterschied vom Mann nur sexuell, das Weib hat kein Unsterblichkeitsbedürfnis, keine Logik, keinen Charakter, das Weib ist amoralisch und hat einen organischen Hang zum Dirnentum und zur Kuppelei. »Der tiefststehende Mann steht unendlich hoch über dem höchststehenden Weibe.« – »Die Frauen haben keine Existenz und keine Essenz, sie sind nicht, sie sind nichts.« – Nur dem Manne eignen, laut Weininger: Individualität, Gedächtnis, Liebe, Aufmerksamkeit, Wille. Das absolute Weib ist »von jedem höheren, transzendenten, metaphysischen Sein ausgeschlossen«.

Karl Kraus hatte das Werk gleich nach dem Erscheinen gelesen und den Autor beglückwünscht (»Ein Frauenverehrer stimmt den Argumenten Ihrer Frauenverachtung mit Begeisterung zu.«). Er fühlte sich in vielem bestätigt und bestärkt und ganz gewiß ohne Zweifel intensiv angeregt. Insbesondere Weiningers Thesen über das Weib und die Prostitution waren für sein Fühlen und Denken und Schreiben in jener Zeit sehr maßgebend. »Bedeutende Männer haben stets nur Prostituierte geliebt«, steht bei Weininger; und der Ansicht, daß das Weib monogam sei, wird widersprochen.

Karl Kraus hat nach Otto Weiningers Tod des Frühverstorbenen in der ›Fackel‹ mehrfach gedacht und gedenken lassen und seine Zeitschrift auch Auseinandersetzungen zur Verteidigung von Weiningers Andenken zur Verfügung gestellt; er ist später immer wieder auf ihn zurückgekommen.

In der schon vorher aufgenommenen Betrachtung der echten und falschen Sittlichkeit war Weininger ihm willkommen, wenn Karl Kraus auch aus Weiningers Prämissen andere Schlüsse zog und das Weib nicht verachtete, sondern hochstellte. Doch er sieht nun das Weib mit Weiningers Augen. Und weil er es hochstellt, weil er einer Frau und ihrem Andenken so lebenslänglich verpflichtet ist, sieht er, was er hochstellt, in Weiningers Licht. Er läßt die Frau jenseits der sexuellen Sphäre nicht gelten. Er betrachtet ihre der männlichen gleichgestellte Tätigkeit (die Schauspielerin ausgenommen) als Abweg, er bekämpft die Frauenrechtlerinnen, er verklärt die Prostitution. Er errichtet für die Frau ein absolutes Königreich des Sexuellen, in welches wir ihm nur mit äußersten Vorbehalten folgen können; er reduziert sie auf ihre rein weibliche Funktion, er toleriert nicht nur, er verherrlicht die sexuelle Hemmungslosigkeit.

Er meint, daß »die ästhetische Haltung der Frau der Kultur mehr Nutzen gebracht hat als ihre ethische Erniedrigung Schaden«. Er spricht von »ehrenhaften Tatsachen des Privatlebens ... zu denen ich allerdings in erster Linie die ›Schande eines gefallenen Mädchens‹ zähle«. Er hält das »Dasein von Freudenspenderinnen« für wertvoller »als die Tätigkeit eines Leitartikelschreibers«. Er schreibt: »Der Mädchenhandel mag, wie jede andere soziale Einrichtung, seine Auswüchse haben; ihn einen Auswuchs nennen, bedeutet nichts anderes als den Zuckerhandel verbieten zu wollen, weil das Zuckerkartell korrupt ist.« Im Zusammenhang mit der Veröffentlichung von Sexualannoncen: »Die Hurerei prostituiert sich heute durch eine Verbindung mit dem schäbigsten Journalismus.«

Er fragt, ob »nicht manche, die die Wahl hat, das ›Buch‹ oder den ›Schleier‹ zu nehmen, sich nicht trotz den Enthüllungen eines Bordellprozesses unbedenklich für die Geschlechtskarriere entschiede«.

Er behauptet, daß die drei großen Wiener Kupplerinnen und Bordellmütter, »die Sachs, die Weiß und die Schön«, seiner Überzeugung nach ihren Platz im staatlichen Leben besser und zur größeren Zufriedenheit des Publikums ausfüllen als etwa der Ministerpräsident, der Statthalter und der Polizeipräsident, und ihrem gemeinnützigen Beruf viel sachkundiger obliegen als die führenden Journalisten Benedikt, Singer und Vergani.

Hier ist ein Problemkreis, von dem er besessen ist. Eine klare Entwicklung führt ihn auf diesem Weg zu einer neuen Sicht der Welt und zu einer neuen Phase seiner Produktivität.

Der Sommer 1901 markiert deutlich das Einsetzen dieser Phase. Kurz vorher hatte er noch das Deutsche Volkstheater als Bordell bezeichnet. Das wäre nachher kein Angriff, sondern ein Kompliment gewesen. Als man ihm später einmal vorwarf, daß er zu schimpfen pflege und unter anderen Kraftwörtern dabei auch das Wort »Dirne« verwende, replizierte er, er habe nie »einer Zeitung die Ehre erwiesen ... sie eine Dirne zu nennen«, und er »hätte weiß Gott immer viel darum gegeben, daß es auch mir gegönnt gewesen wäre, eine Dirne zu verachten, um sie einmal aus tiefstem Herzen eine Zeitung nennen zu können!«

Es ist bei Karl Kraus immer so, daß er sich eine neue Bewährung seines Schreibens und Wirkens ganz zu eigen macht und sich dann, sobald diese bewältigt ist, einer nächsten neuen Form zuwendet.

Es war auffallend, daß er bisher stets nur Journalist und nicht Schriftsteller im eigentlichen Sinn sein wollte (konnte). Er war zuerst gelegentlicher Mitarbeiter, dann ständiger Mitarbeiter, dann selbständiger Herausgeber; er wurde mit dem längeren Atem der »Sittlichkeits«-Aufsätze Essayist, doch blieb er auch darin Journalist, weil vom Anlaß inspiriert.

Nun ist er erstmals Schriftsteller: Manche wesentliche Aufsätze des Herausgebers und seiner Mitarbeiter lagen als Broschüren vor. Da erscheinen im März 1906, an der Spitze des Heftes 198, erstmals Aphorismen; die kleinste, die zugespitzte Form der literarischen Aussage eröffnet die Karriere des Schriftstellers Karl Kraus und kehrt ein rundes Jahrzehnt lang immer wieder und wird schließlich in drei Büchern gesammelt werden.

Ein Aphorismus war einst ein Beitrag von Karl Kraus in der Revue ›Das Rendezvous‹ gewesen:

»Die modernen Realisten, sagt man, seien die echten Lebensphotographen. Ich sage nein. Sie rufen doch nicht dem Objekte zu: ›Bitte, machen Sie ein freundliches Gesicht!‹«

Nun beginnt Karl Kraus:

»Der Klerikalismus ist das Bekenntnis, daß der Andere nicht religiös sei.«

Die Überschrift der ersten Aphorismen-Sammlung in der ›Fackel‹ ist ›Abfälle‹. Später werden die Aphorismen-Zyklen ›Tagebuch‹, ›Persönliches‹, ›Kehraus‹, ›Illusionen‹ überschrieben sein, bis die endgültige Formel ›Sprüche und Widersprüche‹ gefunden ist.

Im Sommer 1908 erscheint ein ›Fackel‹-Heft, das nur Aphorismen enthält. Sie sind ›Vorurteile‹ überschrieben.

Auch ein erstes charakteristisches Epigramm findet sich schon in der ersten Lieferung vom März 1906:

Die Frauen

Ob sündig oder sittenrein?
Laßt sie doch lieber gleich begraben!
Ich teile sie in Gefallene ein
Und solche, die nicht gefallen haben.

Die Frau ist die Dominante der Gedanken und Einfälle: »Die weibliche Orthographie schreibt noch immer ›genus‹ mit zwei und ›Genuß‹ mit einem ›s‹.« Diese und andere Formulierungen finden sich auch in der polemischen Prosa der ›Fackel‹, die mit dem Aphorismen-Werk ein System kommunizierender Gefäße bildet.

Und wenn die Aphorismen auch vielen anderen Gegenständen gelten, wenn sie Kunst und Sprache und Presse, Wien und Österreich, die Politik und später den Krieg betreffen und vieles in eigener Sache sagen, so ist doch ihr Zentrum das Sinnen nach dem Sinn des Eros. So beginnt auch der erste Band ›Sprüche und Widersprüche‹ mit dem Kapitel ›Vom Weib, von der Moral‹ und der (dritte) Band ›Nachts‹ mit dem Kapitel ›Eros‹.

Immer neu wird das große Thema variiert.

Da merken wir Weiningers Einfluß:

»Mann: funktionelle, Frau: habituelle Geschlechtlichkeit. Der Arzt des Mannes heißt ›Spezialist‹, nicht Männerarzt.«

Da wird die Funktion der Frau für Karl Kraus formuliert:

»Ein Liebesverhältnis, das nicht ohne Folge blieb. Er schenkte der Welt ein Werk.«

»Das Weib hat soviel Geist, als ein Spiegel Körper hat.«

»Eine Frau soll nicht einmal meiner Meinung sein, geschweige denn ihrer.«

Da wird das ganze Gebiet öffentlichen Befassens mit privaten Dingen in einer unsterblichen Pointe konzentriert:

»Der Skandal fängt erst an, wenn die Polizei ihm ein Ende macht.«

(Diese Formulierung hat Karl Kraus Ludwig Thoma, den er schätzte, für sein Stück ›Moral‹ überlassen.)

Da wird der Stand der Prostituierten weiterhin erhöht:

»Weh dem armen Mädchen, das auf dem Pfad des Lasters strauchelt!«

»Griechische Denker nahmen mit Huren vorlieb. Germanische Kommis können ohne Damen nicht leben.«

Da wird die Anklage gegen das Christentum neu formuliert:

»Wie hinter dem Don Quixote sein Sancho Pansa, so schreitet hinter dem Christentum die Syphilis einher.«

Da wird dem Weib alles andere außerhalb der sexuellen Sphäre abgesprochen:

»Der Kopf des Weibes ist bloß der Polster, auf dem ein Kopf ausruht.«

»Der Mann hat fünf Sinne, das Weib bloß einen.«

Und da bleibt Weiningers Einfluß allgegenwärtig:

»Die Eifersucht des Mannes ist eine soziale Einrichtung, die Prostitution der Frau ist ein Naturtrieb.«

Glanz und Elend

Die Isoliertheit des Karl Kraus in der fragwürdigen und korrupten Wiener Welt von Journalisten und künstlerischen, politischen und kommerziellen Geschäftemachern aller Art steht in erregendem Gegensatz zu seiner Verbindung mit den Großen seiner Zeit. Neben Weininger erscheint auch August Strindberg immer wieder mit größeren Arbeiten in der ›Fackel‹. Detlev von Liliencron hält Karl Kraus die Treue. Oscar Wilde kommt mit zahlreichen Arbeiten aus dem Nachlaß häufig zu Wort, Peter Altenberg bleibt Karl Kraus lebenslang verbunden. Nicht ohne bewußt provokatorische Absicht wird auch Houston Stewart Chamberlain, der bedeutende Antisemit aus dem Bayreuther Kreis, zur Mitarbeit aufgefordert.

Otto Weininger war Wagnerianer gewesen, mehr als das, er hielt Wagner für den größten Menschen seit Jesus Christus. Karl Kraus, dem Wagners Musik fremd war, hatte sich mehrfach pro Wagner geäußert, indem er eine gegen die Wiener Zeitungen gerichtete Briefstelle Wagners publik machte. Er trat auch für Bruckner und für Hugo Wolf ein, weil sie von Eduard Hanslick und Max Kalbeck in den Wiener Zeitungen bekämpft wurden.

Und als Hugo Wolf stirbt, erscheint in der ›Fackel‹ ein Nachruf von dichterischer Größe in der Form eines Protokolls eines hochnotpeinlichen Verhörs.

Nach Erwähnung der tragischen Schicksale Smetanas und Bruckners und ihrer Folterungen durch die Kritik heißt es:

»Jetzt wird Hugo Wolf eingefangen.

Der Oberrichter fragt:

Hugo Wolf, bekennst du dich schuldig, durch deine Lieder den Geist Mörikes, der schon in der Literaturgeschichte schlief, heraufbeschworen zu haben?

Hugo Wolf wütet, tobt und schafft.

Er muß mürbe gemacht werden.

Hugo Wolf wird totgeschwiegen.

Der Lebende wird aus dem Leben gestrichen. Der Schaffende wird aus der Welt geschafft.

Hugo Wolf leidet.

Also lebt er noch.

Der Oberrichter fragt:

Hugo Wolf, glaubst du an Brahms?

Hugo Wolf flucht der Clique.

Er wird nicht mürbe.

...

Der Oberrichter fragt:

Hugo Wolf, bekennst du, noch immer an Richard Wagner zu glauben?

Hugo Wolf wütet, schlägt um sich und schafft.

Der Oberrichter lockert die Schrauben: Unzweifelhaft ein Mann von Geist und Talent, aber er hat sich vor guten Freunden und vor Überhebung zu hüten.

Die guten Freunde geben Hugo Wolf zu essen.

Die guten Freunde geben Hugo Wolf Wohnung.

Er soll sich hüten, im Bette guter Freunde zu ruhen.

Er hungert nicht mehr. So hüte er sich vor Überhebung, sagt der Oberrichter.

Hugo Wolf hütet sich, geht ins Irrenhaus und stirbt.

Hugo Wolf ist reif für den Anekdoten-Nachruf geworden.

Er ist an seinen Goethe- und Mörike-Liedern gestorben.

Hätte er die Gedichte Rudolf Lothars komponiert, so wäre sein Name nicht aus den Spalten der Tageschronik geschwunden; er wäre täglich zweimal ›unser unsterblicher Hugo Wolf‹ genannt worden: man hätte ihn interviewt wie einen Konfektionär und Hutmacher.

. . .«

Ein Mitarbeiter der ›Fackel‹ in ihrer ersten Phase ist besonders bemerkenswert: Joseph Schöffel, ein Karl Kraus verwandter Geist, damals schon uralt, zur Legende geworden, aber noch von kämpferischem Elan erfüllt. Ihm waren zu Lebzeiten Denkmäler gesetzt, er war Ehrenbürger zahlreicher Gemeinden geworden, die auch Straßen nach ihm benannt hatten.

Kurz vor der Unterbrechung im Sommer hatte die ›Fackel‹ im Frühjahr 1901 eine Glosse gedruckt, die auf einen Artikel der ›Neuen Freien Presse‹ Bezug nahm; dort war gefordert worden, daß der Wienerwald »unberührt und unverkürzt erhalten bleibe« und daß ein »Gesetz zum Schutz und zur Erhaltung des Wienerwaldes« erlassen werde.

Die Glosse von Karl Kraus entlarvte diese Haltung der ›Neuen Freien Presse‹ als Heuchelei und wies darauf hin, daß Joseph Schöffel anno 1870 als Einzelner und gegen die Wiener Presse den Wienerwald vor der Devastierung geschützt und die Lösung eines bereits geschlossenen Vertrags mit »Holzwucherern«, denen der Wienerwald ausgeliefert gewesen wäre, durch eine große Kampagne erzwungen hatte. Diese Kampagne war in die Wiener Lokalgeschichte eingegangen, Joseph Schöffel hatte (und hat bis heute) das Adelsprädikal »Retter des Wienerwaldes«, und die ›Neue Freie Presse‹ hat damals eine sehr unrühmliche Rolle gespielt.

Einen Monat nach dieser ersten Erwähnung Schöffels in der ›Fackel‹ folgte ein Brief Schöffels an Karl Kraus, der in Erinnerung brachte, daß die ›Neue Freie Presse‹ damals den »Staatsgüterverschleiß in Szene setzte«, daß sie die Auslieferung des Wienerwaldes »als finanzielle Notwendigkeit patronisierte«, daß sie Schöffel, als er um den Wienerwald kämpfte, erst totgeschwiegen, dann verhöhnt hatte.

In der Folge kam Joseph Schöffel in der ›Fackel‹ mehrmals zu Wort, teils in eigener Sache, aber auch mit einer großen Studie über den Parlamentarismus, mit einer Studie über die Autonomie der Länder und Gemeinden, mit einer Studie über Immunität und Inkompatibilität, mit einer Stellungnahme zur Frage der parlamentarischen Obstruktion.

Am 7. Februar 1910 ist Joseph Schöffel im achtundsiebzigsten Lebensjahr gestorben. Karl Kraus schrieb einen Nachruf, der Schöffels Mitarbeit an der ›Fackel‹ rekapituliert, mit den verlegenen und verlogenen Nachrufen auf Schöffel in den Wiener Zeitungen abrechnet und der schließt:

»Weh den vielen, die ihn zu nennen wagen, weil sie nicht mehr erröten können!

›Wehe der Nachkommenschaft, die ihn verkennt!‹«

Joseph Schöffels ›Fackel‹-Beiträge waren in Form und Gegenstand und Haltung Erweise und Gegenbeispiele: Karl Kraus zeigte als Kritiker und zugleich Redakteur durch diese Beiträge, wie man es als Redakteur »besser machen« konnte und sollte.

Vor allem aber – und das ist noch wichtiger als Schöffels Mitarbeit an der ›Fackel‹ – erschienen 1905 bei Jahoda & Siegel, wo die ›Fackel‹ gedruckt und bald auch verlegt wurde, Joseph Schöffels ›Erinnerungen aus meinem Leben‹, ein bedeutendes, interessantes und faszinierendes Werk, das leider völlig verschollen ist und einer Neuauflage überaus wert wäre.

Anschaulich und in wohlbeherrschter Sprache erzählt Schöffel aus seiner Jugend, von seiner Militärzeit, von der großen Wienerwald-Kampagne und von seiner politischen Tätigkeit. Er erweist sich als wahrer Patriot gerade in seinen negativen Stellungnahmen und, auch darin Karl Kraus ähnlich, in seiner Unbestechlichkeit.

Schon im Vorwort verkündet er als Zweck der Niederschrift seinen Vorsatz, den Volksvertretern »die Sünden ihrer Vorgänger, die verhängnisvollen Versäumnisse der Regierungen dieses namenlosen Staates vor Augen zu halten« (»namenlos« deshalb, weil in der neuen Form der österreichisch-ungarischen Monarchie dem Königreich Ungarn keine reale andere Hälfte namens Österreich entsprach) »und sie auf diese Weise, wenn es überhaupt möglich ist, zu bestimmen, nicht wieder den Weg zu betreten, den sie gegangen, und so das Volk, das sie eigentlich vertreten, vor der weiteren Schmach des Helotentums zu bewahren«.

Im Bericht über das Kriegsjahr 1866 steht eine Episode, die ›Die letzten Tage der Menschheit‹ vorwegnimmt:

Auf einem Bahnhof sind Verwundete untergebracht ... »... täglich erschien Sr. Majestät zwischen 2 und 3 Uhr nachmittags auf dem Bahnhofe, um die angekommenen Verwundeten zu besuchen und ihnen Trost zuzusprechen. Eine Stunde, bevor Sr. Majestät den Bahnhof betrat, fiel regelmäßig ein ganzer Schwarm von Ärzten über die armen Verwundeten her, und eine Wolke prächtig gekleideter Damen, die in Wohltätigkeit machten, lagerte um die nach Ruhe sich sehnenden, auf Stroh hingestreckten Menschen.

Diese Komödie spielte sich täglich während der Anwesenheit Sr. Majestät ab.

Sobald aber der Kaiser den Bahnhof verlassen hatte, verließen auch die Scharen geschäftiger Ärzte und der Schwarm der Wohltätigkeitsdamen, von deren Wohltätigkeit keiner der zum Krüppel Geschossenen etwas verspürte, mit ihrem glänzenden Gefieder, hinter ihm schnatternd den Bahnhof.«

Bemerkenswert ist auch Schöffels Unabhängigkeit gegenüber seiner eigenen, der Christlich-Sozialen Partei bei der Darstellung ihres Wirkens im Kronland Niederösterreich:

»Eine Partei, welche auf ihre Fahnen den Kampf gegen die Korruption und deren Züchter, die Juden, geschrieben hatte, errang einen ungeahnten Sieg, um später, nachdem sie zur Herrschaft gelangt war, derselben Korruption zu verfallen, welche die besiegte liberale Partei zerfressen und getötet hatte.«

Das Buch klingt aus wie folgt:

»Mich ekelte!

Ich nahm kein Mandat mehr an, legte alle Ehrenämter nieder und zog mich ins Privatleben zurück! Ich lebe nun ruhig und zufrieden, in der Hoffnung, daß eine neue Sündflut die zum Himmel stinkende Kloake der Korruption auf allen Gebieten der menschlichen Gesellschaft hinwegschwemmen wird, was nicht ausbleiben kann!«

In Schöffel wie in Weininger fand Karl Kraus Bestätigung und Bestärkung und das unschätzbare Bewußtsein, mit seinen Meinungen nicht allein zu stehen.

Frank Wedekind war all dies, und noch viel mehr: ein Freund. Karl Kraus liebte ihn so sehr, daß er ihm gegenüber eine der ganz seltenen Ausnahmen im Absolutismus seiner Unbedingtheit machte und mit Wedekind nicht brach, wenn dieser mit Gegnern Kontakt hatte. Denn sonst galt die unbarmherzige Regel: Die Freunde meiner Feinde sind meine Feinde.

Aber er liebte Frank Wedekind. Und er dankt dieser Liebe eine erste Erfüllung seines alten, ewigen Traums vom Theater:

Am 29. Mai 1905 (wiederholt am 15. Juni) wird im Trianon-Theater, Wien, Praterstraße (heute: Nestroyhof), als geschlossene

Vorstellung Wedekinds ›Büchse der Pandora‹ uraufgeführt. Regie führt Albert Heine, eines der wenigen Burgtheatermitglieder, das Karl Kraus stets geschätzt hat. Er spielt auch den Schigolch. Lulu ist die junge Tilly Newes, die Wedekind hier kennenlernt und später heiratet. Das Mädchen Kadidja ist Ida Orloff, das Vorbild zu Hauptmanns Pippa. Frank Wedekind selbst spielt den Jack (the Ripper). Karl Kraus hat die Veranstaltung organisiert und arrangiert. Er ist einmal aus der Isolation in die Welt der Kontakte getreten, er erfüllt sich in seiner ursprünglichen Sphäre, er ist Theatermann, er leitet ein Theater, er spielt auch mit. In der kleinen, aber wichtigen Szene des Prinzen Kungu Poti, der Lulu im letzten Akt besucht, steht er als Schauspieler auf der Bühne. Vor der Vorstellung hat er einleitende Worte gelesen.

Dieser Abend des 29. Mai 1905 ist ein Höhepunkt in der Laufbahn des Karl Kraus und ein großer Erweis seiner produktiven Kräfte. Er hat eine literarische Großtat ermöglicht, er hat sich als Schauspieler erlebt und er hat einen Essay über Wedekinds Tragödie hervorgebracht, der ihn als Schriftsteller legitimiert.

Und wieder soll nun die Chronologie vorübergehend aufgegeben werden, denn an Hand dieses Essays ist es sinnvoll, die Größe des Schriftstellers Karl Kraus dort zu zeigen, wo er am größten ist.

In der Einführung zur ›Büchse der Pandora‹ glossiert er nicht, kämpft er nicht, kritisiert er nicht. Er betrachtet ein Objekt und sieht, daß es gut ist. Er stimmt zu. Und er wächst über sich hinaus, wenn er bejaht. Vom Rollfeld der Analyse erhebt er sich zur Meisterschaft der gestalteten Prosa. Wie er sich im Aphorismus vom Anlaß befreit, steigt er gleichzeitig in seinen großen Essays über literarische Gegenstände, vom Anlaß ausgehend, ins Allgemeine, Gültige. Er selbst kennt diese seine tragische Gesetzlichkeit: »Wieviel Stoff hätte ich, wenns keine Ereignisse gäbe!«

Aus einem bedeutenden Kommentar eines bedeutenden Werks wachsen Erkenntnisse über das Kunstwerk und über die Liebe:

»Der Vorwurf, daß man in eine Dichtung Dinge ›hineingelegt‹ habe, wäre ihr stärkstes Lob. Denn nur in jene Dramen, deren Boden knapp unter ihrem Deckel liegt, läßt sich beim besten Willen nichts hineinlegen. Aber in das wahre Kunstwerk, in dem ein Dichter seine Welt gestaltet hat, können eben alle alles hineintun. Was in der ›Büchse der Pandora‹ geschieht, kann für die künstlerische wie für die moralische Betrachtung der Frau herangezogen werden. Die Frage, ob es dem Dichter mehr um die Freude an ihrem Blühen oder mehr um die Betrachtung ihres ruinösen Wirkens zu tun ist, kann jeder wie er will beantworten. So kommt bei diesem Werke schließlich auch der Sittenrichter auf seine Rechnung, der die Schrecknisse der Zuchtlosigkeit mit exemplarischer Deutlichkeit gezeichnet sieht und der in dem blutdampfenden Messer Jacks die befreiende Tat, nicht in Lulu das Opfer erkennt. ... Ich sehe in der Gestaltung der Frau, die die Männer zu ›haben‹ glauben, während sie von ihr gehabt werden, die Frau, die Jedem eine andere ist, Jedem ein anderes Gesicht zuwendet und darum selten betrügt und jungfräulicher ist als das Püppchen domestiker Gemütsart, ich sehe darin eine vollendete Ehrenrettung. In der Zeichnung dieses Vollweibs mit der genialen Fähigkeit, sich nicht erinnern zu können, der Frau, die ohne Hemmung, aber auch ohne die Gefahren fortwährender seelischer Konzeption lebt und jedes Erlebnis in der Wonne des Vergessens abspült. Begehrende, nicht Gebärende; nicht Genus-Erhalterin, aber Genuß-Spenderin. Nicht das erbrochene Schloß der Weiblichkeit; stets geöffnet, stets geschlossen. Dem Gattungswillen entrückt, aber durch jeden Sexualakt selbst neu geboren. Eine Nachtwandlerin der Liebe, die erst ›fällt‹, wenn sie angerufen wird, ewige Geberin, ewige Verliererin ...«

Karl Kraus ist zu bewundern und zu preisen, wenn er kämpft; doch als Meister sehe ich ihn in einigen seiner Gedichte und in solchem Hochflug über das Besondere in das Allgemeine. Ich meine, seinen Anteil von »Elend« im Widerstreit von Glanz und Elend der Meister nicht in seiner Vereinzelung und Ohnmacht, in seinem Scheitern und tragischen Ende so tief ausgeprägt zu finden wie darin, daß er nur so selten und auf Umwegen von der oberflächlichen Stoffgebundenheit zur Synthese gelangt ist.

Am größten Thema wächst er. So in seinem Nachruf auf Strindberg:

»... Strindberg glaubte schon, ehe er seinen Frieden mit Gott machte; er glaubte an zuviel Gott. Die wahren Gläubigen sind es, welche das Göttliche verneinten ... Er wollte nicht wissen, daß es Tag und Nacht gibt, Mann und Weib. Er forderte von Gott eine Hälfte ein. Er war ein Gläubiger Gottes: des Schuldners. Er mußte der Nacht verfallen und dem Weib, um auch dort Gott zu erleben. Und Gott rief: Adam, wo bist du? ... Er war am Weibe zum Chaos geworden, der Welt wurde ein Dichter ...«

Oder in der großen Nestroy-Rede, aus der es zur Konfrontation von Satire und Lyrik und zur großen Apotheose des Witzes aufblüht:

»... Bei Nestroy, der nur holperige Coupletstrophen gemacht hat, lassen sich in jeder Posse Stellen nachweisen, wo die rein dichterische Führung des Gedankens durch den dichtesten Stoff, wo mehr als der Geist: die Vergeistigung sichtbar wird. Es ist der Vorzug, den vor der Schönheit jenes Gesicht hat, das veränderlich ist bis zur Schönheit. Je größer die Materie, um so eindringlicher der Prozeß. An der Satire ist der sprachliche Anspruch unverdächtiger zu erweisen, an ihr ist der Betrug schwerer als an jener Lyrik, die sich die Sterne nicht erst erwirbt und der die Ferne kein Weg ist, sondern ein Reim. Die Satire ist so recht die Lyrik des Hindernisses, reich entschädigt dafür, daß sie das Hindernis der Lyrik ist. Und wie hat sie beides zusammen: vom Ideal das ganze Ideal und dazu die Ferne! Sie ist nie polemisch, immer schöpferisch, während die falsche Lyrik nur Jasagerei ist, schnöde Berufung der schon vorhandenen Welt. Wie ist sie die wahre Symbolik, die aus den Zeichen einer gefundenen Häßlichkeit auf eine verlorene Schönheit schließt und kleine Sinnbilder für den Begriff der Welt setzt! Die falsche Lyrik, welche die großen Dinge voraussetzt, und die falsche Ironie, welche die großen Dinge negiert, haben nur ein Gesicht, und von der einsamen Träne Heines zum gemeinsamen Lachen des Herrn Shaw führt nur eine Falte. Aber der Witz lästert die Schornsteine, weil er die Sonne bejaht. Und die Säure will den Glanz und der Rost sagt, sie sei nur zersetzend. Die Satire kann eine Religionsstörung begehen, um zur Andacht zu kommen. Sie wird leicht pathetisch auch dort, wo sie ein gegebenes Pathos nicht anders einstellt als ein Ding der Außenwelt, damit ihr Widerspruch hindurchspiele. Ja und Nein vermischen sich, vermehren sich, und es entspringt der Gedanke. Ein Spiel, gesinnungslos wie die Liebe. Das Ergebnis dieser vollkommenen Durchdringung, Erhaltung und Verstärkung polarer Strömungen: eine Nestroysche Tirade, eine Offenbachsche Melodie ...«

Oder, wenn auch gewiß ebenso pro domo, die Erkenntnis vom Triumph des Künstlers über den Journalisten mitten in einer Auseinandersetzung mit Heinrich Heine:

»... der Journalismus, der die Geister in seinen Stall treibt, erobert indessen die Weide. Er hat die Literatur ausgeraubt – er ist nobel und schenkt ihr seine Literatur. Es erscheinen Feuilletonsammlungen, an denen man nichts so sehr bestaunt, als daß dem Buchbinder die Arbeit nicht in der Hand zerfallen ist. Brot wird aus Brosamen gebacken. Was ist es, das ihnen Hoffnung auf die Fortdauer macht? Das fortdauernde Interesse an dem Stoff, den sie ›sich wählen‹! Wenn einer über die Ewigkeit plaudert, sollte er da nicht gehört werden, solange die Ewigkeit dauert? Von diesem Trugschluß lebt der Journalismus. Er hat immer die größeren Themen, und unter seinen Händen kann die Ewigkeit aktuell werden, aber sie muß ihm auch ebenso leicht wieder veralten. Der Künstler gestaltet den Tag, die Stunde, die Minute. Sein Anlaß mag zeitlich und lokal noch so begrenzt und bedingt sein, sein Werk wächst um so grenzenloser und freier, je weiter es dem Anlaß entrückt wird. Es veralte getrost im Augenblick: es verjüngt sich in Jahrzehnten. Was vom Stoff lebt, stirbt vor dem Stoff. Was in der Sprache lebt, lebt mit der Sprache ...«

Eine Arbeit mit dem Titel ›Grimassen über Kultur und Bühne‹ beginnt: »Feuilletonkorrespondenten, die mit einer schweißigen Beobachtungsgabe aus dritter Hand unser Geistesleben im Ausland repräsentieren, beklagen sich über die Wiener Komödiantenkultur.« Sie endet: »Und die Neigung der Menge, dem Wagen eines Künstlers die Pferde auszuspannen, schien das natürliche Verhältnis der beiderseitigen Bestimmungen« (des Künstlers und des Publikums in früheren Zeiten) »wiederherzustellen. Heute ist sie noch bescheidener geworden; sie wiehert schon begeistert, wenn ein Pferdedieb im Wagen sitzt.«

Dies ist also eine Betrachtung über die Beziehungen der Wiener zu ihren Bühnenkünstlern und insbesondere ein Lamento über einen besondern Typus auf der neueren Wiener Operettenbühne. Aber auf dem Weg von diesem Anfang zu diesem Abschluß wendet sich der Gedanke von Lehár und dem Operettentenor Louis Treumann zu der Frage: »Hat einer schon einmal untersucht, welche Elemente es sind, die die unaussprechliche Gemeinheit dieses neuen Operettenwesens zusammensetzen ...?«, und von da geht es zu Strauß, zu Lecocq, Audran, Sullivan, Suppé, zu Offenbach. Und im Handumdrehen ist eine Ästhetik des musikalischen Theaters aus dem Ärmel geschüttelt, ist die Operette gegen Oper und Schauspiel abgegrenzt, und ein Absatz in der ›Fackel‹ wird zum Kanon der Formenlehre des Theaters, der in keinem einschlägigen Werk fehlen dürfte:

»Die Funktion der Musik: den Krampf des Lebens zu lösen, dem Verstand Erholung zu schaffen und die gedankliche Tätigkeit entspannend wieder anzuregen. Diese Funktion, mit der Bühnenwirkung verschmolzen, macht die Operette, und sie hat sich mit dem Theatralischen ausschließlich in dieser Kunstform vertragen. Denn die Operette setzt eine Welt voraus, in der die Ursächlichkeit aufgehoben ist, nach den Gesetzen des Chaos, aus welchem die andere Welt erschaffen wurde, munter fortgelebt wird und der Gesang als Verständigungsmittel beglaubigt ist. Vereint sich die lösende Wirkung der Musik mit einer verantwortungslosen Heiterkeit, die in diesem Wirrsal ein Bild unserer realen Verhältnisse ahnen läßt, so erweist sich die Operette als die einzige dramatische Form, die den theatralischen Formen vollkommen angemessen ist. Das Schauspiel kann immer nur trotz oder entgegen den Gedanken seine Bühnenhaftigkeit durchsetzen, und die Oper führt durch die Inkongruenz eines menschenmöglichen Ernstes mit der wunderlichen Gewohnheit des Singens sich selbst ad absurdum.* In der Operette ist die Absurdität vorweg gegeben. Hier klafft kein Abgrund, in dem der Verstand versinkt; die Bühnenwirkung deckt sich mit dem geistigen Inhalt. Im Schauspiel zwingt das Schauspielerische auf Kosten des Dichterischen, denn um uns zu Tränen zu rühren, ist es ganz gleichgültig, ob Shakespeare oder Wildenbruch die Gelegenheit bietet; in der Oper spottet das Musikalische des Theatralischen, und die natürliche Parodie, die im Nebeneinander zweier Formen entsteht, macht auch den tatkräftigsten Versuch zu einem ›Gesamtkunstwerk‹ lächerlich. Das Theater ist die Profanierung des unmittelbaren dichterischen Gedankens und des sich selbst bedeutenden musikalischen Ernstes; es ist der Hemmschuh jedes Wirkens, das eine Sammlung beansprucht, anstatt sie durch die sogenannte Zerstreuung erst herbeizuführen. Äschylos wird an dem Ausbreitungsbedürfnis des letzten Komödianten zuschanden, und die Andachtsübungen einer Wagneroper sind ein theatralischer Nonsens. Zu einem Gesamtkunstwerk im harmonischesten Geiste aber vermögen Aktion und Gesang in der Operette zu verschmelzen, welche eine Welt als gegeben nimmt, in der sich der Unsinn von selbst versteht und in der er nie die Reaktion der Vernunft herausfordert ...«

Wie tragisch, daß Ja und Nein, Liebe und Haß bei Karl Kraus ineinander verschränkt sind, daß Liebe des Hasses bedarf, um produktiv zu werden, daß er so sehr zum Nein gedrängt wird und so schwer ja sagt, die Zustimmung meist in die Form »ja, aber« kleidet.

Auch in der Wedekind-Einleitung nennt er Wedekinds Poesie eine, »die nur jener offizielle Schwachsinn verdammen kann, dem ein schlecht gemalter Palast lieber ist als ein gut gemalter Rinnstein«.

Der Strindberg-Nekrolog muß im Vorübergehen Hebbels »bürgerlichste Bürgschaft« verhöhnen.

* Hier ist allerdings die opera buffa unberücksichtigt. H. W.

Die Nestroy-Rede ist voll von Kampfansagen gegen die Technik, die Zeitung, die Literarhistoriker, die liberalen »Phraseure und Riseure«.

Und hätte Karl Kraus Franz Lehár und Louis Treumann nicht gehaßt, wäre er nicht zur Höhe seiner großen Operettendeutung getragen worden.

Er ist zum Journalismus verdammt, er kann zum Großen nur über das Kleine kommen. Oft hat er sich selbst mit diesem Einwand auseinandergesetzt. »Ich mache aus einer Mücke einen Elefanten. Ist das keine Kunst?« Er war belastet mit der Anfälligkeit gegen Mücken, gekettet an das Elend seiner Zeit, das er in den Glanz seines Geistes und seiner Gestaltungskraft einbeziehen mußte.

Biographie der ›Fackel‹

Die Entwicklung der Zeitschrift ›Die Fackel‹ ist eine Biographie ihres Herausgebers.

Die erste Unterbrechung im Sommer 1901 wurde schon dargestellt. Weitere Unterbrechungen gab es im Sommer 1903 (»Drei Monate Erholung, die ich mir gegönnt, sind gerade genug. Hoffentlich auch für meine Nerven, deren Weigerung die Arbeitspause verschuldet hat. Ich habe viel versäumt. Aber dem Gebot des Arztes, der mich vom Schreibtisch wies, mußte ich mich fügen. Er hatte mir Enthaltung von geistiger Anstrengung und absolute Langweile verordnet. So abonnierte ich denn die ›Zeit‹ und zog mich auf das Land zurück . . .«). Und in allen folgenden Sommern bis einschließlich 1913: Karl Kraus verbrachte den Sommer 1903 wieder in Ischl, er reiste mehrmals nach Frankreich, Belgien, Holland und nach Italien.

Schon beim Wiedererscheinen nach der ersten Unterbrechung findet sich auf der Innenseite des Umschlags der vorsorgliche Vermerk: »Das Abonnement erstreckt sich nicht auf einen Zeitraum, sondern auf eine bestimmte Anzahl von Nummern, weil der Herausgeber sich die Möglichkeit der gelegentlichen Unterbrechung vorbehalten will.« Die Unterbrechung von 1903 wird unter Hinweis auf diesen Vorbehalt im voraus angekündigt. Im Juli 1904 heißt es: »In dem Erscheinen der ›Fackel‹ tritt eine längere Unterbrechung ein.« Später sind diese sommerlichen Unterbrechungen stillschweigend vorausgesetzt.

›Die Fackel‹ erscheint anfangs dreimal monatlich im Umfang von sechzehn bis vierundzwanzig Seiten, die erste Umfangserweiterung erforderte der Bahr-Bukovics-Prozeß, ohne daß jedoch eine »Doppelnummer« den Verkaufspreis oder die Numerierung beeinflußte.

Von Heft 90 (4. Januar 1902) an wird das Datum nicht mehr mit »Anfang Mai«, »Mitte Mai«, »Ende Mai« angegeben, sondern »Erschienen am 7. Mai ... 16. Mai ... 23. Mai ...«

Vom Oktober 1903 bis Juli 1904 erschien ›Die Fackel‹: »drei- oder zweimal im Monat im Umfange von 16 bis 32 Seiten«, vom 6. Oktober 1904 an steht auf dem Umschlag »Erscheint in zwangloser Folge«. Dieser Satz verschwindet in den Monaten vor dem Ersten Weltkrieg von der Außenseite und taucht später auf der Innenseite des Umschlags wieder auf. Von April 1917 an heißt es auf der Außenseite: »Erscheint in zwangloser Folge mindestens viermal im Jahre«, vom Januar 1925 bis zum Ende »Erscheint vierteljährlich mindestens einmal«.

Am 6. Mai 1905 erschien eine erste als solche bezeichnete »Doppelnummer« im Umfang von sechsundfünfzig Seiten. In die zwanglose Folge wurden ebenso zwanglos immer wieder solche Doppelnummern eingefügt, später gelegentlich auch »dreifache Nummern«. Im Sommer vor dem Ersten Weltkrieg erscheint eine erste vierfache Nummer, und von da an variiert der Umfang von einem Heft alten Stils bis zur Stärke von 168, 176, 192, 208 und 316 Seiten (Nr. 890 bis 905, Ende Juli 1934 ›Warum die Fackel nicht erscheint‹).

Heft 208 (4. Oktober 1906) führt erstmals auf der Außenseite den Inhalt an, der bisher nur auf den ankündigenden Plakaten an den Verkaufsstellen angezeigt worden war.

Der Umschlag des Heftes 338 (Dezember 1911) zeigt erstmals den Hinweis »Sämtliche Beiträge von KARL KRAUS«, der vom ersten Weltkriegsheft an (weil inzwischen selbstverständlich) wegfällt.

Auf den beiden Innenseiten und der hinteren Außenseite des Umschlags befinden sich neben Hinweisen auf die Bezugsbedingungen, die Adresse und so weiter auch Inserate. Wenn sie auch von Anfang an nicht wahllos angenommen werden, wird da immerhin für ein Ausschnittbüro, für ein Mineralwasser, für ein Anwaltbüro, für ein Damenkonfektionshaus, für ein Herrenkonfektionshaus, für eine französische Zeitschrift, für ein

Uniformhaus, für Kakao und Schokolade, ein Photoatelier, eine Spedition, für »selbstspielende Klaviere« und sogar für eine Annoncenexpedition geworben. Daneben finden sich von Anfang an Ankündigungen der Werke des Herausgebers und seiner Freunde und Mitarbeiter (Liliencron, H. St. Chamberlain), später auch Anzeigen der im Verlag der ›Fackel‹ erschienenen Broschüren bedeutsamer Aufsätze aus der ›Fackel‹.

Bald sind nur noch das »Krondorfer«-Mineralwasser und A. Weigls Ausschnittbüro »Observer« übriggeblieben. Die Anzeigen gelten neben Karl Kraus, seinen Büchern, später seinen Vorlesungen, nun in bewußter Selektion den Publikationen seiner Mitarbeiter und Freunde, sie sind aus der korrumpierenden Sphäre gelöst und Bestandteil des Inhalts. Die letzte »berufsfremde« Annonce wirbt am 31. Mai 1910 für »Korffs Cacao, Korffs Chocolade«. Im Maiheft 1913 steht ein letztes Inserat des »Observer«. In den folgenden zwei Heften steht zu lesen: »Auf wiederholte, bisher schriftlich erledigte Bewerbungen von Inserenten (Verlagen etc.) und Anfragen von Insertionsbureaux, die die Mitteilung des Annoncentarifs der Fackel wünschen, wird bekanntgegeben, daß Annoncen für die Fackel in keinem Fall angenommen, die Umschlagseiten der Zeitschrift nicht vermietet werden und die hier enthaltenen kostenfreien Ankündigungen ausschließlich nach dem persönlichen Gutdünken des Herausgebers erfolgen.« Auch diese kostenfreien Ankündigungen sind ein wesentlicher Bestandteil der Biographie, nicht nur indem sie Neuerscheinungen, Neuauflagen und Vorlesungen des Herausgebers anzeigen, sondern auch als Dokumente seiner Sympathien. Da erscheint Herwarth Walden, seine Wochenschrift ›Der Sturm‹ und seine Lieder, da finden sich Oskar Kokoschka und Adolf Loos; das Nietzsche-Buch von Dr. S. Friedländer (als »Mynona« bekannt) gibt ein kurzes Gastspiel, Else Lasker-Schüler und Peter Altenberg kehren immer wieder, ebenso Liliencron, Trakl, Otto Stoessl, Karl Borromäus Heinrich, daneben gelegentlich, sozusagen widerruflich: Otto Soyka, Albert Ehrenstein, Fritz Wittels, Franz Werfel. Zum fünfzigsten Geburtstag des Dichters werden die bei S. Fischer erschienenen Bücher Peter Altenbergs ganzseitig angekündigt, und über dem Inserat steht »Freiwillige Anzeige«. Wir finden Strindberg, Arnold Schönberg, später die Nestroy-Gesamtausgabe des Schroll-Verlags. Doch allmählich rücken, von immer weniger Ausnahmen abgesehen, die Bibliographie des Herausgebers und die Ankündigungen seiner Vorlesungen in den Vordergrund.

Schon viel früher, am 31. Mai 1904, war die gelegentlich auf der letzten Innenseite erschienene Rubrik »Büchereinlauf« eingestellt worden: »Sie sollte nichts als eine Quittung über den Empfang bedeuten, die anfangs weniger unbequem schien als die Rücksendung unerwünschter Bücher. Und nicht einmal diese geringfügige Revanche konnte in den Fällen gegeben werden, wo den Herausgeber ... ein zufälliger Blick von der Wertlosigkeit oder Schädlichkeit des eingesandten Buches überzeugte und ihm wenigstens hier den Verdacht ersparte, daß die Nennung einer Empfehlung gleichkam. Jetzt seien die Herren Verleger darauf aufmerksam gemacht, daß ... die Zusendung von Rezensionsexemplaren, die ja auch sonst einen argen Mißbrauch bedeutet, durchaus überflüssig ist ...«

Auf dem Umschlag des Heftes 250 (April 1908) steht:

»Unverlangte Manuskripte, denen kein frankiertes Kuvert beiliegt, werden nicht zurückgegeben.«

Auf der letzten Seite des Heftes 261–262 steht:

»Einsendung von Manuskripten oder Zeitungsausschnitten, Lieferung von Material, Mitteilungen irgendwelcher Art sind nicht erwünscht.

Der Herausgeber der ›Fackel‹ hat keine redaktionelle Sprechstunde und lehnt die Erteilung von Ratschlägen und die Beurteilung von Talentproben ab.

...

Die Verleger von Büchern und Zeitschriften werden ersucht, die Zusendung von Rezensionsexemplaren zu unterlassen.

Abonnenten wird anheimgestellt, vor Ablauf der Bezugsfrist den betreffenden Teilbetrag zurückzuverlangen, wenn ihnen der Bezug der Zeitschrift aus irgendeinem Grunde nicht mehr genehm ist. Das gleiche Recht der Sistierung eines Abonnements behält sich der Verlag vor.«

In Heft 291 wird diese Notiz in etwas abgewandelter Form wiederholt: »Manuskripte, die ohne Aufforderung an die ›Fackel‹ gelangen, werden vernichtet, wenn ihnen nicht ein frankiertes und adressiertes Kuvert für die Rücksendung beiliegt.«

In Heft 326–328 (Sommer 1911) heißt es, groß gedruckt und lapidar: »Manuskripte werden nicht mehr geprüft, sondern vernichtet, und nur wenn ein frankiertes und adressiertes Kuvert beiliegt, ohne weitere schriftliche Begründung zurückgeschickt.«

Die Ankündigung wird zweimal wiederholt.

Von Heft 338 an sind »sämtliche Beiträge von KARL KRAUS«.

Nun ist nicht mehr ›Die Fackel‹ einsam, sondern Karl Kraus. Er hatte einen zweiten Versuch unternommen, in Gesellschaft zu sein. Nach den anonymen Mitarbeitern und Helfern, die ihm im ersten Stadium Beiträge über das Zuckerkartell, die Situation an der Börse, über Probleme der höheren Schulen und Hochschulen, über Banken, den Getreideterminhandel und anderes geliefert hatten, hatte er ständige Mitarbeiter von Rang und Namen gefunden. Fast schien es, als könnten sich ein redaktionelles Team und eine literarische Gruppe bilden: Robert Scheu, Karl Bleibtreu, Karl Hauer, Fritz Wittels waren Freunde und Gleichgesinnte. Und dazu war, als sich das erste Jahrzehnt der ›Fackel‹ vollendete, eine Wendung vom Journalistischen ins Literarische gekommen. ›Die Fackel‹ war sozusagen vorübergehend aus dem Gegenbeispiel zu einer Tageszeitung zum Gegenbeispiel einer Sonntagsbeilage geworden. Sie druckte Lyrik, Essays, erzählende Prosa, sie war aber vermutlich nicht aus innerer Notwendigkeit, sondern aus rein äußerem Notstand in diese Phase eingetreten. Karl Kraus hatte sich zum Essayisten großen Stils gesteigert. Er konnte auf die Dauer nicht umfangreiche Prosastücke wie den Heine-Essay, die Nestroy-Rede bewältigen, wenn er daneben kurzfristig immer neue ganze Hefte in der gewohnten Vielfalt und Reichhaltigkeit hervorbringen mußte. So ging er von der Stellungnahme zur Literatur über – und die Leser folgten nicht willig. Sie wollten in der ›Fackel‹ den Tag gespiegelt sehen und wollten dort Karl Kraus finden, nicht Proben dessen, was er als literarisch belangvoll anerkannte.

(Anläßlich einer Preiserhöhung hatte Karl Kraus schon 1906 vorwurfsvoll darauf hingewiesen, daß das Verlagsbudget »durch die Autorenhonorare überlastet wird, mit denen die ›Fackel‹ allemal den Verlust von Käufern, die sich für wertvolle literarische Beiträge nicht interessieren, bezahlt«.)

Unter den Mitarbeitern des literarischen Intermezzos finden wir viele bedeutende Köpfe der Zeit aus der Generation des Herausgebers oder etwas jünger: Berthold Viertel, Heinrich Mann, Otto Stoessl, Karl Borromäus Heinrich, Stanislaw Przybyszewski, Erich Mühsam (mit einem kurzen Gastspiel), auch Frantisek Langer und Paul Scheerbart tauchen je einmal auf, Else Lasker-Schüler, von Karl Kraus liebevoll einbegleitet, ist da, dazwischen literarische Eintagsfliegen, längst vergessen oder nie als Namen vorhanden (Alexander Solomonica, Maria Heim, Richard Weiss), und die »jungen Autoren« und späteren verlorenen Söhne: Albert Ehrenstein, Franz Werfel.

(In seinen Memoiren ›Die literarische Welt‹ schreibt Willy Haas über Karl Kraus: »Als der ›Weltfreund‹ erschien, druckte er mit Lob drei Gedichte daraus in seiner ›Fackel‹ ab, die damals fast niemals andere Beiträge als die seinen brachte.«

Was »damals fast niemals« betrifft: Die drei Gedichte stehen in Heft Nr. 321–332 der ›Fackel‹ neben Beiträgen von Fritz Kreuzig, Berthold Viertel, Otto Stoessl, Leo Popper, Alexander Solomonica, Richard Weiss und Albert Ehrenstein.

(Soviel über die Verläßlichkeit und Glaubwürdigkeit des Willy Haas.)

In Heft 336–337 der ›Fackel‹ steht auf Seite 40 ein Gedicht von Richard Weiss, darunter beginnt eine Reihe Aphorismen von Karl Kraus. Der sechste lautet:

»Ich habe keine Mitarbeiter mehr. Ich war ihnen neidig. Sie stoßen mir die Leser ab, die ich selbst verlieren will.«

So beendet ein Schnörkel, ganz bewußt unterspielt, den Umweg des Karl Kraus über die literarische Revue zu sich selbst.

Von 1917 an steht auf dem Umschlag der ›Fackel‹: »Verleger, Autoren, Vereine, Leser werden ersucht, die Zusendung von Büchern, Prospekten, Zeitungsausschnitten, Druckschriften irgendwelcher Art oder Manuskripten an den Verlag oder den Herausgeber der Fackel zu unterlassen.«

Die Notiz verschwindet nach dem Krieg. Sie kehrt 1920 etwas modifiziert wieder. (»Das etwa beigelegte Porto wird einem wohltätigen Zwecke zugeführt.«)

Im Januar 1921 steht im Text der ›Fackel‹ eine große Notiz, halb Manifest, halb Gedicht, die alles Diesbezügliche zusammenfaßt und erweitert:

»Ich
lese keine Manuskripte und keine Drucksachen,
brauche keine Zeitungsausschnitte,
interessiere mich für keine Zeitschriften,
begehre keine Rezensionsexemplare und versende keine,
bespreche keine Bücher, sondern werfe sie weg,
prüfe keine Talente,
gebe keine Autogramme,
wünsche nicht besprochen und nicht genannt, nicht nachgedruckt, propagiert oder verbreitet, weder aufgeführt noch vorgetragen zu werden, in keinem Katalog, in keiner Anthologie, in keinem Lexikon vorzukommen,
bedarf keines Kunstgenusses, vermeide jede gemeinsame Gelegenheit zu einem solchen, gehe in keine Ausstellung, kein

Konzert, kein Kino und – seit fünfzehn Jahren, mit der unvergeßlichen Ausnahme des König Lear mit dem Herrn Wüllner – in kein Theater,

besuche keine Vorlesungen außer den eigenen,

weiche jeder Möglichkeit aus, einen öffentlichen oder privaten Tanz zu beobachten oder sonst an einer Lustbarkeit, einem Spiel oder irgendeiner die Pietät für zehn Millionen Tote und für hundert Millionen noch Lebende verletzenden Unterhaltung teilzunehmen oder es zu sehen,

verschließe mich jeder Zerstreuung, Einladung, Verständigung, Anregung,

erteile keinen Rat und weiß keinen,

mache keinen Besuch und empfange keinen,

schreibe keinen Brief, will keinen lesen und

verweise auf die völlige Aussichtslosigkeit jedes Versuchs, mich zu irgendeiner der hier angedeuteten oder wie immer beschaffenen, schon in ihrer Vorstellung meine Arbeit störenden, mein Mißbehagen an der Außenwelt mehrenden Verbindungen mit eben dieser bestimmen zu wollen, und habe nur noch die Bitte, die auf alle derlei Unternehmungen vergeudeten Porto- und sonstigen Kosten von jetzt an der Gesellschaft der Freunde Wien I, Singerstraße 16, zuzuwenden.«

1924 wird der Text auf dem Umschlag ausführlicher:

»Die Zusendung von Drucksachen, Ausschnitten, Einladungen oder Mitteilungen irgendwelcher Art ist unerwünscht. Eine Prüfung von Manuskripten erfolgt in keinem Fall. Rezensionsexemplare werden verkauft, der Erlös wie auch die eingesandten Porti einem wohltätigen Zwecke zugeführt.

Insbesondere werden die Herausgeber von Zeitschriften ersucht, deren Sendung zu unterlassen. Tausch-, Probe- oder Freiexemplare werden weder von der Fackel noch von den Büchern des Verlages der Fackel abgegeben.

Spenden zu wohltätigem Zweck mögen nicht an den Verlag, der nicht über den zu ihrer Verwertung erforderlichen Apparat verfügt, sondern unmittelbar an die Vereine oder Personen, denen sie zugedacht sind, abgeführt werden, etwa mit Berufung auf die Fackel oder deren gleichzeitiger Verständigung.«

Von 1926 an entfällt der Hinweis auf die Spenden.

Von Oktober 1919 an heißt es kurz: »Zusendungen welcher Art immer sind unerwünscht, Tausch-, Probe- und Rezensionsexemplare der Fackel oder der Bücher des Verlages der Fackel werden nicht abgegeben.«

Von Mitte April 1932 an erscheint der erste Satz dieses Hinweises in doppelter Größe, fett gedruckt, wobei die Worte »Zusendungen« und »unerwünscht« besonders hervorgehoben sind.

Von Ende 1932 bis zum Ende der ›Fackel‹ ist nur dieser eine, überdimensionierte Satz auf der vierten Umschlagseite zu sehen:

Zusendungen

welcher Art immer sind unerwünscht

Die Biographie der Zeitschrift geht allmählich in die Krankengeschichte des Herausgebers über. Er hat sich von Anfang an zu einem Einzelfall gemacht, aber er hatte sich nur innerhalb seiner Welt außerhalb gestellt. Er hat als Gegenbeispiel begonnen, als Herausgeber einer Publikation, die zwar das Wesen der Publizistik kritisierte, aber doch innerhalb des vorgegebenen Koordinatensystems blieb. Aber selbst ein solcher Herausgeber muß ansprechbar bleiben. Sein Ehrgeiz muß es sein, daß andere sein Beispiel aufgreifen, sein ideales Ziel: daß alle werden wie die ›Fackel‹. Aber Redaktionen, die Briefe nicht annehmen, Verlage, die auf Rezensionen keinen Wert legen, sind undenkbar. Jeder, selbst der Größte, muß mit anderen vergleichbar bleiben, muß sich als einen neben anderen erleben. Er mag sich überschätzen und überbewerten, aber er muß anerkennen, daß es seinesgleichen gibt, es sei denn, er wäre Diktator oder Religionsstifter. Karl Kraus tritt aus dem Koordinatensystem aus, wie er aus dem Judentum und später aus der katholischen Kirche ausgetreten ist. Er ist am Ende seines Lebens nur noch im Zwiegespräch mit sich selbst, er arbeitet an diesem Zwiegespräch, wie andere Autoren an ihren Texten arbeiten, und übergibt es der Öffentlichkeit, gegen die es sich richtet. Die Instanz, vor der Karl Kraus Zeugnis ablegt, heißt Karl Kraus.

Doch wenn alles Werk getan sein wird, wenn es vorübergegangen ist und vergessen war und wiederkehrt, dann erfüllt sich das Wort aus Ibsens ›Brand‹, dann

> ... wird gewaltig offenbar,
> Daß Unterliegen Siegen war!

... und wir erkennen, daß dieses Werk in Wahrheit von Anfang an konsequent und bewußt immer nur seine Nachwelt angesprochen hat.

Altgier nach der Überlebens-Größe

Nachdem er zweimal sich geschminkt und umgezogen hatte, aufgetreten war, gespielt hatte, für den Applaus gedankt hatte, sich abgeschminkt und umgezogen hatte, nachdem er zweimal, am 29. Mai und am 15. Juni 1905, Schauspieler gewesen war, nachdem er das Trianon-Theater am späten Abend des 15. Juni 1905 verlassen hatte, stieß ihn das Theater immer wieder von sich, auf Lebenszeit.

Er hatte nicht einmal bei einer flüchtigen Begegnung mit dem Surrogat des Theaters, dem Kabarett, Glück.

Im Winter 1905/06 wurde in einem Wiener Keller das Kabarett ›Nachtlicht‹, eine Nachblüte der damals schon eingegangenen Münchener ›Elf Scharfrichter‹, eröffnet. Dort trat Egon Friedell auf, der Maler Karl Hollitzer sang Landsknechtslieder (das tat er noch zwanzig Jahre später in der Reiss-Bar in der Dorotheergasse), Roda Roda, Hans Adler, Felix Dörmann gehörten zu dem Kreis, Peter Altenberg verkehrte in dem Lokal, Erich Mühsam, der anarchistische Berliner Bänkelsänger, war als Gast engagiert, und das Zentrum der Gruppe bildeten drei angesehene Münchner Kabarettisten: der Conférencier und Chansonnier M. Henry, die zu ihm gehörende hervorragende Diseuse – insbesondere Wedekind-Interpretin – Marya Delvard und der vortreffliche Musiker Hannes Ruch.

Karl Kraus freundete sich mit der Gesellschaft an, kam mit seinen Freunden in das Lokal; er druckte zwei Skizzen, die Egon Friedell dort vortrug, einen Aufsatz von Mühsam über das Kabarett und Betrachtungen Peter Altenbergs über Marya Delvard und M. Henry in der ›Fackel‹.

Nach einiger Zeit stand in der ›Fackel‹ allerdings die scharfe Kritik eines sehr überheblichen Artikels, den Marya Delvard in einer Wiener Zeitung veröffentlicht hatte.

Die Gründe des Umschwungs sind nicht bekannt. Der Artikel von Marya Delvard verdiente die scharfe Zurechtweisung. Die

Diseuse aber behauptete noch fünfzig Jahre später, sie hätte Annäherungsversuche von Karl Kraus abzuwehren gehabt.

Ebenso denkbar, vielleicht sogar wahrscheinlicher ist die Deutung, daß Karl Kraus, der Absolute und Absolutistische, auch seinen Freunden nicht durchgehen lassen konnte, was er seinen Gegnern vorwarf. Er war von fast monomanischer Vorsicht, wo immer ihm etwas hätte übel ausgelegt werden können: »Wenn ich, ein kunstfreundlicher Stammgast, aus Gefälligkeit die Regie eines Einakters geführt hatte, so ging ich zur Kasse, um als Gast den Saal wieder betreten zu können.«

Als der Angriff erschienen war, folgte ein brutaler Gegenangriff. »Ich saß mit Karl Kraus in einem Weinlokal«, erzählt Erich Mühsam in seinen Memoiren, »als die Kollegen vom Kabarett erschienen und an einem andern Tisch Platz nahmen. Plötzlich stürzte sich Henry auf Kraus, den er heimtückisch bis zur Bewußtlosigkeit verprügelte; es war höchst widerwärtig und roh. Ich lag, in dem Drange, Frieden zu stiften, beiseite geschoben, mit verstauchtem Finger, zerbrochenem Kneifer und zerfetztem Engagementsvertrag in einer Ecke zu Boden ...«.

Die Affäre und ihr gerichtliches Nachspiel erregten natürlich Sensation. Im ›Neuen Wiener Journal‹ erschien ein gegen Karl Kraus gerichteter gehässiger Bericht, der die Runde durch die deutschen Blätter machte.

Ein neuer, schüchterner Versuch des Anknüpfens an das Theaterhandwerk (»die Regie eines Einakters«) war damit gescheitert.

Dreieinhalb Jahre später werden die Vorlesungen wieder aufgenommen.

Immer wieder, sein Leben lang, scheint Karl Kraus sich und uns zu sagen: Was für ein großer Schauspieler, was für ein großer Regisseur, was für ein großer Theaterleiter ist an mir verlorengegangen!

Er nimmt das Theater so wichtig, es steht für ihn so sehr im Vordergrund, wie es keiner, der dem Theater nicht nahe ist, wie es keiner, der nicht Wiener ist oder Wien versteht, begreifen kann. Und selbst innerhalb Wiens und mitten in der wienerischen Überschätzung des Theaters staunt man oft, wie da bei Karl Kraus der Bühne gleicher Rang oder Vorrang eingeräumt wird, wo es daneben um wesentliche Fragen der Ethik und Moral, der Sittlichkeit und Politik, der Kunst und Dichtung geht. Karl Kraus wettert gegen die Schauspieler Georg Reimers, Otto Tressler, Ferdinand Maierhofer wie gegen Wilhelm II. und den »schuftigen« König Milan von Serbien, er betet zu Girardi und verdammt Josef Kainz, als ginge es dabei um weltbewegende Entscheidungen.

Er hat sich von seinem jugendlichen Modernismus der journalistischen Anfängerjahre mit dem Beginn der ›Fackel‹ abgewendet. Er ist nun nicht mehr für die Duse, sondern für das alte Burgtheater. Nun ist auch der große konservative Kritiker Ludwig Speidel nicht mehr Objekt seiner Satire, sondern ein verehrungswürdiger Meister, dessen Sprache sich von ihrer Umgebung in der ›Neuen Freien Presse‹ wohltuend abhebt.

Er hängt nun an einer Vergangenheit, die seinen Knabenjahren Gegenwart gewesen ist. Alles war gut und schön, ehe Karl Kraus in das Stadium der Pubertät eingetreten ist. Alles, was nachher kam, muß bekämpft werden – nein, nicht alles, sondern fast alles. Alexander Girardi bleibt das Ideal. Kaum je wurden einem Darsteller solche Liebeserklärungen gemacht, wie der »negative« Karl Kraus sie an diesen Komiker richtet:

»Der echteste und letzte Künstler des Wiener Volkshumors ...« – »... einer der begabtesten Menschendarsteller, die je auf einer Wiener Bühne gestanden sind ...« – »... eine Geniefülle, deren Offenbarung erhebender ist als die Bühnenwirkung eines literarischen Kunstwerks, dessen Wirken doch erst der Leser empfangen kann ...« – »Girardi ist eine der liebenswertesten und seltensten Persönlichkeiten, die je die dramatische Gelegenheit zu schöpferischer Darstellung benützt haben.« Da Wien Girardi an Berlin verloren hat, meint Karl Kraus, »daß die Donau jetzt über Passau nach Berlin fließt und in die Nordsee mündet«, und »uns Wienern« geben »von dem lieben Menschen Alexander Girardi nur mehr ein paar Grammophonplatten Kunde«. Ein größerer Aphorismus über die Schauspielkunst endet: »Heil Alexander Girardi, der in der Wahl unliterarischer Gelegenheiten seine schauspielerische Selbstherrlichkeit betont!« Girardi ist »der seltene Mensch, dem eine Stadt den Humor eines Vierteljahrhunderts verdankt«; anschließend an diese Wertung zitiert Karl Kraus zustimmend ein Gedicht von Alfred Kerr, in welchem Girardi gepriesen wird. Girardi, sagt Karl Kraus später, ist »der das Volkstum bezeugende Genius«. Und am Sarg Alexander Girardis flucht Karl Kraus im Mai 1918 den unbefugten und unberufenen Leidtragenden. »... dieses Bühnenleben war das Maß des Unermeßlichen, das uns verloren ist. Da stand durch drei Jahrzehnte ein Geist der Zeit in ihrem unsäglichen Ensemble ...«, »... ihrer Schmach unbewußt, treibt diese Zeitgenossenschaft auch Firlefanz mit den Reliquien, stellt sie in einem Etablissement aus, das außen von Marmor ist und innen ohne Geist, und gerät also auf den kindischen Einfall, einem Girardi das Burgtheater zu eröffnen, statt es ihm zu Ehren zuzusperren«.

Das theatralische Weltbild bei Karl Kraus ist überraschend und aufschlußreich. Die mit leitmotivischer Besessenheit wiederholte Forderung, das Theater müsse, ja: möge nicht literarisch sein, steht im Widerspruch zu seinen Forderungen außerhalb des Theaters. In der Prosa wendet er sich gegen alles, was unter Jean Paul und Adalbert Stifter ist, auch in der Lyrik legt er allerhöchste Maßstäbe an, auf der Bühne aber genügt ihm Wildenbruch ...: »Die Zeit war noch ganz, die halbe Autoren hatte... Kein Tropf, der mit der dramaturgischen Forderung an das Theater herantritt, hat sich noch den Kopf zerbrochen, warum denn heute ... kein Vulkan mehr ausbricht, keine Leidenschaft, die mit Kean oder Narziß vorlieb nimmt, um die Erde zu erschüttern. Als ob die Menschlichkeit, die der große Schauspieler nährt, von Wortmachern mehr als das Stichwort brauchen könnte, und als ob die unvergeßliche Gebärde je etwas dem Teil von Shakespeare verdanken könnte, der des Geistes ist und nicht des Stoffes!« Und später in einem Aphorismus: »Die wahren Schauspieler lassen sich vom Autor bloß das Stichwort bringen, nicht die Rede. Ihnen ist das Theatralische keine Dichtung, sondern ein Spielraum.«

Die Erklärung dieser Haltung wird von der Psychologie beigestellt: Karl Kraus fühlt sich unbewußt als Schauspieler, er identifiziert sich mit den Komödianten, welche den Zwang eines hohen, vom Wort her sakrosankten Textes als unangenehm empfinden, als um so unangenehmer, als sie bedeutender und als sie überdies noch Österreicher sind. Sie wollen nicht einem Stück zum Triumph verhelfen, sie wollen selbst triumphieren, mit dem, besser noch: gegen den textlichen Anlaß. Karl Kraus betrachtet das Theater aus der Komödiantenperspektive, er äußert sich auch immer wieder mit besonderer Fachkenntnis darüber, wie es innerhalb des Theaterbetriebs zugeht, als wäre er dort drin zu Hause, und hält sich durch diese Identifikation für das Verlorene schadlos.

Als Antithese zum hymnischen Lob Girardis finden wir die Fülle heftigster Angriffe und Abwertungen des Schauspielers Josef Kainz. Kainz ist ein »Siebenmonatsschauspieler«. Die Auguren des Theaterparketts, meint Karl Kraus, hätten »in den Defekten des Herrn Kainz seine Modernität und Eignung für eine innere Reform der klassischen Sprechweise entdeckt«. – »Ich wüßte nicht, wo das Moderne in der Darstellung eines Hamlet liegt, der willkürlich belanglose Stellen mit schulmäßiger Deutlichkeit skandiert, während er ein Dutzend der aufschlußreichsten Sätze auf einmal in den Mund nimmt, um sie mit ziemlicher Nonchalance ins Orchester zu spucken.« Karl Kraus hält Kainz für unwürdig, »selbst auf dem Trümmerhaufen eines Burgtheaters seine Trophäen aufzupflanzen«.

Er spielt Josef Kainz mehrfach gegen Alexander Girardi aus, etwa in Form einer der für ihn charakteristischen Nebeneinanderstellungen:

Repertoire.
Donnerstag, 26. April:

Hofburgtheater.	Deutsches Volkstheater.
›Der Verschwender‹	›Der Verschwender‹
(Valentin – Herr Kainz).	(Valentin – Herr Girardi).
Bei erhöhten Preisen.	Bei ermäßigten Preisen.

»Der Mann« Kainz »steht allem, was außerhalb rein sprachtechnischer Möglichkeit liegt, ratlos gegenüber.« – Die »Beine des Herrn Kainz« erweisen sich als »stark genug, das klassische Repertoire« (das der neue Burgtheaterdirektor »auf die Beine stellen« wollte) »zu zerstampfen«. – »Echten Schauspielern entströmt die Seele, ob sie wollen oder nicht. Herr Kainz bewahrt sie in einem Apothekerfläschchen ...« – »Die Persönlichkeit jenes Stils, der aus dem Mangel an Persönlichkeit geschaffen wurde, ist Herr Josef Kainz.« Josef Kainz ist »ein Treumann des Burgtheaters«, »der Fall Kainz schlägt die Burgtheaterherrlichkeit zuschanden«.

Karl Kraus schreibt keine regelmäßigen Theaterkritiken, doch gleicht er das aus, indem er jede Gelegenheit wahrnimmt, über das Theater zu schreiben und es wichtig zu nehmen, selbst wenn es sich um feuerpolizeiliche Belange handelt. Er bespricht die in Wien gastierenden Ensembles, die allsommerlich auftauchende »Schlierseer« Bauerntruppe »mit ihrer abgetragenen Natürlichkeit«, das Wiener Gastspiel des von Otto Brahm geführten Berliner »Deutschen Theaters«, dessen Schauspieler »dank ihrem kleinen Können« darauf angewiesen bleiben, »natürliche Schauspieler zu sein. Zu unnatürlichen fehlt ihnen das Talent«. Das Neue dieser Schauspielkunst schien ihm vorwiegend darin zu liegen, daß »wo die Gefühle versagen, im richtigen Momente ein dem Leben abgelauschtes Räuspern eingelegt und daß inneres Leid wie Kopfschmerz ausgedrückt wird«. Ein Jahr später kommen die Berliner wieder: »In Berlin ist man seit Jahren auf die Entdeckung solcher Talente eingeübt, die, weil einmal die Bühnenfigur sich mit ihres Wesens armem Inhalt deckt, für einen Abend wie Talente aussehen.«

Später werden Berliner und Wiener Aufführungen der ›Salome‹ verglichen. Die Berliner »realistische Stilschrulle«, sagt Karl Kraus, »erleichtert das Bühnendasein, Defekte verwandelt sie in Charakteristik, Qualitäten in Farblosigkeit«. Und Wien scheint, bei aller Ablehnung, doch theaternäher: »... bei uns kamen, wenn schon nicht ein Königshaus, so doch wenigstens die Kulissen eines Königshauses ins Wanken.«

Das besessene Leitmotiv vom Widersinn der Literatur auf dem Theater kehrt immer wieder: »Eine unvernünftige Kritik, die nicht weiß, daß das Burgtheater nie mehr als eine Zuchtstätte guter Schauspielerei war, geht seit Jahren mit der idealen Forderung nach ›Literatur‹ hausieren ...«, »Was soll das alberne Geplärr über die Entliterarisierung des Burgtheaterrepertoires ...«

Karl Kraus spielt die Vergangenheit – seine Vergangenheit – des Burgtheaters in Hymnen auf die Großen von einst gegen die Gegenwart aus, er hält es für sicher, »daß der Niedergang des Burgtheaters, der eine ständige Einrichtung ist wie seine Tradition, noch nie so auf dem Hund war wie heute«, findet aber doch, daß »seine Zwerge in der Aufmachung des Herrn Reinhardt und zumal wenn sie als Gäste nach Wien kämen, ins Riesenhafte wüchsen«.

Nun ist im Sommer der Gast aus Berlin nicht mehr Brahm, sondern Reinhardt mit seinen »neurasthenischen Schlierseern«, dessen »dramaturgisches Imperium bloß die allgemeine Tüchtigkeit eines Ellbogennaturells bedeutet, das sich ebensogut im Bankfach und im Feuilleton ausleben könnte«.

Es ist sehr rührend, wie sich diese zornige Anbetung des Theaters durch die ›Fackel‹ hindurchzieht, wie ausführliche Stellungnahmen zu Theaterfragen immer wieder an die leitende Stelle der ›Fackel‹ vorrücken, wie Fragen des Stils, ja selbst der Besetzung Kardinalfragen sind, wie der verhinderte Kritiker am Wiener Theater ausweicht in die Kritik der Wiener Theaterkritiker und der Äußerungen von Direktoren ... und wie trotzdem daneben sehr bald schon als neues Leitmotiv die Feststellung auftaucht, daß Karl Kraus nicht oder kaum mehr ins Theater geht: »Ich gehe fast nie ins Theater ...«, »... die letzten zwei« (Jahre) »habe ich fern einer Wiener Bühne verbracht ...«, »Ich war schon lange nicht im Theater«, »Die Wiener Theater können ohnedies von Glück sagen, daß ich sie bei meiner zum Jähzorn neigenden Gemütsart ... seit Jahren meide«.

So wird es bleiben bis zum Ende. Und Karl Kraus wird das Theater meiden, um das und am Theater leiden und gelegentlich doch nicht anders können und Theaterkritiker sein.

Vierzig Seiten, die Hälfte eines ›Fackel‹-Heftes, sind im Januar 1925 der großen Abrechnung ›Nestroy und das Burgtheater‹ vorbehalten. Nur »der verwünschte Zufall oder der Fluch persönlicher Nachgiebigkeit« läßt ihn »aus der Enthaltung meiner Arbeitsjahrzehnte« gelegentlich Teil eines Auditoriums sein. Es drängt ihn, »aufzustehen, gleichsam berufen zum Veto für Nestroy und alle guten Genien des Hauses ... und Schluß zu gebieten, um auf der Stelle, mit einem Satz auf die Bühne, es selbst zu machen, der stupiden Horde von Aufbauern zu beweisen, daß der Niederreißer es besser trifft ...«. – »Bei ›Lumpazivagabundus‹ ist es mir gelungen, mich soweit zu beherrschen, daß ich bloß in jeden sich irgendwann regenden Applaus hineingezischt habe ...«, als »Äußerung meines Unmuts, meiner Trauer, meiner Verzweiflung«, als »Naturrecht meines Widerwillens gegen das Erlebte«. Und er ergeht sich in maßlosen Tiraden gegen die »Stickluft routinierten Dilettantismus«, die »Fühllosigkeit der Regie«, die »Ahnungslosigkeit der Darstellung«, das »nestroyvernichtende Geblödel dieses Humors« und auch gegen die Kritiker, die »ganz von selbst das Dümmste über Nestroy und seine Verunstalter schreiben« (und von denen er nur Alfred Polgar ausnimmt), und das Publikum, die »Kannibalen, die dieser Aufwand von Untalent und dickster Humorlosigkeit angeheimelt hat«. Er analysiert die Schauspieler, mißt sie an großen Vorbildern und rückt sie auf den ihnen gebührenden Platz: »In meinem ganzen an Theatereindrücken so reichen, wenn auch zuletzt versäumnisreichen Leben bin ich einer Humorlosigkeit von derart breiter Spur nie begegnet wie bei diesem Steirer« (Ferdinand Maierhofer); er kritisiert die textliche und musikalische Bearbeitung, und dabei gerät er ins Allgemeine und sagt in einer Fußnote, die sich über vier Seiten fortsetzt, Gültiges, Unschätzbares, Erhellendes über Nestroys Sprache und die ihr zugrunde liegende Spannung zwischen Dialekt und Schriftsprache und verfeindet sich im Lauf dieser Fußnote mit seinem getreuesten Paladin und Biographen Leopold Liegler, weil dieser bezüglich der Sprache Nestroys anderer Meinung ist. Er rühmt auch, was ihm rühmenswert scheint, etwa »Fräulein Seidler als Peppi, die im Gespräch mit einem andern Knieriem wohl das Zeug hätte zur herzigen Ahnungslosigkeit der Gestalt«. Er rechtfertigt schließlich seine Stellungnahme: »Denn wenn ich in der Sache Nestroys, dessen Wiedergeburt ohne meine Hilfe nicht erfolgt wäre, zum Einspruch gegen seine Tötung berufen bin, so war ich auch verpflichtet, ein Beispiel der Kritik zu geben und ... der adjektivisch verbrämten Unwissenheit ein Urteil entgegenzustellen«, »den Schein und Unwert ... zu verneinen, und ... dem Abscheu der Nachwelt zu überliefern«.

Zuvor hatte er, »zur Entschädigung Nestroys für die ihm durch das Burgtheater widerfahrene Aufführung«, im Kleinen Konzerthaussaal ›Lumpazivagabundus‹ vorgelesen.

Und zehn Jahre später, ganz am Schluß, nach der großen Zäsur von 1933–34, als nur noch sechs ›Fackel‹-Hefte erscheinen, ist eines ganz dem ›Macbeth‹ und eines ganz dem ›Lear im Burgtheater‹ vorbehalten.

Er hatte die Neuinszenierung durch Röbbeling »in dem noch immer so genannten Burgtheater, über dessen Vorstellung von einer Theaterkunst noch immer der Prunkvorhang mit der Wolter in Überlebens-Größe niedergeht«, besucht, »aus Altgier«, auf der Galerie, wo er als Knabe gesessen war.

Schon die Bassermann-Reinhardtsche Bearbeitung des ›Lear‹ war »ein Gaudium für Kenner« gewesen; doch »so aus den Fugen war die Zeit noch nie«, da Röbbeling, nach dem ›Hamlet‹, es nun »dem Lear besorgt hat«.

Wieder analysiert er die Verstümmelung und Verfälschung des Textes, wieder konstatiert er Ungenügen und Unvermögen, den »Schwachsinn« der Wiener Kritik; er schwelgt in Reminiszenzen, stellt den »Zusammenhang zwischen der Aushöhlung der Zeit durch Technik und Tinte und ihrer Unfähigkeit, eine heroische Schauspielkunst hervorzubringen«, fest, kommt immer wieder polemisch auf die Wiener Kritik zu sprechen, analysiert die Schauspieler; er registriert die ganz schwache Resonanz der Vorstellung, die er besucht hat, konfrontiert sie mit dem, was die Kritik über den Erfolg berichtet (»Sind die psychophysikalischen Grundsätze aufgehoben, weil es Hitler und Stalin gibt?«), spielt seine eigene ›Lear‹-Bearbeitung gegen die des Burgtheaters aus und tadelt Werner Krauß, einen Lear, »der sich im Regen gewaschen hat, alles Wesentliche, gleich der Herrschaft von sich tat«, der »ohne Herz« ist, so daß »noch nie der Sinn des Dramas ... so durch Vollsinnigkeit – der die Herzensleere entsprach – zerstört wurde«. Und seine Betrachtung mündet in die Verteidigung des Vergangenen, das Werner Krauß zuliebe von der Wiener Kritik abgewertet wurde. »Und muß man schon unter dem, was es gibt, leben, so lasse sich keiner ... einfallen, das einzige zu verunehren, das man besitzt: was es nicht mehr gibt.«

Die fluchwürdige Solidarität

Von allen Ambivalenzen und Schizophrenien des Karl Kraus, dem Kampf des Österreichers gegen Österreich, der Haßliebe des verhinderten Schauspielers für das Theater, der Überwindung des Journalismus durch den Publizisten, dem doppelten Boden seiner Sittlichkeit, dem Aufblühen des liebenden Ja aus den Haßparoxysmen der Negation und vielem anderen, das alles wieder auf ein Theatersymbol zurückzuführen ist: die tragische und die heitere Maske, wie sie auf dem ersten ›Fackel‹-Umschlag den Namen des Herausgebers flankieren ... von all diesen gelebten und wortgewordenen Widersprüchen der komplexeste und diffizilste ist die Beziehung des Karl Kraus zum Judentum.

Der Österreicher, insbesondere der Wiener, neigt zur extremen Selbstkritik des Österreichischen und Wienerischen. Der Jude neigt zum Selbsthaß. Karl Kraus neigt zum Extrem. Das Ergebnis ist eine Haltung, die sich gewiß der Deutung öffnet, doch dem Verständnis auf den ersten Blick widersetzt.

Die ›Krone für Zion‹ hat Karl Kraus zwar nach Herzls Tod noch weiter angezeigt, aber bald darauf verworfen, nicht wieder auflegen lassen und in keinen seiner Sammelbände aufgenommen. Doch hat diese Krone ein Leben lang Zinsen getragen.

Man muß wissen, daß Judenhaß und Pogrom zwar uralt, der Antisemitismus aber neu war, als Karl Kraus zum Bewußtsein erwachte. Das Judentum, von Josef II. aus dem Ghetto befreit, drängte mit ungestümem Eifer zur Gleichberechtigung, eroberte Positionen, war führend in der Revolution von 1848 in ihrem exzessiven kurzlebigen Mißbrauch der Liberalität, wurde zum Faktor der hektisch aufwuchernden Scheinblüte der Prosperität und des Spekulantentums (»Gründerzeit«), welcher 1873 der große Krach des »schwarzen Freitag« folgte. Seit damals etwa sind Terminus und Phänomen des Antisemitismus nachweisbar. Angesichts der politischen Unruhe und wirtschaftlichen Krisensituation war das antisemitische Schlagwort zugkräftig geworden und diente sowohl christlichen wie nationalen Parteien bei ihrer Werbung. Dies um so mehr, als sich in führenden Gremien der Sozialdemokratie Juden befanden und diese Partei sich gegen den Antisemitismus stellte.

Als Reaktion gegen die antisemitische Bewegung etablierte sich in Wien der Zionismus, der, nach der Meinung Karl Kraus', die Argumente der Antisemiten aufgriff und die organische Entwicklung von der Emanzipation zur Assimilation der Juden torpedierte. Der Antisemitismus, auch in Deutschland verbreitet, war in Österreich von Haus aus intensiver, weil die Macht der Juden in der Finanz und Industrie bedeutender, weil auch das kulturelle Leben weitgehend von Juden beherrscht war und weil der Zuzug neuer jüdischer Elemente aus dem österreichischen Osten den jüdischen Anteil an der Bevölkerung Wiens ständig vergrößerte. Niemals war der offizielle Antisemitismus allerdings radikal und total, niemals war er in Mitteleuropa lebensgefährlich und mit der späteren nationalsozialistischen Entwicklung auch nur im entferntesten zu vergleichen. Adolf von Sonnenthal war ein vergötterter Schauspieler des alten Burgtheaters gewesen, Gustav Mahler konnte Direktor der Hofoper werden, jüdische Jargonkomiker wirkten zum Entzücken ihres jüdischen und christlichen Auditoriums, der antisemitische Wiener Bürgermeister hatte gesagt: »Wer ein Jud' ist, bestimm' ich!«

Anderseits blieb der Antisemitismus auch über das Jahr 1918 hinaus an der Macht. Ein Manifest der Christlich-Sozialen Partei verkündete am Heiligen Abend 1918: »Die auch im neuen Staate herrschende Korruption und Herrschaft jüdischer Kreise zwingt die Christlich-Soziale Partei, das deutschösterreichische Volk zum schärfsten Abwehrkampf gegen die jüdische Gefahr aufzurufen«; der Bischof von Linz mahnte kurz vor Hitlers Machtergreifung in einem Hirtenbrief an die »strengste Gewissenspflicht eines jeden überzeugten Christen«, den »schrecklichen Einfluß des Judentums zu bekämpfen«.

Es ist immer problematisch, angesichts österreichischer Zustände den Terminus »Deutscher« oder den Terminus »Jude« zu gebrauchen. Denn der »Deutsche« ist einmal der Österreicher mit deutscher Muttersprache und dann wieder der Einwohner Deutschlands, der Jude ist bald der österreichische Bürger mosaischer Konfession, bald der »rassisch« bedingte Gegensatz zum »Arier«, ohne Rücksicht auf sein Glaubensbekenntnis.

Karl Kraus trat immer wieder gegen »die Juden« auf und war doch nicht nur selbst einer (zumindest gewesen), sondern auch befreundet mit Peter Altenberg, Else Lasker-Schüler, Berthold Viertel, Arnold Schönberg, Robert Scheu, er liebte Adolf von Sonnenthal und fand die Jargonkomiker Eisenbach und Rott hinreißend, er betete Jacques Offenbach an und bewunderte Otto Weininger (der allerdings in seinem Buch die Juden den Frauen gleichgesetzt und durch seinen vernichtenden, wenn auch rein prinzipiellen Antisemitismus Karl Kraus gewiß auch diesbezüglich in seiner Haltung bestätigt und bestärkt hatte).

Karl Kraus ist nicht gegen »die Juden«, wenn er gegen die Juden ist. Er ist gegen die Juden. Und er ist immer wieder auch gegen die Antisemiten, vor allem immer dann, wenn er gegen die Zionisten ist, welche gleichfalls in »den Juden« eine Einheit sehen, sie total nehmen ohne Rücksicht auf die große Variationsbreite zwischen dem Kaftanträger und Adolf, Ritter von Sonnenthal – welche aus den Juden ein Volk machen wollen, ohne sie zu fragen.

Karl Kraus ist allerdings von seinem quasi-antisemitischen Standpunkt durch den Hinweis darauf, daß er den Antisemiten Freude macht, nicht abzubringen: »Keinesfalls soll man Wichtiges ungesagt lassen, weil sich ein Jägerhemd darüber freuen könnte.«

Er ist gegen »die« Juden, weil er an ihnen leidet, weil er sich für sie schämt, weil er krank wird bei dem Bewußtsein, daß die Argumente der törichten Antisemiten in vielen Fällen berechtigt sind. Er ist gegen die jüdische (die liberale, von Juden beherrschte) Presse, »die den Antisemitismus besser zu erzeugen als zu bekämpfen vermag«, gegen das, was sie anrichtet im »Pogrom der Juden auf die Ideale«. Er ist gegen die Börseaner und Jobber und Wucherer (die in Wien vorwiegend jüdisch sind) als Gestalter und als Publikum der Wiener Theater, gegen die Finanzhyänen in den Banken und in der Industrie und ihre Werkzeuge in der liberalen Presse, gegen die »jüdische Clique«, und er stellt mit Recht fest: ». . . mit mir empfinden ungezählte Juden die unsägliche Gemeinheit jener Offiziösen des Kapitalismus, die mit den angemaßten Allüren des Freisinns ... einherstolzieren, weit schwerer als die Pöbelhaftigkeiten der ›antisemitischen‹ Beherrscher des« (niederösterreichischen) »Landtages und der Gemeinde« (Wien). Er stellt fest, daß »Jud« allein noch kein Argument ist, da die »so Bezichtigten ... das unerschütterliche Bewußtsein« haben, »daß sie wirklich ganz unschuldiger- und jedenfalls unbeabsichtigterweise Juden sind«. Und so »bringt ihr unsinniges Aushängeschild die antisemitische Bewegung um die wünschenswerten Erfolge«.

Er will weder den Zionisten noch den Antisemiten gestatten, eine Kluft zu verewigen, die mit der Abschaffung des Ghettos und der Ausnahmegesetze bereits überbrückt sein sollte. Es solle nicht sein, daß »sich Menschen fremd und bald auch feindlich gegenüberstehen, die durch Generationen als Bürger nebeneinander gehen, ohne daß ein Versuch der Vereinigung geschähe«, heißt es in einem Artikel, den Karl Kraus nicht selbst geschrieben, aber gewiß gutgeheißen hat, im elften Heft der ›Fackel‹; »Das religiöse Judentum« habe »mit den Reformen des Luthertums, des Calvinismus und der englischen Hochkirche seine aufklärende Sendung vollbracht ... Der sächsische Bauernsohn als Reformator hat den alten Glauben von seinem orientalischen Bann, von seiner römischen Umnebelung befreit«. – Karl Kraus selbst sieht in der »ernstlich in Angriff genommenen, redlich betätigten« Assimilation das Heilmittel und ein Übel darin, daß »die Judenheit in verhängnisvoller Solidarität sich noch immer für das räudige Schaf in den eigenen Reihen eingesetzt hat«, er beklagt es, daß Juden »allen Assimilationsbemühungen trotzen und nicht bedenken, daß Ghettojudentum und Antisemitismus notwendig zueinander gehören«. Die »unermüdliche Vorkämpferin« des Antisemitismus sieht er in der Börsenpresse, vor allem aber in dem immer wieder gebrandmarkten »fluchwürdigen, törichten Solidaritätsgefühl der Judenschaft«. – »Nur mutiges Säubern in den eigenen Reihen, nur das Ablegen von Eigentümlichkeiten einer Rasse, die durch die vielhundertjährige Zerstreuung längst aufgehört hat, eine Nation zu sein, kann all der Qual ein Ende machen.« Der Schluß dieses Artikels, erschienen Mitte November 1899, strahlt heute makabres Prophetentum aus: »Die goldenen und die zeitungspapierenen Gitter, die heute noch das Ghetto umschließen, müssen fallen. Durch Auflösung zur Erlösung! Sonst sieht das vielberufene zwanzigste Jahrhundert Exzesse ärgerer Art.«

Die Erörterung dieses Problems war zu jener Zeit aktuell durch die widerwärtige Ritualmordkampagne der Antisemiten, von welcher sich die Kirche nicht restlos distanzierte, und vor allem durch die Dreyfus-Affäre, die in ihr letztes Stadium getreten war.

Karl Kraus zog vom ersten ›Fackel‹-Heft an einen Trennungsstrich zwischen sich und den unentwegten Dreyfus-Anhängern und brachte im achtzehnten und neunzehnten Heft einen bedeutenden Aufsatz zu diesem Thema, der heute noch höchst lesenswert ist und die bis in unsere Zeit wirksamen Klischeevorstellungen à propos Dreyfus entscheidend zu erschüttern vermag.

Wilhelm Liebknecht, der große alte Mann der deutschen Sozialdemokratie, erwies dem fünfundzwanzigjährigen publizistischen Debutanten aus Wien die Ehre dieser Mitarbeiterschaft. Souverän und kompetent, überzeugend und in vorbildlicher Formulierung weist er in dem meisterlichen Essay ›Nachträgliches zur ‚Affäre'‹ nach, daß er und warum er nicht an die Unschuld des Hauptmanns Dreyfus glaubt, der wegen Spionage von einem französischen Militärtribunal degradiert und auf die Teufelsinsel verbannt worden war und für den eine Welt sich einsetzte.

Liebknecht hat mit der Äußerung dieser Meinung bis zum Ende des Revisionsprozesses von Rennes gewartet, um nicht in ein schwebendes Verfahren einzugreifen. Er sieht in der ganzen Pro-Dreyfus-Kampagne »Gesindel« auf beiden Seiten. Er sieht in der »Affäre« vor allem eine jener Spionagegeschichten, bei welchen es nie und in keinem Staat der Welt sauber zugeht. Aus eigener Erfahrung stellt er fest, daß die Regierungen konventionelle Formeln verwenden, um festzustellen, daß sie mit dem Betroffenen nichts zu schaffen haben, daß aber kein Wissender an diese Formeln glaubt. Er weist nach, daß 1894 die antisemitische Bewegung in Frankreich sehr schwach gewesen ist, daß man damals also kaum aus Judenhaß einem unschuldigen Hauptmann derart schwerwiegendes Unrecht zugefügt hätte. Er bemerkt, daß Dreyfus in dem Revisionsverfahren nicht freigesprochen, sondern neuerlich verurteilt und nur begnadigt wurde. Daß Dreyfus die Begnadigung angenommen hat und nicht auf der Weiterführung des Verfahrens bestand, scheint Liebknecht auch nicht für seine Unschuld zu sprechen. Vor allem aber sieht Liebknecht es als einen »kolossalen Mißgriff« an, »die Sache des Judentums mit der Sache des Dreyfus eins zu erklären. Ist das Judentum schuldig, wenn ein Jude ein Verbrechen begangen hat? Kein vernünftiger Mensch in Frankreich und außerhalb

Frankreichs hätte daran gedacht, die Juden für Dreyfus verantwortlich zu machen. Weit mehr Wasser auf die Mühlen des Antisemitismus hatte die Beteiligung von Juden an dem Panama-Skandal geliefert«.

Dadurch, daß die Dreyfus-Affäre international aufgegriffen wurde, daß man sich außerhalb Frankreichs in eine rein französische Angelegenheit einmischte, wurden vor allem die Beziehungen zwischen Frankreich und Deutschland vergiftet, erhielten der Militarismus und der Antisemitismus in Frankreich gewaltigen Auftrieb.

Auch Liebknecht macht für viel Unheil die Solidarität der Juden verantwortlich, die Karl Kraus so hellsichtig anprangert als »Humanitätskleberei, die nichts zur Hinwegräumung trennender Schranken, nichts zur Säuberung im eigenen Lager beitragen möchte« (und die heute noch, siebzig Jahre später, Orgien gefährlicher Unsachlichkeit feiert, wenn etwa jede berechtigte Kritik an gewissen Regisseuren oder Dirigenten als Antisemitismus registriert wird). Er beschwört die Juden: »Identifiziert euch nicht mit den verwegensten Vorkämpfern der Korruption, heiliget nicht die Interessen der Spekulanten als den Inhalt eures Volkstums, schreit nicht in Österreich solidarisch auf, wenn einem der Euren in Hindostan auf die Hühneraugen getreten wird, laßt nicht durch eure Presse verkünden, das Wuchergesetz sei eine antisemitische Maßregel, assimiliert euch in Sprache, Sitte und Denken den Mitbürgern im Staate ...«

Die liberalen Journalisten sieht Karl Kraus als »die berufsmäßigen Schädiger des Judentums« an, als »geistige Torhüter des Ghetto«; und es gebe »nur e i n e antisemitische Tendenzlüge: Die, daß alle Juden gescheite Leute sind ...«.

Diese intensive und provokante publizistische Aktivität in einer heiklen und brennenden Frage, insbesondere Wilhelm Liebknechts Stellungnahme zur Dreyfus-Affäre, erregte berechtigtes Aufsehen und beschäftigte die Gemüter leidenschaftlich. Karl Kraus wollte, wie auch in anderen Zusammenhängen, durch seine Haltung und sein Auftreten ein großes, weithin sichtbares Gegenbeispiel setzen. Seine Tendenz war etwa, in Abwandlung eines bekannten Ausspruchs: Der Antisemitismus ist eine zu bedeutende Angelegenheit, als daß man ihn den Antisemiten überlassen dürfte. – Er durchbrach ein Tabu, er bekannte sich zu seiner Herkunft, aber als »Abtrünniger aus ganzem Herzen«. Er kritisiert natürlich auch die albernen Methoden der antisemitischen Presse, die hinter jedem jüdischen Namen hämisch ein Ausrufungszeichen setzt, selbst wenn ein unschuldiger Herr Goldberger totgeschlagen wird, er ist angesichts der zweifachen Widerwärtigkeit in einem unlösbaren Dilemma: »Sieht man den Rabbi Bloch, so findet man« (den antisemitischen) »Herrn Vergani sympathisch, und sieht man Herrn Vergani, so sehnt man sich nach dem Rabbi Bloch«, und erlebt diese Zweigeleisigkeit nicht nur als Subjekt, sondern auch als Objekt: »Wotan und Jehovah werfen einander feindliche Blicke zu – aber die Strahlen ihres Hasses treffen sich in meiner Wenigkeit.«

Und er preist den großen Jargonschauspieler Heinrich Eisenbach (». . . der wie sonst nur Girardi es vermag, mit einer Geste ein Drama in die Posse einzulegen, mit einem Blick den Wirbel der Heiterkeit abzustellen und das Publikum so zu zwingen, daß es die Träne, die vom Lachen kam, gleich beibehalten kann«) ebenso leidenschaftlich, wie er Moriz Benedikt und seine ›Neue Freie Presse‹ oder die von Juden beherrschte Journalistenvereinigung ›Concordia‹ haßt und beschimpft.

Und er geht in seinen Polemiken sehr weit und ist gelegentlich so unsachlich wie seine Gegner, wenn er nicht mit Berechtigung – einzelne Personen und Gruppen – zum Gegenstand seiner Angriffe macht, sondern nach banaler Antisemitenart schon Namen wie Abeles oder Karpeles oder Löwi als Argument verwendet. Und er gebraucht bedenkenlos das grausige Symbol des gelben Flecks als Instrument seiner pointierten Aggression, obwohl er einmal feststellt, daß dieser gelbe Fleck »zu den schmachvollsten Merkmalen zählt, die die Menschheitsgeschichte aufweist«. Und doch: Hermann Bahr, der »patriotische Kulturbringer, dem sich die schwarzen Bärte und die gelben Flecke seiner Concordiabrüder mählich zu einem profitablen Schwarzgelb verdichtet haben. . .«, »die Verwahrlosung dieses österreichischen Habitus, dem auf jedes Loch der Würde längst ein gelber Fleck gesetzt ist«, der jüdische Hofrat im Eisenbahnministerium, der sein »Herz auf dem gelben Fleck« hat, »die Feuilletonisten mit gelben Aufschlägen« in Ischl, der Lieblingssommerfrische der Juden, wo es »längst keinen grünen Fleck mehr« gibt, »der nicht gelb wäre«; und angesichts der »vollkommenen Atonie vor dem Unsagbaren, das sich täglich auf der Ischler Esplanade begibt«, »wo eine Menschenart haust, feind ihrem und jedem Glauben«, klagt er die Christen an, »die sich dem fremden Talent assimilierten« – ihnen »gilt die tiefere Verachtung eines, der als Jude geboren ist!« (Sommer 1913).

Er wendet sich von dem »fluchwürdigen Gebot jüdischer

Solidarität« der Solidarität der Christen mit den Juden zu und kommt zu jener Zeit in die seltsame Lage, daß Dr. J. Lanz von Liebenfels, der »Mann, der Hitler die Ideen gab«, in einer Rundfrage der katholischen Zeitschrift ›Der Brenner‹ gemeinsam mit den Christen Richard Dehmel, Frank Wedekind, Otto Rommel, Georg Trakl, Adolf Loos, Oskar Kokoschka, Richard Schaukal und den Juden Albert Ehrenstein, Hermann Broch, S. Friedländer (Mynona), Else Lasker-Schüler, Willy Haas und Franz Werfel das Lob des Karl Kraus singt: »... dieser Mann hat den Ariogermanen wieder das Recht der öffentlichen Aussprache zurückgegeben, er hat es uns ermöglicht, daß wir jetzt, wo wir das überwältigende Schicksal erleben, daß sich über dem seiner Lösung sich nähernden Nationalitäten-Problem riesengroß das Rassen-Problem erhebt und Europa und seiner Kultur der Untergang in der gelben und schwarzen Flut droht, unsere mahnende und belehrende Stimme erheben können.«

Mit dieser »ariogermanischen« Gefolgschaft setzt Karl Kraus sich ernsthaft auseinander. Wenn man auch »aus der Rasse nicht austreten kann«, so glaubt er doch, »daß man auch innerhalb der Rasse seinen höheren Zustand bewähren mag, der einmal keiner Rasse versagt war oder der, ihr einmal erreichbar, sie nie unerträglich gemacht hätte. Und so ist es mir auch möglich, Eigenschaften zu hassen, die ich auf jenem Stand der Judenheit, wo man sich noch nicht von Gott selbständig gemacht hat, vergebens suchen würde«. Er behauptet: »... daß ich nicht nur glaube, sondern wie aus der Erschütterung eines Offenbarungserlebnisses spüre, daß mir nichts von all den Eigenschaften der Juden anhaftet ..., daß ich ... nur jener Eigenschaften mich teilhaftig weiß, die auch den Verteidigern Gottes und Rächern an einem verwirrten Volk angehaftet haben.«

Karl Kraus leidet am Judentum, wie er am Journalismus, an Österreich, am Theater leidet: in eigener Sache. Aber sein Leid hat die Gabe, sich sowohl im flammenden Pathos der Anklage wie im pointierten Witz wie in der satirisch-kabarettistischen Sprach-Karikatur und -Parodie zu äußern.

So ist er dazu übergegangen, die Juden, die er meint, durch gutgetroffene Sprachbilder zu attackieren. Er vernichtet, indem er darstellt, und da ist sein Text mehr denn je »geschriebene Schauspielkunst« und auch im Hinblick auf die Vorlesung, jedenfalls akustisch konzipiert, so wie Beethoven oder Chopin ihre Klavierstücke im Hinblick auf den eigenen Vortrag im Konzert konzipiert haben.

Er überschreibt eine Glosse »Schön muß es am Semmering gewesen sein in den Feiertägen«, einem dem Leben abgelauschten Dialog:

»Wo is Isolde?« »Was schreist du so?« »Mir scheint stark, du vergißt ganz am Industriellenball! Isolde! Wo is sie?« »Wo wird sie sein? Bob is sie fahren gegangen!« »Jetzt muß sie Bob fahren gehn, wo wir herein müssen in der Stadt?« ...

Er zeichnet das liberale Ehepaar Leo und Melanie Kohary in der Nacht vor der Wahl, ein gewaltiges Gemisch von journalistischer Phrase und Gemauschel, viele, viele Seiten lang im Stil von: »Der Freisinn ... gehört zu unserem jetzigen Leben wie der Dampf und die Elektrizität, wer ihn nicht haben will, tut genau so, als wollte er den Dampf und die Elektrizität nicht haben, wenn man den Freisinn nicht hätte, müßte er erfunden werden, wie man den Dampf und die Elektrizität erfunden hat, wie Salten einmal gesagt hat, ihm gesagt, sondern es läßt sich kein Beispiel in den Blättern der Geschichte, nicht einmal in den Annalen aufspüren, daß ein Volk ohne der Erweiterung des Gesichtskreises sich hat zum dauernden Fortschritt aufschwingen können, wenn man bedenkt, daß der Deutsche in Österreich von der Natur mit hohen Gaben ausgestattet.« ... oder »Glaub mir, Melanie, es gibt Momente im Volksleben, wo das Herz siegt über die Grübeleien und die innere Natur des Menschen sich verschafft Gehör!«

Karl Kraus war begnadet mit der Gabe, die akustischen Nuancen seiner Umwelt aufzuzeichnen. Wie er die beiden freisinnigen Wähler protokolliert hat, so auch ein viele, viele Seiten füllendes Gespräch zweier Redakteure, in dem es sich darum handelt, daß der japanische General Nogi durch Harakiri Selbstmord begangen hat, »eine Sammlung von Phrasen, denen das Gesicht ihrer Sprecher zugewachsen ist«. Die authentischen, der ›Neuen Freien Presse‹ entnommenen Sätze sind in den Dialog eingearbeitet; und wieder, wie beim Ehepaar Kohary, kommt die Wirkung von der Diskrepanz zwischen dem unerlebten Schriftdeutsch und dem privaten Jargon: »... ›Neugierig bin ich, wie Sie Nogis Physiognomie erfaßt haben.‹ – ›Ein krauser, vom Alter gebleichter Bart umrahmte Kinn und Wange.‹ – ›Zum Sprechen. Was is mit dem Schnurrbart?‹ – ›Nach abwärts gebürstet, aber das brauch ich für Pavlik, wenn er nach Wien kommt!‹ – ›Pavlik kommt nicht, hör ich.‹ – ›Kommt er nicht, kommt ein anderer. Einer kommt.‹ – ›Gut, wenn Sie die Nuance aufheben für die ungarische Polizei, was sagen Sie stattdem für Nogi?‹ – ›Was soll ich sagen? Trotzig schob sich die Unterlippe vor.‹ – ›Das ist echt japanisch. Aber wie ich Sie kenn, originell wie Sie sind à tout prix, sind Sie imstand und vergessen an die Schlitzaugen.‹ – ›Das glauben Sie. Aber ich sag Ihnen klug und lebendig blickten die kleinen schwarzen Augen hinter dem schmalen schiefen Spalt hervor.‹ – ›Sie, das ist sympathisch, das müssen Sie genau so schreiben.‹ . . . «

Der Interpret Karl Kraus mit seinem akustischen Gedächtnis und seiner einzigartigen Fähigkeit, Tonfälle zu reproduzieren, entfesselte mit dem Vortrag dieser und anderer dialogischer Satiren das Gelächter seines Auditoriums. Doch der Kulturkritiker sagt in einer Vorrede, das Gelächter möge nie vergessen, daß nicht weit die Tragödie der Ideale sei, »die hinter dem Geräusch verstummen müssen«. Und er charakterisiert die beiden Redakteure: »Nichts Menschliches ist ihnen fremd, doch alles Göttliche.« Sie täuschen sich durch Sicherheit und durch Frechheit »über die geistige Not der Zeit hinweg. Beide leben gottlos«.

Hier, wie auch in seinen späteren Äußerungen zum Problem der Juden, wird immer wieder Gott zur Sprache gebracht. Karl Kraus ist durch die Jahre der Sittlichkeitspolemik mit ihren Attacken gegen das Christliche hindurchgegangen. Er hat in der Abgrenzung gegen das Jüdische den Glauben erst verloren und dann den Glauben gefunden. Er kann sich weiter gegen die Juden wenden; denn er ist Jude gewesen. Er darf sich nun auch gegen die Christen wenden; denn er hat am 8. April 1911 in der Wiener Karlskirche die Taufe empfangen.

Heine

Daß Karl Kraus sich mit Heine auseinandersetzte, war zwangsläufig. Auch Heine war Journalist, der den Journalismus überwunden und literaturfähig gemacht hatte, auch Heine war Polemiker und Satiriker, er litt an seiner Heimat und stand »zwischen Wotan und Jehovah«:

> Keine Messe wird man singen,
> Keinen Kadosch wird man sagen . . .

Karl Kraus stand Heine vom Anfang der ›Fackel‹ an ambivalent gegenüber. Wenn die Antisemiten gegen Heine auftraten, weil Heine Jude war, dann war er gegen sie. Wenn die Freisinnigen sich mit besonderer Betulichkeit für Heine einsetzten, war er gegen ihn. Er fand den liberalen Rummel um Heines Grab und das Heine-Denkmal höchst widerwärtig und stellte die rhetorische Frage: »Was ist förderlicher für die jetzt so beschrieene ›Kultur‹: Wenn die Greißler von einem Lyriker nichts wissen oder wenn die Börseaner sich seiner annehmen?«

Er hat 1906 in einem kleinen Beitrag ›Um Heine‹ etliche Gedanken zum Heine-Problem formuliert, die vier Jahre später zum Teil wörtlich in den großen Essay ›Heine und die Folgen‹ übernommen wurden. Er ging dabei von dem Kampf für und gegen das Denkmal aus: »Verwünschte Perversion, die ein Publikum an eine Gruft zerrt, aus der noch immer drei Handvoll Erde gegen die Leidtragenden zu fliegen scheinen!«

Da er immer das Echo im Ohr hatte, wenn er sich zu einer Sache einstellte, mußten ihn die begeisterten Börseaner immer mißtrauischer gegen Heine machen. Und als die »literarische« Ära der ›Fackel‹ ihm Zeit und Atem ließ, jenen Atem, den er in vielen Essays zur »Sittlichkeit und Kriminalität« gewonnen und erprobt hatte, ging er an seinen ersten großen literarischen Essay und ließ ihn zunächst nicht in der ›Fackel‹, sondern nur als Broschüre erscheinen. ›Heine und die Folgen‹ steht mit ›Nestroy und die Nachwelt‹ isoliert in seinem Œuvre: ein Aufsatz, in dem er sich von einem Ähnlichen distanziert, und ein Aufsatz, in dem er sich zu einem Ähnlichen bekennt. Und wie man sich wünschen möchte, daß Karl Kraus ein Leben lang das Theater seiner Zeit referierend begleitet hätte, weil uns damit zum Zeugnis des großen Stilisten eine Theatergeschichte der deutschen Bühne im ersten Drittel unseres Jahrhunderts vorläge, bedauert man, daß Karl Kraus so selten zum literarischen Essay aufstieg, weil er in Zustimmung und Verwerfung Gültiges zu sagen wußte, das meist nur im Nebenbei der Aktualität verstreut und fragmentarisch auf uns gekommen ist.

(Wie verdienstvoll die Wiedergeburt seiner Werke und die geplante Neuherausgabe der ganzen ›Fackel‹ auch sein mögen: man wünschte sich doch eine andere, gleichsam längsschnitthafte Methode der Publikation, etwa einen Band, der alles enthält, was Karl Kraus über Theater und Schauspieler, einen anderen, der alles enthält, was Karl Kraus über Themen und Figuren der Literatur geschrieben hat, einen ganzen Band über Wien und Österreich, einen weiteren über das jüdische Problem ...)

Der Gestalt Heine nähert sich Karl Kraus in seinem Essay mit der Frage nach Stoff und Form. Die deutsche Unkultur »erlebt in der Kunst nur das Stoffliche«, die romanische »schon im Stoff das Künstlerische«. Und Heines Dichtung »wirkt aus dem romanischen Lebensgefühl in die deutsche Kunstanschauung«. Sie »ornamentiert den französischen Zweck mit dem deutschen Geist«. – »So, in diesem übersichtlichen Nebeneinander von Form und Inhalt, worin es keinen Zwist gibt und keine Einheit, wird sie die große Erbschaft, von der der Journalismus bis zum heutigen Tage lebt, zwischen Kunst und Leben ein gefährlicher Vermittler, Parasit beiden, Sänger, wo er nur Bote zu sein hat, meldend, wo zu singen wäre ... Das Instrument zum Ornament geworden ... ohne Heine kein Feuilleton.«

Und nun in einer kühnen Volte hinauf zu einer Erkenntnis, einem Schlüsselgedanken über das Wesentliche der deutschen Sprache:

»Das ist die Franzosenkrankheit, die er uns eingeschleppt hat. Wie leicht wird man krank in Paris! Wie lockert sich die Moral des deutschen Sprachgefühls! Die französische gibt sich jedem Filou hin. Vor der deutschen Sprache muß einer schon ein ganzer Kerl sein, um sie herumzukriegen, und dann macht sie ihm erst die Hölle heiß. Bei der französischen aber geht es glatt, mit jenem vollkommenen Mangel an Hemmung, der die Vollkommenheit einer Frau und der Mangel einer Sprache ist.« Und: »Wenn man einem deutschen Autor nachsagt, er müsse bei den Franzosen in die Schule gegangen sein, so ist es erst dann das höchste Kompliment, wenn es nicht wahr ist. Denn es will besagen: er verdankt der deutschen Sprache, was die französische jedem gibt. Hier ist man noch sprachenschöpferisch, wenn man dort schon mit den Kindern spielt, die herangerückt kamen, man weiß nicht wie.«

Karl Kraus hatte die französische Sprache zwar erlernt, doch nicht beherrscht; wie hellsichtig hat er das Entscheidende über den einzigartigen, segensreichen, produktiven Vorrang des Deutschen über das Französische erfaßt!

Er geht von Heine aus und nimmt ihn als Stichwort für eine große Abrechnung mit dem Journalistischen, das »aller Welt, welcher Lektüre ein Zeitvertreib ist«, den angenehmen Vorwand schafft, »der Literatur auszuweichen. Das Talent flattert schwerpunktlos in der Welt und gibt dem Haß des Philisters gegen das Genie süße Nahrung«. Er meditiert über das Ornament, über das Feuilleton, über das »Attachement geistiger Autorität an die Schurkerei« der Zeitungen, jener »Aborte der öffentlichen Meinung«, er ruft sich von der »Lumperei« der Presse zum Gegenstand zurück: »Ihren besten Vorteil dankt sie jenem Heinrich Heine, der der deutschen Sprache so sehr das Mieder gelockert hat, daß heute alle Kommis an ihren Brüsten fingern können.« Und er ist schon wieder bei den »impressionistischen Laufburschen«, die »keinen Beinbruch mehr ohne Stimmung« melden und keine Feuersbrunst ohne persönliche Note. Er verdammt diesen Typus des Reporters als »Kehrichtsammler der Tatsachenwelt«, der immer »mit einem Fetzen Papier gelaufen kommt, den er irgendwo im Gedränge an sich genommen hat«. Er spricht plötzlich über Ludwig Speidel: »Nur einmal trat in dieser Entwicklung eine Pause ein – die hieß Ludwig Speidel. In ihm war die Sprachkunst ein Gast auf den Schmieren des Geistes. Das Leben Speidels mag die Presse als einen Zwischenfall empfinden, der störend in das von Heine begonnene Spiel trat.« So oft trägt es Karl Kraus, wenn er sich ein Thema stellt, alsbald in andere Regionen. Er wollte über Heine schreiben und sagt uns alles, was er gegen den Journalismus hat, findet die große Erkenntnis über das Wesen der deutschen im Unterschied zur französischen Sprache, schreibt dem verehrten Speidel einen Nachruf und gelangt von da zu dem bereits zitierten Vergleich des Künstlers mit dem Journalisten (»Wenn einer über die Ewigkeit plaudert ...«).

Es ist die große Hypothek seines für die Aktualität anfälligen Temperaments und seines umfassenden Gedächtnisses, daß so vieles in ihm ist, das wartet, gesagt zu werden, und sich nicht klären kann und sich gebieterisch vordrängt, wenn es bestenfalls mittelbar zum Thema gehört.

Jetzt erst ist er ganz bei Heine, obwohl er immer noch von den »Folgen« spricht. »Das Original verblaßt, weil uns die widerliche Grelle der Kopie die Augen öffnet.« Heines Prosa wurde »von den beobachterisch gestimmten Technikern, den flotten Burschen und den Grazieschwindlern übertroffen«, seiner Lyrik sind »im Gefühle und in der korrespondierenden Hohnfalte« Nachahmer erstanden, »die's mindestens gleich gut treffen und die zumal den kleinen Witz der kleinen Melancholie, dem der ausgeleierte Vers so flink auf die Füße hilft, mindestens ebenso geschickt praktizieren«.

Er führt Heines Folgen auf die Ursachen zurück: »Heinrich

Heine, der Dichter, lebt nur als eine konservierte Jugendliebe.« Er selbst, der manche Jugendliebe konserviert und manche überwunden hat, weiß sich in diesem Fall immun, »weil ich Heine nicht erlebt habe in der Zeit, da ich ihn hätte überschätzen müssen«. Er sieht in Heines »musikalischen Reizen« ein Argument gegen Heine: »Diese Lyrik ist Melodie, so sehr, daß sie es notwendig hat, in Musik gesetzt zu werden. Und dieser Musik dankt sie mehr als der eigenen ihr Glück beim Philister.« Heine ist ein »lust- und leidgeübter Techniker«, ein »prompter Bekleider vorhandener Stimmungen«. – »Wahrlich der Heinesche Vers ist Operettenlyrik«, »ein skandierter Journalismus, der den Leser über seine Stimmungen auf dem Laufenden hält«, in seiner Liebeslyrik sind »die kleinen Lieder nicht der notwendige Ausdruck, sondern das Ornament der großen Schmerzen«.

Karl Kraus kritisiert Heine als Polemiker, er läßt Heines späte Lyrik gelten (»Heine hat das Erlebnis des Sterbens gebraucht, um ein Dichter zu sein.«), nennt Heines Zynismen eine »altbackene Pastete aus Witz und Weh« und geht wieder auf die Folgen über (»Darum verlangt die Pietät des Journalismus, daß heute in jeder Redaktion eine Wanze aus Heines Matratzengruft gehalten wird«) und schließt in eigener Sache mit einer Apotheose der wahren schöpferischen Gestaltung aus der Sprache: »O markverzehrende Wonne der Spracherlebnisse! Die Gefahr des Wortes ist die Lust des Gedankens . . .«

›Heine und die Folgen‹ ist ein Essay von hohem Rang und tiefer Einsicht, gewiß, aber eigentlich eine Kombination mehrerer Essays und, genau betrachtet, nicht so sehr ein geschriebener Essay als der aufgeschriebene Text einer Rede!

Der ideale Redner, den es nicht gibt, auf der Höhe seines Stoffs und seiner Formulierungskraft, könnte über Heine zu sprechen beginnen und mit dem, was er über den Gegenstand zu sagen hat, im Kopf, abschweifen und wiederkehren, die Sprache, die Ornamente, die Gestalt Speidels und immer wieder den Feuilletonismus bereden, spät erst zum eigentlichen Gegenstand vordringen und insgesamt nicht nur den Gegenstand, sondern sich selbst und seine Anschauungen umrissen haben.

Karl Kraus, der Schauspieler, an der Schwelle eines Wiederbeginns als Vortragender, der Geist mit dem abnorm entwickelten akustischen Sinn, hat seine Prosa akustisch konzipiert; er hat sie sich sozusagen »auf die Stimme geschrieben«.

Er hat zwar nie auswendig gesprochen und selbst die Mitteilung einer Umstellung des Programms von einem Zettel abgelesen, aber er war doch ein großer Redner, auch wenn er von einem Manuskript ablas. Er hat seine Prosa – und nicht nur sie – als Manuskript zum Vorlesen konzipiert (›Nestroy und die Nachwelt‹ sogar bewußt als Rede). Bedeutende Redner waren ja von Demosthenes bis Churchill Niederschreiber des Textes, der dann Anlaß zur Oratorik wurde. Karl Kraus hat Reden niedergeschrieben, auch wo nicht an das Akustische gedacht war und nicht an den Vortrag; er hat, wenn er schrieb, gleichsam die imaginäre Improvisation eines großen Redners mitgeschrieben – oder: Monologe – vielleicht sogar Gespräche, in denen der überlegene Gesprächspartner die anderen nicht zu Wort kommen läßt.

Es wird von vielen Zeitgenossen berichtet, daß Karl Kraus sehr gesprächig war, aus der Fülle heraus zu plaudern und zu erzählen wußte und oft nächtelang kein Ende fand. Diese Art und diese Gabe sind in seine Prosa übergegangen.

Siebenhundertundeine Vorlesung

Auf der Spirale, die ihn in immer neuen Wendungen vom Ursprung zum Ziel führte und doch nie vom Wesen des Ursprungs entfernte, gelangte Karl Kraus in dieser Zeit immer höher hinauf. Er brauchte wieder eine neue Form, sich zu erleben, sich auszudrücken und zu wirken. Er fand sie in seinen Vorlesungen, die er anfangs gelegentlich auch »Leseabende« nannte.

Im Herbst 1909 hatte er ein Berliner Büro der ›Fackel‹ errichtet.

Im Januar 1910 nannte er den Monat, den er bisher »Jänner« genannt hatte, Januar.

Am 13., 17. und 20. dieses Monats las er zweimals als Gast des Berliner »Vereins für Kunst« und einmal als Gast der Freien Studentenschaft der Universität Berlin im Salon Cassirer.

Zustimmende und ablehnende Kritiken der deutschen Presse sind in der ›Fackel‹ ausführlich zitiert und kommentiert. In diesem Zusammenhang ist auch der Satz zu lesen: »Vielleicht findet sich eine Gelegenheit, diese Vorlesungen in Wien zu wiederholen.«

Am 3. Mai 1910 ist seine erste Wiener Vorlesung, am 3. Juni

die zweite, im November und Dezember macht er eine erste Vortragsreise nach München, Frankfurt, Aachen, Prag und Brünn.

Von da an blieb er als Vorleser aktiv, buchstäblich bis an die Schwelle des Todes. Er las zunächst aus eigenen Schriften, später auch die Werke der geliebten Großen, er hing sehr an dieser seiner Wirksamkeit, die ihn nicht nur als Autor bestätigte.

Gewiß war es, wie bei jedem vorlesenden Schriftsteller, für das Publikum zunächst nur interessant, persönlich mit dem Mann konfrontiert zu sein, dessen Werke man gelesen hatte, dies ganz besonders bei einer Erscheinung wie Karl Kraus, der ja außerhalb der sonst gültigen Ankündigungen und Resonanzen gewissermaßen in heimlichen, fast unerlaubten Beziehungen zu seinen Lesern stand. Dann kam aber bald die Erkenntnis hinzu, was für ein herrlicher Vorleser dieser Autor war. Er hatte nebst allem Rhetorischen, dessen sein Pathos bedurfte, auch das schauspielerische Ingenium, Figuren zu schaffen, durchzuhalten und auseinanderzuhalten. Er verfügte über alle Töne, Nuancen, Akzente und Dialekte und eine unermeßliche Variationsbreite des Charakterisierens, er porträtierte auch, was er haßte, mit liebevoller Akribie bis in das letzte akustische Detail, und man will ihm gern glauben, daß all dies nicht auf Grund von Studien oder Proben zustande kam, sondern aus der Gnade des Augenblicks durch Inspiration, Improvisation und Phantasie.

Er las gern Neues vor, ehe es in der ›Fackel‹ erschien, hatte aber auch Stücke, die er gern immer wieder las, wie das Publikum sie immer wieder gern hörte: ›Das Ehrenkreuz‹, ›Die Welt der Plakate‹, ›Der Traum ein Wiener Leben‹.

Er las bis zum Weltkrieg vorwiegend eigene Schriften mit gelegentlich eingestreuten Zitaten anderer Autoren zur Sache. Ausnahmen waren die Nestroy-Feier und eine Strindberg-Feier und eine Vorlesung am 15. Mai 1911, die den Mitarbeitern der ›Fackel‹ gewidmet war (Strindberg, Wedekind, Stoessl, Altenberg, Liliencron, Lasker-Schüler, Ehrenstein, Viertel und Werfel ...). »Der Ertrag der erfolgreichen Veranstaltung fiel den Dichtern Else Lasker-Schüler und Peter Altenberg zu.«

Die historische erste Vorlesung im Krieg (im Mittleren Konzerthaussaal) brachte am 19. November 1914 die Anrede ›In dieser großen Zeit‹, Bibelzitate und Gedichte von Liliencron und Karl Kraus.

Es folgte eine Vorlesung am 16. Dezember mit Shakespeare, Nestroy, Raimund und dem eben verstorbenen Georg Trakl neben spärlichen eigenen Arbeiten.

Am 24. Mai 1916 fand eine Shakespeare-Feier statt. Karl Kraus las zum erstenmal ein ganzes Stück vor: ›Die lustigen Weiber von Windsor‹, die er besonders schätzte und merkwürdigerweise für »Shakespeares (neben der ›Widerspenstigen‹) bedeutendstes und lustigstes Lustspiel« hielt.

Damit ist der Grundstein für das imaginäre »Theater der Dichtung« gelegt. Es folgen ›Maß für Maß‹, dann an einem Abend Nestroys ›Judith und Holofernes‹ und Hauptmanns ›Hannele‹, bald ist schon eine Art Shakespeare-Zyklus auf dem »Repertoire«, dann folgt sehr vieles von Nestroy, das in einem Nestroy-Zyklus kulminiert, schließlich wird Jacques Offenbach mit einem runden Dutzend seiner Operetten nach und nach erschlossen und immer wieder dargeboten werden; außerdem Gogols ›Revisor‹, Hauptmanns ›Weber‹ (an denen sich der Vorleser einst erstmals erprobt hatte), vieles von Raimund (als einziges ganzes Stück aber nur ›Der Verschwender‹, ganz spät), Goethes ›Pandora‹-Fragment, ›Clavigo‹, ›Iphigenie auf Tauris‹, der Helena-Akt und der fünfte Akt des zweiten Teils (ohne die Schluß-Szene) aus ›Faust‹, noch manches andere, etwa Niebergalls ›Datterich‹ (dem ›Fröhlichen Weinberg‹ Zuckmayers polemisch gegenübergestellt), viel Lyrik, vor allem die vergessene deutsche Barock-Lyrik, die Heinrich Fischer in der verdienstvollen Sammlung ›Die Vergessenen‹ neu herausgegeben hatte . . .

Es war ein ganz besonderes, ein unvergeßliches Erlebnis, Karl Kraus ein ganzes Stück vorlesen zu hören, denn ohne äußere Hilfsmittel, rein aus der sprachlich gestaltenden Kraft standen Figuren und Vorgänge lebendig und plastisch vor der Phantasie, führten ihr dramatisches Leben und blieben auch präsent, wenn der Interpret Regiebemerkungen las, ja: die Regiebemerkungen gewannen besonderes Leben aus dem spürbaren Beteiligtsein des Vorlesers. Karl Kraus malte Schauplätze und Aktionen, wenn er Regiebemerkungen vorlas. Sein Vortrag war nicht und und wirkte nicht einstudiert, wenn sich auch seine Töne und Bewegungen durch die Jahre hindurch immer glichen. Seine Stimme ist uns auf einer Schallplatte, seine Gestik auf einem Film überliefert, beide geben mit all ihrer technischen Unzulänglichkeit doch eine Ahnung von dem Ereignis einer Kraus-Vorlesung.

Mir sind heute noch Passagen aus den ›Webern‹ unverlierbar gegenwärtig, weite Strecken der ›Pandora‹, und wenn ich mich an das edle, erfüllte, getragene Pathos seines Verse-Sprechens im Stil seines alten Burgtheaters erinnere, ahne ich, was Karl Kraus an Josef Kainz mißfallen haben mag. Seine magische Eindringlichkeit war derart, daß man ihm, ohne sich darüber Rechenschaft zu geben, die Frauen ebenso bereitwillig glaubte wie die Männer. Der verhinderte Schauspieler hatte einen genialen Hörspieler aus sich gemacht. Nie vergesse ich auch, und das ist charakteristisch, die abschließende große Regiebemerkung aus Gogols ›Revisor‹. Nach der Meldung, daß der echte Revisor eingetroffen ist, erstarren die auf der Bühne Befindlichen wie versteinert, und die Komödie schließt mit der Beschreibung des unbelebten lebenden Bildes und der Haltung seiner stummen und bewegungslosen Akteure. Im Vorlesen gewann das Beschreibende ungeheure Macht, die stumme Szene wurde wirklich, die Versteinerung war in Sprache, das Bild war in Zeit umgesetzt worden, und kaum je war ein Stückschluß so gewaltig auf der Bühne wie – von Karl Kraus vorgelesen – der letzte Satz: »Die ganze versteinerte Gruppe bewahrt diese Stellung nahezu eine halbe Minute.«

Karl Kraus fand an diesen Abenden eine für ihn notwendige Bestätigung: die Resonanz, die ihm, der außerhalb stand, verwehrt war, die Resonanz des Autors und des Interpreten, die für beide lebensnotwendig ist.

Er betrat das Podium als vorlesender Schriftsteller, und er verließ es als Schauspieler, hatte jubelnden Applaus, er kam wieder und wieder, verneigte sich nicht, sondern stand da, zeigte sich, betrachtete sein Publikum und ging wieder.

Anton Kuh, einer seiner Feinde, hat die Augen des Karl Kraus boshaft die »Ad-notam-nehm-Äugerln« genannt (diese Prägung ist durch Heimito von Doderer überliefert worden). Tatsächlich war es so, daß Karl Kraus auf den Beifall, der ihm dankte, damit antwortete, daß er die Applaudierenden genau musterte.

Anfangs bestand, wie bei einem Solistenkonzert, die Tradition der Draufgaben. Damit hörte Karl Kraus aber bald auf.

Er führte, wenn er auf das Podium kam, nichts mit sich als seine Manuskripte oder Bücher und seine Lesebrille. Er war stolz darauf, daß sich kein Glas Wasser auf dem Tisch befand. Er unterstrich den Text gelegentlich durch ein ganz besonders ausdrucksvolles Spiel seiner Hände (auch dies ist im Film bei der Vorlesung der ›Raben‹ in einigen atemraubenden Augenblicken festgehalten). Bei gewissen Stellen erhob er sich und las stehend (im Film bei dem Gedicht ›Zum ewigen Frieden‹).

Seine Stimme füllte mühelos auch den Großen Musikvereinssaal und selbst den Großen Konzerthaussaal in Wien, und ihre

Wirkung blieb nicht an die persönliche Ausstrahlung des anwesenden Vortragenden gebunden. Eine Vorlesung des ›Hannele‹ war damals in den dreißiger Jahren im Österreichischen Rundfunk um nichts weniger überwältigend als im Vortragssaal.

Wenn Karl Kraus zu singen hatte, befand sich der Begleiter unsichtbar hinter einem Paravent auf dem Podium. Karl Kraus konnte nicht Noten lesen und mußte sich die Melodien gleichsam durch Korrepetition zu eigen machen. Er liebte es, zu singen und seine starke Musikalität zu erproben, er deutete auch Duette, Ensembles und Chöre höchst glaubhaft an. Singend fühlte er sich jenem Theater, das er besonders liebte, dem Wiener Vorstadttheater und der klassischen alten Operette, nahe und konnte im Vortrag von Couplets und ihren ad hoc geschriebenen aktuellen Zusatzstrophen ganz unmittelbar jene zündenden Wirkungen der Zustimmung im dunklen Saal auskosten, wie sie dem komischen Protagonisten auf der Bühne gegeben sind.

Sein stark entwickelter Sinn für Zeiträume und runde Zahlen lebte sich wie in der ›Fackel‹ auch in den Vorlesungen aus. Er hat in der ›Fackel‹ die dreihundertste, die vierhundertste, die fünf-, sechs-, sieben- und achthundertste Nummer besonders hervorgehoben, sozusagen »begangen«, und die Nummer 300 mit Beiträgen von Dehmel, Strindberg, Peter Hille (aus dem Nachlaß), Altenberg, Stoessl, Loos, Ferdinand Kürnberger, einem Gruß von Przybyszewski und einem faksimilierten Schönberg-Lied ebenso gefeiert wie ein Jahr vorher das vollendete erste Jahrzehnt der ›Fackel‹. Und er feierte auch bewußt und demonstrativ die jeweils soundsovielhundertste und soundsovielhundertfünfzigste Vorlesung und die hundertste Berliner Vorlesung (am 8. Januar 1932). Er hat am 15. November 1932 zum letztenmal in Berlin, am 2. Dezember 1932 zum letztenmal in Deutschland (München) gelesen. In Wien (wo er am 26. April 1935 seine vierhundertste Wiener Vorlesung gehalten hatte) war am 2. April 1936 seine letzte Vorlesung, als »700. Vorlesung« besonders angekündigt, in einem größeren Saal als die früheren. »Ende April, Anfang Mai dürfte ein Offenbach-Zyklus stattfinden (etwa ›Madame l'Archiduc‹, ›Perichole‹, ›Die Kreolin‹, ›Vert-Vert‹).« Dieser Zyklus konnte nicht mehr stattfinden.

Auf Grund der vorliegenden Unterlagen hat Friedrich Jenaczek errechnet, daß diese letzte nicht die siebenhundertste, sondern die siebenhunderterste Vorlesung gewesen ist – überdies sind die Ur-Vorlesungen der Jahre 1892 und 1893 nicht mitgezählt.

Auf der Rückseite des letzten Vorlesungsprogramms steht eine stolze Statistik über die »700 Vorlesungen« und die Orte, wo sie stattgefunden haben, ferner: »An 260 Abenden wurden eigene Schriften, an 138 Abenden teils eigene, teils fremde, an 302 Abenden ausschließlich fremde Schriften gelesen.«

Es war für Karl Kraus ein Gegenstand tiefer Bekümmernis, die zu äußern er nicht müde wurde, daß sein Publikum von ihm immer wieder die »eigenen Schriften« wollte (wie es auch in der ›Fackel‹ ihn und nicht seine Mitarbeiter zu lesen wünschte); mit »eigenen Schriften« konnte er größere Säle füllen, seinem »Theater der Dichtung« blieb der Widerhall in zunehmendem Maß versagt. Er hat das mit Schärfe und Bitterkeit registriert und einmal sogar das Experiment gemacht, »eigene Schriften« anzukündigen und dann nach einer entsprechenden Einleitung Shakespeares ›Timon von Athen‹ vorzulesen.

Die tragische Dominante seines vergeblichen Ringens um das Theater hat ihn bis in den Vortragssaal verfolgt: man zog die akustische ›Fackel‹ den noch so einzigartig interpretierten dramatischen und musikdramatischen Kunstwerken vor.

Nach einigen Jahren begann Karl Kraus, den Ertrag seiner Vorlesungen zum größten Teil wohltätigen Zwecken zuzuwenden, und vom Beginn des Ersten Weltkriegs an war sein Vorlesen rein karitativ geworden. Schon in der Ankündigung wurde auf den wohltätigen Zweck hingewiesen, und eine Rubrik der ›Fackel‹ legte Rechenschaft ab über die sehr erheblichen Zuwendungen an die Kriegsblinden, an die »Kinderfreunde«, an »Bedürftige«, an einzelne Unterstützungswürdige oder an karitative Institutionen. Ihnen widmete er auch Erträgnisse seiner in Buchform erschienenen Bearbeitungen sowie Geldstrafen und Bußen seiner Prozeßgegner; zu wohltätigem Zweck gab Karl Kraus auch Autogramme.

Außerhalb Wiens wurden die Vorlesungen in üblicher Weise durch Plakate und Zeitungsinserate angekündigt. In Wien genügte die Ankündigung in der ›Fackel‹, um die Säle zu füllen. Damit war ein positiver Beitrag im Kampf gegen die Presse geleistet: sowohl die Bücher wie die Vorlesungen von Karl Kraus konnten ohne Einbeziehung der Zeitungen durchgesetzt werden.

Anfangs besorgten einige Wiener Kartenbüros den Vorverkauf, später war dieser auf die Buchhandlung Lanyi, Kärtner Straße 44, konzentriert, eine kleine, enge, sehr stimmungsvolle, etwas »hoffmanneske« Lokalität, ein heimliches Hauptquartier der Karl-Kraus-Gemeinde. Richard Lanyi verlegte auch die

Nestroy-, Offenbach- und Shakespeare-Bearbeitungen und Schriften über Karl Kraus, er hatte im Halbstock, den man von der Buchhandlung aus über eine enge Treppe erreichte, ein sehr ergiebiges Antiquariat und betrieb einen Kunsthandel, der sich unter anderem für den damals noch nicht entdeckten, frühvollendeten großen Maler und Graphiker Egon Schiele einsetzte.

In dieser Buchhandlung und in der Druckerei Jahoda & Siegel materialisierte sich der Geist des Karl Kraus. Er bedurfte keiner weiteren organisatorischen Institutionen. Die ›Fackel‹ verfügte nie über eine Redaktion, sondern nur über den Schreibtisch ihres Herausgebers. Auf dem Schreibtisch stand ein »Miniaturspinett, das eigentlich ein Zigarrenbehälter ist und ein paar seit hundert Jahren eingeschlossene Altwiener Töne von sich gibt, wenn man draufdrückt«.

Karl Kraus arbeitete nachts und schlief in den Tag hinein (wie es die Schauspieler zu tun lieben, und wie es die Morgenblattredakteure tun).

Er war bis an sein Ende sehr gesellig und liebte die Kaffeehäuser, das »Imperial«, das »Pucher«, das »Parsifal«, das »Lebmann«, das »Attaché«. Wenn er ins Restaurant ging, so berichtet Kurt Wolff, prüfte er stets lang und sehr aufmerksam die Speisekarte und bestellte sodann immer wieder die gleiche Speise.

Der Grubenhund und die Laufkatze

Karl Kraus konnte die Objekte seiner Satire nicht nur »zum Sprechen ähnlich« in ihren Phrasen und Tonfällen und in der Grammatik ihres Jargons porträtieren, er konnte nicht nur das Konglomerat von unerlebtem gedrucktem Deutsch und verluderter Umgangssprache dialogisch und monologisch fixieren, er hatte dazu auch die Gabe, das Journalistische, wo es geschrieben und gedruckt war, durch täuschend ähnliche Imitation ad absurdum zu führen.

Im Februar 1908 hatte in Wien die Erde gebebt. Und die ›Neue Freie Presse‹, die Wert auf Kontakt mit ihren Lesern legte und gern möglichst viele Leser »im Blatt« mit Namen erscheinen ließ, brachte Tag für Tag Zuschriften, in denen Abonnenten ihre Erdbebenbeobachtungen mitteilten.

Die Erde bebte neuerlich in Wien, doch ohne seismische Begleiterscheinungen, als am 22. Februar 1908 in der ›Neuen Freien Presse‹ die folgende Zuschrift erschien:

»Ich las gerade Ihr hochgeschätztes Blatt, als ich ein Zittern in der Hand verspürte. Da mir diese Erscheinung von meinem langjährigen Aufenthalt in Bolivia, dem bekannten Erdbebenherd, nur zu vertraut war, eilte ich sogleich zur Bussole, die ich seit jenen Tagen in meinem Haus habe. Meine Ahnung bestätigte sich, aber in einer Weise, die von meinen Beobachtungen seismischer Tatsachen in Bolivia durchaus abwich. Während ich nämlich sonst ein Abschwenken der Nadel nach Westsüdwest wahrnehmen konnte, war diesmal in unzweideutiger Weise eine Tendenz nach Südsüdost feststellbar. Allem Anschein nach handelte es sich hier um ein sogenanntes tellurisches Erdbeben (im engeren Sinn), das von den kosmischen Beben (im weiteren Sinn) wesentlich verschieden ist. Die Verschiedenheit erweist sich schon in der Variabilität der Eindrucksfähigkeit. Bei dieser Art von Erdbeben kommt es vor, daß jemand, der im Nebenzimmer sich aufhält, nichts von all dem merkt, was sich uns unverkennbar offenbart. Meine Kinder, die um jene Zeit noch nicht eingeschlafen waren, haben nicht das geringste gemerkt, während wieder meine Frau behauptet, drei Erschütterungen gespürt zu haben. Hochachtungsvoll Zivilingenieur J. Berdach, Wien II, Glockengasse 17.«

Dieser Text ist völlig unsinnig. Ganz Wien lachte, denn die ›Neue Freie Presse‹ war prompt hereingefallen. »Sie schweigt mich seit zehn Jahren tot; sie ignoriert mich als Satiriker und läßt mich nur als Geologen gelten ...«

Das Erdbeben bot ein gutes Stichwort zu der Aktion. Denn Karl Kraus sah längst schon Zusammenhänge zwischen der Presse und dem Weltuntergang. Er hatte mit der Zuschrift mehr als einen Spaß bezweckt und erreicht, denn er hatte die Glaubwürdigkeit des gedruckten Wortes in Frage gestellt und die Inkompetenz der Redakteure nachgewiesen. Er hatte überdies durch das Echo seiner geglückten Aktion, durch das Erscheinen nachweisbaren wissenschaftlichen Blödsinns in der Zeitung eine Schlacht gegen den Journalismus gewonnen. Und er hatte vor allem das Beispiel gegeben, eine neue literarische Gattung geschaffen und damit den Weg geebnet für das klassische Exemplar einer mit heimlichem Sprengstoff geladenen Leserzuschrift:

Im November 1911 wurde wieder ein Erdbeben in Wien registriert, und wieder häuften sich die Zuschriften beobachtender

Leser und Abonnenten. Und am 18. November 1911 erschien mit der Überschrift ›Die Wirkungen des Erdbebens im Ostrauer Kohlenrevier‹ die Zuschrift eines Herrn Dr.-Ing. Erich R. v. Winkler, Assistenten der Zentralversuchsanstalt der Ostrau-Karwiner Kohlenbergwerke.

Der umfangreiche Text, nach dem Berdach-Modell gearbeitet, strotzt von technischem Blödsinn: ein Kompressor, der den Elektromotor für den Dampfüberhitzer speist, weist eine auffällige Varietät der Spannung auf – ein heftiger Ausschlag (0,4 Prozent) an der rechten Keilnut wird konstatiert – ein heftiger Stoß bewirkt eine Verschiebung des Hochdruckzylinders an der Dynamomaschine – der Transformator geht auf 4,7 Atmosphären zurück, wodurch zwei Schaufeln der Parson-Turbine starke Deformationen aufweisen und sofort durch Stellringe ausgewechselt werden müssen ... vor allem aber ist es dem Einsender unerklärlich, daß sein »im Laboratorium schlafender Grubenhund schon eine halbe Stunde vor Beginn des Bebens auffallende Zeichen größter Unruhe gab«.

Damit war die neue literarische Gattung triumphal etabliert und hatte auch ihren Namen. Noch heute spricht man, wenn man vermutet, daß eine Zeitung hereingefallen ist, von »einem Grubenhund«, wobei natürlich nicht bloß eine simple Mystifikation stattfindet und eine Unwahrheit behauptet wird, sondern ein Text in eine Zeitung geschmuggelt wird, der bei einiger Vernunft als unsinnig erkennbar sein müßte.

Karl Kraus jubelte und höhnte: »Ich schwöre, daß der Ing. Erich R. von Winkler nicht von mir ist. Er ist ein Sohn des Zivilingenieurs Berdach aus der Glockengasse. Ich konnte es nicht verhindern, daß dieser sich fortpflanzte. Aber Winkler ist grausamer als Berdach. Hat Berdach die ›Neue Freie Presse‹ mit Ruten gepeitscht, so züchtigt Winkler sie mit Skorpionen ... Das Problem der Intelligenz und damit das Problem des Journalismus ist aufgerührt, der Offenbarungsglaube des gedruckten Wortes ist erschüttert, die Spannung ist auf 4,7 Atmosphären zurückgegangen, der Hochdruckzylinder der liberalen Dynamomaschine ist verschoben ... der Kompressor, der den Elektromotor für den intellektuellen Dampfüberhitzer speist, wozu ein guter Magen gehört, zeigt eine auffällige Varietät, und die Allwissenheit des Trottels hat den Kredit verloren ... So wahr ein Grubenhund vier Räder hat, es wird zu fürchterlichen Dingen kommen! ... Ehe ich auftrat, war Ruhe. Jetzt knistert und rumort es an allen

Enden. Erdbeben. Die Leser erwachen. Die Grubenhunde bellten so laut.«

Bald darauf hat sich der Erfinder des Grubenhundes als Ingenieur Arthur Schütz zu erkennen gegeben und verraten, daß er die Zuschrift auf Grund einer Wette abgeschickt hatte. Arthur Schütz, erst vor einigen Jahren verstorben, hat 1931 im Verlag Jahoda & Siegel ein kleines Buch über Geschichte und Technik des Grubenhundes veröffentlicht, das 1953 neu aufgelegt wurde. Der Autor erzählt darin, daß schon vor Berdach, um 1900, einige Journalisten dem Wiener ›Fremdenblatt‹ einen Bericht geschickt hatten, Erzherzog Karl Ludwig habe, um die Aussicht von seiner Villa aus zu verbessern, die Abtragung der Rax (2000 Meter hohes, mächtiges Bergmassiv südlich von Wien) angeordnet. Dieser Bericht war im ›Fremdenblatt‹ erschienen.

Arthur Schütz entwickelte sich zum Meister der Mystifikation und betrieb sein vergnügliches Handwerk mit Hilfe eines technischen Arsenals von Briefpapieren, Stampiglien usw. und einer unschätzbaren Erfahrung noch bis in die fünfziger Jahre. Schon 1912 legte er die ›Neue Freie Presse‹ neuerlich herein, und zwar durch den Bericht über eine Eisenbahnkatastrophe, in dem von ovalen Rädern die Rede war und von einer Dame mit einem fünf Monate alten Töchterchen, die von Geburtswehen überrascht wurde. Er brachte feuerfeste Kohlen und (wieder als Bergwerksfachmann) einen Kreis von 4500 Meter Länge und rund 100 Meter Breite in die ›Neue Freie Presse‹.

Schließlich bekam der Grubenhund als Schwester eine andere technische Einrichtung: die Laufkatze. In Anlehnung an das Vorbild Berdach sandte ein Dr. Gabriel Bardach der ›Neuen Freien Presse‹ eine Zuschrift über die Katzenplage und klagte darin, daß »eine große Zahl Laufkatzen mit ihren Jungen einen unerklärlichen Lärm verursachen«.

Karl Kraus hat etliche dieser Mystifikationen in der ›Fackel‹ registriert. Und als die ›Neue Freie Presse‹ angesichts der »Laufkatze« erstmals auf einen derartigen Aufsitzer reagierte, sich gegen »Büberei« und »Betrüger« wehrte – es war 1916 nach zwei Jahren Weltkrieg – und sich dabei auf die »bösen Tage« des Kriegs berief, da reckt er sich zu seiner ganzen Größe auf und zeigt, wie eng benachbart Spaß und Ernst für ihn sind, und fährt auf den ›Presse‹-Herausgeber Moriz Benedikt mit einer Tirade los, die, ohne abzusetzen, mehr als zehn Seiten füllt und zum Heftigsten gehört, was er je an Aggression formuliert hat.

»Man muß diesen Schreihals würgen, bis ihm die Lust vergeht, sich den Freipaß für seine Unsauberkeiten durch Berufung auf die Millionen unserer Mitbürger, die an der Front sind, zu verschaffen. Man muß diesem rabiaten Wucherer ... so auf das Maul schlagen, daß die ›Sorge‹, die er seit zwei Jahren täglich an Poincaré ›nagen‹ sieht, ihn wie ein Schüttelfrost befällt. Er meint ... wiewohl ich doch die Laufkatze nicht erfunden, höchstens angeregt habe – er meint mich und spricht von Buben. Ich sage Benedikt und meine ihn. Man muß diesen Banditen, dessen Gewalttätigkeit gegen die letzten Überreste eines öffentlichen Schamgefühls von der Unterworfenheit hochgestellter Pressknechte erhitzt wird, derart überschreien, daß er die Glorie, die ihm zum Alibi seines Handels gut genug scheint, erschreckt aus der Pranke fallen läßt und nie wieder auf die Idee verfällt, die große Zeit, an der seine Opfer leiden, als seine eigene Schonzeit aufzufassen... Man muß... Man muß ... man muß ... man muß ihm so scharf in die Pupille sehen, daß ihm die Stimme für ein paar Leitartikel, der Gusto auf ein paar Börsenmanöver zwischen Morgen- und Abendblatt vergeht ... man muß ihn fragen, ob er eigentlich glaubt, daß es ›in einer solchen Zeit‹ nicht dringlicher als in irgendeiner früheren Zeit geboten ist, sein Handwerk, ›das den Offenbarungsglauben für Unwissenheit und Unmoral anspricht‹, zu entlarven ... ob er endlich gesonnen sei, wenigstens diese fortwährende Verwechslung seines Geschreis mit dem Weltgetöse einzustellen ... Man muß ihn fragen... Insbesondere müßte gefragt werden... Er weiß, daß ich ihn bekämpfe, weil ich ihn für die Pest halte, nicht weil er mich geschmäht hat. Er weiß, daß er mich nie gekränkt hat, daß ich als Knabe die Chance, meine Seele anzustecken, zurückgewiesen habe ... daß alle anders gerichtete Version Verleumdung ist, bezogen aus dem jüdischen Sagenkreis, in dem ein Angriff nur als Revanche für einen entzogenen Vorteil gedacht werden kann. ... hier frage man ... ob er nicht wenigstens doch das Recht verwirkt hat, sich mit seiner Ehre laut zu machen ...« über mehr als zehn dichteste Seiten, ohne Atem zu holen, in einer gigantischen Klimax »bis zu der letzten unerbittlichen Frage: ob er denn glaubt, daß nicht eben der Krieg die geeignete Zeit sei, den Burgfrieden der Hyänen zu stören. Aber ich weiß, eher wird eine solche zum Samariter werden, und eher wird eine Laufkatze Junge kriegen, bevor jener mir darauf Antwort gibt!«

Die Erkenntnis der Ohnmacht mit dem letzten Rest des Atems

nach dem großen Katarakt der Anklage. Er wird keine Antwort geben, aber man muß ihn fragen. Die ganze große Philippika, das ewige Ceterum Censeo und Quousque Tandem, die ganze überlebensgroße Rhetorik investiert in eine Frage, von der der Fragende weiß, daß sie eine rhetorische ist. Vergeblichkeit wird zu Protokoll gegeben (eine Formel, auf die sich alles Große der österreichischen Literatur vom Hobellied über Grillparzer bis zum ›Schwierigen‹ und zu Schnitzler und zu Karl Kraus bringen läßt).

Cato weiß, daß er die Zerstörung Karthagos bewirken, Demosthenes weiß, daß er seine Mitbürger gegen Philipp mobilisieren könnte, Cicero weiß, daß er Catilina vernichten wird, und Karl Kraus weiß, daß er nichts vermag gegen Moriz Benedikt. Aber: man muß ihn fragen. Die Leistung besteht in der Frage, nicht in ihrem Ergebnis.

Soviel Lärm um eine Laufkatze? Sodoms Ende wegen eines Aufsitzers und der lächerlich gereizten Reaktion auf ihn?! Die Attitüde des großen Jeremias oder Jesaias gegen einen kleinen Moriz?

Es ist nicht die Laufkatze, und es ist nicht Moriz Benedikt, es ist nicht die ›Neue Freie Presse‹, es ist nicht einmal die Presse. Sie stehen nur paradigmatisch für etwas Größeres, Allgemeines. Die ›Neue Freie Presse‹ rückt nur in den Vordergrund, weil Karl Kraus ein Leben lang obstinat wiederholen muß: Ich bin nicht gegen sie, weil ich nicht »hineingekommen« bin – ich bin nicht »hinein« gegangen, weil ich gegen sie gewesen bin.

Drum ist es die Presse und die ›Presse‹. Aber in Wahrheit ist es nicht der Journalismus, sondern das Journalistische. Die Welt tritt, als Karl Kraus mündig wird, in ein journalistisches Zeitalter ein. Der Bericht ist wichtiger als das Ereignis. Die Aufmachung entscheidet, nicht der Inhalt. Der Umschlag macht den Erfolg, nicht das Buch. Die Reklame, nicht die Qualität bestimmt den Absatz. Die weite Verbreitung wird durch den Verlust an Dauer erkauft. Alles gelangt heute überall hin, ist aber schon morgen nicht mehr dagewesen. Die Technik, scheinbar vom Menschen beherrscht, beherrscht den Menschen. Der Apparat dominiert, die Form überwältigt den Inhalt, die Qualität schlägt um in Quantität. Der Weg dominiert über das Ziel. Die Ware triumphiert über das Wesen. Das Wort wird Ware. Die Phrase tötet die Sache. All dies fühlt Karl Kraus schaudernd und gibt seiner Angst prophetisch Ausdruck. Man könnte ihn und seine Gedankenwelt gültig und umfassend darstellen, ohne ein Wort über den Journalismus zu zitieren. Denn das Journalistische bekämpft und trifft er auch, wo er es nicht so nennt; im Anschauen der Technik, der verludernden Künste, der verflachenden Gesellschaftlichkeit, der kommerzialisierten Theater, der vordringenden Reklame, der Sprache, die auch außerhalb der Presse geschändet wird, der unmenschlichen Justiz. Die Presse ist der vergröbernde und vergrößernde und entstellende Zerrspiegel, der alle gespenstische Entwicklung der Zeit einfängt und festhält. Er sagt Benedikt und meint mehr als ihn. Er könnte auch sagen: Amerika.

Er kämpft scheinbar mit Kanonen gegen Mücken, doch er hat »die Erkenntnis, daß die Pest von Mücken verbreitet wird, und die Konsequenz, es in jedem Fall zu beweisen«.

Er sagt Benedikt und meint ihn nur insofern, als er durch sein entscheidendes traumatisches Jugenderlebnis an ihn fixiert ist, als Benedikt Jude ist und in fast karikaturhafter Konzentration alle äußeren Eigenschaften aufweist, die Karl Kraus, der sich aus der Solidaritätshaftung gelöst hat, von sich abtun will. Er veröffentlicht einmal ein Bild, um zu zeigen, wie häßlich dieser Benedikt ist. Er läßt ihn akustisch erstehen (»Man hört die Stimme des Herrn aus dem Nebenzimmer: ›Alle werf' ich heraus!‹«), er zitiert ihn und zitiert ihn damit vor das Weltgericht.

Er hat mit allem recht, was er gegen die ›Presse‹ und die Presse vorbringt, darüber kann kein Zweifel bestehen. Nur die Optik, die Perspektive bedarf der Deutung.

Ein Kampf gegen die ›Neue Freie Presse‹ im besonderen und den Journalismus im allgemeinen war von 1899 bis 1936 in Österreich gewiß eine große Aufgabe, war zweifellos das Lebenswerk eines kämpferischen Reformators wert. Wie Karl Kraus sie uns protokollarisch überliefert, steht die ›Neue Freie Presse‹, steht die österreichische Presse seiner Zeit vor uns in nachweisbarer Scheußlichkeit und Gefährlichkeit, als ablehnenswerte Institution – doch nur als ein Beispiel von Mängeln, Fehlbarkeiten, Gefahren und Übeln, wie sie die Welt seit der Erschaffung der Welt immer und überall gekannt hat. Karl Kraus verwechselt Symptom und Ursache. Nicht nur in Österreich, nicht nur im ersten Drittel unseres Jahrhunderts und nicht nur im Journalismus drückte sich aus, was der menschlichen Gesellschaft zur Vollkommenheit fehlt und was in seiner Unvollkommenheit und Fehlbarkeit wohl der notwendige Bestandteil einer Gesellschaft ist, die im Rahmen dessen, was Gott mit ihr vorhatte, aus dem Paradies vertrieben wurde. Karl Kraus konnte nur einen besonderen Sektor mit überscharfer Deutlichkeit sehen, und sein Standort bestimmte die perspektivische Größenordnung. Er hat berechtigt angeklagt, berechtigt verantwortlich gemacht; er hätte, wäre er Römer im Altertum gewesen, vermutlich Cato bekämpft, wäre er Romancier im vorigen Jahrhundert gewesen, vermutlich Balzacs ›Verlorene Illusionen‹ in Flauberts Sprache geschrieben, wäre er Zeitgenosse Luthers gewesen, den Klerus gegeißelt, er hätte als Pariser ›Le Temps‹ oder den ›Figaro‹ polemisch zerstört, er wäre, hätte er nicht juristische und philosophische, sondern medizinische Vorlesungen besucht, nicht Feind der Justiz und der Literaturwissenschaft, sondern der Ärzte und der Medizin geworden, die er im Stil von Molière mit dem Pathos Savonarolas berechtigt und kompetent in die Schranken gefordert hätte. Gott gab ihm die Statur und die Kraft und das Feuer des Propheten des alten Bundes, des Dr. Martin Luther und des Gotthold Ephraim Lessing, doch ließ er ihn 1874 in Jičin zur Welt kommen und als Kind nach Wien übersiedeln und in der mosaischen Glaubensgemeinschaft aufwachsen, die Weihen der deutschen Sprache empfangen, vom Journalismus kosten und am Theater scheitern. So mußte er verbrennen, was er angebetet hatte, ad maiorem gloriam dessen, was er anbetete, so mußte er sich in Nein und Ja und mit allem, was ihm gegeben war, in allen Schwächen, die ihm auferlegt waren, seiner Zeit und seiner Welt stellen, um »den Abklatsch eines Abklatsches« zur Sprache zu bringen.

Er hat Beispiele gegeben, wo er das Ganze zu treffen wähnte. Er zog aus gegen Moriz Benedikt: Sankt Georg, Till Eulenspiegel und Don Quixote in Personalunion, und als das Werk getan war, stand es da in all seiner Einseitigkeit und Maßlosigkeit und Verzerrung, »der Tugend ihre eigenen Züge, der Schmach ihr eigenes Bild und dem Jahrhundert und Körper der Zeit den Abdruck seiner Gestalt zu zeigen«; und die Gesellschaft sieht »ihre Gemeinheit in einem Spiegel und glaubt aus Dummheit, daß ich der gemeine Kerl bin«.

In einer »durch und durch journalisierten Zeit, der der Geist zur Information dient und die taube Ohren hat für den Einklang von Inhalt und Form«, wollte Karl Kraus seine Leser »entjournalisieren«, »zu einem Verständnis für die Angelegenheiten der deutschen Sprache erziehen, zu jener Höhe, auf der man das geschriebene Wort als die naturnotwendige Verkörperung des Gedankens und nicht bloß als die gesellschaftspflichtige Hülle der Meinung begreift«.

Er kämpft gegen die »Journaille«, er hat diesen Terminus eingeführt, der ursprünglich von Alfred Freiherrn von Berger geprägt wurde, er kämpft gegen die »Tintenstrolche«, die »Pressköter«, die »Presshorde«, die »Fanghunde der öffentlichen Meinung«, die »Presshyänen«, die »Pressmaffia«, die »Saupresse«, zwischen deren Zeilen man liest, »daß bloß das, was zwischen den Zeilen steht, nicht bezahlt ist«, und insbesondere gegen die ›Neue Freie Presse‹. Er behauptet, daß »in jeder Sache, die öffentliche Interessen tangiert, die ›Neue Freie Presse‹ die korrupteste, niederträchtigste und eigensüchtigste Haltung einnehmen muß«, daß es »keine Schlechtigkeit gibt, die der Herausgeber der ›Neuen Freien Presse‹ nicht für bares Geld zu vertreten, und keinen Wert gibt, den er aus Idealismus nicht zu leugnen bereit ist«; »Dieses verworfene Blatt sieht keines der öffentlichen Übel mehr, da es von allen lebt . . .« und ist die »gelbgefleckte Hyäne aller Leichenfelder«. »Hier im Haus lebt etwas, was anderwärts nur der Dienstbote des Lebens ist, als Herrschaft. Hier im Haus ist die Presse das Leben selbst und in dieser Verdopplung der Selbstmord des Lebens. Hier im Haus ist der Abort des Lebens zugleich das Speisezimmer. Das ist bequem, aber nicht gesund. Das vollkommenste Beispiel dieser furchtbaren Kongruenz heißt Neue Freie Presse. . . . Das vollendetste Beispiel dieser Usurpation, dieser Besitzergreifung der Werte durch Worte heißt Neue Freie Presse. . . . Ich weiß, wo der Geist krepiert und wo sein Aas, die Phrase, den Hyänen am besten mundet.«

Der Kampf wird von Anfang an und lebenslang auf allen Ebenen und mit Waffen aller Kaliber geführt.

Wenn Karl Kraus sich auch dagegen verwahrt, sich für Druckfehler oder »Stilblüten« zu interessieren, so protokolliert er doch auch manche amüsanten und harmlosen Entgleisungen, wie sie bis heute immer wieder und überall von aufmerksamen

Lesern in Mengen aufgelesen und von humorvollen Redaktionen publiziert und glossiert werden:

»Wie eine Trompete schmetterte der junge Prinz sein Hoch in den Saal hinaus«, berichtet das ›Neue Wiener Tagblatt‹, und Karl Kraus fragt: »Gibt es Trompeten, die Hoch rufen können?«

Die Büste eines verdienten Kaufmanns soll enthüllt werden, und in der ›Fackel‹ wird die Einladung zur Enthüllung abgedruckt, in der es heißt, daß sich die Einladung zur Enthüllung der Büste auch auf die Damen der Herren bezieht.

Kleine journalistische Greuel werden registriert: in einem Konzert war eine ursprünglich auf dem Programm stehende Arie nicht gesungen worden, der Musikkritiker des ›Neuen Wiener Tagblattes‹ aber rühmte der Sängerin beim Vortrag dieser Arie »sowohl stimmlich als auch in bezug auf den feinpointierten Vortrag« eine »ansehnliche Leistung« nach. Eine andere Sängerin bot, laut derselben Zeitung, als Lotte in Massenets ›Werther‹ eine »selten gute Leistung«, obwohl die Aufführung dieser Oper gar nicht stattgefunden hatte.

Wie im Fall Bahr leuchtet Karl Kraus auch sonst unerbittlich in den Sumpf der Kameradrie, der Verfilzungen und Inkompatibilitäten der Wiener Cliquen hinein, wo jeder von jedem auf Gegenseitigkeit gelobt wird, er prangert die Unsachlichkeit und Unwahrhaftigkeit der Auslandsberichterstattung über Wiener Ereignisse an, die Verbindung zwischen materiellen Interessen und Kritik, wenn etwa der Journalist Siegfried Löwy, »in zweifachem Sinn mit der Kulisse verknüpft«, weil er in einem Wiener und einem Berliner Blatt »auf die Theater- und die Börsenkurse Einfluß nimmt«, an einem Wiener Theaterunternehmen finanziell beteiligt ist und nach dem katastrophalen Durchfall der Premiere einen »durchschlagenden Erfolg« ins Ausland meldet.

Um einen Grad bedenklicher und schon tief im Bereich nachweisbarer Unsauberkeit sind die Zusammenhänge zwischen Redaktion und Administration, zwischen Text und Inseraten. Die großen Unternehmungen zahlten den Wiener Blättern sogenannte »Pauschalien« und sicherten sich dadurch Freundlichkeit beziehungsweise Entgegenkommen im Textteil. Karl Kraus wies etliche Fälle nach, wo die »Pauschalien-Presse« geschwiegen hat, weil die Mitteilung einer Tatsache den »Pauschalien«-Gebern nicht genehm war. Er konnte auch nachweisen, daß mit der Drohung einer nachteiligen Veröffentlichung (eventuell durch einen bereits gesetzten Text) Zahlungen erwirkt wurden. In einem Wiener Montagblatt war bei der Inhaltsangabe einer wirtschaftspolitischen Übersicht als letztes Schlagwort »Goldminenschwindel« zu lesen gewesen, im Text war jedoch kein Goldminenschwindel erwähnt. Offenbar hatten jene, die wegen des Schwindels angegriffen werden sollten, die Unterlassung des Angriffs erkauft, doch die Entfernung des Schlagwortes aus der Inhaltsangabe war vergessen worden.

Karl Kraus wies nach, daß redaktionelle Angriffe aufhörten, wenn Inserate der angegriffenen Institutionen zu erscheinen begannen.

All diese und eine Fülle anderer Enthüllungen über die wirtschaftlichen Zusammenhänge und Interessenüberschneidungen im Pressewesen waren berechtigt und verdienstvoll.

Es ist ja ein seltsames und charakteristisches Phänomen, daß alles der Kritik durch die Presse ausgesetzt ist, nur nicht die Presse selbst.

So wie die Stelle, wo der Sehnerv in das Auge eintritt, nicht, wie man vermuten würde, der Inbegriff der Sehkraft ist, sondern der sogenannte »blinde Fleck«, hat die Presse ihren blinden Fleck dort, wo sie selbst mit sich konfrontiert ist. Gewiß polemisieren Zeitungen gegeneinander, doch fast immer ist dabei die Funktion der Zeitung als Zeitung ausgespart. Und bis heute ist vieles von dem, was seit 1899 in der ›Fackel‹ registriert wurde, aktuell geblieben, und besonders in Wien, wo immer noch, von ehrenwerten Ausnahmen abgesehen, die Freiheit der Meinungsäußerung durch Direktiven und wirtschaftliche Erwägungen da und dort eingeengt ist, wo die Inkompatibilitäten nach wie vor gedeihen ...

In der ›Neuen Freien Presse‹ vom 27. Februar 1907 war ein aus dem Englischen übersetzter Artikel der Zeitschrift ›The Motor‹ abgedruckt, in dem die Beliebtheit von sieben europäischen Automarken in Amerika festgestellt wurde. In dem englischen Original-Artikel waren nur sechs Marken als besonders beliebt genannt. Die ›Neue Freie Presse‹ hatte überdies einen Teil der ursprünglich genannten Marken unterdrückt und dafür andere genannt.

Die Zeit des Karl Kraus war all diesen bösen Übelständen rund um die »Journaille« ohnmächtig preisgegeben. Unsere Zeit, in welcher der Journalismus nicht viel besser und keineswegs integer geworden ist, hat überraschenderweise insofern einen Fortschritt aufzuweisen, als sie über die Möglichkeiten eines von wirtschaftlichen und sonstigen Interessenten relativ unabhängigen, nicht nach kapitalistischen Gesichtspunkten geführten

Rundfunks verfügt. (Wie auch eine unabhängige Fernsehanstalt ein unschätzbares Gegengewicht zur Filmindustrie und den von Managern geführten Theatern darstellt.)

Der Kampf des Karl Kraus galt aber noch intensiver als dem Inhalt den Formen des Journalismus. Er sah im Sprachlichen die große tödliche Gefahr für die Welt. Er suchte die Reinheit und Wahrheit – leidenschaftlicher noch als im Künstlerischen, im Wirtschaftlichen, im Politischen – im sprachlichen Ausdruck. Und er gab sich der Illusion hin, daß es gelingen könnte, die Sprache zu reinigen, um die Welt zu retten.

Ernst Křenek schrieb nach dem Tod seines Freundes Karl Kraus:

»Als man sich gerade über die Beschießung von Shanghai durch die Japaner erregte, und ich Karl Kraus bei einem der berühmten ›Beistrich‹-Probleme antraf, sagte er ungefähr:

Ich weiß, daß das alles sinnlos ist, wenn das Haus in Brand steht. Aber solange es irgend möglich ist, muß ich das machen, denn hätten die Leute, die dazu verpflichtet sind, immer darauf geachtet, daß die Beistriche am richtigen Platz stehen, so würde Shanghai nicht brennen.«

Aus dieser Einstellung gewinnt er von Anfang an seine Position und die Dimension seiner Kritik des Journalismus.

Ganz im Sinn Otto Weiningers nennt er dabei alles, was er ablehnt, alles Kraftlose, Unpersönliche, Unselbständige, Unerlebte »weibisch«. So ist für ihn der Journalismus weibisch:

»Druckerschwärze in der Hand einer weibischen Zeit ist Vitriol gegen alles.«

Der Gedanke ist für Karl Kraus männlich – die Meinung ist weibisch. Die »linke Midashand des Journalismus« verwandelt jeden Gedanken, den er berührt, in eine Meinung. Und: »Auf die Meinung reduziert«, kann ein Witz Unrecht tun; »der Gedanke hat immer recht.«

Die Presse ist keines Gedankens fähig, sie schafft »nur Stimmungen« und erniedrigt das Wort zur Phrase. ». . . es ist meine tiefste Überzeugung, daß die Phrase und die Sache eins sind.« Wird einer »ein Leucht- und Blinkfeuer« genannt, das die Schiffer »auf dem dunklen Meer der Zeit« grüßte, kommentiert Karl Kraus: »Über wen all das gesagt werden kann, der stinkt von der Phrase.« – »Die Menschen glauben immer noch, daß der menschliche Inhalt bei schlechtem Stil ein vorzüglicher sein könne und daß sich die Gesinnung ganz separat etabliere. Aber ich behaupte, daß ein Kerl, der Nun, immer wohlauf? sagt, nicht in gute Gesellschaft gehört und daß nichts notwendiger ist, als solche Leute als Makulatur einzustampfen. Oder es müßte ein Landtag über die Sprache konstituiert werden, der, wie für jede Kreuzotter, für jede erlegte Phrase eine Belohnung aussetzt.«

Er sagt es immer wieder und sagt es immer eindringlicher, er wird prophetisch und spricht von der ›Apokalypse‹ und vom ›Untergang der Welt durch schwarze Magie‹.

»Es ist bereits so weit gekommen, daß im Zusammenhang mit der Flottendemonstration der Wunsch ausgesprochen werden kann, es möge eine ›Klippe umschifft‹ oder ›ein Ufer erreicht‹ werden. Klippen aber lassen sich nur auf dem Festland umschiffen, zum Beispiel bei einer Krida, und Ufer werden nur in Plaidoyers erreicht. Seitdem Kaufleute Klippen umschiffen und Advokaten Ufer erreichen, können es die Admirale nicht mehr tun. ... In geistig bankrotten Zeiten wird statt der Anschauungsmünze das Papiergeld der Phrase verausgabt. Wenn statt der Dinge Bilder von anderen Dingen bezogen werden, steht es schlimm genug. Aber wenn die Bilder auch dort noch gebrauchsfähig sind, wo die Dinge schon bei den Dingen sind, wenn Ufer eine Umschreibung für Ufer und Klippe eine Phrase für Klippe ist, dann ist ein Krieg unvermeidlich!« (1913.)

Und daneben ist er, je höher sein Pathos gegen Lüge und Phrase greift, auf ganz anderer Ebene gleichzeitig heiter geworden, fast freundlich, wenn er seine Umwelt glossiert. Er schreibt in den Jahren um 1910 einiges, was man getrost als Feuilleton oder Plauderei bezeichnen könnte und was sich nur durch die besondere Brillanz und Gestaltungskraft von den sonntäglichen Humoresken der besseren österreichischen Feuilletonisten abhebt.

Der Titel einer solchen Humoreske heißt zwar ›Aus dem dunkelsten Österreich‹, doch ist da nur von der Beziehung zwischen dem Gast und dem Kellner die Rede: Der Österreicher »besteht darauf, dem Personal Trinkgeld zu geben ... Um vom Kellner richtig bedient zu werden, bedient er zuerst den Kellner. Er lebt, um Kellner für sich zu gewinnen. Er hat überhaupt keinen anderen Daseinszweck, wenn es ihm zufällig versagt ist, selbst ein Kellner zu werden. Er ist es von Natur, aber er verfehlt zuweilen seinen Beruf und wird Gast ...«

Er macht sich in einem anderen Feuilleton über eine Zuschrift der Ö. G. Z. B. D. G., der Österreichischen Gesellschaft zur Bekämpfung der Geschlechtskrankheiten, lustig und deutet deren Initialen nacheinander als »Öffentliche Geneigtheit zur Bewahrung des Geheimnisses, Öffentliche Gelegenheit zum Beweise der Geistlosigkeit, Öffentliche Geneigtheit zur Betätigung der Gschaftelhuberei, Öliges Geschwätz zur Beruhigung des Gewissens, Örtliche Gelegenheit zur Betätigung des Geschlechtstriebes«, und sagt zum Problem der sexuellen Aufklärung, er halte es für dringend geboten, »daß die Kinder endlich die Eltern in die Geheimnisse des Geschlechtslebens einführen. Denn dunkel und verschlungen sind die Pfade, auf die es führt, und wie oft strauchelt ein Erwachsener!«

Er erzählt die Geschichte vom »Biberpelz«, der ihm im Kaffeehaus gestohlen wurde, woran eigentlich seine Bedienerin schuld war, »denn sie hatte mir, weil wir gerade im strengsten Mai einen Schneefall gehabt hatten, zugeredet, den Pelz anzuziehen, der Winters über beim Kürschner in Aufbewahrung gelegen war«. Aus der Einsamkeit gerät er, weil er bestohlen wurde, in Kontakt mit den Menschen. »Ich lebte still und harmlos, ich war ein Privatmann, denn ich übte seit vielen Jahren eine literarische Tätigkeit aus. ... Ich schrieb Bücher, aber die Leute verstanden nur den Pelz. ... nun vergaben sie mir, was sie an mir gesündigt hatten ... sie lieben mich, sie bedauern mich ... – mein Pelz ist mir gestohlen worden.« Er ist in einen Strudel der Geselligkeit gezogen ... man wettet, ob er den Pelz zurückbekommen werde oder nicht. »Die der Meinung waren, daß ich ihn bekommen werde, sagten: ›Nicht wird er ihn bekommen!‹, während die andern, die der Meinung waren, daß ich ihn nicht bekommen werde, ein über das andere Mal riefen: ›Ja wird er ihn bekommen!‹« – »Ich war in den Ring einer Gemeinsamkeit gezogen ... Ich beschloß, mich aus dem Privatleben zurückzuziehen. Mir war eine Hoffnung geblieben. Daß es mir durch die Herausgabe eines neuen Buches gelingen werde, mich den Wienern in Vergessenheit zu bringen.«

Näher seinem ewigen Hauptthema ist das Stück ›Die Welt der Plakate‹, das in einer Traumvision ausklingt, die eine später modisch werdende literarische Technik vorwegnimmt: »... Es erschienen der Reihe nach die Könige des Lebens: der Knopfkönig, der Seifenkönig, der Manufakturkönig, der Ansichtskartenkönig, der Teppichkönig, der Cognackönig, und als letzter der Gummikönig. Seine Augen mahnen uns an unsere Sünden, aber seine Züge sprechen für die Unzerreißbarkeit menschlichen Vertrauens. Und doch, und doch! ... Ein buschiges Haupt taucht auf und stöhnt:

›Ich war kahl!‹ Und wieder: Hier sind noch Gesichtspickeln,

dort sind sie nach dem Gebrauch verschwunden. Ach – ein andres Antlitz, eh sie geschehn, ein andres zeigt die vollbrachte Tat ... Ein ›heller Kopf‹ erscheint; es ist jener, der Dr. Oetkers Backpulver verwendet. ›Wo ißt und trinkt man gut?‹ summt's in der Luft und schon öffnet sich ein Maul, um ein Gulasch zu verschlingen, und schon zeigt eines, wie man Bier trinkt. Wer kommt denn noch herein? Wilhelm Tell mit seinem Sohne? ›Ich soll vom Haupt meines Kindes –‹ Da schauderte er! Aber zur Schutzmarke einer Schokoladefirma gibt er sich her ...« Wie im Bild (er hat Moriz Benedikt aus einem Gruppenbild gelöst und vor das Wiener Parlament als »Sieger« gestellt) hat Karl Kraus auch im Wort die Technik der Montage für sich erfunden, die dann zwanzig Jahre später etwa in ›Berlin Alexanderplatz‹ von Alfred Döblin oder bei John Dos Passos in der erzählenden Prosa blühte. Bei ihm ist sie noch vom Traum inspiriert, der ja eine so bedeutsame Rolle für ihn spielt und, wie später im ›Traumtheater‹ und ›Traumstück‹, auch in der Skizze ›Der Traum ein Wiener Leben‹ eine Handhabe bietet, die Realität aufzulösen:

»... Ich kam in ein Postamt, wo ein großer Andrang herrschte, denn es waren einige Offizianten, die in dieser unterirdischen Lokalität arbeiten mußten, soeben an der Caissonkrankheit gestorben, und ich kam gerade dazu, wie die Särge verladen wurden. Man verwies mich an den benachbarten Schalter, hinter dem niemand saß, aber es erscholl Lachen, und die Telegraphistinnen spielten Fangerl. Ich freute mich, wie glatt alles ging; aber jetzt nur schnell nachhause! Ich bestieg die Straßenbahn, von der zur Auswahl vierzig Wagen hintereinander standen, denn der erste konnte nicht vorwärtskommen, weil eine Prozession vorbeiging. Nachdem sie vorüber war, blies mir der Beiwagen-Kondukteur ununterbrochen mit seiner Trompete ins Ohr, wodurch er dem Motorführer zu verstehen geben wollte, daß er auch jemand sei. Während wir fuhren, verlöschte alle Augenblicke das Licht, so daß man beim besten Willen die Tramwaykarte nicht lesen konnte. Es war eigentlich immer finster, nur manchmal wurde es hell. Ich dachte, aha, es sind die bekannten luciden Intervalle des städtischen Verkehrs. Bei jeder Biegung rüttelte es und schüttelte es, die Leute fielen durcheinander und starben wie die Fliegen. Eine Hutnadel durchstach mir das linke Auge, ein Herr hatte noch die Geistesgegenwart, mich um Feuer zu bitten. Jemand stieg jetzt ab, und ein Mann, der neben mir stand, sagte: ›Das war der junge Gerngross!‹ ...«

Oder etwas später, in einer surrealen ›Vision vom Wiener Leben‹:

»... Was geht, steht. Die Pferde hängen in der Luft. Oder sie kreuzen fidel die Beine wie die Kutscher. Die Ringstraße ist von einem gut gezwirbelten Schnurrbart ausgefüllt. Man kann nicht vorbei, ohne anzustoßen. Das Leben vergeht, ehe er sich entfernt hat. Der Mann ist höher als das Haus im Hintergrund. Er verdeckt den Himmel. Das Leben rings ist tot. Ich ging durch die verlängerte Kärntnerstraße. Eine Rauchwolke stieg in die Nacht. Allmählich zeigten sich Konturen. Ein Einspänner stand da und tat es mitten auf der Straße. Er fragte, ob ich fahren wolle. Ich erschoß mich.«

(Hier sind gewisse Querverbindungen zu der Welt Kafkas spürbar, und als beiden gemeinsame Quelle erweist sich die österreichische Realität.)

Ganz und gar in seinem Urelement »gegen die Phrase, gegen das Ornament«, wenn auch wiederum feuilletonistisch gelöst, ist Karl Kraus in dem großen Aufsatz ›Der Löwenkopf oder Die Gefahren der Technik‹: Die neuen städtischen Autobusse hatten bewirkt, daß sich infolge der durch sie hervorgerufenen Erschütterungen »die Verzierungen an den Häusern lockern«, so daß sie, die Autobusse, »leicht ein Unglück herbeiführen können«. Von dieser Zeitungsmeldung geht die Satire aus. »Ein frivoler Mensch würde den Vorschlag machen, durch sämtliche Straßen Wiens in derselben Stunde Autobusse zu jagen, damit der Fassadenschande ein jähes Ende bereitet werde ... man wünscht, ein Autobus möge nicht nur an einem renommierten Kaffeehaus vorbei« (das Stammcafé Karl Kraus', das »Imperial«, das mit einem Löwenkopf oberhalb der Eingangstür verziert war), »sondern auch durch seine Pracht hindurchfegen und die Ornamente, die an den Wänden sitzen, und die Bärte, die dort an den Ohren kleben, glatt mitnehmen«. – Er geht von den Ornamenten zu den Bärten über ... ein Friseur am Lido verlangt drei Kronen für das Rasieren, »Ich bot ihm dreihundert für den Bart des Bahr, der mir schon lange im Weg sei. ... ich möchte um keinen Preis Tolstoi, den König Lear oder den Moses des Michelangelo rasiert sehen. Aber wenn ein Wels aus Linz in der Adria schwimmt und sich in diesem Zustand gar photographieren läßt, sind physiognomische Beschwerden erlaubt. Ich möchte beim Bart des Propheten schwören, daß der des Bahr keine organische Notwendigkeit ist, sondern nur ein feuilletonistischer Behelf, ein Adjektiv, eine Phrase. Es muß nicht sein.

Oder vielmehr; es muß sein, denn schon der gestutzte Schnurrbart verrät, wie dieses Gesicht aussähe, wenn es rasiert und nicht phrasiert wäre. Die Augen sind gut, sie leuchten wie Rubine, aber man trägt nicht Rubine in einer Kartoffel. ... Der Dichter Beer-Hofmann m u ß wie ein Hohepriester aussehen; sonst wär's gefehlt, denn er sähe am Ende wie der Dichter Beer-Hofmann aus. Der Dichter Bahr muß wie der liebe Gott aussehen; man stelle sich vor, wie er sonst aussehen würde! – Wunder über Wunder habe ich gesehn an jenem Strand. Quallen ... Tintenfische trugen Rezensionsexemplare in die Kapanne Nr. 20, liebe Schnecken ... Und die ganze Fauna stand habtacht, wenn ihrer aller S. Fischer auftauchte. ... Jede Gebärde eine Arabeske ... jeder Bart eine Redensart ... Doch mich täuscht die Fassade nicht! ... Löwenköpfe und die Herzen von Katzen! Der Autobus ist kein Ziel, aber eine Rettung. Ich kann tabula rasa machen. Ich fege die Straßen, ich lockere die Bärte, ich rasiere die Ornamente!«

Das Doppelgesicht des Karl Kraus ist in diesen Jahren vor 1914 besonders evident. Und es scheint, daß er in aller Produktivität doch still zu stehen scheint. Der Journalist und der Schriftsteller in ihm ringen um den Vorrang. Er hat die Jahre der »Sittlichkeits«-Polemik hinter sich, er hat begonnen, Aphorismen zu schreiben, er hat die Mitarbeiter herangezogen und wieder fallengelassen, er hat sich als Vorleser erprobt – was nun? Er hat in fünfzehn Jahren erwiesen und gesagt, was er gegen das Journalistische hat – soll es das sein, nur das, in alle Zukunft?

Es gibt nun auch Bücher von ihm. Ihre Geschichte wird gleich erzählt werden. Aber die Bücher kodifizieren nur, was die ›Fackel‹ schon enthalten hatte. Die Frage bleibt und ist zwischen den Zeilen der ›Fackel‹ in diesen Jahren unüberhörbar: Wohin mit mir? Alles bisher scheint nur Vorbereitung, Voraussetzung. Wofür?

Die Frage wird zweifach beantwortet werden: von der Biographie und von der Weltgeschichte.

›Die demolierte Literatur‹ war bei einem Verleger erschienen, mit dem Karl Kraus später einen Prozeß führte und der eine Gegenzeitschrift gegen die ›Fackel‹ gründete.

›Eine Krone für Zion‹ war im Verlag von Moriz Frisch erschienen, gegen den Karl Kraus später zahlreiche Prozesse zu führen hatte.

Im Verlag »Die Fackel« erschienen als Broschüren zahlreiche ›Fackel‹-Beiträge von Karl Kraus, Schöffel, Chamberlain.

Bei Jahoda & Siegel, wo die ›Fackel‹ gedruckt wurde, erschienen die Erinnerungen Joseph Schöffels, der große Aufsatz von Robert Scheu zum Zehnjahrestag der ›Fackel‹, ein Essayband des ›Fackel‹-Mitarbeiters Karl Hauer.

Auf dem Umschlag der Nummer 219–220 vom 22. Februar 1907 war zu lesen:

»Ich beabsichtige, durch oft vernommene Leserwünsche angeregt, die Herausgabe einer Sammlung meiner Artikel. Sie soll – wahrscheinlich in zwei Bänden, deren einer literarische und sozialkritische Essays und Satiren, deren zweiter die dem Gebiet ›Sittlichkeit und Kriminalität‹ entstammenden Betrachtungen bringen wird – in etwa zwei Monaten erscheinen. Ich bin nicht in der Lage, das Manuskript druckfertig zu stellen, ehe ich der Bereitwilligkeit eines Verlegers sicher bin, und will auf keinem andern als diesem Weg einen mir passenden Verlag suchen. Ich sehe Anträgen entgegen. Für den Fall aber, daß ich mich nach der Prüfung zur Herausgabe des Werkes im Selbstverlag entscheiden sollte, suche ich schon jetzt auch einen im Vertrieb ähnlicher Bücher gewandten Kommissionshändler.

Karl Kraus
Herausgeber der ›Fackel‹
Wien IV, Schwindgasse 3.«

Die Nummer 232–233 vom 16. Oktober 1907 schließt mit den Sätzen:

»Die Arbeit, die in den neun Jahren hier begraben ist, bringe ich bald vor den Augen der deutschen Literaturkritik zur Auferstehung. Die Exhumierung war nicht leichter, war schmerzlicher als die Geburt. Aber man wird in Wien sehen, daß wirklich nur das bißchen Stil übrigbleibt, wenn das stoffliche Interesse des Tages verflossen ist.«

Auf der letzten Seite der Nummer 244 vom 17. Februar 1908 sind zwei Bücher angekündigt, ›Sittlichkeit und Kriminalität‹ als ›I. Band der Ausgewählten Schriften‹, ›Kultur und Presse‹ in zwei Teilen, als II. Band.

Der Verleger war der Wiener Buchhändler Leopold Rosner, Vater seines Freundes und Schulkollegen Karl Rosner. Dem Heft lag eine Bestellkarte auf beide Bücher bei.

›Sittlichkeit und Kriminalität‹ erschien Ende Februar 1908.

Im Juli 1908 sagte eine Fußnote: »Die Ausgabe der beiden Bände, die wahrscheinlich den Titel ›Kultur und Presse‹ führen und als Bände II und III (nicht als zwei Teile eines Bandes) der Ausgewählten Schriften erscheinen werden, hat sich verzögert. Sie werden im Oktober bezw. November in den Buchhandel kommen. Der IV. Band, der vor Weihnachten erscheint, führt den Titel ›Gedanken‹. Die Sammlung der seit 1906 erschienenen Satiren und polemischen Aufsätze wird der Inhalt der folgenden Bände sein.«

Keines der angekündigten Bücher erschien in diesem Jahr. Im Februar 1909 kündigt der ›Fackel‹-Umschlag an, daß ›Sprüche und Widersprüche‹ (der erste Aphorismenband) demnächst bei Albert Langen in München erscheinen werden.

›Sittlichkeit und Kriminalität‹ verblieb zunächst bei Rosner. Am Vorabend des vollendeten ersten Jahrzehnts der ›Fackel‹ waren ›Sprüche und Widersprüche‹ erschienen (Frühjahr 1909). Beide Bücher wurden immer wieder auf den Umschlägen der folgenden Hefte angezeigt.

Im Juni 1909 lesen wir: »Der erste Band von ›Kultur und Presse‹ wird im Herbst erscheinen.«

Im Juli 1910 kündigt der Verlag Albert Langen ›Die chinesische Mauer‹ an. Im Herbst 1910 ist das Buch als dritter Band der Ausgewählten Schriften von Karl Kraus erschienen. (Eine Nachbemerkung besagt: »Umarbeitung, Zusammenstellung und Korrektur: August 1909 bis Juni 1910.«) Im Anhang werden ›Sittlichkeit und Kriminalität‹, immer noch bei Rosner, und ›Sprüche und Widersprüche‹ angezeigt, dazu positive Stimmen von Otto Stoessl, Hermann Hesse, Oskar Jellinek, aus der ›Frankfurter Zeitung‹, dem ›Berliner Tageblatt‹, der ›Vossischen Zeitung‹ und so weiter.

Anschließend an die Ankündigung der ›Chinesischen Mauer‹ heißt es:

»Die oft verschobene Herausgabe von ›Kultur und Presse‹ dürfte zu Beginn des nächsten Jahres erfolgen. Vorläufig werden zwei Bände diesen Titel führen. Ihnen folgen – soweit die Buchmöglichkeit der Publikationen von elf Jahren reicht – ein Band polemischer Aufsätze, zwei Bände Glossen und ein Aphorismenbuch. Hoffentlich ermöglicht mir die wachsende Verständnislosigkeit des Publikums, mich bald in Ruhe und ungestört von periodischer Verpflichtung der Arbeit an diesen Büchern widmen zu können.«

Bald darauf erschien bei Albert Langen die Broschüre ›Heine und die Folgen‹.

Am 27. Februar 1912 wird das baldige Erscheinen des Aphorismenbuches ›Pro domo et mundo‹ bei Albert Langen angekündigt. (»Bearbeitung, Komposition und Korrekturen dauerten vom August 1911 bis Mitte Januar 1912.«)

Ferner heißt es, die Sammlung der zum Teil schon redigierten Aufsätze von ›Kultur und Presse‹ – der erste Teil des Buches war schon gesetzt gewesen – werde »aus zwingender Rücksicht auf die Distanz des Buchlesers zur ganzen Ausgabe ... auf einen späteren Zeitpunkt verschoben, von dem sich die rechte Wirkung dieses polemischen Abschnittes leichter ergeben wird«.

Bei Jahoda & Siegel erschien im Sommer 1912 die Rede ›Nestroy und die Nachwelt‹ als Sonderdruck der ›Fackel‹.

Im August-September-Heft 1912 der ›Fackel‹ ist eine Glosse von Karl Kraus zu lesen: die ›Neue Badische Landeszeitung‹ hatte dem Buch ›Der Quell des Übels‹ von Alfred Polgar nachgerühmt, ihr Autor gehöre, »wie etwa Felix Salten und Karl Kraus, zur Gruppe jener, aus deren Mund selten Lob ertönt, die aber mit spitziger Klinge oder mit widerhakigem Pfeil stets des Gegners Achillesferse unfehlbar zu treffen wissen«. Der Verlag Albert Langen hatte diese Kritik in dem bei ihm erschienenen Novellenband ›Hiob‹ von Polgar zitiert. Und Karl Kraus meinte, sein Verleger habe das Recht, »jedem seiner anderen Autoren damit nützen zu wollen, daß er sie mit mir vergleicht. Er hat aber nicht das Recht, mich mit Herrn Felix Salten zu vergleichen«.

In der folgenden ›Fackel‹ steht eine Notiz: »Der Verlag Albert Langen hat in freundlicher Weise die Zitierung jener Kritik, in der mein Name in peinliche Nachbarschaft gebracht war, als das Versehen eines Angestellten erklärt, das er in einer etwaigen Neuauflage des Buches selbstverständlich wieder gutmachen« werde.

Doch von nun an werden die bei Albert Langen erschienenen

Bücher von Karl Kraus nicht mehr auf dem Umschlag der ›Fackel‹ angezeigt.

Im Februar 1913 kündigt Karl Kraus an, daß vielleicht einmal ein Werk ›Kulturgeschichte in Briefen an die Fackel‹ erscheinen werde. In diesem Zusammenhang heißt es auch: »›Die Fackel‹ ist keine Zeitung, sondern ein periodischer Vorabdruck aus Büchern.« In einer Vorlesung am 19. November 1911 war auch aus dieser Briefsammlung unter dem Titel ›Zeitgenossen der Fackel‹ vorgelesen worden; bemerkenswert ist der Untertitel, der im November 1913 diese vorgelesene Briefsammlung datiert: »(Aus der Briefsammlung 1899–1914)«.

Alsbald erscheinen auffallend oft Ankündigungen von Büchern anderer Autoren aus dem Kurt-Wolff-Verlag auf dem Umschlag der ›Fackel‹.

Im April 1913 kündigt Karl Kraus an, daß der Heine-Essay gemeinsam mit dem Nestroy-Essay und den Aufsätzen über Strindberg, Altenberg, Wedekind und Schnitzler in einem Band vereinigt werden wird, dem sich Glossen-Bände, satirische und polemische Schriften und »das so oft hinausgeschobene Werk ›Kultur und Presse‹ anschließen werden. »Wann alle diese Bände erscheinen, ist aus bestimmten Gründen unbestimmt.«

Im Dezember 1913 wiederholt Karl Kraus die Ankündigung, daß er zum Fünfzehn-Jahrestag der ›Fackel‹ in einem Buch das Echo der ›Fackel‹ sammeln wird.

Anfang März 1914 kündigt der Kurt-Wolff-Verlag eine Luxusausgabe des Essays, der dem Band ›Die chinesische Mauer‹ den Titel gegeben hatte, mit acht Lithographien von Oskar Kokoschka an. Sie erscheint noch im Frühjahr 1914. Zugleich erscheinen ›Die chinesische Mauer‹ und ›Sprüche und Widersprüche‹ bei Albert Langen in »dritter, veränderter Auflage« und werden wieder auf dem Umschlag der ›Fackel‹ angezeigt.

Kurt Wolff, dreizehn Jahre jünger als Karl Kraus, eben im Begriff, sich von seinem Mitarbeiter Ernst Rowohlt zu lösen und als Verleger selbständig zu machen – damals in Leipzig, später (von 1919 an) in München –, war die Idealgestalt eines Verlegers und hat als solcher bis in unsere Zeit hinein als verehrungswürdiges Gegenbeispiel gelebt (er starb 1963).

(Zur Charakterisierung des »Antisemiten« Karl Kraus sei erwähnt, daß dieser sein liebster Verleger, sowie sein geliebter Drucker Georg Jahoda, der Buchhändler und Verleger Richard Lanyi, sein Freund, Anwalt und Testamentsvollstrecker Dr. Oskar Samek, seine Klavierbegleiter Dr. Otto Janowitz, Dr. Georg

Knepler und Franz Mittler, sein Freund und Nachlaßverwalter Heinrich Fischer Juden waren.)

»Es war meine erste und einzige Begegnung mit der Inkarnation des Absoluten, Kompromißlosen«, schrieb Kurt Wolff als uralter Mann im Rückblick auf Karl Kraus. Er hatte Georg Trakl und Franz Kafka erstmals verlegt, seine Reihe ›Der jüngste Tag‹ hat eine neue Generation von Autoren vorgestellt. Er war von seinem Lektor, Franz Werfel, 1912 auf Karl Kraus hingewiesen worden. »Sein Enthusiasmus für Kraus war maßlos.« Er fuhr nach Wien, verbrachte lange Nachtstunden bei Karl Kraus in dessen Wohnung, war »todmüde und erschöpft von der in keiner Sekunde nachlassenden Intensität« seines Gesprächspartners, und als die beiden sich in gemeinsamer Liebe zu Matthias Claudius fanden, war die Freundschaft geschlossen.

Am nächsten Tag kamen Karl Kraus und Kurt Wolff überein, daß Kurt Wolff ›Kultur und Presse‹ verlegen sollte. Im Frühjahr 1914 hatte Karl Kraus Bedenken; er wollte doch nicht in die Gesellschaft ihm mißliebiger Autoren geraten (dabei könnte vor allem die Tatsache, daß Kurt Wolff der Verleger der Bücher von Max Brod war, eine Rolle gespielt haben), und bat Kurt Wolff, »zugleich mit der Anerkennung einer Freundschaft, der ich das Opfer bringen wollte, in keinem anderen Verlag zu erscheinen, um Auflösung eines Vertrages, denn ich wäre statt eines günstigen Kontrakts einen heillosen Kontrast eingegangen«.

Im Sommer 1915 hatte Kurt Wolff den rettenden Einfall. Er gründete eine neue Firma, den »Verlag der Schriften von Karl Kraus (Kurt Wolff)«; in diesem Verlag war Karl Kraus in der besten Gesellschaft, nämlich der einzige Autor. Damit hatte Karl Kraus sich sofort einverstanden erklärt.

Von 1916 an erschienen in diesem Verlag die ersten fünf Bände der ›Worte in Versen‹, der dritte Aphorismenband ›Nachts‹, die beiden Bände ›Weltgericht‹, ein Bändchen ›Ausgewählte Gedichte‹ (die Auswahl besorgte Kurt Wolff), Neuauflagen der beiden ersten Aphorismenbände, ›Sittlichkeit und Kriminalität‹, ›Die chinesische Mauer‹, ›Heine und die Folgen‹, ›Nestroy und die Nachwelt‹.

Anfang 1920 erschien bei Kurt Wolff Franz Werfels Drama ›Spiegelmensch‹, das einen kurzen, aber heftigen und bösartigen Angriff gegen Karl Kraus enthielt (dazu Alma, verehelichte Werfel: »Er zerquetschte ihn im ›Spiegelmensch‹.«) Kurt Wolff hatte vergeblich versucht, Franz Werfel zur Streichung dieser, wie er sagte, »unflätigen« Stelle zu bewegen.

Im Oktober 1923 stand in der ›Fackel‹: »Der ›Verlag der Schriften von Karl Kraus (Kurt Wolff)‹, München und Leipzig, ist im August aufgelöst worden und seine Rechte sind auf den Verlag ›Die Fackel‹, Wien und Leipzig, übergegangen. Die Neuauflagen der vergriffenen Werke werden vorbereitet.«

»Mein Wunsch, Werfel an einer unwürdigen, unseligen Polemik zu verhindern«, schrieb Kurt Wolff nach langer Zeit, »war ungenügend gewesen. Ich hätte das nicht drucken und unter meinem Namen veröffentlichen dürfen.« Und an anderer Stelle schreibt er von »Dummheiten, deren ich mich schuldig machte«.

Im Verlag »Die Fackel« erschien 1921 die magische Operette ›Literatur‹, 1922 die Buchausgabe der ›Letzten Tage der Menschheit‹, die ersten Ausgaben der weiteren Gedichtbände, die ›Epigramme‹, die ›Zeitstrophen‹, es erschienen alle bisherigen Werke in Neuausgaben und posthum der Band ›Die Sprache‹.

›Kultur und Presse‹ ist nie erschienen, ebensowenig wie die angekündigten Briefe und die Glossenbände. Von all den projektierten Sammlungen sind zu Lebzeiten des Karl Kraus nur zwei Bände fertiggestellt worden: ›Untergang der Welt durch schwarze Magie‹, schon im Januar 1917 angezeigt und im April 1917 als »im Druck« bezeichnet, erschien 1922. ›Literatur und Lüge‹ war 1923 als zweibändig angekündigt, 1925 als das »leider noch lange nicht fertiggestellte Werk« bezeichnet worden (das doch nur Wiederabdrucke alter Aufsätze enthielt!), und erschien 1929. Der zweite Band ist nie erschienen. Der erste Band enthält Aufsätze, Glossen und Notizen aus den Jahren 1905 bis 1914, darunter die schon 1913 angekündigten Aufsätze über Frank Wedekind und Arthur Schnitzler.

(Bei der Redaktion der neuen Gesamtausgabe hat Heinrich Fischer dankenswerterweise den ›Briefwechsel mit der Literarischen Welt‹ aus dem Jahr 1930 in den Band aufgenommen, um Willy Haas gegenüber den anderen, die ihren Abfall vollzogen, nicht zu kurz kommen zu lassen.)

Im ›Untergang der Welt durch schwarze Magie‹ sind Arbeiten aus der Zeit von 1908 bis Juli 1914 vereinigt, dazu eine kurze, im Krieg erschienene Glosse, ein Schlußwort (1917) und zwei Nachworte (1922) zu früheren Aufsätzen.

Die beiden Bände ›Weltgericht‹ enthalten einen Extrakt der im Krieg über den Krieg veröffentlichten Aufsätze.

Die ganze Ernte, die Karl Kraus noch selbst an Aufsätzen und Essays in Buchform eingebracht hat, sein eigentliches Lebenswerk in Prosa, stammt aus den Jahren 1905 bis 1914.

Größenwahn, Eitelkeit und Egozentrik können angeborene oder erworbene Eigenschaften sein.

Gulliver unter den Zwergen muß sich mit der Zeit als Riese fühlen.

Karl Kraus war selbstbewußt wie jeder Große und egozentrisch wie alle vom Theater.

Daß er auf Widerhall Wert legte, war natürlich.

Daß er enttäuscht war und in die Isolation geriet, ist begreiflich. Er fand keine andern, die ihm ebenbürtig waren, als Gesellschaft. Seine Freundschaft mit Schönberg und Loos, später mit Alban Berg und Ernst Křenek war die ebenbürtige Begegnung mit Großen aus anderen Welten, aber keine echte Kameradschaft. Peter Altenberg war ein geliebter Unzurechnungsfähiger. Mit Autoren befreundet zu sein war schwierig, denn diese schrieben ja. Und ein Felix Dörmann oder Ludwig Ullmann konnte sich auf die Dauer in solcher Nähe nicht halten.

Karl Kraus war umgeben von Bewunderern und Verehrern und Anhängern und Adepten verschiedenen Kalibers, von Aposteln wie anfangs Leopold Liegler, dann Ludwig Münz, dann Heinrich Fischer. Die Freunde der ersten Jahre, Ludwig von Janikowski und Samuel Lublinski, waren bald gestorben, die jungen, hochbegabten Dichterfreunde Franz Janowitz und Franz Grüner waren im Weltkrieg gefallen. Der Umgang mit dem »Anhang« schmeichelte und bestätigte, genügte aber auf die Dauer nicht. Karl Kraus war sehr hungrig nach Gesellschaft, nach Geselligkeit, nach Aussprache. Er zog junge Kollegen an sich heran und förderte sie, doch war dies immer wieder, wie er später bitter feststellte, »Förderung des Verrats an mir«.

Als die ersten Enttäuschungen über solche falschen Freunde sich einstellten, als die ersten Bücher erschienen waren und dann die Vorlesungen einsetzten, da beginnt in der ›Fackel‹ ein peinlicher Zug ihres Herausgebers hervorzutreten.

Karl Kraus hat die Zeitungen verachtet, negiert und zum Teufel gewünscht. Nun nehmen die Zeitungen Notiz von ihm – und er druckt Besprechungen ab. Er kommt einem vor wie ein Komödiant, der rein zufällig eine gute Kritik bei sich trägt, der behauptet, daß er nie Kritiken lese, daß alle Kritiker ein Gesindel seien, aber der eine Kritiker, der ihn verrissen habe, sei ein Trottel, und der andere, der ihn gelobt habe, sei hochintelligent.

Er druckt am 28. April 1908 eine Besprechung von ›Sittlichkeit und Kriminalität‹ ab, die sein Freund und Mitarbeiter Karl Hauer in der Karl Kraus nahestehenden deutschen Zeitschrift ›März‹ veröffentlicht hat, als »Akt der Notwehr«, wie er sagt, und er motiviert umständlich und nicht recht überzeugend diese sonderbare, gerade bei ihm problematische Haltung: »Dieses Beginnen lockt mich umsomehr, als es zu Mißverständnissen Anlaß gibt ...« Im nächsten Heft folgt die Besprechung, die »ein mir unbekannter Kritiker« in den ›Blättern für Bibliophilen‹ veröffentlicht hat; bald darauf zwei Besprechungen »von mir völlig unbekannten Kritikern«, bald darauf eine kurze Kritik von »einem mir unbekannten Kritiker«, wobei die Abdrucke als »Selbsthilfe« bezeichnet werden und zeigen sollen, »was alles in Österreich über meine Bücher nicht geschrieben wird«. Nach einiger Zeit wieder drei Kritiken, eingeleitet durch eine große Rechtfertigung, betitelt ›Selbstbespiegelung‹, die sich geistreich um das Problem herumdrückt: »... der Gefahr vorbeugen, daß es einmal heißen könnte, hierzulande habe überhaupt niemand über mein Wirken gesprochen ... Wer das Lob der Menge gern vermißt, wird sich die Gelegenheit, sein eigener Anhänger zu sein, nicht versagen ... es gibt keinen lächerlicheren Vorwurf als den der Eitelkeit, wenn sie sich ihrer selbst bewußt ist ...«

Später stellt Kraus fest, daß, »wer mit einer Sache verschmolzen ist, immer zur Sache spricht und am meisten, wenn er von sich spricht«.

Zum Zehnjahres-Jubiläum der ›Fackel‹ war in der ›Wage‹, also in Österreich, eine Würdigung, wenn auch mit Einschränkungen, erschienen. Karl Kraus druckt sie ab und kritisiert sie.

In der folgenden ›Fackel‹ erwähnt Karl Kraus eine Berliner Kritik, die »viel Anerkennung bringt, ohne dem Wesen des Buches nahezukommen«, und druckt eine andere Kritik von einem ihm »persönlich unbekannten Autor« ab; einige Hefte später folgt ein Essay des ›Fackel‹-Mitarbeiters Soyka aus dem ›Mährisch-Schlesischen Korrespondenten‹ und eine Leipziger Besprechung, im übernächsten Heft nimmt die Rubrik »Meine Bücher« ein Viertel des Umfangs ein, und Karl Kraus beklagt sich zwischendurch darüber, daß ein anderes Aphorismenbuch »in allen Literaturrubriken wie auf ein Signal just die Anerkennung erntet, die das triste Pack ... über höheren Auftrag mir vorenthält«.

Er will »Pressjauche« und »Saupresse« schreiben dürfen und von der Presse anerkannt werden. Er will die Händler und Wechsler aus dem Tempel vertreiben und von ihnen gerühmt werden. In einer Betrachtung nach den zitierten Pressestimmen heißt es dann: »... Ich bin nur das nächstbeste Beispiel für mich.«

In Heft 294–295 wird die Presse-Resonanz der ersten Berliner Vorlesungen auf zehn Seiten registriert, im folgenden Heft werden vier Kritiken abgedruckt, im folgenden zwei. In Heft 303–304 wird die Kritik der Wiener ›Arbeiter-Zeitung‹ über die erste Wiener Vorlesung zitiert und kommentiert, ferner ein enthusiastischer Bericht (von Mirko Jelusich) aus dem Berliner ›Sturm‹ über diese Vorlesung.

In Nummer 315–316 nehmen die abgedruckten Kritiken und die Kommentare dazu über zehn Seiten in Anspruch. Da ihre Zahl nun schon sehr beträchtlich angewachsen ist, werden viele nur rein bibliographisch angegeben. Die Methode wird (mit Unterbrechungen) bis in die dreißiger Jahre beibehalten. Immer wieder aber und immer weiter wird Positives und Negatives ausführlich zitiert und kommentiert.

Dies ist eine der wenigen Sphären, in denen Karl Kraus nicht das letzte Wort zu behalten vermag. Wie klein macht sich die Größe, indem sie selbst auf ihre Größe hinweist! Es ist die klassische Situation; das Kind sagt: »Ich bin brav!«, und man möchte antworten wie das Kinderfräulein: »Das müssen die andern sagen!«

Die Praxis wird immer wieder umständlich und fadenscheinig motiviert, etwa in der »Selbstanzeige«: »Die Berechtigung des Abdruckens der über meine Schriften erschienenen Urteile steht zunächst schon deshalb außer Zweifel, weil sie bestritten wird ... Gegenüber den offiziellen Ehren, die die Nullen einstreichen, ist solche Reproduktion eine geringe Entschädigung aktiver Notwehr.«

Karl Kraus verfällt in äußerste Maßlosigkeit.

Er bezeichnet sich als »Diamanten«: »Jetzt schneide ich das Glas mit einem Diamanten: noch immer ist es nur Glas. Wie aber könnte Glas den Diamanten ritzen!«

Später vergleicht er sich mit Gott:

»Es soll nichts sein außer der Neuen Freien Presse. Dann werde ich am siebenten Tag ruhen können.«

Später vergleicht er sich mit Christus. In einer bösartigen

Karikatur war er als »Handeljud« dargestellt worden. Er schreibt dazu: »›Handeljud!‹ schreit einer, als er, von meinem Dasein betroffen, zu sich kommt. Er hat keine andere Möglichkeit, zu mir in Beziehung zu kommen. Die Schwäche sieht sich im Spiegel und wirft ihn wütend nach mir und hofft, nun werde es mein Bild sein. Weil mich der Spiegel getroffen hat. Ginge heute Christus vorbei, sie würde ihm ›Händler und Wechsler‹ nachrufen, und er wüßte, daß sie nur gemein ist aus Schwäche.«

Viel später vergleicht er sich mit Goethe. Er begründet das Nichterscheinen der ›Fackel‹ 1934 damit, daß sie nicht übersetzbar sei, und führt als Beweis eine unzureichende Übersetzung des Chorus Mysticus aus dem zweiten Teil des ›Faust‹ ins Französische an.

Er kommt nicht los vom Wiederholen und Rechtfertigen dessen, was sich nicht rechtfertigen läßt:

»... ich bin mir das Beispiel, das ich zur Hand habe, und alles wird bequemer.« – »Besprechungen ... die den ungewöhnlichen Erfolg feststellen.« – »Die Vorlesung, zu der wieder fünfhundert Leute, darunter viele aus anderen Orten Tirols gekommen waren ... – Ich darf darüber urteilen, weil ich befangen bin.« – »R. M. Meyer soll doch nicht so tun, als ob nur eine vereinzelte Kritik meinen Aphorismen einen so hohen Rang zugeschrieben hätte. Er weiß ganz genau, daß es die Ansicht sämtlicher Leute ist, die heute auch nur mit einem Schimmer von Urteil in literarischen Revuen auftauchen ...« – »... daß ich den Zustand des Nichtbesprochenseins ersehne, aber so gern ich möchte, nicht durch ein Totschweigen der Presse herbeiführen kann. – In jedem Publikum sitzen Dresdner. Aber in Dresden sind deren viele. So daß der große Erfolg, der sich zum Schlusse selbst vor Schakalen in der Wüste einstellen müßte, kaum befriedigt.« – »... die Hefte der Fackel, die in einer Zeile mehr Literatur enthalten als die Schaufenster sämtlicher Buchhandlungen der Inneren Stadt und an deren letztes Komma mehr Qual und Liebe gewendet ist als an eine Bibliothek von Luxusdrucken eines Insel-Verlags ...« – »... wenn ich behaupte, daß ich für die kürzeste Briefkastennotiz, die ich je geschrieben, eher den Bauernfeldpreis verdient habe als Herr Alexander Weilen für die lange Geschichte des Burgtheaters.« – Die Shakespeare-Einrichtung »stellt vermutlich die wichtigste dramaturgische Leistung vor, der jemals die deutsche Bühne, wenn's diese gäbe, habhaft werden könnte«. – »daß der, der nur aus sich selbst besteht, es schwerer hat, bei der Betrachtung der Welt von sich abzusehen, als einer, der aus nichts besteht« ...

Mit anderen Worten (aus ›Pro domo et mundo‹): »Größenwahn ist nicht, daß man sich für mehr hält, als man ist, sondern für das, was man ist.«

Der Abfall

Anfangs ergab sich die Förderung, die Karl Kraus den Schriftstellern angedeihen ließ, unbeabsichtigt:

»... ich kann ... beruhigt auf die Karrieren hinweisen, die ich großmütigen Sinnes aufbauen half. Noch sind die Lorbeeren nicht verwelkt, die sich bis dahin unbeachtete Anfänger errangen, da sie zu einer Attacke auf die ›Fackel‹ ausholen durften, und einem Überfall auf meine leibliche Person haben drei Herren, deren jeder bis dahin sich mit dem Titel eines Zeitgenossen oder Kaffeehausgastes bescheiden mußte, es zu danken, daß die maßgebenden Kreise auf sie aufmerksam wurden. Hat einer glücklich meinen Aufenthalt ausgespäht und die suchenden Kumpane auf gute Spur geleitet, so erhält er – seltsame Kausalität! – ein Musikreferat und wird nach Bayreuth entsandt, um für ein gelesenes Blatt gutbezahlte Feuilletons zu schreiben; wer selbst Hand angelegt, kann ein Verlagsgeschäft etablieren, das unter dem Notizenregen protegierender Preßhäuptlinge ein Weilchen gedeiht; wer zugeschaut, müßig zwar, aber doch mit sachlichem Interesse – findet, seiner unproduktiven Anlage gemäß, als Dramaturg sein Fortkommen ...«

Später war es auch auf direkterem Weg möglich, von Karl Kraus gefördert zu werden. Karl Kraus publizierte in der ›Fackel‹ Aufrufe, als Peter Altenberg und als Else Lasker-Schüler in Not waren. Für derart geheiligte Zwecke war er großzügiger denn je: unter dem Altenberg-Aufruf waren die Unterschriften nicht nur von Alexander Girardi, Richard Dehmel, Ludwig Thoma, Hermann Hesse, sondern auch von Alfred Kerr, Max Reinhardt, S. Fischer, Hugo von Hofmannsthal und Hermann Bahr.

Karl Kraus war mit Else Lasker-Schüler befreundet, wies immer wieder rühmend auf sie hin, druckte Lyrik und Prosa von ihr in der ›Fackel‹ und korrespondierte mit ihr. Daß Else Lasker-Schülers (bei Kiepenheuer & Witsch erschienene) Briefe an Karl Kraus ohne entsprechenden Kommentar mit einem bösen Brief enden, dessen letzter Satz ist: »Ich hasse Sie«, muß (gelinde gesagt) als eine Ungenauigkeit bezeichnet werden. »Ich hasse Sie« bedeutete bei Else Lasker-Schüler etwa gleichviel, wie wenn sonst jemand sagt: »Wie geht's?«, überdies ist dieser Brief vom 5. März 1924, und im September 1927 hat Karl Kraus seine ›Epigramme‹ Else Lasker-Schüler gewidmet, und 1934 hat sich Else Lasker-Schüler mit einer Widmung an der Festschrift zum sechzigsten Geburtstag von Karl Kraus beteiligt. Von einem endgültigen Bruch, den die Briefsammlung in der vorliegenden, unzureichenden Form ahnen läßt, kann also keine Rede sein.

Karl Kraus hat sich mit Georg Trakl angefreundet und hat oft auf den noch unbekannten jungen Dichter hingewiesen.

In der Mitarbeiter-Ära der ›Fackel‹ war der junge Arzt und Schriftsteller Dr. Fritz Wittels von 1907 bis 1908 ein bevorzugter Mitarbeiter. Er schrieb unter dem Pseudonym »Avicenna« und unter seinem Namen zum Beispiel einen umfangreichen Artikel, ›Das größte Verbrechen des Staates (Das Verbot der Fruchtabtreibung)‹, einen Artikel ›Die Lustseuche‹, der ein ganzes ›Fackel‹-Heft ausfüllte, einen großen prinzipiellen Artikel über (gegen) weibliche Ärzte, gelegentlich auch Erzählendes.

Im Herbst 1908 erschien bei Jahoda & Siegel das erste Buch von Fritz Wittels ›Alte Liebeshändel‹. Bald darauf erschien in einem anderen Verlag sein Essayband ›Die sexuelle Not‹.

Im Herbst 1908 hatte eine große Aphorismenreihe in der ›Fackel‹ den Titel ›Persönliches‹. Karl Kraus variiert da, ohne Namen zu nennen, in ironischer Verbitterung das Thema des abgefallenen Anhängers. Vieles ist sichtlich auf Wittels gemünzt, etwa die Anspielungen auf »einen, der ein populäres Buch über das Sexualleben« veröffentlicht hat, oder »einen talentvollen jungen Mann, der auf dem Marktplatz Sexualfreiheit predigt« und »dem über den Sexus auf der weiten Welt nichts geht als der Success«.

1910 erschien das dritte Buch von Wittels, der Roman ›Ezechiel der Zugereiste‹.

In diesem Roman wird Karl Kraus auf unqualifizierbare Weise verhöhnt. Er ist Benjamin Eckelhaft genannt und gibt ein Blatt ›Das Riesenmaul‹ heraus, das »fünf bis sechs regelmäßige Leser« hat, die Eckelhaft »durch seine übermäßigen Reklameanstrengungen zusammenbrachte«.

»Benjamin Eckelhaft war ein Zwerg mit riesigen Brillengläsern in Hornfassung. Wie ein vorsintflutlicher Lurch saß er mitten in seinem Hausrat, der von auserlesener Geschmacklosigkeit strotzte.«

Ezechiel besucht Benjamin Eckelhaft. Als er nachher »auf der Gasse stand, wußte er, daß er sich zu viel zugemutet hatte. Er beutelte sich und erbrach«.

Abends trifft Ezechiel Benjamin Eckelhaft im Gasthaus »zur roten Leberwurst«.

Dort stürzt sich ein fremder Herr auf Benjamin Eckelhaft. »Im Nu lag Eckelhaft auf der Erde und bekam unzählige Prügel. Er ... stellte sich ohnmächtig.« Ein Freund und Anhänger Benjamin Eckelhafts sagt: »Die Prügel verdient er ... Übrigens ist Eckelhaft an Prügel gewohnt; er ist schon öfters durchgebläut worden.«

Als Ezechiel mit dem Anhänger allein bleibt, sagt dieser: »Er ist völlig ausgeschrieben und impotent... Totschlagen sollte man den Saujuden.«

Dr. Fritz Wittels wandte sich später der Psychoanalyse zu. Die für Psychoanalytiker obligatorische Lehranalyse dürfte ihm gutgetan haben.

Die Aphorismenreihe, betitelt ›Persönliches‹, ironisierte aber nicht nur das Thema Wittels, sondern die Naturerscheinung der jungen Talente rund um Karl Kraus. Wie das Thema aphoristisch abgewandelt wird, so sollte es sich auch in der Praxis mehrfach wiederholen:

»Nicht jeder Kommis, der sich selbständig macht, darf deshalb glauben, daß er ein Brutus ist.«

»Ich muß ihm mit all meiner Fähigkeit zur Aufopferung noch viel lächerlicher vorgekommen sein, als er es mit seinem scherzhaften Takt auszudrücken vermochte.«

»... Verrat ist mehr als Verbindung; er schafft Verbindungen.«

»Einer sagte, ich hätte versucht, ihn an die Wand zu drücken. Das ist nicht wahr. Es ist mir bloß gelungen.«

Und später:

»Ein Zündhölzchen, das ich angezündet hatte, gab einen Schein. Und aus wars, als ich blies.«

Von dem vierundzwanzigjährigen Albert Ehrenstein war im Februar 1910 ein Gedicht in der ›Fackel‹ abgedruckt worden, im

Oktober 1910 wieder ein Gedicht, im Dezember 1910 ein Prosastück mit einer Fußnote, die sich zu der »unartigen Kraft« dieses Dichters bekennt und ihn gegen die ›Neue Rundschau‹ verteidigt, »die, ein Prospekt ihres Verlegers, in dem feuchten Element zwischen Wassermann und Fischer noch immer den Katalog der Kultur spielen darf«.

Bei Jahoda & Siegel erschien Albert Ehrensteins erstes Buch ›Tubutsch‹ mit Zeichnungen von Oskar Kokoschka. Karl Kraus schrieb in der ›Fackel‹ über ›Tubutsch‹, Albert Ehrenstein »... stellt den merkwürdigen Fall vor, daß in Wien eine dichterische Kraft auflebt, die mit dem ersten Wort sich einer Region entrückt, in welcher die Kunst eben noch zum beliebten Nebenbei einer wertlosen Hauptsache, Leben genannt, sich eignet ...«.

Ehrenstein nannte das Buch ›Pro domo et mundo‹ 1912 »schlechtweg vollkommen«. Karl Kraus bekannte sich im November 1913 zu den Gedichten Ehrensteins und zeigte seine Werke 1914 auch auf dem Umschlag der ›Fackel‹ an, als Ehrenstein Autor des Verlags Georg Müller geworden war.

Ehrenstein hatte Karl Kraus in einer Buchwidmung als »Klassiker in tiefster Verehrung gegrüßt«, dem »Menschen und Herausgeber der ›Fackel‹ gedankt«. Er schrieb 1913, Karl Kraus sei »die stärkste Potenz unter den Wiener Autoren« und: »Es scheint mir barbarisch, ein Buch« (›Pro domo et mundo‹) »zu analysieren, das keine Kritik verträgt, weil es für mich die Vollkommenheit ist.«

Im Juni 1920 enthüllte Karl Kraus in der ›Fackel‹, daß der junge Wiener Schriftsteller Georg Kulka, der gleichfalls einer seiner »Verehrer« gewesen war, in den ›Blättern des Burgtheaters‹ einen Aufsatz ›Der Gott des Lachens‹ veröffentlicht hatte, der (mit unerheblichen Ausnahmen) wortwörtlich aus der ›Vorschule der Ästhetik‹ von Jean Paul abgeschrieben war.

Die Direktion des Burgtheaters, Karl Kraus gegenüber gewiß nicht übermäßig freundlich eingestellt, sprach Karl Kraus brieflich den »wärmsten Dank« dafür aus, daß er »auf das Plagiat aufmerksam gemacht« habe, »das Herr Georg Kulka in die Blätter des Burgtheaters einzuschmuggeln verstanden hat. In der Anlage finden Sie eine Abschrift der von der Direktion gegen Georg Kulka erstatteten Strafanzeige«.

Die jungen Leute aber wurden rebellisch:

Georg Kulka publizierte eine Streitschrift ›Der Zustand Karl Kraus‹, zitierte Kollegen wie Karl Ettlinger, Hermann Kasack, Edlef Köppen, Oskar Loerke, die den Plagiator in Schutz nahmen, nannte Karl Kraus einen »Verleumder« und das von ihm selbst begangene Plagiat einen »Plan, einem Dichter zu dienen«.

Albert Ehrenstein veröffentlichte eine Broschüre, worin er als »Retourkutsche« enthüllte, daß das Gedicht ›Apokalypse‹ von Karl Kraus Zitate aus der Apokalypse enthält, und Karl Kraus im Stil von Karl Kraus angreift:

»Daß Karl Kraus mit dem denuntiatorisch ausgereckten Finger tief sündigt: im Verfolgerwahn sich frei weiß von Schuld, ist der Stein, den er nach sich wirft.«

Ehrenstein nennt die Aufdeckung des Plagiats einen »barbarischen Ritualmordversuch«, einen »infernalischen Mordversuch«, er nennt Karl Kraus einen »Kulturschächter«, er nimmt gegen ihn »das erlauchte Wort der heiligen Schrift« in Schutz (obwohl er vorher, wie Karl Kraus nachwies, »eine ungemein starke Abneigung gegen Jesus Christus«, für den »eine unverdient kräftige Reklame getrieben« werde, bekundet hatte).

»Karl Kraus ist leider dabei angelangt, systematisch Verbrechen gegen das keimende Leben zu begehen ...« – »Karl Kraus lebt seit mehr als zwanzig Jahren bekanntlich von Butter: der auf den Köpfen anderer.«

Und Karl Kraus muß wieder einmal feststellen, »daß Mißgeborene, denen zur Sprache zu verhelfen ich von einem Fluch bestimmt worden bin und durch deren Ekstasen wie Invektiven hindurchzugehen mein Los ist, sich mit dem Alphabet, das ich sie gelehrt, an mir gerächt haben«.

Angesichts solcher Prosa, wie Wittels, Ehrenstein und Kulka (und auch die artikulierteste, wenngleich trotzdem inadäquate Streitschrift von Robert Müller gegen den »Dalai Lama« Karl Kraus von 1914) sie produzieren, versteht und billigt man es, wenn Karl Kraus sich darüber beklagt, daß es ihm an diskutablen Gegnern mangle: »... meine Feinde begannen sich meiner Spötter zu schämen. Mit mir anbinden wollen, war ein Symptom der Minderwertigkeit ... Es ist eine kulturelle Situation, daß die Wut ... ihren ebenbürtigen literarischen Ausdruck noch nicht gefunden hat.« Und: »Wie es« (das Literaturwesen) »sich ... im Angriff gegen mich in seine Atome auflöst, ist, seit anno Kerr, immer wieder ein Wunder.«

Was den Fall und Abfall des Willy Haas betrifft, genügt die Gegenüberstellung von Zitaten.

Willy Haas (vor 1930): »Daß ich Kraus verehre, soweit mir

Menschen zu verehren überhaupt gegeben ist, denn ich halte ihn für rein und wahrhaftig.«

Willy Haas (nach 1930): »... der große Künstler konnte auch ein kleiner, hysterischer, rachsüchtiger und ganz hemmungsloser Polemiker sein.« – »... es war unmöglich, gegen diesen echten sadistischen Hysteriker aufzukommen ... dieser skrupellose Publizist ... Es ist fast unglaublich, welche Tricks einem Menschen gleichsam auf der flachen Hand wachsen, wenn er sich einmal ernstlich für die Welt der Bosheit entschieden hat wie Karl Kraus.«

Der Verlag »Die Fackel« 1930 in einem sehr ausführlichen Brief an Willy Haas, den Herausgeber der ›Literarischen Welt‹:

»... uns, die wir die Korruption einer Presse, die unverhüllt die redaktionelle Meinung als Ware feilbietet, für das weit geringere Übel halten als die Heuchelei einer ›anständigen‹ Publizistik, bei der die linke Hand schreibt, ohne zu wissen, daß die rechte nimmt – und selbst den weltanschaulichen Gegner nicht abweist.« – »... da wir der Meinung sind, daß alles, was Sie der literarischen Welt zu sagen haben, überflüssig ist ...« – »Stillvergnügt haben wir ja den Aufstieg eines Prager Anfängers durch die Sphären jener Filminteressen zum Präzeptor Germaniae in geistigen Belangen verfolgt und wir haben zunächst keineswegs die Absicht, die Karriere anders als vielleicht durch den Abdruck Ihres Briefes zu stören, da wir der deutschen Kultur ja alles, was sie sich bieten läßt, ja vom Herzen gönnen.« – – Und der Schlußsatz: »Vor diesem Schicksal« (seinen Platz neben Goethes ›Briefwechsel mit einem Kinde‹ in der literarischen Welt zu behaupten) »könnte« (unseren Briefwechsel) »keine Rücksicht auf ein Dilemma bewahren, in dem Sie sich nun etwa befinden mögen und das man außerhalb der literarischen Welt Scheißgasse nennt.«

Und weil Karl Kraus das 1930 an Willy Haas geschrieben hatte, der Karl Kraus 1913 verehrt hatte, soweit Menschen zu verehren ihm überhaupt gegeben war, schrieb Willy Haas über den Karl Kraus der Jahre 1910 und 1911 im Jahre 1957:

»Wir haben unter diesem Menschen mehr gelitten als unter irgend einem andern ... Ich bin ... fest davon überzeugt, daß Karl Kraus ein geborener Sadist war, mit den feinsten Instinkten des Sadisten begabt, dort wehzutun, wo es am meisten schmerzte. Er war ein bewußter Verführer – und ein bewußter Giftmischer...«

Vor dem Abfall-Kapitel mit der Überschrift ›Franz Werfel‹ muß zunächst eine prinzipielle Erkenntnis stehen. Karl Kraus hatte zweifellos eine Neigung, sich von Kreisen und Gruppen zu distanzieren. Edwin Hartl stellt mit Recht fest, daß Karl Kraus die Notwendigkeit erkannt habe, den überwuchernden Anhang immer wieder abzustoßen. Er konnte sich auf die Dauer immer wieder mit einzelnen, nie aber mit einer »Richtung« identifizieren und solidarisieren.

So hat er sich, nach anfänglich guten Beziehungen, von Herwarth Walden und seinem ›Sturm‹ gelöst und nur die Beziehung zu Else Lasker-Schüler aus dem Bruch intakt gerettet. (»Das Eindringen der Fackel in Berliner literarische Interessen ist mir peinlich. Jeder Anhänger, den ich in Berlin verliere, ein Gewinn. Ich hasse das Publikum... Ich halte Else Lasker-Schüler für eine große Dichterin. Ich halte alles, was um sie herum neugetönt wird, für eine Frechheit... Auch möchte ich bitten, den Verkehr mit mir in jeder Form abzubrechen ...«)

Für diese Entwicklung dürfte nicht nur der Expressionismus, sondern auch die ambivalente Einstellung des Karl Kraus zu Berlin (von der noch die Rede sein wird) verantwortlich gewesen sein.

Ebenso mußte ihm auch der Kreis junger Prager Dichter alsbald problematisch werden, nachdem Willy Haas und Franz Janowitz dort seine ersten Vorlesungen arrangiert hatten und Franz Werfel ihn anzubeten begonnen hatte.

Prag, das war für Karl Kraus ein Zustand, mit dem er in eigener Sache zu ringen hatte. Die böhmisch-deutschböhmisch-jüdischböhmische Welt hatte er ja als Kind hinter sich gelassen, als er von Jičin nach Wien gekommen war, und jetzt war er mit ihr als einer seiner überwundenen Möglichkeiten konfrontiert.

Er hatte den jungen Lyriker Franz Werfel geschätzt, gedruckt, hatte im Mai 1911 zwei Gedichte von Werfel vorgelesen. Werfels Gedichtbände waren bis 1913 auf dem Umschlag der ›Fackel‹ angezeigt.

Im April 1914 zitiert Karl Kraus in der ›Fackel‹ ein Gedicht aus diesem Prag, »wo sie besonders begabt sind und wo jeder mit einem aufgewachsen ist, welcher dichtet und der Kindheitsvirtuose Werfel alle befruchtet, so daß sich dort die Lyriker vermehren wie die Bisamratten«.

1913 hatte Werfel über Karl Kraus geschrieben: »... hinter allem Essayistischen, das ich über Karl Kraus schreiben könnte, stünde gebieterisch die Stunde, die meinen Planeten an den seinen bindet.«

Im November 1916 war schon der »Verlag der Schriften von Karl Kraus (Kurt Wolff)« gegründet; und in dem ihm eigenen

Bestreben, sich abzuheben, nicht verwechselt zu werden, anderseits aber ehrlich enthusiasmiert von seiner menschlichen Begegnung mit Kurt Wolff, schrieb und veröffentlichte Karl Kraus ein Gedicht ›Elysisches‹ mit dem Untertitel ›Melancholie an Kurt Wolff‹ und der Schlußzeile »Edler Jüngling Wolff, ich klage drum«. Da wird in zehn Strophen das Treiben der jungen Prager ironisiert, und die Mischung von hochtrabender Poesie und dem Prager Jargon, von Schiller-Tönen und Gejüdel trifft in entzückender Boshaftigkeit haarscharf die Schwächen derer, die Kurt Wolff (unter anderen) in seiner Reihe ›Der jüngste Tag‹ vorstellte und die im Prager Café Arco verkehrten.

Eine Strophe heißt:

Solchem Wesenswandel wehrt kein Veto,
hin zu Goethen geht es aus dem Ghetto
in der Zeiten Lauf,
aus dem Orkus in das Café Arco,
dorten, Freunde, liegt der Nachruhm, stark o
liegt er dort am jüngsten Tage auf.

Daraufhin schrieb Werfel am 25. November 1916 einen Brief an Karl Kraus, den beider Freund Kurt Wolff im Rückblick einen »törichten Brief« nennt.

Der Briefschreiber fragt, ob die beiden Zeilen mit dem Reim »Arco – stark o« und das Wort »dorten« wirklich die »Sprache dessen« seien, »der die Sprache an allen jenen rächen will, die sie sprechen«. Er macht Karl Kraus den Vorwurf der Taktlosigkeit und der Undankbarkeit. Und er schließt mit der Versicherung an Karl Kraus, daß dessen Haß einseitig bleiben werde.

Das Wort »dorten« ist in Werfels Brief unterstrichen, die zweite Silbe ist zweimal unterstrichen.

Von »Haß« konnte in dem satirischen Gedicht gewiß keine Rede sein, höchstens von einer bitterbösen Frotzelei.

Noch viel weniger konnte die Rede davon sein, daß Werfel sich daraufhin von Haß gegen Karl Kraus freihielt.

Karl Kraus druckte den Brief im Januarheft 1917 der ›Fackel‹ ab und schloß daran seine große, klassische Sprachglosse ›Dorten‹, die vom Gegenstand und der Kontroverse ausgeht und feststellt, daß er, »was so oft im Lauf der letzten zehn Jahre der Fall war, in der Entwicklung eines hochbegabten Literaten zurückgeblieben« ist »und plötzlich nicht mehr imstande ..., seine leidenschaftliche Verehrung für mich zu teilen«.

Er stellt (im Hinblick auf Werfels künftige Produktion prophetisch) fest, es sei die Note Franz Werfels, »daß er ein Kindheitserlebnis ... über die Altersgrenze hinaus hätschelt«. Er knüpft an den bösen und unbeherrschten Brief Werfels, wie es ihm ja in seinen guten Augenblicken immer wieder geschieht, große, allgemeine, bedeutende Erkenntnisse über das Wesen der Dichtung. Und er gelangt dann zu dem bemängelten Wort »dorten«, er weist nach, daß es deutsch sei, aber auch jüdisch, er wußte, daß es auch deutsch sei, doch er »habe die jüdische Form gebraucht wie einen Bissen von Brod«, er brauchte das Wort »zu dem jüdisch-schillernden Doppelgesicht, das jede Zeile haben soll«. Er hat also »dorten« zunächst als deutsches Wort legitimiert, dann als Jargonwort gekennzeichnet, er geht zur Auseinandersetzung mit dem Vorwurf der Taktlosigkeit und Undankbarkeit über, motiviert ausführlich, einleuchtend und souverän seine Scheidung von den anderen Autoren im Hause des Kurt Wolff, er bedauert, daß es mitten im Krieg nötig gewesen ist, einen solchen Antwortbrief zu schreiben:

»... am sichersten gehen jene, die sprachlos stehen vor dem, was sich hienieden begibt! Denn selbst die es überstanden haben, rufen noch im traurigsten Distichon, das je ein Schmerz durch die Zeiten trug, einen Fehler ins Leben. Wie sagt doch Schiller?

Wanderer, kommst du nach Sparta, verkündige dorten, du
habest Uns hier liegen gesehn, wie das Gesetz es befahl.«

Daraufhin geschah es dennoch, daß Franz Werfel Karl Kraus und seine »Metaphysik des Drehs« angriff und daß er nach dem Krieg in seiner »magischen« Trilogie ›Spiegelmensch‹ den Helden sagen ließ:

»... ich gründe ... eine Zeitschrift und nenne sie: Die Leuchte? Nein! Der Kerzenstumpf? Nein! Die Fackel? Ja! – – Ich will den Stadtklatsch zu einem kosmischen Ereignis machen – – Ich will mit Kalauer und Pathos so trefflich jonglieren, daß jeder, der bei der einen Zeile konstatiert, ich sei ein spaßiger Denunziant und Fürzefänger, bei der nächsten zugeben muß, daß ich der leibhaftige Jesaja bin ... Kurz und gut, weil ich zwar den Menschen *aus* den Augen, aber doch nicht *in* die Augen sehen kann, will ich ihnen lieber gleich in den Hintern schauen, ob dort ihr Ethos in Ordnung ist – –«

(Alma Mahler-Werfel: »Er zerquetschte ihn im ›Spiegelmensch‹.« – Franz Werfel an Karl Kraus am 25. November 1916: »Im übrigen wird ... Ihr Haß einseitig bleiben.«)

Karl Kraus hat 1921 die Satire ›Literatur‹ geschrieben, die er, als Pendant zu Werfels »magischer Trilogie«, eine »magische Operette« nannte und die im Wiener Café Central spielt, er hat darin die Sphäre der Kulka, Ehrenstein und Werfel mörderisch zu literarischem Leben erweckt, dazu die ganze Welt der Schmöcke und Snobs und Neutöner und Intellektuellen, die jungen Revolutionäre aus gutem jüdischem Haus unsterblich getroffen und vor allem eine herrliche Parodie des jungen weltumarmenden Werfel zustandegebracht:

> Schiffsheizer du, wer riß aus den Äonen
> dich, ausgerechnet um für mich zu fronen,
> für mich vor Kesselgluten stumm zu schwitzen,
> dieweil es mir gewährt ist, hier zu sitzen:
> gewähr mir das Ertragen dieser Pein,
> was ist der Mensch, jedoch was soll er sein;
> du ahnst es nicht, wie sehr ich für dich litt.
> Schiffsheizer, nimms: ich schwitze mit dir mit!
> Stimme vom Schachtisch:
> Sagts mir bitt euch, was schreit er so fürchterlich?
> Stimme des Vaters:
> Laßts ihm gehn, er hält Gerichtstag über sich.

Karl Kraus war wohl bei keiner seiner größeren Arbeiten so heiter, so gelöst, so sehr über der Sache wie diesmal, da er Goethe (den Werfel im ›Spiegelmensch‹ ausgiebig nachempfunden hat), den Expressionismus und die akustisch vollendet fixierten Umgangssprachen und Kauderwelsche zu einem sublimen Spaß mengte.

Als er sein Werk am 6. März 1921 im Mittleren Konzerthaussaal zum erstenmal vorlas, amüsierte er sich selbst so herzlich über seinen Text, daß er immer wieder vor Lachen nicht weiterlesen konnte.

Die Tragik der verlorenen Söhne war in diesem Lachen aufgelöst, überwunden und in die Satire eingegangen.

Was aber das »Zerquetschen« betrifft, wurde der Name der ›Fackel‹ bei der Leipziger ›Spiegelmensch‹-Aufführung durch den Namen einer lokalen Zeitschrift ersetzt, und bei der Aufführung am Wiener Burgtheater wurden sämtliche Anspielungen auf Karl Kraus aus dem Text eliminiert.

Es ist peinlich, sich von dieser Katharsis abwendend, noch einmal in die Vergangenheit und zu einem bösen Fall zurückzukehren.

Doch die letzte Abfall-Geschichte gestattet nicht, daß man sie unerzählt läßt.

In der ›Fackel‹ vom 31. Mai 1904 schreibt Roda Roda einen Brief an Karl Kraus, macht ihn auf eine einigermaßen wichtige Tatsache aufmerksam, kritisiert einen Korrespondenten der Wiener ›Zeit‹, den er einer »versuchten Täuschung« bezichtigt, und schließt mit dem »Ausdruck aufrichtiger Hochachtung«.

Zwei Jahre später schreibt Karl Kraus, die Zeitschrift ›Simplicissimus‹ sei »– dank Herrn Roda Roda – auf dem Sprung, in die Läusesucht des deutschen Anekdotenhumors zu verfallen«.

Im Juni 1914 stand in der Zeitschrift ›März‹ ein Artikel ›Der Fackelkraus‹ von Roda Roda.

Da heißt es:

»Der Kläffer ... belfert jeden an, der da existiert – den Stromer wie den Erzbischof – ...

Karl Kraus hat für sein Amt (Reinigung der Wiener Straßen) eine nicht genug zu schätzende Gabe mitgebracht: die Engstirnigkeit. Ich habe ihm einmal ernstlich eine Reise nach Ottakring empfohlen – zur Erweiterung des Horizonts.

Seine Unbildung ist profund.

... er ... meuchelt Gerechte wie die Ungerechten – kurz: er hat alle, alle Fehler angenommen, die er an andern virtuos aufgedeckt hatte.«

Hatte diese Attacke nur die vier Worte »dank Herrn Roda Roda« als Motiv?

Nein; in München hatte am 13. Februar 1914 eine Kraus-Vorlesung stattgefunden.

Kurz vorher war im ›Simplicissimus‹ (an dem, wie am ›März‹, Karl Kraus früher mitgearbeitet hatte) eine Erzählung von Roda Roda erschienen, in der er von dem Hotelabenteuer eines österreichischen Offiziers mit einer Belgrader Dame erzählt, der der Offizier damals zwanzig Kronen schuldig geblieben ist und die er später als Königin Draga von Serbien wiedersieht. Die Königin Draga, die Roda Roda auf derart unqualifizierbare Weise insultiert, lebte damals nicht mehr; sie war von Attentätern bestialisch ermordet worden.

Karl Kraus hatte die Erzählung kurz vor der Vorlesung zu Gesicht bekommen, er wies zu Beginn in einer Erklärung mit Zitaten aus Roda Rodas Text auf die Ungeheuerlichkeit hin, und Roda Roda, der sich im Auditorium befand, wurde von dem protestierenden Publikum genötigt, den Saal zu verlassen. Augenzeugen berichten, sein Kopf sei röter gewesen als seine Weste.

Die zweifache üble Entgleisung Roda Rodas hatte eine bemerkenswerte Folge, die für die Geltung Karl Kraus' bei vielen seiner bedeutenderen Zeitgenossen ein gutes Beispiel gibt:

Ludwig Thoma, Mitherausgeber des ›März‹ (Roda Rodas Anti-Kraus-Artikel war dort ohne sein Wissen erschienen), schrieb einen großen Aufsatz über Karl Kraus, nannte Roda Roda tendenziös und aggressiv, seine Behauptungen »von einer grotesken Ungerechtigkeit«, gestand, daß ihm »jedes Heft der ›Fackel‹ auserlesenen Genuß geboten«, daß die Arbeit Karl Kraus' »immer seine Bewunderung erregt« habe, verglich seinen »prachtvollen« Angriff gegen Harden mit Lichtenberg und lehnte sich dagegen auf, daß im ›März‹ das »Bild des kühnen und geistvollen Kämpfers Karl Kraus so verzeichnet stehen bleiben soll«. – ». . . seine Lauterkeit anzuzweifeln . . . ist so ungerecht wie töricht.«

Georg Kulka hat später sein Plagiat und seine Aggression durch einen »Rücktritt in ehrenhaftes Privatleben« gesühnt.

Worte in Versen

Im Sommer 1904 hatte Karl Kraus in Ischl Helene Kann kennengelernt.

Sein erstes Buch ›Sittlichkeit und Kriminalität‹ war dem Andenken eines verstorbenen Freundes, Ludwig Janikowski, gewidmet; sein zweites Buch ›Sprüche und Widersprüche‹ (1909) widmete er Helene Kann.

Sie wurde und blieb ihm im schönsten und wörtlichsten Sinn Freundin und Lebensgefährtin, sie legte ein Archiv seiner Schriften, Korrespondenzen und Dokumente an und betreute bis zu ihrem Tod seinen Nachlaß.

Anfang 1913 lernte Karl Kraus die um elf Jahre jüngere Freiin Sidonie Nadherny von Borutin kennen, die ihm gleichfalls bis zu seinem Tod und darüber hinaus verbunden blieb. Sie hat jene Türe geöffnet, deren Schlüssel das fragmentarische Erlebnis der Begegnung mit Annie Kalmar gewesen war.

Noch in diesem Jahr besuchte Karl Kraus Sidonie Nadherny auf Schloß Janowitz in Böhmen. Der Park von Janowitz begegnet uns immer wieder in seinen Versen. Dort fand er Ruhe und Frieden und neue Freunde, ein Milieu echter Aristokraten, das ihm zusagte.

Gewiß sind die österreichischen Aristokraten eine recht problematische Gesellschaft gewesen und bis heute geblieben. Aber jene österreichischen Aristokraten, die nicht der Meinung waren und sind, daß die österreichischen Aristokraten etwas Besonderes seien, die Außenseiter der Aristokratie, die als Außenseiter des Standes an Beethoven geglaubt haben und Karl Kraus schätzen lernten – die waren und sind wahrhaft adelig.

Karl Kraus reiste während des Ersten Weltkrieges mehrmals mit Sidonie Nadherny in die Schweiz; dort schrieb er (während des Kriegs!) in erster Fassung die meisten Szenen der ›Letzten Tage der Menschheit‹ und (schon 1917) den Epilog ›Die letzte Nacht‹.

Er und Sidonie Nadherny waren entschlossen zu heiraten. Der Dichter Rainer Maria Rilke, der dem Freundeskreis der Nadherny zugehörte, verstand es sehr geschickt – man darf vielleicht sagen: hinterhältig –, durch Briefe an Sidonie Nadherny diesen Plan zu hintertreiben. Er hat dadurch zwei Menschen, vor allem Sidonie Nadherny, sehr unglücklich gemacht.

Im Jahre 1919 heiratete Sidonie Nadherny plötzlich, überraschend und sichtlich unüberlegt, den Grafen Max Thun. Nach kurzer Ehe verließ sie ihn, kehrte auf Schloß Janowitz zurück und nahm wieder ihren Mädchennamen an. Die Freundschaft mit Karl Kraus lebte wieder auf, Karl Kraus kam wieder häufig nach Janowitz.

Als Karl Kraus begraben wurde, erschien Sidonie Nadherny an seinem Grab und warf, ehe die ersten Häuflein Erde fielen, einen Ring in das Grab.

1948, als in der Tschechoslowakei die Kommunisten an die Macht kamen, verließ Sidonie Nadherny bei Nacht und Nebel zu Fuß das Schloß ihrer Väter.

Sie ist einige Jahre später in einer Klinik bei London gestorben.

Karl Kraus hat ihr mehr als tausend Briefe geschrieben. Nur wer ihn oberflächlich kennt, wird meinen, daß aus diesen Briefen »ein anderer Karl Kraus« spricht. Viele sind verloren, aber einige existieren und werden vermutlich veröffentlicht werden. Karl Kraus war mit dieser posthumen Publikation, wie wir aus einem Brief Sidonie Nadhernys wissen, einverstanden.

Aus einem Brief von Karl Kraus an Sidonie Nadherny (1915):

»So kurze Zeit erst, daß das Wort: ›Und siehe, es war gut‹ nach so langer Zeit wieder wahr ist. Zwei von diesen Jahren haben mir gehört. Es war so viel, daß ich, in die Fülle solchen Menschentums gehoben, in einen Traum eintrat, der mich zurückleben ließ in jenen Garten, den Gott in Eden gepflanzt hatte. – Mehr kann ich nicht geben als den Dank des Denkenden, der mit dem sichern Wissen, das der Traum verleiht, sich selbst Dir zuschreibt und sich erinnert, daß Dein Lebensathem es war, der den Menschenstaub zum Menschen gebildet hat. Es kann nicht geschehen, daß der irdische Fluch, von dem wir einander erlöst haben, je wieder Macht gewinne über uns, uns zwinge, zurück in die Menschheit zu gehen.«

(Karl Kraus hing an der alten Schreibung mit »th«, hat diesem abgeschafften »h« ein schönes Gedicht ›Elegie auf den Tod eines Lautes‹ gewidmet und kehrte immer wieder zu der alten Schreibart zurück.)

Karl Kraus war vom Journalisten zum Schriftsteller gewachsen, vom Anlaß zum reinen Wort vorgedrungen, indem er Aphorismen geschrieben und seine großen Arbeiten in Büchern gesammelt hatte. Nun wurde er, vierzigjährig, vom Schriftsteller zum Dichter.

Es ist aus der vorhergehenden Zeit (mit zwei im Folgenden wiedergegebenen Ausnahmen) nichts davon bekannt, daß er Gedichte geschrieben hätte, es sei denn lyrische Parodien oder gelegentliche Epigramme.

Und es ist seltsam, daß ein Lyriker erst nach mehr als zwei Jahrzehnten der schriftstellerischen Produktion sich selbst als solcher erkennt. Einige (österreichische) Parallelfälle bieten sich als Beispiele an: Adalbert Stifter, der sich für einen Maler hielt und erst als reifer Mann Prosa zu schreiben begann, Peter Altenberg, der erst spät Schriftsteller wurde, Raimund und Nestroy, die Schauspieler waren und erst spät, rein zufällig, Stücke zu schreiben begannen.

Bei Karl Kraus war es wohl so, daß er, als ihm die Form der aphoristischen Äußerung vertraut und das Wirken als Vorleser selbstverständlich geworden war, wie schon oft vorher, einen neuen Weg zur Verwirklichung brauchte und unbewußt suchte. Und da er das zweite große menschliche Erlebnis seines Lebens hatte, konnte er ganz in seine eigene Tiefe tauchen und von dort die Kraft und die Gnade holen, die seinen lyrischen Aufbruch ermöglichten.

Er hatte 1911 ein erstes Gedicht veröffentlicht, die Widmung des Buches ›Pro domo et mundo‹ an den Schatten der Annie Kalmar, deren Bild er bei der Arbeit immer vor sich sah:

In tiefer Schuld vor einem Augenpaar,
worin ich schuf, was darin immer war,
geschaffen, kund zu tun, was es nicht weiß,
dem Himmel hilft es, macht der Hölle heiß.

In tiefer Ehrerbietung dem Gesicht,
das, Besseres verschweigend als es spricht,
Ein Licht zurückstrahlt, das es nie erhellt,
der Welt geopfert, zaubert eine Welt.

Was hier das Gedächtnis der Annie Kalmar verspricht, hat Sidonie Nadherny eingelöst.

Und gleichfalls in ›Pro domo et mundo‹ stehen acht Verszeilen, der Form nach ein Epigramm, doch ein schönes, ein perfektes Gedicht von großer Bedeutsamkeit, ein Gleichnis für den Journalisten und den Künstler und doch auch noch viel mehr als das (und unter anderem eine Apologie und Apotheose des österreichischen »Unvollendeten«):

Zwei Läufer laufen zeitenlang,
der eine dreist, der andre bang:
Der von Nirgendher sein Ziel erwirbt;
der vom Ursprung kommt und am Wege stirbt.
Der von Nirgendher das Ziel erwarb,
macht Platz dem, der am Wege starb.
Und dieser, den es ewig bangt,
ist stets am Ursprung angelangt.

Im Mai 1912 sagte Karl Kraus im Zusammenhang mit einer Glosse, auf die er eine Berichtigung bekommen hatte, daß diese Aufklärung nur eine polemische Auseinandersetzung aus der Welt schaffen könne, »nie ein Gedicht«. Die Glosse ist in Prosa geschrieben, doch es widerfährt Karl Kraus, daß er seine Prosa »ein Gedicht« nennt.

Anfang November 1913 steht ein Gedicht von Karl Kraus in der ›Fackel‹: ›Tod und Tango‹.

Zwei Zitate aus Zeitungen geben die realen Voraussetzungen. Ein Bankbeamter und »flotter Tänzer« hatte seine Frau, die sich wegen seiner Eifersucht von ihm scheiden lassen wollte, erschossen und sich selbst angeschossen. Die Psychiater hatten ihm »vorübergehende Sinnesverwirrung« attestiert, er trat einen Erholungsurlaub an und kehrte dann wieder in die Bank zurück.

Das Gedicht ist in fünffüßigen Jamben, im Vers Shakespeares und der deutschen Klassik, geschrieben. Es ist mehr eine versifizierte Glosse als ein echtes Gedicht, mit Wendungen gegen Wien und seine Presse und seine Richter und seine Geschworenen und seine Psychiater – manches, was schon in Prosa gesagt worden war, neu aufgreifend –, reich an bewußten Shakespeare-Anklängen.

> ...
> Ihr Götter, wenn ihr Mitleid mit ihr habt,
> mit Themis, eurer welk gewordnen Schwester,
> so schützt sie, duldet nicht, daß sie den Henkern
> zum Opfer falle, die so blind wie sie!

Karl Kraus kommt vom Theater zur Lyrik, denn dieser tragische Vers ist im Gedicht kaum üblich. Und es gelingen neben Unerfülltem und Verspieltem schon große Stellen, etwa die vom Mörder, der wieder zu tanzen beginnt:

> Er schlägt die Zeit jetzt tot, was bleibt ihm übrig,
> da er doch seine Gattin nicht mehr hat?

und

> Unschuldig ist der Tänzer, schuld die Zeit,
> nicht zu vergehn bei solcher Lustbarkeit!

Mitte Dezember 1913 erscheint wieder ein Gedicht, nicht sehr bedeutend, wieder im Shakespeare-Metrum: ›Mein Weltuntergang‹.

Nun verschwinden, bis zum Weltkrieg, die Verse aus der ›Fackel‹, doch es geschieht etwas sehr Eigenartiges, für Karl Kraus Charakteristisches, das die Identität von »Glosse« und »Gedicht«, die inneren Zusammenhänge von Prosa und Vers erweist.

Im Januar 1914 steht in der ›Fackel‹ ein großer Aufsatz, ›Das Denkmal eines Schauspielers‹, über die Buchausgabe der Briefe des großen Burgschauspielers Adolf von Sonnenthal. Der Text klingt aus in eine Beschwörung der vergangenen Größe:

»... Und damit fassen wir – im Angesicht der uns umgebenden Geschicklichkeit – Mut zum Schmerz darüber, daß Sonnenthals Thräne nicht mehr fließt! Und daß dieser große Chor unserer Jugendtage verstummt ist, ohne den Jugend zu haben uns heute nicht mehr denkbar scheint. Die Glocke, die Charlotte Wolter hieß; der Hammer, der mit Lewinskys Stimme das Gewissen schlug; und einer Brandung gleich die Rede des Cyklopen Gabillon; Zerlinens Flüstern; und Mitterwurzers Wildstroms Gurgellaune ...«

Und im ersten Band der ›Worte in Versen‹ steht ein Gedicht ›Sonnenthal‹:

> Faßt Mut zum Schmerz, daß seine Thräne nicht mehr fließt
> und dieser große Chor der Jugendbühne stumm ist:
> Die Glocke, die Charlotte Wolter hieß;
> der Hammer, der mit Lewinskys Rede das Gewissen schlug;
> und einer Brandung gleich die Stimme des Zyklopen
> [Gabillon;
> Zerlinens Flüstern; und Mitterwurzers Wildstroms
> [Gurgellaune;
> eine Tanne im Wintersturm jedoch war Baumeisters Ruf;
> und schwebend, eine Lerche, stieg des jungen Hartmann
> [Ton;
> vermählt dem warmen Entenmutterlaut Helenens;
> und Hagel, der durch schwüle Sommer prasselt, Krastels
> [Sang;
> und allen Herbstes Röcheln Roberts Stimme;
> und Sonnenthal: die große Orgel, die das harte Leben löst.
> Und all der Sänger Stimmen und Manier,
> die noch verstimmt, von solchem Geiste war,
> daß sie bewahrt sei gegen alles Gleichmaß,
> womit die Narren der Szene und der Zeit
> die lauten Schellen schlagen.

Die Änderungen, die Unterschiede zwischen Prosa und Vers sind unerheblich (Prosa: »... mit dem die Narren der Zeit und der Szene ihre Schellen schlagen.«); und es zeigt sich, wie es Karl Kraus, den es so oft vom Kleinen in das Große, vom Besonderen in das Gültige hinaufgetragen hat, nun von der Prosa in die Lyrik emporträgt.

Man begegnet beim Lesen und Wiederlesen seiner Texte so oft einem Gedanken, einer Wendung, ja: ganzen Absätzen in leicht veränderter, erneuerter Gestalt. Das geht vom Wortspiel, von der Pointe aus, wenn er seine Erkenntnis, daß »Monogamie« in gewissen Kreisen soviel wie »Einheirat« bedeute, häufig variiert oder seine leitmotivische Feststellung, die Lebensmittel seien zum Lebenszweck geworden. (1910 ist die Zauberformel Berlins: »Das, worüber man hinwegkommen muß, ist nicht das Ziel. Lebensmittel sind nicht Lebenszweck.« 1913 heißt es von dem Wiener, daß ihm »die Lebensmittel den Lebenszweck heiligen«. Einmal werden »Mittelmäßigkeit« und »Zweckmäßigkeit« gegeneinander ausgespielt, und durch die Texte der Kriegsjahre zieht sich die Antithese wie ein Refrain.)

Manche Aphorismen sind zunächst in einem Prosatext aufgetaucht, aus dem sie später gelöst und verselbständigt werden; andere sind zuerst Aphorismus und tauchen dann in der Prosa neu auf. Mancher Gedanke (»Der Urquell des Übels bleibt jener Heine, der der deutschen Sprache so sehr das Mieder gelockert hat, daß heute alle Kommis an ihren Brüsten fingern können.«) aus einer unbedeutenden Glosse von 1909 erscheint fast identisch ein Jahr später in ›Heine und die Folgen‹ und wird später in ein Epigramm umgegossen:

> Seit dieser Prosa, diesem Buch der Lieder
> hats jeder leicht, die Lust der Sprache zu verringern.
> Er löste ihr das Mieder,
> damit sie an ihren Brüsten fingern.

Viele Gedanken und Bilder von Karl Kraus laufen »vom Ursprung« her eine weite Bahn mit ihm gemeinsam, sie werden vor der Niederschrift und durch viele Korrekturgänge geformt, beim Übergang vom ›Fackel‹-Text in ein Buch neu gefaßt, sie tauchen in neuen Zusammenhängen wieder auf, und seit 1913 changieren sie auch zwischen Prosa und Lyrik.

Im September 1913 beginnt ein polemischer Aufsatz:

»Wenn es mein Amt ist, die Zeit in Anführungszeichen zu setzen und sie in diesen Klammern ihr ureigenstes Gesicht verzerren zu lassen, wissend, daß ihr Unsäglichstes nur von ihr selbst gesagt werden kann; wenn es meine Aufgabe ist, nachzusprechen, was ist ...«

Im Juli 1914 lesen wir, mitten in einem Absatz: »... Mein Amt war, die Zeit in Anführungszeichen zu setzen, in Druck und Klammern sich verzerren zu lassen, wissend, daß ihr Unsäglichstes nur von ihr selbst gesagt werden konnte. Nicht auszusprechen, nachzusprechen, was ist. Nachzuahmen, was scheint ...«

Der erste Text von 1913 wurde später um die Sätze erweitert:

»Wie der Künstler sich selbst in alle Gestalt trägt, so trägt eine Wirklichkeit, die ihn überflüssig gemacht hat, sich selbst in den Künstler. Um nicht vor ihm zu erschrecken, zeichnet sie ihn nach ihrem Maß und erschrickt vor sich selbst ...«

Im Januar 1917 erschien das Gedicht ›Die Zwiespältigen‹, dessen erste vier Zeilen lauten:

> Künstler sein, das bedeute: sich selbst in Gestalten zu tragen.
> Doch die Wirklichkeit trägt in den Künstler sich selbst.
> Nicht vor ihm zu erschrecken, vermißt sie sich, nach ihrem [Maße
> Ihn zu zeichnen; erschrickt dennoch nicht vor sich selbst.

Und das Gedicht schließt mit den Zeilen:

> Schritte Christus vorbei, sie riefen »Händler und Wechsler!«
> Nie ein Echo mir tönt, nur dieser Schrei aus dem Nichts.

Karl Kraus ist als Lyriker ganz bewußt und eingestandenermaßen Epigone, fern jenem Neuen, das er bei Georg Trakl und Else Lasker-Schüler bewundernd anerkannte. Er ist, ganz bewußt und eingestandenermaßen, Goethe verpflichtet:

> Man wird vom Schauen stumpf,
> hier drin die Luft ist dumpf,
> draußen ist's schön.
> Dann wird die Zeit mir lang,
> dann wird mir wieder bang
> vor dem Vergehn.
>
> (›Schnellzug‹)

... und ebenso Shakespeare, etwa in dem Gedicht ›Eine Prostituierte ist ermordet worden‹ (das gleichfalls einen Prosatext lyrisch umsetzt):

> Die Ehrbaren,
> sie möchten auf die Straße, fort zu jenen,
> die nur der Ehre bar sind, nicht des Lebens.
> Ihr, spürend es, nicht wissend, macht aus Wut
> die draußen schlechter und die drinnen ärmer.
> Ihr seid zu feig, die draußen und die drinnen
> gleich auf der Stelle zu ermorden. Geht,

was wollt ihr denn, mir wollt ihr eure Ehre
vormachen? Eure Stimme kenne ich!
...

Der Vers wird ihm bald neben der Prosa gleichgeordnet legitimes Ausdrucksmittel, er fügt sich vorhandenen Metren als Zusatzstrophe bei Nestroy und Offenbach, er erhöht den Dialog in besonderen Augenblicken (wie bei Shakespeare) und in den lyrischen Einlagen der ›Letzten Tage der Menschheit‹, er spannt sich vom Couplet und der Parodie bis zur reinen Lyrik.

Karl Kraus, der so reichlich und so zwanghaft in seinen Stellungnahmen und Auseinandersetzungen »ich« gesagt hat, kann nun im Vers sein Ich ganz offenbaren, kann alles sagen, formen, festhalten, was nicht seinen Haß, seinen Abscheu, seinen Geist, sondern sein Herz bewegt, was bisher dem gedruckten Wort verborgen blieb, seine Liebe zur Natur, zur Landschaft, zu den Tieren.

Er wurde, wie jeder Kritisierende, immer wieder mit dem dummen Einwand konfrontiert: wer kritisiert, müsse das, worüber er sich äußere, selbst auch können. Er hatte bisher einer korrupten Haltung seine Sauberkeit, einer verlotterten Sprache seine gemeisterte Sprache entgegengestellt; er hatte, auch zwischen den Zeilen seiner Negation – vor allem aber auch in großen Bekenntnissen zu vielfachen Werten –, zur Größe ja gesagt; nun kann er auch der abgelehnten Dichtung seiner Zeit mit Gegenbeispielen dienen.

Und wie die ›Fackel‹ sein Tagebuch ist und der Vorabdruck seiner Bücher, nimmt er seine Gedichte in die ›Fackel‹, ehe sie als ›Worte in Versen‹ (neun Bände von 1916 bis 1930, der letzte ist Helene Kann gewidmet) in Buchform erscheinen.

Und man kann auf den Inhaltsangaben der ›Fackel‹-Umschläge und ebenso auf den Plakaten, die bei den Verkaufsstellen (Zeitungsständen, Tabak-Trafiken und Buchhandlungen) ausgehängt sind, künftig neben Titeln wie ›Die Schalek in Japan‹, ›Bekessys Sendung‹, ›Entlarvt durch Bekessy‹ die Überschriften von Liebesgedichten finden: ›Und liebst doch alle, liebt dich einer so‹, ›Du bist so sonderbar in eins gefügt‹.

Die ersten vier Bände der ›Worte in Versen‹ sind direkt oder verschlüsselt Sidonie Nadherny gewidmet. Sie enthalten eine Fülle von lyrischen Zeugnissen der Liebe und des »paradiesischen« Friedens, die zu den schönsten Gedichten von Karl

Kraus gehören und ihren Rang in der deutschen Lyrik dieses Jahrhunderts behaupten ...

... der Gesang an die ›Wiese im Park (Schloß Janowitz)‹:

Die vielen Glockenblumen! Horch und schau!
Wie lange steht er schon auf diesem Stein,
der Admiral. Es muß ein Sonntag sein
und alles läutet blau.

Nicht weiter will ich. Eitler Fuß, mach Halt!
Vor diesem Wunder ende deinen Lauf.
Ein toter Tag schlägt seine Augen auf.
Und alles bleibt so alt.

... ›Auferstehung‹:

...
So ist das alte Wunder wieder wahr.
Es half ein Gott, die Endlichkeit besiegen.
So ist ein müdes Menschenpaar
zu jungen Tagen aufgestiegen!

Mit beiden Händen trag' ich zitternd mir
dein Herz, das die Vergänglichkeit umfangen.
So werde ich zu dir gelangen!
So bin ich auf dem Weg zu mir!

... die ›Fahrt ins Fextal‹ (auf Urlaub von der Zeit im Weltkrieg):

Als deine Sonne meinen Schnee beschien,
ein Sonntag wars im blauen Engadin.
...
Der Winter glühte und der Frost war heiß,
unendlich sprühten Funken aus dem Eis.
...
Wir fuhren jenseits aller Jahreszeit
irgendwohin in die Vergangenheit.
...
Trennt heut die Elemente keine Kluft?
Ein Feuerfluß verbindet Erd' und Luft.
...
Ins Helle schwebend schwindet aller Raum.
So schwerlos gleitet nach dem Tod der Traum.

. . .
Nicht birgt die Zeit im Vorrat uns ein Weh.
Bleicht sich das Haar, so gibt es guten Schnee.
. . .
Uns wärmt der Winter. Leben ist ein Tag,
da Silvaplanas Wind selbst ruhen mag.
. . .
Nicht Ziel, nur Rast ist's, die das Glück sich gab,
hält einmal dieser Schlitten vor dem Grab.

. . . und später, nach der tragischen Entfremdung und dem Wiederfinden (›Du bist sie, die ich nie gekannt‹):

. . .
Du bist ein Wahn und bist ein Wille,
ein himmlisch Wesen, Erdenwurm.
Du rufst, und rings um dich ist Stille.
Du schweigst, und rings um dich ist Sturm.
. . .

Du bist mir da und bist mir dorten,
ein tiefer Ton, ein weiter Schall.
Du bist Musik zu meinen Worten,
ein Nirgend und ein Überall.

Dem Tag bist du ein Traumgebilde;
in jedem Traum bist du mir nah.
Zuständig bist du dem Gefilde,
das ich mir vor der Zeit ersah.
. . .

In seiner Lyrik läßt er auch die verlorene Jugend auferstehen; und hier, wie auch sonst in seiner neugewonnenen Welt, ist Gott wieder bei ihm.

(›Aus jungen Tagen‹)

. . .
Nun bin ich ganz im Licht,
das milde überglänzt mein armes Haupt.
Ich habe lange nicht an Gott geglaubt.
Nun weiß ich um sein letztes Angesicht.
. . .

(›Wiedersehn mit Schmetterlingen‹)

Wie nach den Lebensnächten
es prangt in neuen Prächten,
vom Morgenthau benetzt!
Was hebet aus den Grüften
und letzt mit linden Lüften
auch mich zuguterletzt?

Es heilt das Herz vom Hirne
und kühlt die kranke Stirne
am jungen Tag gesund.
Das strömt von andern Sternen
und läßt die Liebe lernen
auf einem grünen Grund.
...

Und daß ich wieder singe,
erscheinen Schmetterlinge,
o grenzenloses Glück!
Auf einem Sonnenstrahle
die stolzen Admirale,
sie kehren mir zurück!
...

Und das schöne Gedicht, Abwandlung eines alten Motivs, das bei Liliencron zu finden ist, in volksliedhafter Größe: ›Zwei Soldatenlieder‹:

In einem totenstillen Lied
vom Weh zum Wort die Frage zieht:
Wer weiß wo.

Wer weiß, wo dieses stille Leid
begraben liegt, es lärmt die Zeit
vorüber so.

Sie schweigt nicht vor der Ewigkeit
und stirbt und ist doch nicht bereit
zur letzten Ruh.

In einem lebenslauten Lied
vom Wahn zum Wort die Frage zieht:
Wer weiß wozu!

Und die rührende, erbarmensvolle ›Grabschrift für ein Hündchen‹, gestorben 1913:

Ein kleiner Hund mit langem Haar, den ich persönlich kannte,
er lachte, wenn man zu ihm sprach, er weinte, weil er stumm war,
sein Blick war Dank der Kreatur, für sich und für die andern.
Da kam ein Wagen ohne Pferd und tötete das Hündchen.
Wer hatte es so eilig, ach, wer hatte es so eilig.
Wie wenig Raum hat der Passant für sich gebraucht im Leben.
Wie eine Schlange konnte er, wenn du ihm pfiffst, erscheinen.
Wer füllt die schmale Stelle aus? Unwürdige sind am Leben,
sie brauchen mehr, und dennoch bleibt der Würdige unersetzlich.
Und auch sein Beispiel bessert nicht, sein Opfer nicht die andern,
die immer allzu übrig sind. Der dort ging seines Weges
und starb daran. Die kleine Frau, sie sah sich um und rief ihn,
sie rief und rief und sah ihn nicht, da lag er in der Sonne.
So wenig Stelle nahm er ein. Und so viel Stille bleibet,
wo Leben keine Worte hat.

Wäre er nur Dichter gewesen, Karl Kraus wäre vermutlich wohlgeborgen im Gedenken der Nachwelt an seinem gebührenden Platz. Da er so vieles andere sein mußte, ist sein Gedicht unverdient im Schatten seiner Gestalt verborgen.

Neben dem, was groß und rein ist, sagen seine Worte in Versen auch immer wieder vieles pro domo, sie sind auch satirisch und polemisch an den Tag gerichtet, sie variieren auch gern das große Lieblingsthema »Wien« und sind als solche gewiß dem lyrischen Wien des überschätzten heiteren und lokalen Josef Weinheber überlegen:

Was Schiedsgericht und Völkerbund!
Sie Kellner, bringen S' ein paar Stamperln!
So etwas brauchen wir nicht und
mir san ja eh die reinen Lamperln!
...

Der Wiener geht nicht unter und
dann geht die G'schichte wie am Schnürl.
Gehn wir schon in den Völkerbund,
so gehn wir durch ein Hintertürl!
...
Dann kann man halt nix machen, doch
es macht sich alstern alles gütlich.
Wir pfeifen aus dem letzten Loch,
doch pfeifen wir noch sehr gemütlich.
...

Als die ›Fackel‹ fünfzehn Jahre hinter sich hatte, schrieb man 1914.

Karl Kraus war gereift und hatte sich erprobt. Er hatte sehr vieles sagen gelernt, hatte es immer wieder gesagt, mit den gleichen Worten dieselben Gedanken immer neu gesagt. Er hatte sich erfüllt im Kampf, in der Konfrontation; doch war das wirklich schon die Erfüllung? Sollte der Vierzigjähre immer weiter immer wieder das Gleiche sagen in den vielen Formen, die er beherrschen gelernt hatte? War das alles? War das genug?

Seine Sterne wiesen ihm zwei neue Wege:

Er wurde zum Lyriker. Da konnte er Neues sagen.

Der Weltkrieg brach aus. Da wurde es eine einzigartige Leistung, weiter zu sagen, was er gesagt hatte.

Der Sündenfall

Die Stellungnahmen und Konklusionen bei Karl Kraus sind immer wieder überraschend und in vielen Fällen auf den ersten Blick genau das Gegenteil dessen, was man erwartet. Doch nicht advokatorische Rabulistik, sondern logische Beweiskraft lassen auf den letzten Blick die Berechtigung der Einstellung und Stellungnahme klar zutage treten.

Schon in der Dreyfus-Affäre wäre es naheliegend gewesen, daß ein Gegner der Justiz und des Militarismus für deren Opfer eintritt. Karl Kraus aber war ... wenn schon nicht gegen Dreyfus, so doch sehr entschieden gegen die Pro-Dreyfus-Kampagne.

Und wenn der bekannte, durch seine Aussprüche berüchtigte

christlich-soziale Wiener Politiker Hermann Bielohlawek im niederösterreichischen Landtag sagte, Tolstoi sei ein »alter Tepp«, und man in der ›Fackel‹ einen großen Artikel über diese Äußerung sieht, nimmt man zunächst an, Karl Kraus werde den verehrungswürdigen Beleidigten gegen den flegelhaften Beleidiger verteidigen. In dem Artikel der ›Fackel‹ liest man denn auch zunächst, die Äußerung sei nicht zu entschuldigen, denn »der Abgeordnete Bielohlawek hat von Tolstoi keine Ahnung ...«, doch dann geht es weiter: »... zu solchem Urteil aber könnte einer nur auf Grund genauer Kenntnis des Tolstoischen Wirkens gelangen.« Und von Tolstoi geht es auf die liberale Presse über, die den Alten gegen Bielohlawek verteidigt, auf die Verlogenheit und den Aberwitz dieser Haltung, die sich im Namen der Aufklärung mit einem Urchristen solidarisiert, nur weil ein Christlich-Sozialer ihn beleidigt hat. (»... was hat das Zerknirschungsideal des russischen Knechts, der das Väterchen im Himmel anwinselt, mit der Herrschsucht des liberalen Geistes zu tun, der der Menschheit den Zinsfuß auf den Nacken setzt?«)

Karl Kraus zitiert Worte eines der übelsten Schreiber aus der liberalen Gilde, Max Nordau, der jenen Tolstoi, der jetzt vor dem Anwurf, ein »alter Tepp« zu sein, in Schutz genommen wird, als »delirierend«, seine Theorien als »Wahnsinn« bezeichnet, der geschrieben hat, Tolstoi gleiche den beiden »Idioten« Bouvard und Pécuchet von Flaubert, der von einer »krankhaften Dummheit und Zusammenhanglosigkeit des Denkens« bei Tolstoi geschrieben hat.

Das ist charakteristisch für Karl Kraus: wenn zwei streiten, kritisiert er nicht die beiden (Tolstoi und Bielohlawek), sondern die Reaktion der ›Neuen Freien Presse‹ auf diesen Streit.

Und (wieder einmal) ganz im Vorübergehen äußert er sich, von der aktuellen Meinungsdivergenz angeregt, selbst über den alten Grafen Tolstoi, und diese Äußerung wäre ohne Bielohlawek und die ›Neue Freie Presse‹ nie formuliert worden und ist höchst aufbewahrenswert:

»Eine Welt, die zu nichts besserem geboren scheint als zum Betrogenwerden, harrt des Erlösers; und wer in den Ideenmischmasch dieser Zeit nur mit der Anweisung hineinfährt, Gras zu fressen und Shakespeare für einen Kretin zu halten, müßte wirklich schon ein ausgemachtes Pech haben, um nicht als Heiliger verehrt zu werden ... wer sich dazu im Büßergewand unter tennisspielenden Enkeln photographieren läßt, der müßte schon ein abgefeimter Schwindler sein, wenn er nicht eine göttliche

Mission zu erfüllen hätte. Aber der Heiligenschein trügt nicht, ein mit allen Salben Geweihter stößt auf ein geistiges Vorurteil und es ist ein wahres Glück, daß die Betriebsmittel dieser eitlen Zivilisation jede Bitte um ein Martyrium in ein paar Stunden um die Welt verbreiten können, so daß, wenn es einst vollbracht sein sollte, ein Golgatha von Telegraphenstangen dafür zeugen wird.«

Als 1913 Gerhart Hauptmanns ›Festspiel in deutschen Reimen‹, zur Breslauer Jahrhundertausstellung im Gedenken an das Befreiungsjahr 1813 geschrieben, auf Veranlassung des deutschen Kronprinzen nicht gespielt wurde, hätte man annehmen können, Karl Kraus, dessen Sympathien für Hauptmann ebenso notorisch waren wie seine Antipathien gegen die Hohenzollern, würde sich zumindest nicht gegen Hauptmann und für den Kronprinzen äußern.

Doch wieder standen die Freisinnigen auf der Seite Hauptmanns, und wieder wies Karl Kraus überzeugend nach, daß der Fall in einer unrichtigen Perspektive aufgerollt wurde. Die politische Haltung des Festspiels konnte den Auftraggebern nicht genehm sein, und »von der Familie Honorar zu nehmen, um gegen sie im Geburtstagsgedicht zu polemisieren, ist Vertrauens- und Vertragsbruch«. Dasselbe »Freisinnsgelichter«, die, »bei denen alles bis auf die Nase aufrecht und gerade ist«, hatten in Hauptmanns Weber-Drama eine ihnen sympathische Gesinnung gewittert, Hauptmann hatte sich ihnen durch seine »stofflich unsozialen« späteren Dichtungen bis zum Haß entfremdet, nun reklamieren sie ihn als einen der Ihren, nur weil er zum Jahrestag der Befreiungskriege instinktlos genug war, den Krieg und das Preußentum anzugreifen.

Und in einem ganz ähnlich gelagerten Fall, in dem es gleichfalls um Hauptmann und ein Kaiserhaus gegangen war, hatte sich eine ebenso überraschende, auf den zweiten Blick jedoch ebenso einleuchtende und konsequente Stellungnahme ergeben.

Im Frühjahr 1904 hatte sich im Burgtheater ein historischer Zwischenfall ereignet. Bei einer Aufführung von ›Rose Bernd‹ hatte Erzherzogin Marie Valerie, die Lieblingstochter des Kaisers Franz Joseph, die Vorstellung zum Zeichen des Protests verlassen, und ›Rose Bernd‹ verschwand daraufhin vom Spielplan.

Karl Kraus war gegen das Burgtheater und für Gerhart Hauptmann gewesen und ganz allgemein für das Recht in jeder Form. Doch er schrieb: »Wider die Natur einer Hofbühne ginge es, sie in modernen Geisteskämpfen, die noch nicht ausgetobt haben, zu engagieren.« Wieder hatte der Liberalismus sich für seinen Freiheitsbegriff eingesetzt; »und dabei wird nicht einmal das natürliche Recht jedes Hausbesitzers respektiert, in seinem Hause seinen Geschmack und seine Vorurteile, sein Verständnis und seine Rückständigkeit ein Wörtchen mitsprechen zu lassen«. – »Die Absetzung der ›Rose Bernd‹ ist viel weniger überraschend als ihre Annahme.« – »Will man den Mitgliedern des österreichischen Kaiserhauses, die bisher in öffentlichen Kunstangelegenheiten ruhige Zurückhaltung bewahrt haben, private Neigungen im eigensten Machtbereich verbieten?«

Karl Kraus schmäht die Journale und die Politiker, die Justiz und die Literaten, die Ämter und die Funktionäre, die Banken, Börsen und Industriellen, doch er gibt dem Kaiser, was des Kaisers ist.

Wäre die sagenhafte »Parallelaktion«, die Robert Musil im ›Mann ohne Eigenschaften‹ ausgemalt hat, Wirklichkeit gewesen und geworden, man hätte in diesem Rahmen dem Haus Habsburg-Lothringen zu festlichem Anlaß eine Zusammenstellung von ›Fackel‹-Zitaten (vom April 1899 bis zum Juli 1914) dedizieren können.

1899: Der Industrielle Krupp in Berndorf (Niederösterreich) lud den Kaiser zu einem Fest ein und zog den Arbeitern die entsprechende Zeit vom Lohn ab. »Was hielte wohl der Monarch davon, wenn er erführe, daß Herr Krupp seine Arbeiter für die Spesen seiner Loyalität aufkommen ließ ... Der Kaiser hätte noch vor Schluß der Theatervorstellung Berndorf verlassen ... Nimmer hätte der humane Sinn des Monarchen geduldet ...«

1899: »In Österreich ... gibt es« (zum Unterschied vom Deutschland Wilhelms II.) »keinen Grund, sich mit der Person des Kaisers zu beschäftigen; wer es gleichwohl täte und dabei die Ehrfurcht verletzte, müßte mit Fug und Recht die Strenge des Gesetzes fühlen.«

1899: »... wir können es nicht glauben, daß die Hand« (des serbischen Königs Alexander), »die vor ein paar Monaten Bluturteile unterschrieben und die besten und vornehmsten Männer des serbischen Landes zu den Scheußlichkeiten der serbischen Gefängnisse verdammt hat, sich in einer Woche dem Kaiser von Österreich entgegenstrecken soll.«

1900: »Das Volk sagt ›unser Kaiser‹, wenn es vom Monarchen spricht. Darin liegt viel Liebe ... Ihr genügt's, zu wissen, daß der Kaiser ein vornehmer und guter Mensch ist, der sich bemüht, seine Pflicht zu tun.«

1900: Karl Kraus beginnt eine Serie von Glossen über die »Kaiserworte«. Wenn Franz Joseph beim Besuch einer Ausstellung oder einem sonstigen Repräsentationsakt irgendeine freundliche Redensart gebrauchte, wurde sie alsbald von einem »Heer der tüchtigsten Erpresser, Reporter und Administrationsbeamten« gegen Bezahlung in die Zeitungen gebracht. Dagegen verwahrt sich Kraus im Namen des Monarchen.

1900: »... müßte man den Kaiser gegen die Dreistigkeit schützen, die dem Ausdruck seines persönlichen Wohlgefallens die Prätention einer Kritik unterschieben will.«

1900 (zum siebzigsten Geburtstag des Kaisers): »Man kennt den Kaiser sehr wenig. Aber der Gesamteindruck, den man von ihm erhält, ist der, daß er den Typus eines vornehmen Menschen repräsentiert ... Er hat die Empfindung eines vornehmen Gentleman ... so erscheint er ... als das Muster eines konstitutionellen Monarchen ...«

1901: »Der abscheuliche Handel mit Kaiserworten blüht ... üppig weiter.«

1902: »... der Monarch ... weiß ... viel zu gut die ethischen Qualitäten der Wiener Presse zu werten, um den Angehörigen seines Hauses den Verkehr mit Redaktionssöldnern zu gestatten.«

1903: Katharina Schratt, eine »durch erlauchten Verkehr geadelte Künstlerin«.

1904: »Es wäre wünschenswert, daß man den Kaiser, den es betrüben muß, daß in seinem Namen auch das« (ungerechte) »Urteil von Ried gefällt worden ist, von dem Furchtbaren verständige.«

1906 (nachdem inzwischen im Namen des Kaisers mehrmals der Handel mit »Kaiserworten« heftig kritisiert worden war): »... wenn es wirklich erlaubt wäre, den Privatgeschmack der allerhöchsten Person – auch der Kaiser hat ein Recht auf harmlose Abendunterhaltung – zu Reklame-Zwecken auszuschroten, dann wäre es auch erlaubt, den Privatgeschmack des Kaisers zu tadeln. Und das ist ganz entschieden nicht erlaubt.«

1908 (als Franz Joseph sich einen Festzug zu seinem sechzigjährigen Regierungs-Jubiläum verbeten hatte und der Festzug trotzdem veranstaltet wurde): »Der alte Kaiser wollte die umständliche Kostümierung der Ordenssehnsucht nicht, und will sie erst recht nicht, weil er sie erlauben mußte. Seinem kultivierten Geschmack und seinem Wunsch nach Ruhe ist der geräuschvolle Unfug in gleicher Art zuwider.«

1914 (in einer Apologie der Monarchie gegenüber der Republik anläßlich einer Glosse über den französischen Präsidenten): »Wenn man bedenkt, daß Monarchen mit so etwas in einem Wagen gefahren sind ... Länder, die sich von einem Advokaten oder Schokoladefabrikanten oder so etwas regieren lassen, wo also der Männerstolz der Bequemlichkeit halber gleich selbst auf dem Thron knotzt, sind mir nicht sympathisch. ... ich glaube, daß die Menschheit ohne das, was sie für einen überwundenen Standpunkt hält, auf die Dauer nicht auskommen kann. Wir von Gottes Gnaden sind doch zukunftsfähiger als ich ...«

Karl Kraus war wenigen Lebenden zugetan, er ließ nur die Dichter seiner Wahl gelten. Doch er hat Alexander Girardi geliebt und Franz Joseph I. verehrt.

Und er hat auf Franz Ferdinand, den Thronfolger, gehofft – wenn er zum Beispiel angesichts eines verschmockten Feuilletons von Felix Salten über eine allerhöchste Hochzeit andeutet, es habe den Anschein, »daß wieder Zeiten kommen, wo die Stelle eines Hofpsychologen aufgelassen werden könnte«. (1911.)

Als Franz Ferdinand ermordet wurde, hielt er das bereits druckfertige Heft der ›Fackel‹ vom Juli 1914 zurück, änderte den Umbruch und stellte an die Spitze des Textes einen Nekrolog auf Franz Ferdinand, »die Persönlichkeit, die mit ihrer Fülle den Irrweg der Entwicklung sperren will. ... Franz Ferdinand war die Hoffnung dieses Staats für alle, die noch glaubten, daß im Vorland des großen Chaos ein geordnetes Staatsleben durchzusetzen sei. Kein Hamlet ... sondern Fortinbras selbst. ... Ein ungestümer Bote aus Altösterreich wollte er eine kranke Zeit wecken, daß sie ihren Tod nicht verschlafe.«

In diesem Nachruf steht auch das berühmt gewordene Wort von der »österreichischen Versuchsstation des Weltunterganges«, das an einer anderen, früher geschriebenen Stelle des Heftes wiederkehrt und schon im April 1914 als »Versuchsstation des Weltirrsinns« vorgeahnt war.

Die Untergangsprophetie zieht sich durch die Jahre vor der Katastrophe ganz allgemein als Kultur- und Zivilisationspessimismus oder mit besonderer lokaler Note, tieftraurig, angeekelt oder witzig:

»Den Weltuntergang ... datiere ich von der Erfindung der Luftschiffahrt.« – »Da ich ... absolut überzeugt bin, daß wir am Ende der Zeiten stehen und ein höheres Wesen die irdische

Schöpfung nicht mehr als das aufgeschlagene Buch, sondern als ein ... Morgenblatt besieht, so beruhigt alle Schrecken, die die Entwicklung dem Gefühl des Betrachters vorstellt, der Gedanke an das Ende!« – »... daß der große Schinder irgendwo im Kosmos lauert, um diesen hundstollen Planeten zusammenzuschießen.« – ... denn eine Zeit ist angebrochen, in der »die Maschinen immer komplizierter und die Gehirne immer primitiver werden«. – »Es ist meine Religion, zu glauben, daß das Manometer auf 99 steht. An allen Enden dringen die Gase aus der Welthirnjauche, kein Atemholen bleibt der Kultur und am Ende liegt eine tote Menschheit neben ihren Werken, die zu erfinden ihr so viel Geist gekostet hat, daß ihr keiner mehr übrig blieb, sie zu nützen.«

Innerhalb der Apokalypse aber nimmt Österreich eine Sonderstellung ein, nicht nur weil der Wiener Weltuntergang seine persönliche Note haben wird: »Eine Schlamperei wird herrschen, die ohne Beispiel sein dürfte. Die Flüsse werden zu spät stehenbleiben und die Erde wird sich unpünktlich öffnen.« Nein, dieser Staat ist, unabhängig vom Zustand der Welt, an sich und in sich, dem Untergang nahe. »Für das unschönste Leben, das einer führen mußte, entschädigt ihn hierzulande eine ›schöne Leich‹. Unser ganzes Staatswesen scheint sich allmählich auf diese Entschädigung vorzubereiten.« (1905.) – »Die Interpellationsbeantwortung durch den Handelsminister« (anläßlich einer Grubenkatastrophe) »war Kranzspende für den Todeskampf dieses Staatswesens.« (1906.) – »Dieser alte Staat hat zeitlebens kurze Hosen getragen und fühlt sich, da er knapp vor seinem Ableben die langen bekommt, verjüngt.« (1907.) – »... dieses ganze Land, in dem ... die Wartezeit bis zum Zerfall durch eine gemütvolle Ansprache ausgefüllt wird.« (1910.)

Der Krieg ist unvermeidlich, wenn die Phrasen sich wider ihren Doppelsinn kehren. Der Krieg ist unvermeidlich, denn »eine Menschheit, die freiwillig für das oberste Gesetz ihrer Freiheit die Freiheit der Presse erklärt«, würde »ihre Dezimierung durch einen Weltkrieg redlich verdienen« (1914, als die ›Neue Freie Presse‹ sich beklagte, daß ihr Korrespondent aus der Türkei ausgewiesen worden war). Der Operettenkomponist Charles Weinberger feierte im Frühjahr 1913 sein fünfundzwanzigjähriges Komponistenjubiläum, eine geschmacklose Feier findet statt, ein noch geschmackloserer Bericht über sie erscheint, und wenn dies alles keinen Steinregen im Gefolge hat, wenn »nichts dergleichen außer ein bißl Beifallsorkan und Schwefelregen eingetreten ist, wenn die Bühne in einen Blumenhain verwandelt wurde, anstatt Blumenhaine in Wüsten, dann ist es Zeit, abergläubisch zu werden, dann verbirgt uns der Himmel seine Absichten und übers Jahr gibts Krieg und Pestilenz«.

Und im letzten Beitrag der letzten ›Fackel‹ vor dem Krieg steht der Satz: »... daß ich ... nur zufrieden« (bin) »in der Gewißheit, daß dem auf den Glanz hergerichteten Menschheitspofel, der jetzt allerorten zu sehen ist, der große Ausverkauf bevorsteht.«

Er spürt das Kommende, er riecht es, schmeckt es, registriert es – und kritisiert nur die Symptome: Er macht die Berichte verantwortlich, die Sprachstümper und die Operettenprominenz. Der Außenminister Graf Berchtold kommt in der Vorkriegs-›Fackel‹ nur ganz am Rand vor, im Zusammenhang mit einem albernen Interview. Nicht das Interview, sondern der Minister hat das aberwitzige Ultimatum an Serbien und den daraufhin unvermeidlichen Weltkrieg zu verantworten, aber Karl Kraus hat nur das Interview kritisiert, nicht die Außenpolitik. Die apokalyptischen Reiter heißen Wilhelm, Franz Joseph, Berchtold, für Karl Kraus heißen sie Zifferer, Münz, Klein, die »Mordbuben der Phantasie«, die als Reporter im Balkankrieg »ein Schlachtfeld in eine Judengasse verwandeln«. Er spricht gegen die Wirkung und schweigt über die Ursache.

Er hat Respekt vor dem Adel (»Der Adel müßte, wenn noch Adel in ihm ist, von mir verleitet werden können, dem Bürgertum den Fuß auf den Nacken zu setzen, anstatt ihm die bürgerlichen Ideale voranzutragen.«), er hat Respekt vor dem Militär (»Die Offiziere ...« verwahren sich gegen den Witzblatthumor und »verachten das Ansinnen, daß sie mit diesem von schlechten Zeichnern unterstützten Treiben irgendwie sympathisieren würden, als eine vergebliche Herabsetzung ihrer Standesehre«. Und: der Militärhaß der Demokratie bedeutet »die Überlegenheit des Mißwachsens über die Männlichkeit«.), er verehrt das Kaiserhaus. Und er kritisiert nur den Ton, nicht die politische Tendenz der Reden und Artikel.

Er hat sich aus der Politik zurückgezogen. Er ist gegen die Justiz und kritisiert sie, er ist gegen die Presse und kritisiert sie, er ist gegen die Politik und begnügt sich, dies festzustellen.

Er hat im ersten Stadium der ›Fackel‹ in die Politik eingegriffen, er hat im April 1900 einen hochbedeutsamen anonymen Artikel über Österreich und Serbien abgedruckt und in der dreihundertsten Nummer (1909) enthüllt, daß dieser Artikel von dem späteren serbischen Außenminister Milovanović geschrieben worden war. Der Name des österreichisch-ungarischen Außenministers, des Grafen Goluchowski, begegnet uns in den frühen ›Fackel‹-Heften immer wieder. Aber dann wird die Politik an sich sozusagen bewußt ausgeklammert. Er ist gegen die Liberalen wie gegen ihre nationalen und klerikalen Gegner und schreibt doch über diese und jene: »Die Seiten dieser Zeitschrift ... zeigen alle menschlichen Untugenden außer dem Ehrgeiz, Politik zu machen.« (1906.) – »Ich gehe an dem großen Problem der Politik vorüber. Ich bin Herausgeber einer Zeitschrift und kümmere mich den Teufel um Wahlreform und Ausgleich ... Nicht wie ich über den Ausgleich denke, aber wie ich über die Menschensorte denke, die über den Ausgleich denken sollte, ist erheblich.« (1907.) – »Die bloße Tatsache, daß Herr Harden sich mit Politik beschäftigt, kann zum Beweise seiner Nichtpersönlichkeit beitragen.« (1908.) – »Mit solchem Volksspielzeug, wie es die Politik ist, gebe ich mich nicht ab.« (1911.) – Und im Mai 1914: »Aber ich habe ja eine politische Überzeugung: nämlich die, daß das ganze Elend von der politischen Überzeugung kommt ... Ich schütte das Kind mit dem Bad aus, weil das Kind vom Bad dreckig wurde.«

Ein Kind, mag es noch so dreckig sein, schüttet man nicht aus. Man reinigt es; und wenn man das nicht vermag, sagt man: »Das Kind ist dreckig!«

Er mag zwischen den Richtungen und den Parteien sein und gegen alle, wie er ja auch sonst dazwischen und dagegen ist. Er spürt die nahende Katastrophe, und er ist voll Respekt vor der Krone, vor der Armee, vor der Aristokratie und gegen die Theatermenschen und Literaten und Journalisten und Psychiater.

Im November 1920 schreibt Karl Kraus: »Was ich bin und nicht bin, was ich denke, schreibe, tue, geht sie« (die ihn für einen Politiker halten) »so viel an, als ihr ganzer Menscheninhalt wert ist: einen Dreck! Das ist genauso viel als die Politik ergibt, wenn sie über das Lebensmittel hinaus am geistigen Zweck frißt. So verachte ich sie, anders bejahe ich sie, und bleibe damit im Einklang mit meinen Widersprüchen, die weitaus haltbarer sind als die Schwachköpfe, die an ihnen zerbrechen werden. Denn ich sitze konsequent an einem Schreibtisch ...« Dann aber: »Ich möchte auf die Gasse stürzen, alle aufrufen mitzuhelfen, denn es geht um aller Leben.«

1920 wollte er auf die Gasse stürzen. 1920 wollte er in die Politik eingreifen und hat sich zu dem, was er unter Politik verstand, ganz direkt und bejahend geäußert. Im Chaos nach dem Untergang war er bereit, einzugreifen, mit dem Gewicht des einsamen Unabhängigen, dessen Stimme gehört wurde, des Propheten, der recht behalten hatte. Von 1906 bis 1914 hat er die Politik negiert und seinen berechtigten Pessimismus zum Fatalismus entarten lassen. Er hat prophezeit, aber er war kein Prophet. Er hat nur festgestellt, nicht angeklagt, nicht aufgerufen. Er war schon damals weithin bekannt, von vielen ernstgenommen in all seiner Isoliertheit und Verhaßtheit.

Es ist ein zutiefst österreichischer Zug seines Wesens und Wirkens: das Negative zu sehen und die Wendung zum Schlimmen mit »Da kann man nix machen« als unabwendbar hinzunehmen, den Nestroy-Refrain »Die Welt steht auf kein' Fall mehr lang« leitmotivartig zu wiederholen und aus ihm sogar heitere Wirkungen zu gewinnen, auch wenn noch etwas zu machen wäre, zumindest der Versuch, mit noch so schwachen Kräften der Katastrophe zu wehren.

Ursprung und Ziel

»Nach der 400. Nummer, die den 50. Band abschließt, wird im Erscheinen der ›Fackel‹ voraussichtlich eine größere Pause eintreten, die der Korrektur der immer wieder angezeigten und der Vorbereitung weiterer Bücher gewidmet sein wird.«

Die vierhundertste Nummer beginnt mit dem Nachruf auf Franz Ferdinand. Nach ihrem Erscheinen trat eine Pause ein. Sie war nicht der Korrektur angezeigter Bücher gewidmet und nicht der Vorbereitung jener, die das Frühjahr und der Sommer 1914 erwarten ließen.

Am 1. August beginnt der Krieg.

Karl Kraus schweigt.

Die Autoren deutscher Sprache überbieten sich und einander in Exzessen und literarischen Greueln.

Felix Dörmann, Mitlibrettist des ›Walzertraums‹ und Barde der Decadence (»Ich liebe die hektisch schlanken ...«), singt:

Die Russen und die Serben,
Die hau'n wir jetzt in Scherben,

Und einen festen Rippenstoß
Kriegt England und der Herr Franzos.
Wir werden's euch schon geben,
Jetzt sollt ihr was erleben,
Das große Maul habt ihr allein –
Wir, aber wir, wir pfeffern drein.

Wir reden nix, wir deuten nix,
Wir halten unsern Mund,
Wir sind nur für die großen Wix,
Das ist für euch gesund.
Und wenn wir euch genug gebläut,
Dann sagen wir, auf Ehr',
Es hat uns alle sehr gefreut,
Das nächste Mal noch mehr.

Anton Wildgans:

Nun, alle Zungen, hebet an zu preisen,
Der Tag der großen Rechenschaft bricht an.
Da wird mit heißem Blut und kaltem Eisen
Ein wundersames Menschenwerk getan.

Gerhart Hauptmann:

Es kam ein schwarzer Russ' daher. –
Wer da, wer? –
Deutschland, wir wollen an deine Ehr'! –
Nimmermehr!!! –
Ein Kaiser spricht es hoch vom Sitz.
Viel Feind', viel Ehr', wie der alte Fritz.
Sein Nimmermehr ist mehr als Schall,
's ist Donnerrollen und Blitzesknall,
's ist Wetterstrahl.

Alfred Kerr:

Allen Führern bei der Deutschlandhetze
wünsch ich Bandwurm, Hühneraugen, Krätze,
Zur Ernährung schimmelfeuchtes Stroh
Und noch Rheumatismus im Popo.

Franz Karl Ginzkey besang in einem Lied das »Gluck gluck« des Untergehens russischer Soldaten in den Masurischen Sümpfen.

Richard Dehmel:

... Füsilier, wenn du das linke Auge schließt
und mit sich'rem Visier in die Feindesrotte schießt,
dann lebt Odin wieder in dir auf,
der einäugige Blitzgott im Sturmwetterlauf.

Rudolf G. Binding:

Mein Herz hält Schritt mit dir, mein Pferd.
Die Erde zittert. Zittre, Schwert!
Ich bin ein heiliger Reiter.
Weiß nicht mehr, was mich vorwärts treibt;
Der Beste ist, der Sieger bleibt.
Und ich begehr' nichts weiter.

Richard Schaukal:

Da wir denn Barbaren sind,
wollen wir's auch bleiben ...

Franz Theodor Csokor (in dem Drama ›Der große Kampf‹, 1915):

Der alte Bauer: Wie wirst's denn machen mit'n Feind? Red'!
Der Schweigsame (legt die Pfeife weg und spuckt aus. Dann): Dreschen! (Pause) Wie's kommen. (Pause) Einen nach dem andren (Pause). Dreschen! ...

Rudolf Alexander Schröder (1. August 1914):

Gottlob, es ist erschollen,
Das Wort, darauf wir bang geharrt,
Nun im Gewittergrollen
Sich Gott den Völkern offenbart.

Arno Holz (zum 2. September 1914):

...
Drum, du Tag, an dem in leuchtender Wehr
noch immer schwarz-weiß-rot
die deutsche Flagge von Feld zu Meer
nord-, ost- und westwärts loht:

In Einigkeit verbunden
durch die heilige Schar, die an dir verblich,
O Tag voll Blut und Wunden,
wir grüßen dich! Wir grüßen dich!

Fritz von Unruh:

...
Doch dieser Schwur sei ernst getan:
Wie Gott auch bläst die Flammen –
Wir Lützower stehn auf dem Plan
Und hau'n die Welt zusammen.

Siegfried Trebitsch (als er in Ostende hörte, daß der Krieg erklärt war):

Wir bebten vor Freude.

Ludwig Fulda:

...
Ihr fandet unser Recht zu klar,
Zu fehlerlos den deutschen Aar,
Zu sieghaft seine Flüge;
Drum schießt als euer letzter Schutz
Nach ihm mit Schmutz
Die Lüge.
...
Schon ziehn auf blutgetränkter Flur
Des Feindes ihre tiefe Spur
Die blanken deutschen Pflüge;
Dort werden wir in Zukunft sän
Und niedermähn
Die Lüge.

Hermann Bahr (am 12. August 1914):

Alle deutschen Wunden schließen sich. Wir sind genesen. Geliebt sei dieser Krieg, der uns am ersten Tag von den deutschen Erbübeln erlöst hat.

Ludwig Ganghofer:

Herr Kronprinz Wilhelm, vermöble sie fest
und mache sie springen wie vor der Pest!
Hell leuchtet aus dieser fröhlichen Jugend
Die Sonne des Mannes, die Siegestugend!
Nur druff! Immer feste druff!

Ernst Lissauer:

...
Dich werden wir hassen mit langem Haß,
Wir werden nicht lassen von unserem Haß,
Haß zu Wasser und Haß zu Land,
Haß des Hauptes und Haß der Hand,
Haß der Hämmer und Haß der Kronen,
Drosselnder Haß von siebzig Millionen,
Sie lieben vereint, sie hassen vereint,
Sie haben alle nur einen Feind:
England.

Alfons Petzold:

Nun gilt's nicht mehr, ob schwarz, ob rot,
Ob Pfaffe oder Genosse,
Dort in der Ferne der russische Tod
Reitet auf blutigem Rosse.
Die Bücher hinein, das Schwert heraus,
Schußfreudig die blanke Büchse
Und losgeritten in donnerndem Braus
Auf die französischen Füchse.
Noch steht der Tag in hellem Brand,
Doch eilt mit Fahne und Eisen,
Wir wollen zur Nacht in Engelland
Die Bären und Füchse verspeisen.

Karl Kraus schweigt.
Die ›Fackel‹ erscheint nicht.

Am 19. November tritt er vor sein Publikum. Der volle Ertrag einer Vorlesung wird Rekonvaleszentenheimen zur Unterstützung wieder einrückender und invalider Soldaten überwiesen.

Er liest aus der Bibel (aus den Büchern Jesaja, Jeremias und der Offenbarung Johannis), dann Gedichte von Liliencron, zum Schluß sein Gedicht ›Der sterbende Mensch‹, einen lyrischen Rechenschaftsbericht als Phantasie von einem eigenen Tod: der sterbende Mensch im Dialog mit dem Gewissen, der Erinnerung, der Welt, dem Geist, dem Zweifel, dem Glauben, dem Witz, dem Hund, dem Bürger und der Hure ... bis Gott das Schlußwort spricht:

Im Dunkel gehend, wußtest du ums Licht.
Nun bist du da und siehst mir ins Gesicht.
Sahst hinter dich und suchtest meinen Garten.
Du bist am Ursprung. Ursprung ist das Ziel.
Du, unverloren an das Lebensspiel,
Nun mußt, mein Mensch, du länger nicht mehr warten.

Vorher aber, als erstes Stück der Vorlesung, liest er seine Anrede: »In dieser großen Zeit, die ich noch gekannt habe, wie sie so klein war; die wieder klein werden wird, wenn ihr dazu noch Zeit bleibt ...« – »... in dieser da mögen Sie von mir kein eigenes Wort erwarten. Keines außer diesem, das eben noch Schweigen vor Mißdeutung bewahrt.«

»Die jetzt nichts zu sagen haben, weil die Tat das Wort hat, sprechen weiter. Wer etwas zu sagen hat, trete vor und schweige!«

Der Text seiner Anrede ist artikuliertes Schweigen. Er umschreibt das Unsägliche der Zeit, »in der eben das geschieht, was man sich nicht vorstellen konnte, und in der geschehen muß, was man sich nicht mehr vorstellen kann, und könnte man es, es geschähe nicht«.

In dieser Zeit verloren alle die Besinnung, und wenige, ganz wenige, vor allem der große preußische Antipreuße Friedrich Wilhelm Förster, auch Hermann Hesse, Stefan Zweig, ganz besonders Arthur Schnitzler nebst den politisch Engagierten der äußersten Linken, behielten die Besinnung und verstummten.

Karl Kraus als einziger im weiten Bereich der durch barbarische Orgien und Fleißaufgaben der Zustimmung zur Barbarei geschändeten deutschen Sprache behielt seine Besinnung und schwieg nicht nur still, sondern schwieg laut, indem er sagte: »Ich schweige.« Er wird es vier Jahre lang sagen und als der einzig Gerechte im Bündnis von Sodom mit Gomorrha eingehen in das Gedächtnis der Nachwelt.

Jetzt darf er, jetzt muß er »ich« sagen, »ich«, »ich« und wieder »ich«; denn er spricht als der einzige.

Seine Haltung vom ersten bis zum letzten Tag des Weltkriegs ist unverlierbar für alle Zeiten als großes Beispiel der Macht des Geistes und der Lauterkeit in einer entfesselten und entgötterten Zeit.

Nun kann er weiter tun, was er bisher getan hat; nun – von diesem Gipfel her – erweist sich das, was er sich zu eigen gemacht hat, als sinnvoller Aufstieg. Nun kann er Shakespeare, Goethe oder Raimund vorlesen, die Sprache der Inserate und die »Welt der Plakate« kritisieren, die Zeitungen verhöhnen und den Wiener Alltag und das Wiener Nachtleben vernichtend beschreiben, er müßte kein Wort über den Krieg sagen, und jedes seiner Worte wäre gegen den Krieg gesagt; alles wird transparent, seine bisherige und künftige Welt ist ja jetzt Hinterland, und die große Front bleibt immer mit im Bild; und wenn er vorliest, was er bis zu der großen Wende geschrieben hat, wird es als Reflex, als Rampe empfunden, die an die »große Zeit« herangeführt hat.

Die große Zeit hat seinen »kleinen Themen« Überlebensgröße verliehen.

Berthold Viertel schreibt im Hinblick auf die Anfänge der ›Fackel‹: »Als ich später Personen der Satire kennenlernte, war ich enttäuscht. Sie waren in der Wirklichkeit gar nicht so aufregend, so anregend, so strittig wie bei Karl Kraus. ... Weit entfernt davon, zum Hexenspuk, zur Dämonie sich zu entwickeln, wie Karl Kraus seine Geschöpfe entwickelt, waren sie wohl gar ordentliche Bürger ...«

Gewiß, Karl Kraus hat als Theatermensch aus seinen kleinen armseligen Gegnern und Feinden Figuren gemacht, er hat der Schäbigkeit und Schwäche, der Käuflichkeit und Kompromißbereitschaft, der Unverantwortlichkeit und Inkompetenz durch seine Satire die Maße des Dämonischen verliehen; er hat vergrößert, um besser zu treffen, und hat durch die Wucht seines Treffens das Objekt auf seine Höhe gehoben. Man wäre auch enttäuscht, wenn man den Kammerherrn Marinelli aus ›Emilia Galotti‹, den Sekretär Wurm aus ›Kabale und Liebe‹ oder Angelo aus ›Maß für Maß‹ persönlich kennenlernte.

Doch in der veränderten Perspektive gewinnen nun gerade die Kleinen, Schäbigen ihre apokalyptischen Dimensionen. Nun sind die Plauderer und Reporter Ganghofer und Hans Müller, nun wird die Kriegsberichterstatterin Alice Schalek eine Gestalt von Shakespearescher Gewalt, nun ist jeder Leitartikel und jede Nachtlokalreklame ein Menetekel, und gerade wenn die Feldherren und Erzherzoge in ihrer gemütlichen Geringfügigkeit erscheinen, sind sie eben dadurch vor das Weltgericht zitiert.

Man kannte Karl Kraus. Allein seine Existenz, allein die Tatsache, daß er weiter die ›Fackel‹ erscheinen ließ, war ein Protest gegen alles, was geschah.

Wenn er weiter gegen den technischen Fortschritt war, wenn er weiter die Operetten verachtete, wenn er sich gegen die dichtenden Zeitgenossen wendet, wenn er jetzt »Presse« sagt, spricht er zur Sache, meint er nicht mehr den Spiegel, sondern den Gegenstand.

Er mußte werden, was er geworden war, um es nun ganz so zu bleiben; er mußte alles rundum negieren lernen, mußte ein einzelner sein lernen. Denn nun hätte er im Sinn seines Gewissens zum einzelnen werden und hätte mit Recht alles rundum negieren müssen, doch hätte er es nicht gelernt gehabt.

Auch das in der ›Fackel‹ protokollierte Bild der Welt von fünfzehn Vorkriegsjahren steht nun – wie immer es sich der Gleichzeitigkeit dargeboten hat – in aller Berechtigung vor der Nachwelt, da die Zeit, die sich spiegelt, als Auftakt zu erkennen ist (». . . es ist alles so wahr geworden, womit ich die Zeit verleumdet hatte . . .«).

Man neigt dazu – aus Unkenntnis oder Sentimentalität –, die »Welt von gestern« zu glorifizieren, und der Autor, der sein Erinnerungsbuch so benannt hat, trägt seinen Anteil an der höchst ungerechtfertigten Verkennung. Man sieht die wienerische Vorzeit als eine Einheit aus einem ewigen Wien und vielem Großen, das die Zeit beherrschte: Freud, Schnitzler, Loos, Klimt, Schiele, Kokoschka, Otto Wagner, Josef Hoffmann, Schönberg; man verklärt ein Regime mit, das jedoch die Größe – wenn überhaupt – nur als Störung wahrnahm, man trauert, wenn man um den verlorenen Frieden trauert, um das Habsburgerimperium, als hätte es im Sommer 1914 geendet und nicht die Zeit vom Sommer 1914 bis zum Herbst 1918 zu verantworten, als hätte es den Krieg erlitten und nicht erklärt; was gewesen ist, wird voll Heimweh gegen das Seitherige ausgespielt, als wäre das Seitherige nicht damals in Wien und durch Wien ausgelöst worden.

Die »Welt von gestern« war korrupt und verseucht und ihres Untergangs Ursache und Anlaß. Die österreichisch-ungarische

Monarchie hatte bis 1914 eine aller Ehren werte Armee und verstand sich auf die Verwaltung und arbeitete außenpolitisch, als wär's ihr vom Feind aufgetragen, systematisch auf ihren Untergang hin. Die österreichisch-ungarische Monarchie war für Europa notwendig; das wurde deutlich, als sie nicht mehr war. Doch hat sie sich selbst gegen diese ihre europäische Notwendigkeit versündigt und damit bewirkt, was Europa ein halbes Jahrhundert und die Weltherrschaft gekostet hat, wenn nicht mehr. Durch das Ultimatum an Serbien im Juli 1914 hat der österreichisch-ungarische Außenminister Graf Berchtold bewirkt, daß Rußland kommunistisch wurde, daß die Rote Armee heute an der Ostgrenze und die amerikanische Armee an der Westgrenze Österreichs steht. Kein Krieg in Europa und Asien seit 1914, der nicht durch dieses Ultimatum des Grafen Berchtold im Juli 1914 ausgelöst wurde.

Karl Kraus ist die Stimme der ohnmächtigen Vernunft im höllischen Wirbel des Untergangs, ein einziger gegen alle; und diese Ohnmacht gewinnt Macht und behält Recht und besiegt den Krieg, indem sie einzelne Laute und Zeichen und Bilder festhält. Was Karl Kraus berührt, wird dadurch als Lüge erkennbar. Er muß nur zitieren, um zu vernichten.

Er erlebt den größten Triumph, der je einem Satiriker beschieden war: er setzt in die ›Fackel‹ Zitate, die anstandslos in den Zeitungen erschienen waren, so, wie sie sind, ohne Kommentar – und sie werden von der Zensur unterdrückt. Denn wenn sie in der ›Fackel‹ stehen, sind sie staatsgefährlich. Doch die weißen Stellen sind es nicht minder – im Gegenteil, das Angedeutete ist dem Ausgesprochenen überlegen, und das Nichtgesagte wiegt tausendfach schwerer.

Nichts läßt sich an Sprengkraft mit den weißen Stellen der ›Fackel‹ vergleichen.

Da beginnt ein ›Fackel‹-Heft mit der Überschrift ›Tagebuch‹, und der Rest der Seite ist leer. Einige Seiten später die Überschrift ›Meine Anregung‹ und darunter ein weißer Fleck. Auf der nächsten Seite die Überschrift ›Der Allerärgste‹ und anschließend eineinhalb weiße Seiten. Und auf der vorletzten Seite dieses Hefts die Überschrift ›Gebet während der Schlacht‹ und dann eine leere und eine fast leere Seite.

Und auch das diesem Heft folgende Heft ist Protest, wenn es auch nur Gedichte, Epigramme und Zitate von Schiller, Goethe, Jean Paul enthält.

Karl Kraus findet in den vier Jahren seine Erfüllung. Nein:

die Erfüllung findet ihn. Er konnte bleiben, wie er war. Die Zeit wuchs ihm entgegen und wurde so groß, wie sein Nein gewesen war.

Die ›Fackel‹ vom Nekrolog auf Franz Ferdinand bis zum »Nachruf« auf das kaiserlich-königliche Österreich-Ungarn, die Folge der Hefte und das aus ihnen destillierte Drama ›Die letzten Tage der Menschheit‹ sind eine einzigartige Höchstleistung und gleichrangig als Dichtung, als Chronik und Dokument der Menschlichkeit. Und es ist wieder das Schicksal des Karl Kraus, daß er nicht nach außen, sondern nach innen negieren muß. Der Journalist war gegen den Journalismus, der Jude gegen die Juden, nun tritt in einem Reich, das Krieg führt, einer zum Krieg gegen dieses Reich an. Er ist kein Saboteur, kein Hochverräter, er konspiriert nicht, er steht nicht im Dienst einer fremden Macht, er unterliegt der Zensur und wird von ihr nicht öfter behindert als andere periodisch erscheinende Druckschriften – er publiziert, was publiziert werden darf, er verstößt gegen keine Vorschrift, er schreibt mit, und sein Stenogramm wird zum Todesurteil für jene, die nicht umhin können, es erscheinen zu lassen, weil es nur enthält, was jeder weiß, nur Meinungen äußert, gegen die man beim besten Willen nicht einschreiten kann:

»Hier steht die Schönheit im Dienste des Schneiders. Nein, hier steht das Leben selbst im Dienste des Lebensmittels und wir Esser sind seine Nahrung. Wir decken nicht unseren Bedarf beim Händler, sondern seinen an uns. Aus solcher Geistesformation entsteht ein Weltkrieg, aus solch tiefer Unsittlichkeit eines Lebens, das in heilloser Mischung von Gebrauch und Gefühl vergeht, ohne Mut zum eigenen Bedürfnis: nur daraus und nicht aus den Problemen Elsaß oder Galizien.« (Dezember 1915.)

Oder: »Das vernichtende, in seiner totsicheren Stupidität fast wunderbare Argument: daß jetzt Krieg ist – welches die Raubgier wie die Faulheit bereit haben, um den wegmüden Wanderer, den ja auf Verlust gefaßten, aber von solcher Vehemenz überraschten Bürger anzufallen, in den Straßengraben zu werfen und nur gegen ein neuerliches Lösegeld am Leben zu lassen – es wird die letzte Erkenntnis einer Menschheit sein, die, wie immer es ausgeht, die Beute ihres Krieges bleibt.« (August 1916.)

Oder (Mai 1916 erstmals veröffentlicht und dann an das Ende der ›Letzten Tage der Menschheit‹ gestellt) das erschütternde Bild des Cruzifixus ohne Kreuz mit der Unterschrift »Auf dem Schlachtfelde bei Saarburg, an der Straße zwischen Saarburg und Brudersdorf, steht ein Kruzifix. Während des Kampfes wurde es von einer Granate getroffen, das Holzkreuz wurde zerschmettert, die Christusfigur aber blieb unverletzt« und der Überschrift »Erlöset mich!«

Die Leistung des Karl Kraus in jenen Jahren war vielfach. Neben seinen Vorlesungen (in denen Shakespeare in den Vordergrund rückte), neben der ›Fackel‹ schrieb er an den ›Letzten Tagen der Menschheit‹, die schon bald nach Kriegsbeginn in der ›Fackel‹ angezeigt wurden, 1915 noch mit dem Untertitel ›Ein Angsttraum‹, 1916 nur noch als ›Tragödie‹. Aus dem Epilog ›Die letzte Nacht‹ hat er schon während des Kriegs in Wien vorgelesen.

Die ›Fackel‹ bleibt äußerlich ganz so, wie sie gewesen ist, nur rücken die Gedichte jetzt gleichrangig neben das Aktuelle, und die Aphorismen werden von Epigrammen abgelöst, die Karl Kraus oft auch »Inschriften« nennt.

Selbst im ernsthaftesten Zusammenhang und in der tragischesten Situation dankt der Witz nicht ab. Er ist ein selbstverständlicher Zug der Handschrift, eine unentbehrliche Farbe im Spektrum der Sprache von Karl Kraus.

Als er im Frühjahr 1899 überfallen worden war, fand er im ersten knappen Wort kurz nach der Attacke schon die Wendung, daß der Täter »vom Claqueur zum Bravo sich erniedern ließ«. Als er sich 1914 vom Schweigen zum Wort durchgerungen hatte, war sein erstes Wort das von der großen Zeit, »die ich noch gekannt habe, wie sie so klein war«.

Er entfesselt das Gelächter und verbittet es sich in einem Atem. Er bleibt Satiriker. Er spricht über den Chefredakteur der ›Kölnischen Zeitung‹: »Der geistige Vertreter jener Stadt, die, wie man gleich sehen wird, ihren Geruch in der Welt mit weit mehr Recht dem Kölnischen Wasser als der Kölnischen Zeitung anvertraut, heißt Ernst Posse, ist aber nur in seinem Zunamen ernst zu nehmen.« Er nennt Felix Salten, der einen feuilletonistischen Nekrolog auf den alten Kaiser schreibt, einen »Schmock funebre« und, weil er Zionismus mit Kaisertreue verbindet, wenn er um Franz Joseph trauert, einen »makabren Makkabäer«, er zitiert anschließend den ähnlich stilisierten Bericht des (jüngeren) Roda Roda über das Kaiserbegräbnis und resümiert: »– es ist wirklich, als hätte der Chef den jungen Schmock springen geheißen: Hic Roda, hic Salten!«

Jede Zeile der ›Fackel‹ ist Stellungnahme (die Lyrik ausgenommen), aber noch mehr als zuvor ist in der Kriegs-›Fackel‹ das bloße Zitat schon Stellungnahme, seien es Worte von Stifter,

Schiller, Kierkegaard, Shakespeare oder anderen, die auf die Zeit anwendbar sind, seien es Zitate, die nur einer Überschrift bedürfen, um die Barbarei der Zeit zu bezeugen ...

»1916

Im Johann-Strauß-Theater wurde die Operette ›Die Csardasfürstin‹ zum hundertfünfzigstenmal aufgeführt... Im Carltheater wurde Samstag die Operette ›Fürstenliebe‹ zum fünfundsiebzigstenmal gegeben... Im Bürgertheater fand Sonntag abend die zweihundertste Aufführung der Operette ›Ein Tag im Paradies‹ statt...«

... oder nur mit einem Satz kommentiert werden:

»Die Antike

Café Capua: Spezialität Capua-Kaffee.
Café Ilion: Gulasch und Debrecziner mit Kraut.
Oh, säße ich doch schon auf den Ruinen des Café Carthago!«

In wessen Namen, von welchem fixen Punkt aus, so konnte man bisher fragen, negiert Karl Kraus, wertet er, woran mißt er seine Mitwelt? Wie kann einer sich derart absolut setzen, wie kann er eine Vollkommenheit, die er überall, wohin er schaut, vermißt, für sich in Anspruch nehmen? Weiß er, was Wahrheit ist?

Hier hat er seinen Wahrheitsbeweis erbracht.

Die Leistung des Karl Kraus im Ersten Weltkrieg und bis zum Abschluß der ›Letzten Tage der Menschheit‹ ist in Wort und Schrift und gelebtem Leben das Absolute, das Vollendete, das Vollkommene, ist personifizierte, Wort gewordene, gelebte Wahrheit. Er ist an seinem Ursprung und am Ziel.

Verfolgt man seinen Aufstieg zu dieser Höhe und liest man miterlebend sein Werk bis zur Jahreswende 1918/19, wird man bange. Wie soll es weitergehen? Wohin mit einem, der schon am Ziel ist?

Was kann einer, der das gewesen ist, in den Tagen nach den »letzten Tagen« beginnen?

Karl Kraus müßte, wenn seine Arbeit im Weltkrieg und am Weltkrieg zu Ende ist, Präsident der Republik werden oder sterben.

Texte der Kriegs-›Fackeln‹ sind in das ursprünglich zweibändige Werk ›Weltgericht‹ (November 1919) und in den letzten (dritten) Aphorismenband ›Nachts‹ (Januar 1919) eingegangen, doch sollten sie alle, vom größten bis zum kleinsten, chronologisch zusammenhängend vorliegen und gelesen werden.

Karl Kraus ist hier insoweit größer, als er, bei aller Identität mit sich selbst, anders geworden ist. Er hat oft mit Recht behauptet, daß sein Stoff nur Anlaß und seine Form allein wesentlich sei; doch hier ist auch der Stoff von Belang. Er hat immer »die Presse« bekämpft, und mit aller Berechtigung; hier aber ist sein Kampf gegen die Presse nicht Selbstzweck, sondern Ausdruck eines Allgemeinen, Umfassenden, hier ist die Lüge, die Phrase, das Ornament, das Talent und alles, was Karl Kraus gehaßt und angeprangert hat, mit dem Bösen restlos identisch geworden. Sprache und Sache waren in ihrer Einheit oder Entfremdung sein Richtmaß für gut und schlecht. Hier ist seine Sprache mit der besten Sache verbunden und die Sprache rund um ihn der Ausdruck des Schlechten.

Die anderen, denen die Sprache gegeben war, hatten die Sache verraten. Sie dienten, um nicht »dienen« zu müssen, dem, was zwanzig Jahre später Propagandaministerium heißen sollte, und lieferten Beispiele niedrigster Speichelleckerei, die um so übler war, je weniger sie der wahren Gesinnung entsprach. Die Zeit hatte begonnen, »wo Federn in Blut tauchen und Schwerter in Tinte«; »das Läuten der Kanonen und das Schießen der Glocken« war ausgebrochen, ein Wesen weiblichen Geschlechts schrieb in ›Velhagen und Klasings Monatsheften‹: »›Dreitausend tote Engländer vor der Front!‹ Keine Symphonie klänge mir jetzt schöner!«; in einem für den deutschen Schulgebrauch bestimmten deutschen Lesebuch stand ein Gedicht ›Regiment greift an‹ mit der Strophe:

Da drüben, da drüben liegt der Feind
In feigen Schützengräben,
Wir greifen ihn an, und ein Hund wer meint,
Heut wird Pardon gegeben.

Schlagt alles tot, was um Gnade fleht,
Schießt alles nieder wie Hunde,
Mehr Feinde! Mehr Feinde! sei euer Gebet!
In dieser Vergeltungsstunde!

Im Buch eines Wiener Lehrers stand der Satz: »Sakra, dös war höllisch fein! Bald hab' i 's Vurtl heraußt ghabt. Eini das Messer ins Russenfleisch und gach umdraht!«

Der britische General Lord Kitchener ging mit einem versinkenden Schiff unter.

Im ›Simplicissimus‹ erschien ein Gedicht:

Man fühlt es schmerzlich und betroffen:
Herr Kitchener ist nun zwar ersoffen.
Der Grey? Da bleibt noch viel zu hoffen.

Der steirische Dichter Ottokar Kernstock, ein katholischer Priester (dessen Text zur alten Haydn-Hymne in den dreißiger Jahren offizieller österreichischer Hymnentext wurde), schrieb:

Steirische Holzer, holzt mir gut
Mit Büchsenkolben die Serbenbrut!
Steirische Jäger, trefft mir glatt
Den russischen Zottelbären aufs Blatt!
Steirische Winzer, preßt mir fein
Aus Welschlandfrüchtchen blutroten Wein!

und wurde als Dozent für Poetik, Rhetorik und Stilistik an die Lehrerakademie des Wiener Pädagogiums berufen.

In Deutschland wurde ein Plakat mit diesem Text affichiert:

Haut die Schufte, haut die Bande,
Werft sie bis zu Aetnas Rande,
Füllt sie in Vesuvens Rachen!
Haut sie, daß die Schwarten krachen!
Haut sie, daß sie nur so glotzen,
Haut sie, bis sie Lumpen kotzen!
Streicht Pardon aus eurem Herzen,
Um das Trugvolk auszumerzen!

Füllt mit Dynamit die Täler,
Rottet aus die Heuchler, Hehler,
Jedem schlagt den Schädel ein
Und seid stolz, »Barbar« zu sein!

(Und man fragt sich angesichts einer solchen Anthologie der Unmenschlichkeit, warum der Beginn der Barbarei mit 1933 angesetzt wird. Ein Autor, der als junger Mensch das Lied von den »morschen Knochen« geschrieben hat, ist bis heute wegen der gleichen Gesinnung verfolgt, die man nach dem Ersten Weltkrieg den Lyrikern Hauptmann, Schröder, Binding und Konsorten weiter nicht nachtrug. Was Wildgans und Kernstock an üblen lyrischen Exzessen produziert hatten, wurde verdrängt. Und derselbe Thomas Mann, der zu Beginn des Ersten Weltkriegs das Reich Wilhelms II. herzhaft bejaht hatte und der zu Beginn des Hitler-Reichs weiter in Deutschland verlegt werden wollte, durfte nach dem Zweiten Weltkrieg alle jene beschimpfen, die in Deutschland den ›Fidelio‹ dirigiert hatten. Wer nach 1914 nicht in Lebensgefahr gewesen wäre, wenn er geschwiegen hätte, wurde für seine Fleißaufgaben als lyrischer Kriegshetzer kaum gerügt; wem es aber nach 1933 an die Existenz ging, wenn er nicht ja sagte, der wurde wegen geringerer Verstöße geächtet und diskriminiert. Im Zweiten Weltkrieg war die Barbarei diktiert, im Ersten wurde sie freiwillig ausgeübt. Im Zweiten Weltkrieg waren Juden Opfer, im Ersten waren Juden Helfer der Barbarei. Auch dafür ist ›Die Fackel‹ ein unschätzbares Beweisstück.)

Ludwig Ganghofer, Kriegsberichterstatter, spricht mit einem Kollegen. »Der Kehrreim aller seiner Worte ist die Schönheit des Krieges.«

Im Frühjahr 1916 erschien bei einer Festvorstellung im Wiener Bürgertheater eine Eskadron des k. u. k. Dragonerregiments Nr. 11 in einer Dekoration, die das Schlachtfeld nachbildete, in ihren Uniformen auf der Bühne, kurz nachdem die blutige und verlustreiche Schlacht tatsächlich stattgefunden hatte. Der Regimentstrompeter blies »Zum Gebet!« Die Soldaten auf der Bühne knieten nieder ... »das übervolle Haus jubelte den Helden begeistert zu, die stramm salutierend dankten«. Dann folgte die Aufführung der Operette ›Der Frauenfresser‹ von Edmund Eysler.

Der Dramatiker und Feuilletonist Hans Müller (später nannte er sich »Müller-Einigen« und schrieb auch Filme und Operettenbücher), »dessen Zeitgenosse zu sein ein Gedanke ist, der mir manchmal beim Erwachen Schwierigkeiten macht und höchstens den Mut, den Schlaf mit beiden Fäusten zurückzuhalten«, Hans Müller, der das Hinterland nie verlassen hatte, verbeugte sich nach einer Münchener Premiere in feldgrauer Tracht und gab »Feldpost«-Briefe auf einem Wiener Postamt auf. Als Hans Müller im Morgenblatt der ›Neuen Freien Presse‹ auf der ersten Seite seine Audienz bei Wilhelm II. in der Wiener Hofburg beschrieb, ließ Karl Kraus die Artikel über die Audienz bloß im Faksimile reproduzieren und der ›Fackel‹ beilegen. Man mußte nur im Original lesen, daß Wilhelms II. Augen »der Spiegel einer klaren, im tiefsten Sinn sittlichen Natur« seien – und dann: »Könnte ich den Ton der Sittlichkeit, aber auch den Ton des Wissens wiedergeben, mit dem Kaiser Wilhelm seiner Zuversicht prachtvoll Ausdruck gibt! In jedem unserer Häuser flöge ein Fenster auf, durch jedes offene Fenster schiene uns eine neue Frühlingssonne hell auf den Tisch.« Hans Müller arbeitet im Kriegsarchiv (». . . die Glocken sind eingezogen und der Hans Müller nicht«) und kauft sich durch patriotische Stimmungsmacherei (und dies allerhöchstwahrscheinlich wider besseres Wissen) vom Frontdienst los, wo alle Ehrlichen von der Literatur, die sich nicht verkaufen wollen, leiden müssen und zugrunde zu gehen riskieren. Die Müllers besangen den Krieg, sie verlängerten den Krieg, sie verherrlichten die Kaiser und waren nachher sofort für die Republik.

Hugo von Hofmannsthal (über ihn in einem anderen Zusammenhang später viel mehr) wurde, bis auf eine Erwähnung im November 1914, von Karl Kraus nicht angegriffen und hätte doch gleich zu Beginn viel hergegeben.

Denn Hermann Bahr, der unermüdlich Taktlose, hatte einen »Bayreuth, 16. August 1914« datierten »Brief an Hofmannsthal« in Berliner und Wiener Zeitungen erscheinen lassen und auch in sein Buch ›Kriegssegen‹ aufgenommen, einen Brief von aberwitziger Dummheit und Geschmacklosigkeit. Hofmannsthal arbeitete auf Kriegsdauer im Kriegsfürsorgeamt, eine Chance, die ihm jeder, auch Karl Kraus, von Herzen gönnte, solange Hofmannsthal sich ihrer durch seine Haltung würdig erwies. Bahr aber schrieb den offenen Brief: »Ich weiß, daß Sie in Waffen sind, lieber Hugo, doch niemand kann mir sagen, wo Sie dienen... Vielleicht weht's der liebe Wind an Ihr Wachtfeuer und grüßt Sie schön von mir.«

Daß Hofmannsthal nicht »in Waffen« war, hätte sich in

Bayreuth mühelos eruieren lassen. Und die fahrlässige oder absichtliche Erweckung des Eindrucks, daß Hofmannsthal sich an der Front befand, war ein böser Affront gegen alle, die, wie Georg Trakl, tatsächlich ihr Leben riskierten.

»... Glückauf, lieber Leutnant. Ich weiß, Sie sind froh, Sie fühlen, das Glück, dabei zu sein. Es gibt kein größeres ... Und das hat unserem armen Geschlecht der große Gott beschert!

Nun müßt ihr aber doch bald in Warschau sein!« (Er weiß nicht, wo Hofmannsthal dient, aber er weiß, daß Hofmannsthals Einheit bald in Warschau sein muß.) »Da gehen Sie nur gleich auf unser Konsulat und fragen nach, ob der österreichisch-ungarische Generalkonsul noch dort ist: Leopold Andrian. ... Und wenn ihr so vergnügt beisammen seid ... vergeßt mich nicht, ich denke an euch!«

Der Gedanke, daß sich ein feindlicher Generalkonsul im Krieg im Generalkonsulat befindet, um den Einzug der Eroberer abzuwarten, ist von beklemmender Stupidität.

Und wenn Bahr im August 1914 wirklich nicht gewußt haben sollte, daß Hofmannsthal in der Wiener Mariahilferstraße und nicht am Wachtfeuer saß – er wußte es ganz gewiß, als er »Advent 1914« sein Buch ›Kriegssegen‹ herausgab, und nahm den Brief trotzdem in das Buch auf.

Karl Kraus schwieg (wie er auch Rilke schonte), solange Hofmannsthal schwieg. Er hat zunächst »davon Abstand genommen, die Verlegenheit, in die ihn der taktlose Gruß des Herrn Bahr gebracht hat, zu vergrößern ... Er« (Hofmannsthal) »hätte nichts zu tun gebraucht, als den gewagten Ausspruch, mit dem er seine ›Österreichische Bibliothek‹, eingeleitet hat: ›Es ist etwas Stummes um Österreich‹, für seine Person wahrzumachen. Er hätte nichts zu tun gehabt als zu schweigen, in einer Zeit, in der manche ›nichtgediente‹ Kollegen« (Hofmannsthal war Dragonerleutnant), »die zum Wort eine, wenn auch nicht so erlesene, so doch tiefere Beziehung haben als er, es der Tat, zu der sie nicht geboren wurden, opfern mußten«. Doch Hofmannsthal begann sich hervorzutun. »Wenn er nicht bis Warschau gekommen ist, so hätte er auch nicht nach Berlin zu gehen und dort nebst einigen anerkennenden Worten für ›Hindenburgs Siegeszug nach Warschau‹ eine Rede über den Krieg gegen Italien als ›unseren Krieg‹ zu halten ... er war wie bei manchem Strauß auch bei jenem beteiligt, dem er die Libretti liefert ...« Und so hat Karl Kraus im Mai 1916 den Brief Bahrs publiziert und gebührend kommentiert.

Hugo von Hofmannsthal konnte daraufhin reagieren oder nicht, sich schämen oder sich ärgern, er hatte eine reiche Fülle von Möglichkeiten der Haltung, des Tuns und Lassens, er durfte nur eines unter keinen Umständen tun, und eben das hat er leider getan.

Am 5. Juli 1916 berichtete die ›Deutsche Warschauer Zeitung‹, daß »Hugo von Hofmannsthal, der bekannte feinsinnige Wiener Poet«, in Warschau weile und am 7. Juli einen Vortrag über ›Österreich im Spiegel seiner Dichtung‹ halten werde.

Dazu Karl Kraus: »Und Österreich verhänge den Spiegel.«

Später wurde berichtet und in der ›Fackel‹ zitiert:

»Hofmannsthal sagte unter anderem: Betrachten wir die neuere österreichische Dichtung als ein Ganzes, so wird das gleiche Bild entgegentreten, das von den militärischen Leistungen der durch historisches Schicksal zu einer Einheit verknüpften österreichischen Länder gegeben wird.* In der Tat wie im Kunstwerk wird menschliches, volkliches Dasein zu Geist. Sie beide, die Tat wie das Kunstwerk, reden allein reine Wahrheit ...«

Für Hofmannsthal wurden anno 1916 Artilleriesalven zu Geist. Hermann Bahr aber lebte glücklich bis an sein Ende und hat kurz davor, nachdem er Antisemit, Deutschnationaler und Katholik gewesen war, einen Roman veröffentlicht, in dem er laut Ankündigung des Verlags »für die Führerpersönlichkeit Hitlers eintritt«.

Es war ein gespenstisches Erlebnis, in den zwanziger Jahren diesem Hermann Bahr zu begegnen, in seinen Zeitungsbeiträgen oder in natura, denn er war ja längst schon nicht mehr er selbst, sondern von Karl Kraus. Es war, als würde man einer Figur aus Dantes ›Inferno‹ oder Gogols ›Revisor‹ leibhaftig gegenüberstehen.

Vollends unfaßbar war es, daß die Alice Schalek – es war schon erstaunlich genug, daß sie je gelebt hatte – über den Weltkrieg und die ›Letzten Tage der Menschheit‹ hinaus vorhanden blieb und erst am 6. November 1956 in der Nähe von New York gestorben ist.

In der Schalek kulminierten die Greuel der Kriegsberichterstattung und die Schrecknisse des Weltkriegs, verschärft durch eine Entartung des Weiblichen, die Karl Kraus in seinem Weltbild besonders verletzen und empören mußte: Grausigkeit und Grauslichkeit in Personalunion. Diese »erste und bisher einzige

* Man verknüpft Länder, die sodann ein Bild ergeben, welches entgegentritt. H. W.

vom Kriegspressequartier zugelassene Dame« bedauerte jeden, »dem es nicht vergönnt ist, Tirol im Kriege zu sehen«, sie berichtet über ein Gefecht: »... wir putzten sie einzeln weg wie auf der Hasenjagd. Auf die Dauer fanden sie die Kopfschüsse recht belästigend« und »... Das Haus geht unter Feuergarben in die Luft, dicht vor unseren starr gewordenen Augen. Dann ist es still. Die Vorstellung ist zu Ende.« und »... Nennt es Vaterlandsliebe, ihr Idealisten, Feindeshaß, ihr Nationalen, nennt es Sport, ihr Modernen; Abenteuer, ihr Romantiker, nennt es Wonne der Kraft, ihr Seelenkenner; ich nenne es frei gewordenes Menschentum«, und Karl Kraus zitiert das und bringt es zu Buch, in Glossen, in denen die Schalek, »wie ich hoffe, als eine einprägsame satirische Figur fortleben mag«, und die Mitwelt, darunter zahlreiche Offiziere aller Grade, dankte ihm immer wieder für dieses sein Werk und diese seine Haltung.

Man kann und muß, um der ›Fackel‹ der Kriegsjahre gerecht zu werden, fast ausschließlich zitieren, was sie zitiert hat. Und ihr Bild gewinnt die volle Dimension erst durch dieses vielfache und nachweisbare Echo der Zustimmung von der Front, von den »besseren Menschen«, welche die Welt »zum Trommelfeuer verurteilt«, während sie »die Inferioren durch Geschäfte entschädigt«, von Soldaten, die sich durch Karl Kraus und sein Wirken »vor dem Vertierenmüssen bewahrt« fühlen.

Karl Kraus ist jetzt, mehr als je, wenn er dagegen ist, auch dafür. Er schützt und verteidigt nicht nur abstrakte Werte und einzelne Opfer vor der Justiz, der Behörde und der Presse, er verteidigt die Mehrheit gegen die Minderheit von Parasiten und Halunken in Uniform und in Zivil, er ist für den Menschen im Hinterland und für den Menschen im Schützengraben, die sinnlos preisgegeben, erniedrigt, aufgeopfert und verhöhnt werden. Nie vorher und nachher hat er so viele und so vieles unmißverständlich auf seiner Seite gehabt. Er stellt die Geschäftemacher und Verdiener und Kriegslieferanten an den Pranger, alle, die vom Sterben leben und am Hunger verdienen, seine Photographie der Zeit wird zum großen Gemälde der Entgötterung, das Österreichische und das Deutsche »Schulter an Schulter« in der Fratze ihres Selbstmords vereinigt. Die Elenden und das Elend, das sie verschulden, sind gemeinsam gegenwärtig, die Leiden an der Front und die Hyänen im Hinterland, und immer wieder verdichtet sich die Gleichzeitigkeit von Not und Schmach zum optischen Gleichnis:

In der Mitte der Seite ein vertikaler Strich. Links ein Text, rechts ein Text. Die Texte laufen nebeneinander, wie einst der Valentin des Josef Kainz zu erhöhten Preisen dem Valentin des Alexander Girardi zu ermäßigten Preisen gegenübergestellt war.

Überschrift ›Zwei Züge‹. Links ein Zug serbischer Flüchtlinge, die ihre Heimattäler verlassen, hungernde Kinder, erschöpfte Frauen bei fünfzehn Kältegraden unter freiem Himmel übernachtend, im Schneetreiben müde weiterwandernd, Tiere verenden, ein Kind stirbt und wird begraben... Rechts der erste »Balkanzug«, der von Wien ostwärts fährt, mit zwei Dutzend Berichtserstattern, das Abendessen erster Serie im Speisewagen, Felix Salten, Ludwig Ganghofer, »der an Erfahrungen Reiche, hatte ins Coupé Tee gebracht, ein Hühnchen aus dem Eßkoffer ausgepackt... Ganghofers Frühstück war gewiß eine Spezialität des ersten Balkanzuges ...«.

Überschrift ›Zwei Stimmen‹. Links das Gebet des Papstes Benedikt: »Im heiligen Namen Gottes ... beschwören wir euch ... diesem fürchterlichen Morden, das nunmehr seit einem Jahr Europa entehrt, endlich ein Ziel zu setzen... Ihr tragt vor Gott und den Menschen die entsetzliche Verantwortung für Frieden und Krieg...« Rechts der diktierende Leitartikler Benedikt in der Redaktion der ›Neuen Freien Presse‹: »... Und die Fische, Hummern und Seespinnen der Adria haben lange keine so guten Zeiten gehabt wie jetzt. In der südlichen Adria speisten sie fast die ganze Besatzung des ›Leon Gambetta‹ ... und in der nördlichen Adria wird den Meeresbewohnern der Tisch immer reichlicher gedeckt... Die Musterkollektion der maritimen Ausbeute ... hat einen gewaltigen Zuwachs erhalten...«

Überschrift ›Sterben und sterben lassen‹. Links der Bericht von der Front: »... wie wenigen ist es vergönnt, ein Dach über sich zu haben. So liegen sie denn bei 26 bis 30 Grad Celsius Kälte im Freien ...« Rechts: »Seit einigen Tagen eröffnet und im Vollbetrieb, ist das neue Café-Restaurant Hotel Krantz mit einem Schlage der bevorzugte Sammelpunkt der Wiener Gesellschaft geworden... Bei den täglichen Konzerten der Kapelle Kleinberg ... entfaltet sich im Café-Restaurant Hotel Krantz ein entzückendes, lebensvolles Bild wienerischer Feschheit...«

Die Nebeneinanderstellung der Berichte über die »zwei Züge« hat im Buch ›Weltgericht‹ den Übertitel ›Zum ewigen Gedächtnis‹. Der gleiche Titel steht in der ›Fackel‹ über der

Reproduktion der Annonce eines Films ›Bogdan Stimoff‹, in welchem der Titelheld vom Burgschauspieler Georg Reimers und der König vom Zaren Ferdinand von Bulgarien dargestellt wurde.

Und mit dem Titel ›Drei Engel – drei Räuber oder Gerhart Hauptmanns Höllenfahrt‹ rechts das patriotische Hauptmann-Gedicht »Wer da, wer? – Deutschland, wir wollen deine Ehr'! – Nimmermehr!« von 1914 und links die Verse der drei Engel aus dem ›Hannele‹ (1894)

> . . .
> Das goldne Brot auf den Äckern,
> Dir wollt' es den Hunger nicht stillen,
> Die Milch der weidenden Rinder,
> Dir schäumte sie nicht in den Krug.
> . . .
> Wir führen am Saum unsrer Kleider
> Ein erstes Duften des Frühlings;
> Es blühet von unseren Lippen
> Die erste Röthe des Tags.
> . . .

Und mit der Überschrift ›Ein Kantianer und Kant‹ links eine Rede Wilhelms II. nach dem durch »Gottes Hand« und »Gottes Fügung« errungenen »Sieg im Osten« ... das Jahr 1917 hätte gezeigt, »daß das deutsche Volk einen unbedingten Verbündeten in dem Herrn der Heerscharen dort oben hat« und »Unseren Sieg verdanken wir nicht zum mindesten den sittlichen und geistigen Gütern, die der große Weise von Königsberg unserem Volke gebracht hat ...« – rechts ein Kant-Zitat: »... Die Dankfeste während dem Kriege über einen erfochtenen Sieg, die Hymnen, die (auf gut israelitisch) dem Herrn der Heerscharen« (von Karl Kraus fett gedruckt) »gesungen werden, stehen mit der moralischen Idee des Vaters der Menschen in ... Kontrast; weil sie ... eine Freude hineinbringen, recht viele Menschen oder ihr Glück zernichtet zu haben.«

Durch diese Konfrontation auf Immanuel Kants Schrift ›Zum ewigen Frieden‹ hingewiesen, schrieb Karl Kraus eines seiner bedeutendsten Gedichte, ›Zum ewigen Frieden‹, mit einem Kant-Zitat als Motto:

»Bei dem traurigen Anblick nicht sowohl der Übel, die das menschliche Geschlecht aus Natursachen drücken, als vielmehr derjenigen, welche die Menschen sich untereinander selbst anthun, erheitert sich das Gemüth durch die Aussicht, es könnte künftighin besser werden; und zwar mit uneigennützigem Wohlwollen, wenn wir längst im Grabe sein und die Früchte, die wir zum Teil selbst gesät haben, nicht einernten werden.«

Nie las ein Blick, von Thränen übermannt,
ein Wort wie dieses von Immanuel Kant.

Bei Gott, kein Trost des Himmels übertrifft
die heilige Hoffnung dieser Grabesschrift.

Dies Grab ist ein erhabener Verzicht:
»Mir wird es finster, und es werde Licht!«

Für alles Werden, das am Menschsein krankt,
stirbt der Unsterbliche. Er glaubt und dankt.

Ihm hellt den Abschied von dem dunklen Tag,
daß dir noch einst die Sonne scheinen mag.

Durch Höllentor des Heute und Hienieden
vertrauend träumt er hin zum ewigen Frieden.

Er sagt es, und die Welt ist wieder wahr,
und Gottes Herz erschließt sich mit »und zwar«.

Urkundlich wird es; nimmt der Glaube Teil,
so widerfährt euch das verheißne Heil.

O rettet aus dem Unheil euch zum Geist,
der euch aus euch die guten Wege weist!

Welch eine Menschheit! Welch ein hehrer Hirt!
Weh dem, den der Entsager nicht beirrt!

Weh, wenn im deutschen Wahn die Welt verschlief
das letzte deutsche Wunder, das sie rief!

Bis an die Sterne reichte einst ein Zwerg,
Sein irdisch Reich war nur ein Königsberg.

Doch über jedes Königs Burg und Wahn
schritt eines Weltalls treuer Untertan.

Sein Wort gebietet über Schwert und Macht
und seine Bürgschaft löst aus Schuld und Nacht.

Und seines Herzens heiliger Morgenröte
Blutschande weicht: daß Mensch den Menschen töte.

Im Weltbrand bleibt das Wort ihr eingebrannt:
Zum ewigen Frieden von Immanuel Kant!

Glanz und Elend Deutschlands sind durch diese zweifache Konfrontation Wilhelms mit Kant und Hauptmanns mit Hauptmann ebenso überzeugend ausgedrückt wie der Glanz des Deutschen im Hymnus des Karl Kraus auf Kant.

Glanz und Elend Österreichs im Zeichen des Ersten Weltkriegs sind in der ›Fackel‹ aufbewahrt, und man müßte angesichts von soviel Elend als Österreicher an Österreich verzweifeln, wäre nicht dieser einzige gewesen, der die Hefte seiner Zeitschrift in die andere Wagschale geworfen hat und durch seine historische Leistung das Elend überglänzt.

Die Tragödie

Im Weltkrieg »brannte« Karl Kraus »an beiden Enden«.

Die zutage getretene lyrische Ader brachte ihm eine Fülle seiner schönsten Gedichte.

Und der brennende Zwang des Satirikers, Chronisten und Richters brannte in zwei Flammen.

Der Stoff des kriegerischen Alltags forderte ihm noch eine zweite Form ab, um geschlossen, gültig, allgemein da zu sein und zu bleiben. Karl Kraus ließ die ›Fackel‹ erscheinen und arbeitete an der Tragödie ›Die letzten Tage der Menschheit‹.

Der Epilog ›Die letzte Nacht‹ erschien im Dezember 1918 (also fast buchstäblich in den Wochen der letzten Nacht), Vorspiel und erster Akt im April 1919, zweiter und dritter Akt, vierter und fünfter Akt lagen im Sommer 1919 vor, jeweils in

Sonderheften der ›Fackel‹ (die sogenannte »Aktausgabe«); diese Auflage von neuntausend Exemplaren war 1921 vergriffen. 1922 erschien, textlich revidiert, die Buchausgabe, von der bis 1938 siebzehntausend Exemplare gedruckt wurden.

›Die letzten Tage der Menschheit‹ sind das – wenn der banale Terminus gestattet ist – erfolgreichste Werk von Karl Kraus gewesen und geblieben; sie drangen über den Kreis der Kenner und Eingeweihten hinaus, gaben dem berühmten und weithin bekannten Namen ihres Autors, mit dem man meist nur ungenaue und mißverstehende Vorstellungen verband, Repräsentanz in einem Werk.

Sie konnten durchdringen, weil die Form einen ihr gemäßen Stoff gefunden hatte, weil die Welt verlangte, ihrer Vergangenheit im Spiegel der Literatur zu begegnen, weil man nach großen Kriegen große Kriegsbücher braucht und weil dieses Drama alles über Karl Kraus und alles über den Weltkrieg sagt. Die Begegnung des Lesers mit dem großen Autor vollzieht sich in dessen Begegnung mit seinem größten Stoff.

Doch ebensowenig wie die Tragödie die letzten Tage der Menschheit darstellt, sind die ›Letzten Tage der Menschheit‹ eine Tragödie im Sinn dieses Terminus, und darin erfüllt sich wieder die tragische Not ihres Autors in seiner ewig unerfüllten Begegnung mit dem Theater.

Er hatte sich in der dramatischen Form noch nie versucht. Er hatte Tonfälle dialogisiert und zum Zweck des Vorlesens auch seine Prosa rednerisch gestaltet, er »schrieb Schauspielkunst«, aber für einen einzelnen Schauspieler am Vortragstisch. Er dramatisierte jetzt Geschichte, indem er Journalisten sprechen ließ, was sie geschrieben hatten. Er entwarf ein Pandämonium von Gespenstern und ihren Opfern, sie alle sind wahr und wirklich und authentisch und eben darum keine Theaterfiguren und ergeben in ihrer Gesamtheit keinen Tragödientext.

Die Dokumente des Prozesses gegen Jeanne d'Arc liegen uns vor. Dies ist historisch gesehen, überaus begrüßenswert.

Da diese Dokumente vorhanden sind, wurden sie von den Dramatikern für ihre Stücke herangezogen. Und das ist bedauerlich.

Denn man meint als Leser oder Theaterbesucher nicht nur unwillkürlich, Jean Anouilh habe von Bernard Shaw abgeschrieben. Man kommt angesichts des Authentischen aus jener Stimmung, welche das Drama auslösen soll. Der Prozeßbericht von Rouen ist kein Drama, sondern ein Protokoll. So wie

Wallenstein, Egmont oder Heinrich VIII. vollkommen ungeeignet gewesen wären, auf der Bühne (und sogar im Film) den Wallenstein, den Egmont und den König Heinrich darzustellen, sind historisch beglaubigte Fakten nur Material, nicht aber Inhalt des Dramas. Moriz Benedikt, Roda Roda, die Schalek und Wilhelm II. sind, selbst von Schauspielern verkörpert, in ihrer Authentizität auf der Bühne ebenso fehl am Platz wie Ferdinand von Bulgarien im Film.

Im Sommer 1945 wurden an zwei Abenden im Zürcher Schauspielhaus von einem großen Ensemble in amphitheatralischer Anordnung, unter Leitung und Mitwirkung Leopold Lindtbergs, Szenen aus den ›Letzten Tagen der Menschheit‹ vorgelesen, und es war gut so!

Im Frühjahr 1964 versuchte man unter Leitung von Leopold Lindtberg im Theater an der Wien eine Theatervorstellung der ›Letzten Tage der Menschheit‹ und scheiterte. Den stärksten Eindruck hinterließ, was am stärksten dem Theater widersprach: der große Monolog des »Nörglers«, den Peter Lühr in der Maske des Karl Kraus sprach – kein Theatertext, sondern ein Stück Prosa von Karl Kraus. Bei den Spielszenen sehnte man sich nach den Kraus-Vorlesungen zurück. Die Andeutung war mächtiger gewesen, als die Realisation sein konnte. Auch in den Vorlesungen Helmut Qualtingers und auf seinen Platten erstehen das Werk und sein Geist reiner und richtiger als in der Dreidimensionalität.

›Die letzten Tage der Menschheit‹ sind ein Lese- und Vorlesedrama, die Dialoge sind akustisch und nicht szenisch konzipiert, die Regieanweisungen (und zum Teil auch die Namen der Figuren) sind keine technischen Behelfe, sondern wesentliche Bestandteile, denen sich die Wirklichkeit der Bühne versagt.

›Die letzten Tage der Menschheit‹ benützen die dramatische Form als satirischen Kunstgriff.

Karl Kraus hat in einer späteren Hofmannsthal-Polemik einmal einen Satz Hofmannsthals zitiert: »Zu zwei Dichtungen Goethes vor allem erkenne ich einen Bezug, der aber nirgends ausgesprochen, vielleicht Stiftern nicht einmal bewußt war.« Und dazu bemerkt: »Wenn Herr Hofmannsthal imstande ist, in diesem Satz – falls er sich ihn als ganzen mündlich auszusprechen traut – ›Stiftern‹ zu sagen, spendiere ich ihm eine italienische Reise.«

Es war sein ewiges Credo, daß die geschriebene Sprache an der Phrase krankte, daß sie unerlebt, hohl und kunstgewerblich entartet war. Und so ließ er in seiner Tragödie die Schreiber sprechen, was sie geschrieben hatten, und führte sie dadurch ad absurdum; doch kommt dabei nur ein Dokument zustande.

Der Historiker Friedjung tritt auf und sagt: »Seit dem Tage, da unser erhabener Monarch Tausende und Abertausende unserer Söhne und Brüder zu den Waffen rief, scheint es in der Tat mächtig unter dem Völkchen am Nibelungenstrome zu gären ...«, und der Historiker Brockhausen sagt: »Vorbei die Zeiten, wo sie sich Phäaken nannten.« Ein Interview, das Hindenburg und Ludendorff dem Paul Goldmann gaben, wird allein dadurch, daß es in dramatischer Form aufgeschrieben ist, entwertet.

Ludendorff: ... erstens haben die Amerikaner ihr Heer gegen Japan aufgestellt –

Hindenburg: zweitens leiden sie an Tonnagemangel –

Ludendorff: drittens haben wir die U-Boote.

Hindenburg und Ludendorff: Kurzum, das große amerikanische Heer steht noch in nebelhafter Ferne.

Hans Müller erzählt einem Hauptmann im Pressequartier sein Feuilleton über den Kriegsausbruch in Berlin: »Herr Hauptmann, melde gehorsamst, ewig unvergeßbar wird mir die Sommermittagsstunde bleiben, da Männer und Frauen im Königlichen Dom zum Altar traten, den Gott der deutschen Waffen anzurufen ...«

Ein Gespräch zwischen Wilhelm II. und Ganghofer wird mit allen Details aus der Zeitung in die Wirklichkeit rückprojiziert; Ganghofer ist patriotisch und urwüchsig – dann entfernt sich der Kaiser –, und Ganghofer sagt »mit völlig verändertem Ton«: »Das kommt als Leitartikel!«

Immer wieder erscheint die Schalek und spricht Texte, die sie geschrieben hat.

Daneben wird die Wirkung des kriegerischen Zeitungsjargons auf die Leser dargestellt, indem Zeitungsleser sagen, was sie gelesen haben: »Kaltblütig verweilte er« (der Thronfolger) »auf einer vom Feuer der feindlichen Artillerie bestrichenen Anhöhe, lächelnd sprach er mit den Soldaten, studierte er die Karte.«

Eine von zahlreichen durchgehenden Hauptfiguren ist »der alte Biach«, dessen Evangelium die Benedikt-Leitartikel der ›Neuen Freien Presse‹ sind. Er redet nur in Benedikt-Zitaten, wie »Iwangorod röchelt bereits«, »Poincaré ist erschüttert und Lloyd George gedemütigt«, »Zunehmendes Schwächegefühl in der Entente«, sein Gesprächspartner ist »der kaiserliche Rat«, und aus dem Amalgam von Presse-Deutsch und dem Jargon der jüdisch-deutschen Umgangssprache ergeben sich grotesk-makabre Wirkungen.

Der alte Biach (leidenschaftlich): Die Hagia Sophia ist die Fata Morgana für die russische Vergrößerungspolitik. Das Versprechen der Beihilfe zur Verwirklichung dieses Spiegelgebildes ist der Nasenring, an dem die englische Politik den russischen Bären führte und noch führt.

Der kaiserliche Rat: Sie mir scheint, Sie ham etwas einen Pik auf England.

Der alte Biach (kategorisch): England ist nicht bedroht. Tell sagt, jeder geht an sein Geschäft und meines ist der Mord.

Der kaiserliche Rat: Ihres?

Der alte Biach: Seines!

Der kaiserliche Rat: Seines?

Der alte Biach: Tells!

Der kaiserliche Rat: Wieso Tells?

Der alte Biach: Englands!

Der kaiserliche Rat: Is denn England Tell? England is doch konträr, Geßler und Deutschland is Tell!

Und konsequent geht der alte Biach im fünften Akt auf der Ischler Esplanade an einer Diskrepanz zwischen einem Wiener und einem Berliner Communiqué zugrunde. In Wien wurde verlautbart, das deutsch-österreichische Bündnis sei »ausgebaut«, das Berliner Communiqué spricht von der »gleichen und treuesten Auslegung« des Bündnisses. Der alte Biach deutet an diesem Unterschied herum und kommt nicht über ihn hinweg. Erschöpft beginnt er zu taumeln. Er weint. Er stöhnt. Er sinkt um. Mit den Worten: »Es – rieselt – im – Gemäuer. – Das – is – der Schluß – vom – Leitartikel!« – stirbt er.

All das ist meisterliche Satire, aber eben darum nur angewandte Wirklichkeit. Redner treten auf und halten ihre tatsächlich gehaltenen Reden. Grauenhafte Szenen der Not, des Elends, Folterungen von Soldaten, die sich wirklich begeben haben, erscheinen wie Reportagen mit Nennung der originalen Namen, alles ist wirklich und authentisch belegt (und muß es auch sein, sonst glaubte man's nicht); nur die Verkürzung der Montage wird vom Autor geleistet. Manche Szene umfaßt nur wenige Zeilen, andere dehnen sich über viele Seiten und sind nicht eigentlich Szenen, sondern Gespräche. Neben dem alten Biach und seinem kaiserlichen Rat begleiten »der Abonnent« und »der Patriot« immer wieder das Geschehen der vier Jahre und fünf

Akte, vor allem aber die fortgesetzte große prinzipielle Auseinandersetzung zwischen dem »Nörgler« und den »Optimisten«.

Karl Kraus selbst ist als dieser Nörgler in das Geschehen ohne Stilisierung und Überhöhung ganz real einbezogen. Er spricht manchmal Verse von Karl Kraus, er bringt Gedanken, Zitate und Fakten aus der ›Fackel‹ vor, wie die Szene der Dragoner auf der Bürgertheaterbühne, die »stramm salutierend dankten«. Er äußert als »Nörgler« auch im Weltkrieg seine tiefe Abneigung gegen alles Jüdische und erreicht den Gipfel dieser Abneigung, indem er Juden und wilhelminische Deutsche, Hindenburg und Josua nebeneinander stellt, da beide Völker sich, wie er auf Grund eines Schopenhauer-Zitats meint, zum Unterschied von allen anderen Völkern, als »Völker Gottes« fühlten, da der neuauflösen läßt, direkt, und sein Gesprächspartner, der »Optimist«, deutsche wie der alt-hebräische Eroberungsdrang einander ähnelten, »so daß Kriege wie Geschäftsbücher geführt werden, nämlich ›mit Gott‹« (hier ist auch die Parallele mit Kant unverkennbar). Der »Nörgler« erzählt von dem Weltkriegsdrama, an dem er arbeitet, er sagt alles Wesentliche, was sich nicht szenisch ist nicht etwa ein bloßer Stichwortbringer oder Räsoneur mit positivem Vorzeichen, sondern ein vernünftiger, verständiger, halbwegs intelligenter Zeitgenosse. Allerdings läßt Karl Kraus als Nörgler den Optimisten selten ausreden und fällt ihm gewohnheitsmäßig ins Wort.

Den Reigen der zitierten und montierten Wirklichkeit ergänzen diese zahlreichen eingestreuten großen Dialoge des Optimisten mit dem Nörgler als persönliche Aussage und Stellungnahme des Chronisten. Aber diese beiden Ebenen, die der Reportage und die des Kommentars, sind nicht die einzigen, und auch mit dem von Karl Kraus stets geliebten und gemeisterten Shakespeareschen Nebeneinander von blutigstem Ernst und heiterer Pointiertheit ist die Vielfalt nicht erschöpft.

Eine formale Betrachtung des Textes zeigt daneben noch realistische und volksstückhaft gestaltete Szenen, doch auch hohe und höchste Dichtung, phonetisch transskribierte Idiome neben reiner Lyrik und auch Elemente des Altwiener Volkstheaters.

In seinem dramatischen Todesurteil gegen Österreich hat Karl Kraus dem Genius des österreichischen Theaters seine Reverenz erwiesen und damit ungewollt ein Bekenntnis zu Österreich abgelegt. Denn wie in den dramatischen Produktionen, die von Raimund bis Girardi in Wien – und nur in Wien – selbstverständlich waren, sind gelegentlich sogenannte musikalische Einlagen vorhanden: Journalisten singen Auftrittslieder, die Offiziere, bei denen die Schalek zu Besuch ist, singen einen Chor, Kaiser Franz Joseph singt ein Couplet ... und wie Ferdinand Raimund hat Karl Kraus (sofern er die Texte nicht bekannten Melodien unterlegte) die Musik zu diesen Einlagen selbst ausgedacht und von einem Musiker aufschreiben lassen. Sie sind in die Buchausgabe der ›Letzten Tage der Menschheit‹ aufgenommen.

In einem sehr persönlichen Sinn kann man diese Tragödie als »Welttheater« bezeichnen, wenn auch als Welttheater mit Nachsicht des Theaters. Sie enthält alles, was sich über den Ersten Weltkrieg sagen läßt, sie enthält das Österreichbild des Karl Kraus, sie ist eine gültige Darstellung des Kriegs an sich und ein umfassendes literarisches Selbstporträt ihres Autors, sie ist Geschichte und Satire, Literatur und Dichtung, document humain und Anklage, sie ist die vernichtende Exekution Österreichs und die Apotheose Österreichs, weil von einem Österreicher dem Bild seiner Zeit unauslöschlich eingebrannt; das Negative, das sie darstellt, wird durch die Macht der Negation und die Meisterschaft der Darstellung ins Positive gekehrt. Zwei Verneinungen heben einander auf und ergeben eine Bejahung.

Von seiner reinen Lyrik abgesehen, sind ›Die letzten Tage der Menschheit‹ das einzige geglückte Werk von Karl Kraus, in welchem er über den Journalismus als Objekt der Betrachtung und über seine eigene journalistische und kritische Betrachtungsweise hinausgelangt ist. Es geht hier nicht um den Reflex der Welt im Wort, sondern um den Menschen, es geht nicht um bestimmte Entartungen der Zivilisation, es geht um den Zustand einer Welt, der stets von den Opfern her gesehen wird; die Menschheit ist buchstäblich Heldin der Dichtung, ihre Ohnmacht gegenüber der Willkür, ihre Entartung überall dort, wo Unbefugten Macht gegeben ist.

Karl Kraus hatte fünfzehn Jahre der ›Fackel‹ geleistet und hatte im Krieg weiter die ›Fackel‹ gestaltet. Er konnte aus der Fülle seiner Motive und Gestaltungen nun in zweiter Instanz alles das frei wählen, was der Verewigung über das Besondere hinaus wert schien, und das konnten Gedichte sein oder Fakten: das Kinderlied von der Pflege des Fremdenverkehrs vom April 1913 – das »österreichische Antlitz«, eine Formulierung Felix Saltens in einem feuilletonistischen Hymnus auf Franz Joseph aus dem Jahr 1908 – seine Lieblingsantithese »Lebensmittel-Lebenszweck« – den Photographen, der den Feldherrn aufnimmt und um ein »feindliches Gesicht« bittet, die Offiziersdialoge »Grüß dich Gott Powolny, letzten Sonntag in der Gartenbau«, gleichfalls aus Vorkriegs-›Fackeln‹ ... er hatte vier Jahrgänge der Kriegs-›Fackel‹ und eine Fülle von Aphorismen und Gedanken und Gedichten schon vorliegen ... er hat sich oft über die Fülle des Stoffs beklagt, der da gestaltet und bewältigt sein wollte und ihm den großen Atem nahm – doch diese Fülle lag nun bereits bewältigt vor ihm, und er mußte nicht mehr mit den einzelnen Erscheinungen fertig werden, sondern konnte, was schon fixiert und in sein Werk aufgenommen war, neu gruppieren und mosaikartig zu einem Ganzen komponieren.

Jeder Autor denkt, wenn er ein wichtiges Werk beendet hat: Jetzt müßte ich dieses Werk beginnen können, denn jetzt erst habe ich die Übersicht, jetzt erst weiß ich alles über das, was ich da Stück für Stück, am einzelnen haftend, zu bewältigen unternommen habe.

Karl Kraus war in der glücklichen Lage, daß er dieses eine große Werk schreiben konnte, nachdem er es schon geschrieben hatte. Sein Werk ›Der Erste Weltkrieg‹ ist in der ›Fackel‹ erschienen (der Extrakt sind die zwei Bände ›Weltgericht‹) und dann, ganz neu und ganz anders, in den fünf Akten mit Vorspiel und Epilog namens ›Die letzten Tage der Menschheit‹ noch einmal geschrieben.

Der Weg der großen Tragödie führt von der Welt durch die Hölle zum Himmel. Das erste Wort hat ein Zeitungsausrufer, das letzte Wort hat Gott.

Das Vorspiel ist eine in sich geschlossene Darstellung der Franz-Ferdinand-Tragödie, der getreue Bericht vom Sündenfall Habsburgs seinem Thronfolger gegenüber, den man allen Warnungen zum Trotz der Gefahr einer Reise nach Sarajevo ausgesetzt hatte, dessen Ende der Hof mit Erleichterung zur Kenntnis nahm und dem man ein schimpfliches Begräbnis dritter Klasse zudiktierte. Franz Ferdinand war dem Hof in Schönbrunn politisch nicht genehm gewesen, er hatte gegen die verhängnisvolle Bevorzugung der Ungarn im politischen Konzept des Kaisers eine stärkere Heranziehung der Slawen befürwortet, war als ewiger Thronfolger ohne reale Macht und hatte nur ein Gegenkonzept ohne die Möglichkeit, es zu verwirklichen; er war der kaiserlichen Familie auch wegen seiner morganatischen Heirat mit einer Gräfin nicht genehm (daher das Begräbnis in einem Provinznest statt in der Fürstengruft); man nahm sein Ende in Schönbrunn aufatmend zur Kenntnis ... und in den knappen Szenen des Vorspiels weht die tragische Luft eines Königsdramas.

Dieses Drama wird dann nicht geschrieben; ihm folgt der Stationenweg des Zusammenbruchs. Die Führer bleiben am Rand, die Statisten rücken in den Vordergrund und werden zu Figuren.

Schon das Vorspiel beginnt an der »Sirk-Ecke«, der Ecke Kärntner Straße-Kärntner Ring in Wien, dem Brennpunkt des Ringstraßenkorsos, wo noch fünfmal, jeweils zu Beginn der Akte, das »Leben und Treiben« der Stadt in kurzen Szenchen und Dialogfragmenten eingefangen ist, wo dieselben vier Offiziere ihre oberflächliche Ahnungslosigkeit in ewig gleicher Belanglosigkeit immer neu variiert zur Schau stellen, wo Genrebilder des Wienerischen in grandioser (aber nicht wirklich dramatischer) Schau das Inferno eines lokal gefärbten Weltuntergangs aus Ornamenten von Dialekt, Jargon und Phrasen illustrieren. Zeitungsausrufer kehren immer wieder, journalistische Wendungen werden lebendig, Drückeberger, Kriegsgewinnler, Reporter, Zeitungsleser, dazwischen Operettensterne, Aristokraten, Diplomaten, eine Welt ist eingefangen und in dem ihr jeweils eigenen Ton genial fixiert mit »Weißt – also natürlich« und »selbstredend« und »Gar net ignorieren« und manchmal zu großen Katarakten von Schlagwörtern und Formeln gesteigert wie im Dialog des Hofratsehepaars Schwarz-Gelber, der Hyänen der sterilen, betriebsamen Wohltätigkeit im Dienst an der eigenen Karriere: ». . . gejagt hast du mich, in die Tees und Komitees hast du mich förmlich gestoßen, gequält hast du mich wegen Lorbeer für unsere Helden, da bin ich gerannt, dort bin ich gerannt, nix wie Hilfsaktionen; zu Gunsten da, zu Gunsten dort, zu wessen Gunsten, frag ich, wenn nicht zu deinen? . . .« und als Gegenbilder deutsche Szenen, der Kaiser Wilhelm, der Kronprinz und die völlige Wesensverschiedenheit der deutschen und österreichischen Verbündeten, die in der gemeinsamen Sprache aneinander vorbeireden, und Priester, die den Krieg segnen, und versagende Politiker (die deutschen Sozialdemokraten eingeschlossen) und versagende Wissenschaftler, und immer größere Not und Brutalität und gesteigerte Kontraste zwischen Wirklichkeit und Vortäuschung, Blut und Operettenwelt, immer stärker drängen sich die Dämonen in den Vordergrund, aus der szenischen Bemerkung der ersten Szene an der Sirk-Ecke, »Leben und Treiben«, wird im vierten Akt »Larven und Lemuren«, im fünften Akt »Trostloses Starren des Rudels Böcke«; in der fünfundzwanzigsten Szene des fünften Akts, einer der stärksten des ganzen Dramas, ist der Hexenkessel der Schieber allergrausigst konterfeit, »eine Fauna von Gestalten« ist in hektischer Panikstimmung, die Geschäftemacher heißen Schakal, Mammut, Nashorn, Tapir, Leguan einerseits, andere haben echte jüdische Familiennamen wie Tugendhat, Raubitschek, Vortrefflich, Brauchbar, sie handeln und verhandeln, ein alter Schieber im Hintergrund droht zusammenzubrechen und muß getröstet werden, er ist in Katastrophenstimmung, er bricht in konvulsivisches Schluchzen aus, er wimmert » – Achab Schkoda – «, er hat Aktien der Waffenfabrik Skoda, er hat sich eine Nachricht so zu Herzen genommen und geht daran fast zugrunde: daß der Friede bevorsteht.

In der vorletzten Szene des fünften Akts zieht der Nörgler das Fazit in ohnmächtiger Erkenntnis: ». . . ich habe die Tragödie, die in die Szenen der zerfallenden Menschen zerfällt, auf mich genommen, damit sie der Geist höre . . . Er empfange den Grundton dieser Zeit, das Echo meines blutigen Wahnsinns, durch den ich mitschuldig bin an diesem Geräusch. Er lasse es als Erlösung gelten!« Ein vieldeutiges großes Schlußwort. Indem der Dichter das Grauen »zur Sprache bringt« und die Tragödie »auf sich nimmt«, erlöst er, dem Geist gegenüber, nur sich? – oder die Menschheit, die dieser eine durch sein unbestechliches Protokoll vor dem Geist entsühnt?

Die folgende letzte, fünfundfünfzigste Szene des fünften Akts beginnt ganz im Stil der vorhergegangenen Szenen; mit Schlagerbegleitung findet ein »Liebesmahl« bei einem Korpskommando statt, Reden und Gespräche, Phrasen und Plänkeleien zwischen deutschen und österreichischen hohen Offizieren, der Feldkurat und der Feldrabbiner, der Oberauditor und Journalisten nehmen teil an der Festlichkeit, alarmierende Meldungen kommen, werden nicht sehr wichtig genommen, man tauscht Erinnerungen aus, die Brutalitäten leben ein letztes Mal auf in einem unendlichen Gespräch, der Zusammenbruch ist da, aber er wird ignoriert, bis das Ende hereinbricht. Und es bricht nicht real als gegnerische Armee herein, die Szene wandelt sich, indem das große Wandgemälde im Hintergrund transparent und zum Schauplatz wird und Erscheinungen zeigt, die einander in Montagetechnik folgen, manche stumm, manche mit wenigen Textworten, eine Suite des Grauens, eine Passionsgeschichte der Pein und Qual des Menschen in diesem Krieg, Hinrichtungen Unschuldiger, Grausamkeiten, Völkerrechtswidrigkeiten, Not,

Elend, Unmenschlichkeit, im Zeitraffer der Inbegriff dieser »letzten Tage«, nun aber jenseits des satirischen clair-obscur in tragischer Konzentration des schuldlos Erlittenen, ohne Tonfall und Karikatur das Leid und die Opfer an sich im Kaleidoskop einer Bilderfolge, und aus ihr heraus wächst die Szene ins Lyrische, es erscheinen, Verse sprechend, die Gasmasken, die erfrorenen Soldaten, der alte serbische Bauer, der sein Grab schaufeln mußte, die Flammen der Flammenwerfer, die zwölfhundert Pferde, die auf einem versenkten Schiff ertranken, die ertrunkenen Kinder der torpedierten »Lusitania«, die Kriegshunde, der tote Wald, die dalmatinische Frau, deren zwölfjähriger Sohn auf Befehl eines Offiziers erschossen wird, die Raben auf dem Schlachtfeld des Monte Gabriele, die weiblichen Hilfskräfte – dazwischen Leonardo da Vinci, als einziger Prosa sprechend: warum er »wegen der bösen Natur des Menschen« seine Erfindung, wie man unter dem Wasser bleiben kann, nicht veröffentlicht – das »österreichische Antlitz« mit einem makabren Refrain im Dreivierteltakt . . . und schließlich »der ungeborene Sohn«, der nicht auf eine solche Welt kommen will.

Die szenischen Bemerkungen erwähnen und charakterisieren die untermalende Musik gegen das Ende der lyrischen Visionen. Diese sind in ihrer Gesamtheit ein großes Zeugnis gebundener Sprache, eine Erhöhung der Chronik zur Dichtung und sind – wie die ersten Erscheinungen die Wirklichkeit zum Bild und dann die Bilder sich zur Dichtung steigern – ihrerseits nur ein weiterer, ein letzter Anstieg zu dem Epilog ›Die letzte Nacht‹, der ganz in Versen geschrieben ist und in einer Vielfalt von Formen und Metren gleichsam als gesprochene lyrische Kantate das Geschehen stilisiert und symbolisiert und auch wieder (anders als die Schlußszene des fünften Aktes) die Satire ins Spiel bringt, wenn die männliche Gasmaske die weibliche Gasmaske als »schöne Maske« anspricht, wenn der General die Mannschaften tadelt, weil einem Soldaten die Beine fehlen und ein anderer keinen Kopf hat, wenn Kriegsberichterstatter einen Sterbenden ausfragen und photographieren, anstatt ihn ins Spital mitzunehmen:

Für einen Gemeinen
ist das eine Ehr'!
Ihr Bild wird erscheinen,
was wollen Sie mehr!

wenn noch einmal die Schalek auftritt, wenn die Kriegsgewinnler als Hyänen auf dem Schlachtfeld erscheinen und nach ihnen der »Herr der Hyänen«, nämlich Moriz Benedikt, der Inbegriff des Bösen, Judas und Teufel und Antichrist, Gegenpapst und eigentlicher Gewinner, mit einem gewaltigen coupletartigen Monolog:

> ...
> Und der es einst vollbrachte,
> an seinem Kreuz verschmachte,
> wert, daß man ihn vergißt.
> Ich tret' an seine Stelle,
> die Hölle ist die Helle!
> Ich bin der Antichrist.
> ...
> Der alte Pakt zerreiße!
> So wahr ich Moriz heiße,
> der Wurf ist uns geglückt!
> Weil jener andre Hirte
> sich ganz gewaltig irrte!
> Ich heiße Benedikt!
> ...

Die Hyänen tanzen einen Walzer auf dem Leichenfeld und singen ein blasphemisches Schlummerlied und lagern sich über die Leichen.

Nun erst wird das Motiv der letzten Szene des fünften Aktes wieder aufgenommen. Die Front ist zusammengebrochen – der Gegner kommt, doch da kommt mehr und kommt anderes als der Feind aus dem konkreten Krieg, da kommen drei feurige Reiter. Die Apokalypse, die Endzeit bricht an. Das Weltall macht Front, einen Planeten »mit sämtlichen Fronten auszujäten«, der Mars beendet den Krieg ... Gottes Ebenbild ist zerstört – und das letzte Wort hat die Stimme Gottes mit dem unergründlich vieldeutigen Satz: »Ich habe es nicht gewollt.«

Dieser letzten Textseite gegenüber steht das Bild des Cruzifixus ohne Kreuz von der Schlacht im Herbst 1914. Er reckt seine Arme in die Höhe wie einer, der sich ergibt.

Das Disparateste, scheinbar Unvereinbare der dramatischen Chronik ist zur großen, einzigartigen Einheit verschmolzen durch die unverwechselbare, in jeder Zeile spürbare Persönlichkeit des Autors Karl Kraus, der Dichter genug war, sein Werk zwischendurch immer wieder und zumal im großen Finale zur gestalteten Aussage in Prosa und Vers hochzureißen, der aber auch das Gewissen des Chronisten hatte, nur die Wahrheit zu sagen, ein Shakespeare, der sein Königsdrama zu Lebzeiten der auftretenden Könige schrieb und der den Bösewichtern und Folterknechten und Narren und grotesk-komischen Figuren ihre bürgerlichen Namen beließ. »Die unwahrscheinlichsten Taten, die hier gemeldet werden, sind wirklich geschehen«, heißt es in der Vorrede; »ich habe gemalt, was sie nur taten. Die unwahrscheinlichsten Gespräche, die hier geführt werden, sind wörtlich gesprochen worden; die grellsten Erfindungen sind Zitate.«

Der Autor weiß, daß er, im Rückblick auf das Gewesene, tauben Ohren predigt. »Dennoch muß ein so restloses Schuldbekenntnis, dieser Menschheit anzugehören, irgendwo willkommen und irgend einmal von Nutzen sein.« Und er schließt seine Vorrede mit der Botschaft Horatios, der als einziger Wissender das Unheil am Königshof überlebt, an den Überwinder Fortinbras:

Und laßt der Welt, die noch nicht weiß, mich sagen,
Wie alles dies geschah; so sollt ihr hören
Von Taten, fleischlich, blutig, unnatürlich,
Zufälligen Gerichten, blindem Mord;
Von Toden, durch Gewalt und List bewirkt,
Und Planen, die verfehlt, zurückgefallen
Auf der Erfinder Haupt; dies alles kann ich
Mit Wahrheit melden.

Die Hamlet-Tragödie mit ihrer privaten, familiären Grundsituation weitet sich im Schlußbild zum Gleichnis der Zeitenwende, der Auflösung einer schuldhaften Gesellschaft und ihrer Ablösung durch einen, der von außen kommt. Horatio deutet an, was er zu melden hat; der neue Herr, Fortinbras, »läßt die Edelsten zu der Versammlung« rufen, er will hören und wird hören, was Horatio zu sagen hat. Wir aber hören Horatios detaillierte Meldung nicht mehr.

Karl Kraus ist nicht Hamlet, sondern Horatio. Doch er kann keinen Bericht an einen Fortinbras erstatten, der eine neue Ordnung schafft; denn dieser ist ja, statt wie bei Shakespeare am Ende der Tragödie zu erscheinen, an ihrem Anfang ermordet worden und hat sie dadurch ausgelöst. Karl Kraus meldet seine Botschaft einer imaginären Versammlung der Edelsten »irgendwo und irgendeinmal«.

Nicht jeder Leser, auch nicht jeder Schätzer der ›Letzten Tage der Menschheit‹ war und ist teilnahmeberechtigt an dieser Versammlung. Die Aktualität hat den großen Entwurf verdunkelt, und weil die Menschheit »noch einmal davongekommen« war, wollte sie mit der scheinbar falschen Prophetie des Titels auch die gnadenlos vernichtende österreichisch-deutsche Selbstdarstellung nicht wahrhaben. Auch das steht, wie alles, im Text der Tragödie: »Die Kugel ... wird der Menschheit ... bei einem Ohr hinein und beim andern hinausgegangen sein!«

Man hat ›Die letzten Tage der Menschheit‹ gelesen, gerühmt und doch nicht zur Kenntnis genommen. Man hat, einen Weltkrieg später, ungeschickt und maßstablos, mit untauglichen Mitteln versucht, was nach dem Ersten Weltkrieg fällig gewesen wäre: »Bewältigung.« Das Gewissen der Völker deutscher Sprache ist mit Verspätung und nicht immer in der gebotenen Richtung aktiv geworden. Hitler, Goebbels, Himmler und Göring waren nur möglich, weil Wilhelm II. und Ganghofer, Hans Müller und Ludendorff nicht bewältigt worden waren. Die deutschen Greuel im »Dritten Reich« waren Gegenstand großer Dokumentationen und einer bis heute nicht abgeklungenen Analyse und Selbstkritik. Doch sie waren nur eine verstärkte Neu-Auflage der deutschen und österreichischen Greuel im Ersten Weltkrieg. Ihr Novum war nur Streicher und das Nürnberger Gesetz. Alles andere war bereits von 1914 bis 1918 in verkleinertem Maßstab vorexerziert worden, damals aber aus der Verdrängung nicht in das Bewußtsein gedrungen. Gerhart Hauptmann war nach 1918 ein Dichterfürst, Kaiser Franz Joseph hatte in Wiener Theatern Auftrittsapplaus, Rudolf Alexander Schröder war ein Altmeister und Alfred Kerr erst recht, nach Anton Wildgans benannte die österreichische Industrie einen Literaturpreis und die Gemeinde Wien einen städtischen Wohnbau. Man war pazifistisch geworden nach 1918, gewiß, aber verschwommen und allgemein, man hat den Krieg, aber nicht den widerlichsten und sinnlosesten aller Kriege geächtet, man hat Kriegsromane und Kriegsdramen und Kriegsfilme herausgebracht, um gegen den Krieg, aber nicht gegen diesen Krieg Stellung zu nehmen. Dem nächsten wurde dann nachgesagt, was schon über diesen zu sagen gewesen wäre und was keiner sonst gesagt hat als Karl Kraus in einhundertacht Nummern der ›Fackel‹ und in fünf Akten mit Vorspiel und Epilog seiner Tragödie ›Die letzten Tage der Menschheit‹.

Nach der Sintflut

Zwischen jedem Ende und jedem neuen Anfang ist eine »Niemands-Zeit«, in der »noch« und »schon« einander durchdringen.

Der Zusammenbruch erfolgte nicht an einem Tag, und aus dem Chaos der Auflösung formte sich nur zögernd das Kommende. Die Oktober-›Fackel‹ 1918 erschien noch im Krieg, die nächste Nummer, vom 20. November datiert, nach dem Krieg, aber noch mit Texten, die in der letzten Kriegsphase geschrieben waren. Der abschließende Artikel ist vom 1. November datiert und heißt ›Die Sintflut‹, der erste, von »Anfang Oktober«, heißt ›Weltgericht‹.

Dieser erste Artikel zeigt Karl Kraus auf einem fragilen, widerruflichen, armseligen, doch beseligenden Höhepunkt. Der Glaube, »daß die Welt gottbehüte am deutschen Wesen genesen werde, ist begraben«. – »Die Hoffnung, daß sie vom deutschen Wesen genesen werde, lebt auf.« Das »Kühnste« der Haltung des Herausgebers der ›Fackel‹ hat sich rapid »in das Selbstverständliche« gewandelt. Der Prophet ist durch das Eintreffen seiner Prophezeiung bestätigt. Die Hoffnung wird Wort, ehe die Erfüllung ausbleiben muß. »Welch ein Lauschen auf den großen Hammer am Tor der Zeit ... Wenn dies keine Wende ist, hat der Planet noch keine erlebt!«

Die Hoffnung dieser Niemands-Zeit muß ihm die Erfüllung ersetzen. Nun soll aus der »großen Zeit« eine wahrhaft große Zeit werden. Die Schuldigen aber sollen ohne Gnade »Feder für Feder, Schuft für Schuft« das »Blutbad, das sie uns gerüstet und gepriesen haben, ausgießen!«

Es ist nur eine Atempause, ein Übergang in eine Zeit, die zwar besser sein muß als die abtretende, die aber keine gute sein kann. Die Monarchie hört auf, die Journalisten bleiben.

Im Januar 1919 schon erscheint die nächste ›Fackel‹ als »Nachruf«, ein starkes Heft von hundertzwanzig Seiten, nach der Atempause des Übergangs nun fast in einem großen Atemzug hingeschrieben, hundertzwanzig Seiten und nur dreizehn Absätze, ein Lavastrom der Sprache, die nun befreit ist und ihr Freisein elementar auslebt. Am 1. August 1914 hatte Karl Kraus »umgelernt«: er hat dem konservativen Gedanken abgeschworen und jeder Achtung vor dem Militär; die Alternative zwischen Republik und Monarchie ist kein Problem mehr: »... daß, wo nichts ist, auch der Kaiser das Recht verloren hat, diese Erkenntnis ist schließlich der wahre Gewinn aus dem Zustand, und der heißt dann Republik.«

Durch die »Nacht der Nächte, in der wir ... uns forttappen müssen zum Frieden ... leuchtet ein trost- und hoffnungsspendender Stern: nicht mehr Österreich zu sein!« (Der neue Staat hatte sich am 12. November 1918 als »Deutschösterreich« konstituiert und als Bestandteil der jungen deutschen Republik proklamiert; erst auf Weisung der Sieger wurde er als »Republik Österreich« selbständig.) »... dieser alte Staatsfallot, dem zwar nie etwas erspart blieb, der aber doch stets mehr Kaiserwetter als Verstand gehabt hat; ein Hundsgemeinwesen ... unter einem Szepter, dessen Mission es schien, als Damoklesschwert über dem Weltfrieden zu hängen ... dieses Unikum ... da der in der Geschichte der Schöpfung beispiellose Fall sich begab, daß eine Nichtpersönlichkeit ihren Stempel allen Dingen und Formen lieh, so daß wir in allem, was uns den Weg verstellte ... im Querschnitt jedes Pechs diesen Kaiserbart agnoszierten ...«, »das Ärgernis eines unbegrabenen Leichnams im Hause ... das Schauspiel eines als Thron kaschierten Leibstuhls ...«, eruptiv bricht alles, was zurückgestaut war, hervor; was nur angedeutet werden konnte, wird ausgesprochen und beim Namen genannt, das Sündenregister Österreichs wird protokolliert ... aber im Überschwang des Neinsagendürfens gerät einiges durcheinander, vor allem die Begriffe »Militär« und »Militarismus«.

Die Abrechnung mit dem Regime ist gerecht und berechtigt, sie zitiert die üblen Geschäfte der habsburgerischen Erzherzoge, die an ungenießbarem Dörrgemüse (Erzherzog Leopold Salvator) und an Holz (Erzherzog Friedrich) verdient haben; sie überliefert die Schande der militärischen Führung Österreichs, vor allem jenes unglückseligen Friedrich, der Erzherzog, Marschall und Armeeoberkommandant war und von dem überliefert ist, daß er angesichts einer kinematographischen Vorführung des Kriegsgeschehens bei jedem gezeigten Artillerieeinschlag »Bumsti« gerufen hat – vierzehnmal innerhalb von eineinhalb Stunden – und der von der Wiener Universität zum Ehrendoktor gemacht wurde. Karl Kraus zitiert den Ausspruch des österreichischen Heerführers Pflanzer-Baltin: »Ich werde schon meinen Leuten das Sterben lehren.« Er fragt mit Berechtigung: »Kann ein Staat ein grauenvolleres Andenken hinterlassen als das Gefühl derer, die heute wissen, für welchen Haufen von Unrat sie ihre Liebsten verloren haben?«, er zählt die Untaten der Generale auf, aber er »generalisiert« gleichfalls, indem er die Tätigkeit des Offiziers an sich als eine bezeichnet, »welche von Natur, vor Gott und allem Zweck der Menschheit die ehrloseste ist!«

Und im großen Impetus der Abrechnung, in diesem Nekrolog, der alle Schande des Gewesenen in ein offenes Grab hineinschreit, ist die Hoffnung, die an der Schwelle des Neuen stand, schon der Resignation gewichen, da »hier eine Republik etabliert wurde und die ganze Mischung von Ghetto und Bierstüberl ... uns erhalten blieb ...«. – »Das Wunder der Befreiung von der alten Macht, dessen wir uns bei jedem neuen Erwachen versichern müssen, berührt um so wunderbarer, als uns ihre Stützen vollzählig erhalten geblieben sind.«

Viele Fakten, Formulierungen und Gedanken, die dann in den ›Letzten Tagen der Menschheit‹ aufgegriffen werden, und viele Zitate von Shakespeare erscheinen in diesem »Nachruf«. Und sein Ende hat nicht das Fanfarenartige, ist nicht Klimax und Stretta wie sonst die großen Ausklänge der großen Kraus-Texte meist, sondern eine sehr reizvolle und geistreiche literarische Anspielung.

Am Ende des Helena-Aktes im zweiten Teil des ›Faust‹ steht die Regiebemerkung: »Der Vorhang fällt. Phorkyas im Proszenium richtet sich riesenhaft auf, tritt aber von den Kothurnen herunter, lehnt Maske und Schleier zurück und zeigt sich als Mephistopheles, um, insofern es nötig wäre, im Epilog das Stück zu kommentieren.«

Der »Nachruf« endet:

»Es war ein Traum. Wir waren auf Walpurgis zwischen Sautanz und Totentanz. Kinodramatisch mit viel Blut und Walzer ging es zu. Wir saßen in einem ungeheizten Saal. Wir wurden durch das Ende entschädigt. Und wie da, nachdem schon alles verpulvert war, ein gewaltiger Fall geschah, hörte man in atemloser Stille eine Stimme aus der vordersten Reihe nur ein Wort rufen, aber mit einem Ton, in dem alle Quantität der Leere dumpf zu Boden schlug, das große Wort des Nachrufs aller Nachrufe: Bumsti! ... Phorkyas aber richtet sich riesenhaft auf, lehnt Maske und Marschallstab zurück und zeigt sich als Mephistopheles, um, insofern er nötig wäre, im Epilog das Stück zu kommentieren.«

Ein offener Schluß von makabrer Hintergründigkeit in seiner Walpurgis-Anspielung.

Die Atempause hat den Nachruf ermöglicht, der noch rückwärtsgewandt ist und doch schon dem Nachher gehört. Eine Wende zeigt sich in vielen äußerlichen Anzeichen (für die Karl

Kraus stets sehr aufgeschlossen war) an: Mit dem letzten Kriegsheft war die Nummer 500 der ›Fackel‹ erreicht. Im Frühjahr 1919 sind zwei Jahrzehnte der ›Fackel‹ vollendet. Karl Kraus ist in diesem Frühjahr fünfundvierzig Jahre alt. Wie soll es weitergehen?

Da er alles geworden ist, was er werden konnte, was bleibt ihm von all dem Vielerlei, das er gewesen ist?

Wenn er weiter den kleinen Stoff des Tages im Brennspiegel seiner Sprache, seines Ethos, seiner Humanitas einfängt und festhält, ist es weniger, als es im Krieg gewesen ist. Er war der einzige auf der Verliererseite, der diesen Weltkrieg gewonnen hat. Mit dem Frühjahr 1919 ist er zur historischen Figur geworden, sein stark entwickeltes Selbstbewußtsein gewinnt – mit Berechtigung – heroische Dimensionen. Schon vorher war jedes seiner Worte apodiktisch und inappellabel von seinen eigenen Gnaden ausgesprochen worden. Nun hat die Weltgeschichte ihm die Legitimation geliefert, rückwirkend für zwanzig Jahre der einsamen Wirksamkeit. Aber die Spannung zwischen der Leistung und der inadäquaten Resonanz wird ihm nun unerträglicher denn je. Er hat auf einen Augenblick hin gelebt und gewirkt – nun ist der Augenblick da.

Und es zeigt sich an Karl Kraus ein österreichisches Phänomen, auf das Herbert Cysarz hingewiesen hat:

»Der Zusammenbruch von 1918 birgt ein tieferes Gesamtverhängnis der österreichischen Literatur und mehr Verhängnis einzelner Autoren, als die neueste Geschichtsschreibung wahrhat. Es hat ... noch Schriftsteller, die den Umsturz erwartet, ja herbeigewünscht hatten, wie Otto Stoessl und Karl Kraus, den alten Quellgrund ihrer Kraft nicht wiederfinden lassen.«

Es scheint eine österreichische Konstante zu geben: das Trauma der Erfüllung.

Es scheint ein geheimnisvoller Konnex zu bestehen zwischen dem, der leidet, und all dem, woran er leidet, als unerläßliche Voraussetzung seiner Produktivität. Karl Kraus litt (wie Schnitzler, wie Schönherr) am Krieg, und als der Krieg zu Ende war, schien Karl Kraus seines Lebensinhalts beraubt und gebrochen (wie Schnitzler und Schönherr).

Karl Kraus hätte die Nachkriegszeit eher bewältigt und wäre nicht der Ratlosigkeit verfallen, wenn sie einen Trennungsstrich gezogen und resolut einen Anfang gesetzt hätte, wenn sie die bedeutenderen, nicht kompromittierten Vorläufer und Mitkämpfer für das Neue als solche wahrgenommen hätte. Nicht daß sie auf Lorbeeren hätten ruhen wollen, aber als des Lorbeers würdig hätten sie anerkannt werden müssen, um in die neue Ära zu wachsen. Doch Österreich nahm nach 1918 nicht einmal sich selbst wahr, wie hätte es Karl Kraus und Schnitzler, Stoessl und Schönherr wahrnehmen können – so zerbrach Österreich und zerbrach seine bedeutenden Geister.

Die Republik hatte sich nur faute de mieux als selbständiger Staat konstituiert und vegetierte in unseliger Zwietracht zwischen »Schwarz« und »Rot«, als Beute subalterner, kleinkalibriger Politiker in äußerster wirtschaftlicher Bedrängnis, richtungslos, gestaltlos, kleingläubig, vorläufig, des Scheiterns gewärtig. Wer die Jahre von 1918 bis 1938 nicht selbst bewußt erlebt hat, wer dem Trugschluß verfällt, den Zustand Österreichs in den Jahren seit dem Zweiten Weltkrieg mit all ihrem Vollbringen auf die Erste Republik zurückzuprojizieren, kann sich keine Vorstellung machen von dem permanenten, sinn- und geist- und hoffnungslosen Untergang, der da zwischen den großen Kriegen stattfand.

Man kann alles in den Heften der ›Fackel‹ nachlesen, aber die Feststellung dieses Niedergangs allein war zu wenig für einen Geist vom Format des Karl Kraus im letzten Drittel seines Wirkens.

Er war ein Einzelgänger und Außenseiter gewesen, aber doch im ganzen Bereich der deutschen Sprache zur Kenntnis genommen worden. Als er 1911 den Schriftsteller Alfred Kerr polemisch erledigt hatte, hatte Kerr für Berlin ausgespielt, wie ein Zeitgenosse berichtet, und konnte sich nur mühsam und ganz langsam wieder durchsetzen.

Nun aber geriet Karl Kraus allmählich in den Stand des abseitigen Eigenbrötlers, der zu keiner Öffentlichkeit mehr spricht, sondern nur zu einer Gemeinde. Seine Geltung wurde imperfektisch; er war anerkannt als »der Autor der ›Letzten Tage der Menschheit‹«, man hatte Respekt vor seiner Haltung im Krieg, vor seiner Vergangenheit.

Hans Müller und Ganghofer, die Schalek und die ›Neue Freie Presse‹ waren in die Weltliteratur eingegangen, sie waren Chiffren und Zitate aus den ›Letzten Tagen der Menschheit‹ geworden, ihre lebenden Namen waren zu Masken stilisiert. Wie konnte man sie nun weiter von Feuilleton zu Feuilleton, von Banalität zu Banalität arretieren?

In der ›Letzten Nacht‹ spricht Moriz Benedikt seinen großen Monolog als Judas und Antichrist und Gegenpapst und wird als »Herr der Hyänen« beschrieben wie folgt:

»Schwarzer, graumelierter, wolliger, ganz kurzer Backen- und Kinnbart, der das Gesicht wie ein Fell umgibt und mit ebensolcher Haarhaube verwachsen scheint; energisch gebogene Nase; große gewölbte Augen mit vielem Weiß und kleiner stechender Pupille. Die Gestalt ist gedrungen und hat etwas Tapirartiges. Jackettanzug und Piquéweste. Der rechte Fuß in ausschreitender Haltung. Die linke Hand, zur Faust geballt, ruht auf der Hosentasche, die rechte weist mit gestrecktem Zeigefinger, auf dem ein Brillant funkelt, auf die Hyänen.«

Nachdem er gesagt hat:

Ich traf mit Druckerschwärze
den Erzfeind in das Herze!
Und weil es ihm geschah,
sollt ihr den Nächsten hassen,
um Judaslohn verlassen –
der Antichrist ist da!

kann er nicht mehr wie einst als Leitartikler Objekt tagtäglicher Satire sein. Nach dieser letzten Nacht kann keine Tageszeitung mehr wichtiggenommen werden. Eben dies aber geschieht.

Weiterhin geht es in der ›Fackel‹ so zu, wie es beim Anstieg zum Gipfel zugegangen war. Und die optischen Gesetze wollen es, daß, was nach dem Gipfel kommt, als Abstieg erscheint.

Die Neuerung besteht darin, daß nun die Politik nicht mehr ausgespart bleibt, sondern in den Vordergrund rückt. Aber dort, wo es um die politische Gegenwart geht, ist die Stellungnahme von seltsamer, fast tragischer Kraftlosigkeit.

Der erste Nachkriegs-»Grubenhund« etwa (Sommer 1919) ist gewiß verdienstvoll, ermangelt aber der Schlagkraft.

Ein fingierter Protest von linksradikalen Intellektuellen gegen die angeblich geplante Hinrichtung des Schriftstellers Ernst Toller in München hatte sich als Fälschung, das Gerücht von der Hinrichtung als unbegründet erwiesen. Die Schriftsteller Blei, Ehrenstein, Gütersloh, Sonnenschein, Werfel und der Schauspieler Moissi hatten erklärt, daß sie zwar nicht befragt worden seien, sprachen aber dem »mutigen Anonymus«, der ihre Namen zu dem Protest mißbraucht hatte, »den wärmsten Dank für diese Haltung aus«. Karl Kraus verschickte daraufhin ein Flugblatt, das die Unterschriften von Blei, Ehrenstein, Moissi, Gütersloh, Sonnenschein und Werfel trug und das gegen die kommunistischen Greuel in Ungarn protestierte und den Satz enthielt, daß die Unterzeichneten ihre Proteste während des Krieges nicht hatten äußern können, weil sie sich damals in Positionen befanden, die sie andernfalls gegen die Aussicht eingetauscht hätten, ihre »eigene körperliche Sicherheit zu gefährden«.

Die Absicht war: Das billige Protestieren aus der Ferne gegen die Kompromißbereitschaft im Krieg auszuspielen, vor allem aber die Heuchelei der Linken ad absurdum zu führen, die gegen eine angebliche Hinrichtung von rechts auftrat und tausendmal scheußlichere Unmenschlichkeiten der Kommunisten nicht zur Kenntnis nimmt.

Der Zweck ist einleuchtend, sein satirischer Ausdruck aber nicht. Und das ist besonders beklagenswert, weil es da um einen Gegenstand ging, der bis heute aktuell geblieben ist, und weil man die ›Fackel‹ Nummer 514–518 vom August 1919 zur Pflichtlektüre für alle, insbesondere die bundesdeutschen, aber auch sonstigen westlichen Intellektuellen erklären möchte.

Karl Kraus wird gern von der extremen Linken reklamiert, und die Lektüre dieses Heftes sollte ihr alle Lust dazu nehmen. Karl Kraus hat im ersten Nachkriegsjahr angesichts einer sehr realen kommunistischen Gefahr unzweideutig gegen den Bolschewismus Stellung genommen und ebenso gegen alle bürgerlichen Mitläufer und Sympathisierenden, die schon damals, wie heute, auf dem linken Auge farbenblind waren. Die rote ungarische Gesandtschaft in Wien trieb damals subversive Tätigkeit (wie seit damals jede rote diplomatische und konsularische Vertretung im nichtkommunistischen Ausland), und Karl Kraus hatte die Klarsicht, die Parteigänger der ungarischen Räterepublik mit den Weltkriegsverbrechern »vor dasselbe Gericht zu fordern, wo schuldige Despoten den Hochverrat am Menschentum üben«. Ja er muß sich sogar das Bekenntnis abringen, daß er in dieser Hinsicht gezwungen ist, »die Meinung der Neuen Freien Presse zu teilen«.

Er will die Hochverräter am Menschentum vor ein Gericht stellen. Er hat im Angsttraum der Kriegsnacht seine Wunschträume von dem, was nachher sein wird, geträumt:

»Die Ort- und Zeitgenossen dessen, was da ausgesagt ist« (in den ›Letzten Tagen der Menschheit‹), »werden eben dafür, daß sie es waren, dereinst Rechenschaft abzulegen haben.« (April 1917.) – »Ich werde dahin wirken, daß jene, die dadurch oder davon gelebt haben, daß andere gestorben sind ... kenntlich gemacht werden, damit nicht mehr ›die Lust der Welt zur Kriegführung durch die Schriftsteller erhöht‹ werde, sondern die

Unlust der Welt an den Schriftstellern aufwachse zur Rache für unsere erschlagenen Freunde!« (Februar 1918.) – »... keiner ... möge auf den Frieden hoffen, weil ihm der vielleicht die Chance bringt, daß ich dann seinen Gruß auf der Straße erwidere. Nie wird für mich alles vorbei sein!« (Mai 1918.) – »Und« (ich) »werde, da sie alle schon, diese Macht- und Unrechthaber in der Nachbarschaft ihres Schicksals leben, dazu helfen, daß auch ihre Helfer ... die journalistischen Rädelsführer dieses blutigen Betrugs, die Dekorateure des Untergangs, die Rekommandeure der Leichenfelder, die unfaßbaren Berichterstatter dieses tragischen Karnevals dingfest gemacht werden.« (Oktober 1918.)

Er hatte schon 1916 seine Bereitschaft bekundet, »ein Kommando« zu übernehmen, »das die Front in das Hinterland verlegt«, von einer »Bewegung«, »Erhebung« und »Vergeltung« geträumt, deren Generalstabschef er sein Werk widmen oder »er selbst sein« will.

Er hat davon geträumt, vor ein Gericht zu stellen, zur Rechenschaft zu ziehen, dabei zu sein, dazu zu verhelfen, ein Kommando zu übernehmen oder selbst Generalstabschef der Reinigung zu sein ... er hat sich den Übergang zwischen »noch« und »schon« nicht fließend und gestaltlos, in Misere und Ohnmacht, sondern sehr konkret erträumt. Und er muß sich in seiner bis dahin erzwungenen und heroischen Ohnmacht nun, da ihm die Macht gebührte, verewigt sehen. Die Gnade der neuen Zeit ist darauf reduziert, daß vieles nicht mehr ist, und beruht nicht auf dem, was ist.

Er hätte gern direkten Einfluß, er möchte die Konsequenz des echten großen Kritikers ziehen helfen, daß es besser wird. Im neuen Staat wäre er am liebsten – und das ist unsagbar rührend – Intendant der bisherigen Hoftheater oder Burgtheaterdirektor geworden: »Es könnte ... die Frage laut werden, warum man für ein solches Amt« (des Intendanten) »nicht den Fähigsten aussucht, nämlich mich, dessen kleiner Finger ... auch ... ein besserer Burgtheaterdirektor« (ist) »und zudem ein besserer Schauspieler als das ganze Burgtheaterensemble seit zwanzig Jahren gewesen ist.« (August 1918.) Er weist die Möglichkeit selbstverständlich mit Hohn von sich und meint, daß sie ihm nur »ein letzter Respekt, der den sonst instinktverlassenen Instanzen mir gegenüber eignet, bisher erspart hat«.

Dieses »bisher« sagt deutlich, daß er hier einen Ausweg sähe, ein Zurückfinden zum Ausgangspunkt. Alles soll nur ein Umweg zum Theater gewesen sein. Was er als Publizist zu leisten hatte, ist geleistet und liegt hinter ihm. Er möchte, was jeder im Krieg möchte: nachher mit dabei sein, mitbauen an der neuen besseren Zeit.

Die gottverlassene Erste Republik hat keinen ihrer guten Geister an die gebührende Stelle und in das gebührende Licht gestellt, auch Karl Kraus nicht. Er geht aus dem Krieg in den Frieden, in Verbitterung, Enttäuschung, rastlos und ratlos, in immer peinigendere Vereinsamung.

Die Flucht zum Theater

Die Zeit um das Ende des Weltkriegs ist, wenn auch biographisch nicht so deutlich ablesbar, die zweite große Krise im Dasein und Wirken des Karl Kraus, ähnlich jener im Sommer 1901, als er Annie Kalmar verloren hatte und die ›Fackel‹ verloren schien.

Damals konnte er sich aus dem Reservoir seines extremen Selbstbewußtseins Kräfte holen und auf eine als gewiß empfundene Zukunft hin die Lage meistern. Jetzt muß ihm die Vergangenheit Kraft geben.

Damals war ihm Annie Kalmar vom Schicksal genommen worden. Jetzt verläßt ihn Sidonie von Nadherny freiwillig in vorschneller, später tief bereuter Abkehr. In dem noch ihr gewidmeten vierten Band der ›Worte in Versen‹ (erschienen im Dezember 1918) steht die Strophe:

Segen deinem stolzen Schritt
in die fernste Richtung!
Du nahmst meine Seele mit.
Ich bewahr' die Dichtung.

Das Gedicht ist ein Akrostichon, die Anfangsbuchstaben der Zeilen ergeben den Namen »Sidi«.

In dem Aphorismenband ›Nachts‹ (Januar 1919) steht der Satz: »Er war so unvorsichtig, ihr vor jedem Schritt die Steine aus dem Weg zu räumen. Da holte er sich einen Fußtritt.«

Der fünfte Band der ›Worte in Versen‹ (Januar 1921) ist »den Verlassenen« dediziert.

Die Kräfte zur Überwindung der zweiten Krise wurden gelähmt durch eine mit der Einzigartigkeit der Leistung verbundene, gleichfalls wahrhaftig einzigartige, sehr schmerzliche Echolosigkeit. Sie gehört zu der Leistung als ihr Bestandteil, sie ist verständlich und erklärlich, aber doch rätselhaft und geheimnisvoll.

Die Frage, ob das Ei oder die Henne zuerst da war, ist eine sterile Gedankenspielerei. Die sehr reale Frage ist ebenso unlösbar: ob zuerst der neue Antisemitismus da war und die Angehörigen eines Glaubensbekenntnisses veranlaßte, sich von ihren Landsleuten abzuwenden und als eigenes Volk zu fühlen, oder ob erst diese Absonderung und Unterscheidung die heftige neue Form des Antisemitismus als Reaktion auslöste.

Und wo ist Ursache und wo Wirkung: wenn Karl Kraus die Presse und die Literaturwissenschaft als korrupt und inkompetent verurteilte und von der Presse und der Literaturwissenschaft gar nicht oder unzureichend und übelwollend zur Kenntnis genommen wurde?

Hätte Goethe Herrn Alfred Biese als Idioten bezeichnet, er hätte nicht erwarten dürfen, daß Herr Biese ihn in seiner Literaturgeschichte als den größten deutschen Dichter bezeichnet, obwohl er dies sicherlich gewesen ist.

Es ist nachweisbar, daß die Zeitungen und die Literarhistoriker ihrem Sinn und ihrer Aufgabe zuwiderhandelten, was die Erscheinung und die Leistung des Karl Kraus betraf. Sie lieferten ihm unschätzbare Beispiele für die Berechtigung seines Kampfes, indem sie selbst Fakten unterschlugen. Die Erstaufführung der ›Büchse der Pandora‹ wurde totgeschwiegen, weil Karl Kraus sie veranstaltet hatte. Das Begräbnis Peter Altenbergs wurde totgeschwiegen, weil Karl Kraus die Grabrede hielt. Man wurde seiner literarischen Bedeutung nicht gerecht, jede Berichterstattung, jede historische Würdigung war allein am Modell Karl Kraus ad absurdum geführt. Nur beging Karl Kraus den Fehler, die Unterlassungen in eigener Regie gutzumachen, jetzt, nach dem Krieg, in maßloser Übersteigerung des schon zuvor maßlosen Selbstbewußtseins.

Er hatte in der ›Fackel‹ das Jahrhundert in die Schranken gefordert, am Beispiel der »Menschenopfer unerhört« und ihrer Parasiten – nachher ließ er ›Fackel‹-Hefte erscheinen, in denen ausschließlich oder vorwiegend von der ›Fackel‹ und ihrem Herausgeber die Rede war. Nicht mehr die Opfer der Weltkatastrophe, nein, Karl Kraus selbst war das »Opfer unerhört«, dessen sich Karl Kraus in erster Linie mit Hohn und Zorn und sprachlicher Meisterschaft annahm. Die Berechtigung steht außer Zweifel, die Argumente sind zwingend, die Form ist klassisch, und doch bleibt ein unaufgelöster Rest. Aus der ›Fackel‹ nach 1918 ist (die Lyrik abgerechnet) nur ein Buch gewonnen worden, aus den ›Fackeln‹ von 1899 bis 1918 fünf Bücher und drei Aphorismenbände.

Die ›Fackel‹ findet sich, wenn der »Nachruf« gehalten ist, nur zögernd in der neuen Phase zurecht. Sie setzt sich selbst und ihren Herausgeber und seinen Weg in zwanzig Jahren zu sehr voraus, sie wendet sich nicht mehr an die Welt, sondern an eine imaginäre, immer kleiner werdende »Gesellschaft der Freunde des Karl Kraus«. Sie ist auch nicht mehr Inbegriff seiner Wirksamkeit, sondern nur eine Begleiterscheinung.

Karl Kraus hat sich nie begnügt, wenn er auf der Spirale seiner literarischen Karriere einmal einer bestimmten Art der Äußerung und Selbstdarstellung mächtig war. Er war schon vieles gewesen und geworden, zuletzt auch noch das gute Gewissen einer bösen Zeit. Wohin soll die fällige neue Wendung führen?

Die erzählende Prosa ist ihm fremd und unbegreiflich. (»Einen Roman zu schreiben, stelle ich mir als ein reines Vergnügen vor. Nicht ohne Schwierigkeit ist es bereits, einen Roman zu erleben. Aber einen Roman zu lesen, davor hüte ich mich, so gut es irgend geht.« 1908.) – Er steht der epischen Kunstform »wie einem mir Unfaßbaren gegenüber«. 1909. – »Nur der Roman, das Sprachwerk außer der Sprache, das in vollkommenster Gestalt noch dem gemeinen Verstande irgend Halt und Hoffnung läßt, nährt heute seinen Mann.« 1911. – »Da ich infolge einer angeborenen Insuffizienz Romane nicht zu Ende lesen kann« (selbst Kleist und Heinrich Mann), da ihm »die letzte Lokalnotiz oder deren Dichter Peter Altenberg stets unendlich mehr gesagt hat als jene Werke einer Kunstform, die, wie keine andere, der Sprachschöpfung zugunsten von allem anderen, was nichts mit der Sprache zu schaffen hat, wie Bericht und Psychologie, entraten kann und in deren unkontrollierbarer Weite die wirkende Persönlichkeit abdiziert«. 1921.

Zwar berichtet er, er habe den ›Hochwald‹ Adalbert Stifters, »aus dem die deutsche Sprache nicht mehr herauswill«, »wieder einmal« gelesen. Aber das Werk Stifters ist nicht in sein literarisches Fixsternsystem einbezogen, ebensowenig die erzählende Prosa Goethes oder Gottfried Kellers oder Conrad Ferdinand Meyers, von denen man sich vorstellen könnte, daß sie Karl

Kraus etwas zu sagen gehabt hätten, wäre es auch nur als Gegenbilder gegen den Feuilletonismus seiner Zeit. Er hat nichts gegen Hermann Hesse einzuwenden, die gegenseitige Schätzung aus der Distanz ist unverkennbar, aber auch die Prosa Hesses hinterläßt in der ›Fackel‹ keine Spur. Nur Jean Paul taucht immer wieder auf. Doch das Erzählende verschließt sich ihm.

Er ist auch in der Philosophie nicht recht zu Hause, er fühlt sich Schopenhauer verbunden, er setzt sich gelegentlich mit Nietzsche auseinander (dies aber mehr wie mit einem Konkurrenten), verehrt in Kant nur den Pazifisten, zitiert von Kierkegaard nur Ausfälle gegen den Journalismus.

Er gesteht, daß er von der bildenden Kunst wenig weiß und mit ihr nichts anfangen kann. (»Meiner Ahnung ist das Geheimnis unerschlossen, aus dem der Genius in zeitbedingten, zeitverfallenen Materialien seine Welt ersinnt ...« 1919.) Er fühlt sich nur durch gleichartige Gesinnung und gleichgestimmtes Außenseitertum mit Adolf Loos und Oskar Kokoschka verbunden.

Er hat keinerlei Beziehung zur Musik, weder zur absoluten noch zur dramatischen. Als es um die Oper ›Salome‹ geht, äußert er sich nur über das Textbuch und meint von der Musik: »... ich kenne sie nicht und verstünde sie nicht.« (1907.) Er sagt einmal ironisch: »Wäre mir zu allen Flüchen auch noch der Sinn für Musik gegeben ...« Auch auf diesem Gebiet ist er nur in der Parallelität der Haltung und des Schicksals mit den von Österreich verbannten Österreichern Schönberg und Berg und später Křenek verbunden. Doch er war dem Wesen der Musik nicht aufgeschlossen. Als er einmal einen von Křenek begleiteten Liederabend besuchte und mit äußerster Bereitschaft auf sich wirken ließ, gestand er nachher, wie Křenek berichtet, daß er nicht einmal mit Schubert-Liedern etwas anfangen konnte, am ehesten hatte er noch ›Bei dir‹ verstanden, »ein Lied, das gewisse couplethafte Züge aufweist«.

Schon diese blinden Flecke sind seltsam; doppelt seltsam aber ist, daß Karl Kraus auf beiden Gebieten am Rande dilettierend produktiv war. Er liebte es, Karikaturen zu zeichnen, er »komponierte« sozusagen Coupletstrophen. Sein Element war das Theater, jedoch mit Ausschluß der Oper, seine Musik war die wienerisch vorstädtische der Volkskomödien und Operetten. Allerdings verstieß er hier gegen die Pietät und Authentizität, die er sonst stets bewahrte und forderte. Er verwarf manche der klassischen, durchaus stimmenden Originalmusiken Adolf Müllers zu Nestroy-Couplets und ersetzte sie durch Neukompositionen (»Musik nach Angabe des Vortragenden«

stand dann auf dem Programm) eigener Erfindung oder von Franz Mittler.

So blieb denn nur, da alles andere ungangbar oder schon begangen war, nur und immer wieder, von Anbeginn bis an das Ende, das Theater, und es öffnete sich bald (schon 1921) noch ein letzter, sehr produktiver Weg, dem tagtäglichen Stoff bleibende Gestalt zu geben: die Sprachlehre.

Die Politik, der er sich versagt und die ihn zu sich gezwungen hatte, lief neben ihm und bedrängte ihn und war nicht zu packen, wie sehr er mit ihr und um sie rang, sie war Ursprung und Ziel und sah ihn stets unterwegs, bis er sich ihr im tragischen Fragment seines Abschieds vom Wort auslieferte und alles, was er gewesen war, krönte und vollendete, indem er ihr das letzte Wort gab.

Zunächst aber hatte er nach seinem Drama wider Willen, den ›Letzten Tagen der Menschheit‹, das große zweifache Abenteuer mit dem Theater zu bestehen. Er gab den Tag und die Tagtäglichkeit nicht preis. Er war zu sehr Publizist, um die ›Fackel‹ entbehren zu können, aber er schuf sich ein Gegengewicht im Verfassen und im Reproduzieren dramatischer Texte.

Als ›Die letzten Tage der Menschheit‹ für die Buchausgabe in ihre endgültige Fassung gebracht worden waren, erschienen: ›Literatur‹ (1921), ›Traumstück‹ (1923), ›Wolkenkuckucksheim‹ (1923), ›Traumtheater‹ (1924), später (1928) ›Die Unüberwindlichen‹.

Nachdem er schon im Krieg als Vorleser über die eigenen Schriften hinaus zu Shakespeare, Hauptmann, Goethe, Raimund und Nestroy gefunden hatte (die Anfänge der Jünglingszeit mit den ›Webern‹ wieder aufgreifend), schafft er sich nun ein großes dramatisches Repertoire im »Theater der Dichtung«, das auch ein Traumtheater ist, das ihm in der Andeutung des Vortragssaals das unerreichbare dreidimensionale Theater ersetzen muß.

Traumtheater

›Literatur‹ ist eine grandiose Satire, aber kein Theaterstück. ›Traumstück‹, ›Wolkenkuckucksheim‹, ›Traumtheater‹ und ›Die Unüberwindlichen‹ sind aufführbar, aber mißglückte Bühnenwerke.

In der magischen Operette ›Literatur oder Man wird doch da sehn‹ sind aller Spaß und aller sublim satirische Humor konzentriert, die in der Nachkriegs-›Fackel‹ nur noch selten auftauchen. Der Kämpfer wird zum lächelnden Richter, er steht nicht Auge in Auge mit seinem Objekt, sondern hoch über ihm.

An eine Aufführung ist von vornherein nicht gedacht. ›Literatur‹ soll nur gelesen und vorgelesen werden. Ein zweites Mal wird hier eine zeitgenössische Wiener Literatur demoliert, doch nicht mehr indem sie kritisch glossiert ist, sondern indem sie sich manifestiert: wieder in einem Kaffeehaus, einige Häuser weiter von der Stätte des alten »Griensteidel«, in der Herrengasse, im ehemaligen Café Central.

Hier vollzieht sich das Treiben der »Bacchanten« und »Mänaden«, man spielt Schach und Tarock, »ein Winkel weist nomadenhafte Häuslichkeit auf«, junge Leute schreiben, dichten, malen, zeichnen, dazwischen »verrichten Mädchen häusliche Arbeiten...«.

Das Zentrum dieser Sphäre bildet eine bürgerliche jüdische Familie: Vater, Sohn, Schwester, Cousin, Onkel, ein entfernter Verwandter, der Großvater.

Der Sohn ist Franz Werfel und heißt daher Johann Wolfgang. Der Cousin ist Georg Kulka und heißt daher Johann Paul.

Karl Kraus hatte eine Vorliebe für das Vergleichen seiner Gegner mit Goethe. Er hat schon bei Bahr den Vergleich zwischen Urfahr und Weimar durchexerziert und nach mehr als zwei Jahrzehnten von Bahr behauptet, in seiner im ›Neuen Wiener Journal‹ allsonntäglich erscheinenden Rubrik »Tagebuch« heilige er den Sonntag damit, »daß er Eckermanns Gespräche mit sich selbst führt«. Er hat auch Hofmannsthal immer wieder mit Goethe verglichen. Das tertium comparationis war in beiden Fällen die dichterfürstliche Attitüde. Werfel hingegen hat in seinem unsäglichen ›Spiegelmensch‹ unter anderem mit Goethe-Anklängen nicht gespart, und so kann Karl Kraus einleitend sagen, das Verständnis der Vorgänge erschließe sich nur jenem Leser, »der den ›Faust‹ so gut kennt wie der Dichter der magischen Trilogie ›Spiegelmensch‹«. Er setzt den Text einiger ›Spiegelmensch‹-Zitate voran und voraus und dazu die Vertrautheit mit Goethe. Und es läuft ein herrliches mixtum compositum von Expressionismus, Kommerz, Kaffeehaus und ›Faust‹ ab, eine unerbittliche Satire auf die Betriebsamkeit der Literaten und ihre verständnislosen Familien; Zeitungsjargon, Gejüdel und verstiegener Snobismus sind köstlich amalgamiert: ein olympischer Kabarettscherz mit tieferer Bedeutung.

»Der Cousin« trägt sein Gedicht vor:

. . .
Gott ragt himmeldurch.
Ausgezackte Lichtung hämmert opalen.
Geballtes wuchtet.
Gestuftes tönt Besinnungsgipfel.
Morast steilt.
Schwester du!
Aufdunsten.
Rosenthal!
Und.

Der Vater: No und?
Die Tochter: Gott wie geballt!
Erste Freundin: Gott wie gestuft!
Zweite Freundin: Gott wie gesteilt!
Dritte Freundin: Gott wie geklemmt!

Und der Vater, der in Versen spricht:

Das nennt man dichten, sag mir? Treff ich auch!

Die politische Haltung wird einbezogen:

Jedes zweite Wort is:
er stürmt! Was stürmt er sag mir? Muß er stürmen?
Im Krieg war Ruh. Im Kriegspressequartier,
hätt einer sich erlauben sollen und stürmen,
da warn sie still. Kaum war Revolution
hat er sich eingelassen gleich und stürmen
hat Gottbehüt er wolln den Bankverein!

(Franz Werfel, der »Roten Garde« nahestehend, hatte in einer Rede zum Sturm auf den Wiener Bankverein aufgefordert.)

Im Kontrapunkt zur Familie begeben sich große Gespräche der »Mänaden« und »Bacchanten« im Jargon der Zeit:

»Die schöpfungsbejahende Kreatur muß erstehen. Sie, die nur Freude atmet und deren Sich-im-andern-Erleben die dumpfe Frage löst des: Woher-Warum-Wohin? Denn im Bewußtwerden der ewigen Göttlichkeit ist Ewigkeit. Ist Ziel, Weg, Erfüllung.« – »Ich schwanke noch, ob ich mich dem Neokatholizismus anschließen soll oder dem Zionismus. Ich bin durch Kierkegaard hindurchgegangen, aber jetzt korrespondiere ich mit

Haas, ob ich mich auf den Weg begeben soll, der wahrscheinlich doch zur Erlösung führt.« – »Indem ich ... vom eigenen unerlösten Wesen singe, löse ich höhere Energien aus und betrete, Sünder und Priester in einem, Neuland der Seele.«

Franz Blei, »ein Abt der Roten Garde«, tritt auf mit dem Ruf: »Es lebe der Kommunismus und die katholische Kirche!« Stefan Zweig, Thomas Mann, Max Brod, Fritz von Unruh und andere werden in die Gespräche einbezogen, die immer wieder zwischen dem Kosmos und dem Kommerz, zwischen Goethe und Gegenwart oszillieren, meist das Höhere in Prosa, das Banale im Vers abhandelnd.

Die Satire wäre aber nicht hintergründig genug, sozusagen nicht abendfüllend – und auch nicht von Karl Kraus –, wenn er nicht auch sich selbst mit ins Bild nähme. Das Kaffeehausgespräch wendet sich ihm zu, die anwesenden Bürger und Literaten einigen sich in gemeinsamer Gegnerschaft zu einem Crescendo der Protestrufe »gegen ihn«: »... ›Ich signiere 50 Exemplare eigenhändig gegen ihn!‹ – ›S. Fischer is gegen ihn!‹ – ›Kiepenheuer is gegen ihn!‹ – ›Rowohlt is gegen ihn!‹ – ›Alle haben eine Wut auf ihn!‹ – ›Ich bin ein glühender Verehrer gegen ihn!‹ – ›Alles, was ich schreib, is gegen ihn!‹ – ›Ich bin ein Dreck gegen ihn!‹«

Und dann erhöht sich das Geschehen, indem eine neue Figur erscheint und »mitten unter die Jugend« tritt: Schwarz-Drucker, der Repräsentant der Großmacht Presse, ein ins sublim Operettenhafte übersetzter »Herr der Hyänen«. Er hält eine leitartikelnde Ansprache und stellt die Verbindung von Literatur und Presse im Zeichen der Gegnerschaft gegen Karl Kraus her und singt das ›Lied von der Presse‹, einen der größten satirischen Texte von Karl Kraus, der sich hoch über die Anlässe von Kaffeehaus, Expressionismus, Salonbolschewismus und Snobismus erhebt. Das Lied von der Presse, die »bringt«, ist auch auf der Karl-Kraus-Schallplatte festgehalten, sie ist eine Lieblingspiece seiner Vorlesungen gewesen, der Inbegriff seines lebenslangen Kulturkampfes in genialer Konzentration, eine Umkehrung des Schöpfungsmythos:

Im Anfang war die Presse
und dann erschien die Welt.
Im eigenen Interesse
hat sie sich uns gesellt.

Nach unserer Vorbereitung
sieht Gott, daß es gelingt,
und so die Welt zur Zeitung
er bringt.

Die Welt war es zufrieden,
die auf die Presse kam
. . .

Man »bringt« auch, was sich nicht ereignet – die Welt bringt der Presse ihren Glauben – das, was sie schreibt, bringt der Presse etwas – der Henker Presse bringt die Gelehrten und Denker »hoch hinauf« . . .

. . . Schwarz ist es wie die Hölle,
die auch von Schwefel stinkt,
wohin an Teufels Stelle
man bringt!

Nun erscheint Karl Kraus selbst als »Spiegelmensch«. In einem großen Monolog münzt er das expressionistische Vatermordklischee auf seine abtrünnigen Verehrer à la Werfel, Ehrenstein, Kulka und vernichtet Werfel im Ton des »Faust«:

Er kann bei Gott auch hohe Worte machen,
doch kommt der Tag, wo ihn sein Kreis verhöhnt,
sein Pathos bringt sie dann gewiß zum Lachen,
sobald sie merken, daß es vorgetönt;
sie finden nichts Apartes und nicht die Spur
von einem Geist, und alles ist Dressur;
und daß an allem, was er faustisch trieb
ein gutes Ohr weltfreundlich hängen blieb,
um von Damaskus bis zu jenen Müttern
sich mit Bedeutung einmal vollzufüttern,
von Klängen und Symbolen aus Peer Gynt,
vom reichen Erbe jenes andern Strind-
berg, so verbündet durch das Wort: Wir sind.

Der »Spiegelmensch« zerspringt (wie im Original Werfels), »ein Waschzettel« tritt auf und preist die neuen Dichtungen an, das glückliche Ende ergibt sich in der Versöhnung von Kommerz und Kultur; die Entwicklung Werfels vom Weltfreund zum

Leihbibliotheksklassiker wird (1921!) prophetisch vorweggenommen. »Der Sohn« soll nicht in das väterliche Geschäft eintreten, denn:

. . .
Wird im Geschäft er heut sich was verdienen?
Verdienen kann er heut nur mit der Kunst,
denn nur die Kunst ist heute ein Geschäft!

. . . und wie Pastor Göze durch Lessing unsterblich wurde, ist alles, was von Franz Werfel lebendig bleiben wird, dieses sein Bild in der magischen Operette von Karl Kraus. Auch hier bediente sich ein Text, wie die ›Letzten Tage der Menschheit‹, der dramatischen Form wieder nur als Mittel und gelang darum perfekt, wenn auch jenseits der Bühnenwirklichkeit.

›Wolkenkuckucksheim‹, ein »phantastisches Versspiel in drei Akten auf Grundlage der ›Vögel‹ von Aristophanes«, war durchaus im Hinblick auf die Bühne konzipiert und wohl ein glückhaftes Stück Arbeit (wie ›Literatur‹), im Rausch freudiger Abkehr vom publizistischen Tagewerk (das bei Karl Kraus Nachtwerk war); anders wäre die Niederschrift »Ende Juni bis Mitte Juli 1923« nicht zu verstehen. Das Schaffen war für Karl Kraus Befreiung, doch das Ergebnis wurde enttäuschend.

Karl Kraus hat ›Wolkenkuckucksheim‹ in Wien, später auch in Berlin vorgelesen, er hat 1930 »die republikanische Theaterwelt« attackiert, »die, über dramatische Not klagend, an einem republikanischen Weihespiel vorübergegangen ist«, er wollte also, erstmals direkt und abendfüllend, die Bühne erreichen, und ist ein erstes Mal gescheitert.

›Wolkenkuckucksheim‹ erreicht nicht die Synthese von antiker Komödie und zeitnaher Anspielung, von Poesie und Satire. Die Sprache, wenn auch reich an poetischen Augenblicken und witzigen Einfällen, bleibt in glatten, gereimten Versen meist farblos-geheimnislos; zuviel Vordergrund ist in diesem Dreiakter, als daß er vor seinem großen klassischen Vorwurf erneuernd bestehen könnte.

Die Methode ist durch und durch traditionell und wurzelt im alten Wiener Volkstheater, wo schon lange vor Offenbach antike Motive travestiert wurden (›Jupiter in Wien‹).

So ist es klar, daß Athen nicht Athen ist, sondern Wien bedeutet, und daß man alsbald der Redensart »Der Athener geht nicht unter« begegnen wird.

Alle nur denkbaren Repräsentanten des Vogelmilieus sind natürlich einbezogen: die Vogelperspektive, das Vogelhirn, der Galgenvogel, die fremden Federn, die Schwalbe, die noch keinen Sommer macht ... Ein Psychoanalytiker sagt: »Seine einzige Freud wär', ein Adler zu sein«, »die Wildgans« schreibt einen Prolog.

Die ersten beiden Akte folgen dem Original einigermaßen getreu. Ratefreund und Hoffegut fliehen aus Athen und veranlassen die Vögel, einen Vogelstaat zu gründen und sich gegen die Götter zu stellen. Es paßt ihnen im republikanischen Nachkriegsathen nicht mehr, trotz dem »stabilisierten Obolus«, wobei sie deutliche reaktionäre Anspielungen gegen das sozialdemokratische Wien machen; sie sind gegen den Achtstundentag und die Arbeitslosenunterstützung, sie sind »Athener Blut«:

»Wir können nur zu unserm Herrgott beten,
er schütze uns vor Pest und vor Proleten.«

Die Nachtigall ruft die Vögel zusammen, die Gründung wird beschlossen, und ein wahrhaft poetischer Gesang der Nachtigall beendet den ersten Akt:

Ihr Menschenkinder, seid ihr nicht Laub,
verweht im Wald,
ihr Gebilde aus Staub,
und vergeht so bald!
Und wir sind immer.
...
Wir Vögel, vor den Göttern erwacht,
der Tiefe entstammt,
wir Enkel der Nacht,
vom Tag überflammt,
wir sind die Liebe!

Im zweiten Akt ist die Gründung der Stadt Wolkenkuckucksheim vollzogen. Ein Dompfaff als Priester will opfern, der Rabe und die Krähe fressen den Opferkorb leer. Ein Journalist kommt und bietet sich an, ein »Neutöner« kommt und bietet expressionistische Lyrik an, dann erscheint der »Weltfreund« mit einer neuerlichen Werfel-Parodie, ein Hellseher bietet sich an, es wird von einem Streit zwischen modernen (Wiener) Architekten berichtet, der eine (Loos) ist gegen Ornamente, der andere (Hoffmann)

»... rief: Der Vogel fresse oder sterbe,
frißt er aus Tellern nicht vom Kunstgewerbe!«

Ein »Ornitosoph« tritt auf als Überwinder der Theosophie und Anthroposophie (»die besten Schnäbel werd'n auf Steiner beißen«), ein Psychoanalytiker erscheint mit einem »ungeratenen Sohn«, nach ihm ein Völkerbundskommissar, schließlich bringt die Taube eine goldene Krone für Ratefreund. Sie berichtet über die Zustände bei den Menschen:

Sie leben und sie sterben, um zu fressen,
die blut'gen Opfer haben sie vergessen,
und Blut und Geld sind ihre Hauptintressen.
Scheel wird man angesehn als Friedenstaube,
die Botschaft hören sie, es fehlt der Glaube.

Sie erzählt von der Kunst, vom Theater, vom Journalismus, von der Politik auf Erden und vom Vorherrschen der Juden, es sind

»... alle da, die Adler, Hahn und Geier,
Rab, Wachtel, Fink und Falk, Specht, Sperber, Storch und Strauß.
Ich fühlte demgemäß mich alsbald wie zuhaus.«

Schließlich erscheint Iris, die Götterbotin, fordert im Namen der Götter zum Gehorsam auf und wird verjagt.

Der dritte Akt entfernt sich vom Original und bringt im Bericht vom Krieg gegen die Götter einen zweiten Aufguß der ›Letzten Tage der Menschheit‹; es herrschen Not und Elend, die »Aasgeier« triumphieren in der Stadt, die bekannten Phrasen ertönen (»Gott strafe Zeus!«), es gibt direkte Anspielungen auf die ›Letzten Tage‹, vier Hähne begrüßen einander mit »Servus« wie an der Sirk-Ecke, Raben rufen Extraausgaben aus, man huldigt dem Feldherrn Flamingo von Fahnenfeld, und schließlich erscheinen zwei Helfer, ein monarchistischer und ein nationaler mit (1923!) makabren prophetischen Versen des zweiten:

...
Es gibt ein Zeichen, das den Sieg verbürgt
und auf den innern Feind zerschmetternd wirkt.
Bringt ihr's auf sämtlichen Kreuzschnäbeln an,
dann greift ihr von selbst zu den Gummiknütteln,
um die Reste der Fremdherrschaft abzuschütteln.
Wenn ihr es noch nicht wißt, sei's auch gesagt:
der Terror ist es, was mir stets behagt;

und um ihm noch beizeiten vorzubaun,
braucht man mit Knütteln nur herumzuhaun.
Ihr werdet sehn, es wirkt ernorm,
das Kreuz gewinnt die Hakenform.

Hier weitet sich die Dimension zur Ahnung des Zweiten Weltkriegs, in dem »Wotan spielend fertig wird mit Zeus«.

Schließlich verkündet der Kuckuck den Untergang, ein Telegramm aus Athen wird gebracht, Perikles fordert die Auslieferung von Ratefreund und Hoffegut, wenn auch in gewundener, kompromißbereiter (sozial-demokratischer) Phraseologie, das Spiel der beiden Gründer ist aus, sie werden Memoiren schreiben, und die Lerche spricht den Epilog:

...
Wir sind erwacht. Behüten wir das Glück.
Wir träumten Macht. Wir leben Republik.
...
So heimzukehren, ist der größte Sieg;
so stehn wir auf zum Schwur: Nie wieder Krieg!
...

Ein großer Entwurf, ein dichterisch und politisch bedeutendes Konzept ist da gescheitert – und nicht nur an den kleinen ephemären Anspielungen, sondern auch an der Sprache, die viele Strecken lang allzu beiläufig dahinfließt. Das Drama versagt sich und wird wieder nur Vorlesetext.

Zwischen ›Literatur‹ und ›Wolkenkuckucksheim‹ war das einaktige Spiel ›Traumstück‹, kurz nach ›Wolkenkuckucksheim‹ war das einaktige Spiel ›Traumtheater‹ geschrieben worden.

Zur Feier des fünfzigsten Geburtstags ihres Autors und zur Vollendung des fünfundzwanzigsten Jahres der ›Fackel‹ wurden beide Stücke im März 1924 in Berlin (Lustspielhaus) und im April 1924 in Wien (Neue Wiener Bühne) je siebenmal aufgeführt, in Berlin als Veranstaltung der »Truppe« Berthold Viertels, in Wien als Veranstaltung der (sozialdemokratischen) Kunststelle. Berthold Viertel war Regisseur. Beide Male spielte in beiden Stücken Lothar Müthel den Dichter, Cäcilie Lvovsky die Schauspielerin (im ›Traumstück‹ Imago), in Berlin wirkten Friedrich Domin, Leonhard Steckel, Heinz Hilpert mit, in Wien Carl Goetz, Oskar Homolka. Beide Male hielt Berthold Viertel zu Beginn eine Fest- und Glückwunschrede an Karl Kraus.

Im Februar 1923 hatten in derselben Neuen Wiener Bühne zwölf Nachtvorstellungen des Epilogs ›Die letzte Nacht‹ stattgefunden. Regie führten Karl Forest und Richard Wiener, unter anderen wirkten mit: Maria Eis, Cäcilie Lvovsky, Karl Forest, Oskar Homolka; Karl Kraus, der auch an der Regie beteiligt war, sprach die »Stimme von oben« und, wegen Erkrankung eines Darstellers, in der letzten Vorstellung auch den »Herrn der Hyänen«.

Das Ensemble gastierte mit der ›Letzten Nacht‹ an zwei Abenden in Brünn. Ein auf drei Abende berechnetes, schon fix abgeschlossenes Gastspiel in Prag scheiterte an Kabalen und Intrigen.

So war es Karl Kraus vergönnt, dort als Autor zu erscheinen, wohin es ihn mit allen Kräften gezogen hatte und zog.

Die Aufführung der ›Letzten Nacht‹ war ein Kompromiß mit den organischen Tücken eines laufenden Theaterbetriebs – die Aufführungen unter Berthold Viertel waren, Widerständen zum Trotz, geglückte Ausnahmefälle. Karl Kraus wurde gefeiert, er sah und erlebte sein Werk in der szenischen Realisierung, aber er gastierte nur; und was sich manifestierte, war zweifellos immer wieder mehr das Bekenntnis eines bewundernden Auditoriums zu ihm und seinem Geist als ein echter, regulärer Theaterabend. Denn ›Die letzte Nacht‹ (sie wurde auch 1924 – zum Gedenken an das vollendete Jahrzehnt seit dem Kriegsausbruch – als geschlossene Veranstaltung für die sozialistischen Arbeiter, trotz Kabalen und Intrigen und Fehden im Neuen Stadttheater, Teplitz-Schönau, und am 17. Juni 1945 im Wiener Volkstheater aufgeführt) ist mehr lyrische Reportage als bühnengerechtes Drama. ›Traumtheater‹ ist ein dramatisches Impromptu und ›Traumstück‹ eine dramatische Phantasie. Und immer liegt der Reiz und das Besondere in den Gedanken, in der Sprache, nicht im Dramatischen. Alle seine Bühnenwerke widersprechen dem, was Karl Kraus vielfach als das wesentliche Element des Theaters erkannt hat, sie fordern dem Schauspieler das Wort ab, statt ihm nur das Stichwort für seine Persönlichkeit zu geben.

Der Traum ist ein Grundmotiv bei Karl Kraus, der immer wieder vom Einschlafen, vom Erwachen, vom Träumen spricht. Er hat seinen assoziativen ›Traum ein Wiener Leben‹ und andere Traumgesichte zu Wort gebracht, er hat ›Wolkenkuckucksheim‹ zwischen den Tag und die Nacht, zwischen Lerche und Nachtigall gestellt, er pflegte nachts zu arbeiten und den Tag zu verschlafen, so wurde ihm die Nacht zum Tag und der Tag zur Nacht, das Theater war ihm Traum, und der Traum wurde ihm Theater.

Er nimmt sich auch im ›Traumstück‹, wie im ›Traumtheater‹, mit in das Spiel hinein: der Dichter sitzt am Schreibtisch, monologisiert, verfällt in Halbschlaf. Es erscheinen ihm drei Masken, Gesichter der Nachkriegszeit, die Vision eines Mannes im Gürtelpelz mit dem Fuß auf einem toten Soldaten ohne Kopf, dann Feldherr, Techniker und Journalist Arm in Arm, ein tuberkulöses Kind, Zinsfuß und Valuta, Foxtrott tanzend ... er träumt, daß er fliegt und zu Boden stürzt, dann erscheinen die drei »Psychoanalen« und singen ein großes Couplet, der Dichter ringt sich aus diesem Alptraum in reinere Gefilde durch, Imago spricht ihre holden Verse zur zarten Offenbach-Musik, der Traum selbst wird zur Figur und führt den Dichter zur Wachheit, der Dichter hört von draußen morgendliches Teppichklopfen, und sein Schlußmonolog nimmt das Nachkriegsmotiv der Dichtung noch einmal ganz stark auf:

...
Und gab die Welt ihr Blut, um zu erhalten
den Idealbesitz der Mißgestalten?
Wär' hier Gewalt nicht frommen Werkes Walten?
Frommt der beraubten Welt des Räubers Ruhe?
Wann ruft Natur zu reiner Rache Schwur!
Wann endlich putzt das Pack Proletenschuhe,
die schmutzig sind vom Tritt in die Kultur!
O Gott, wenns einmal so am Fenster dröhnt,
dann weiß ich erst, wofür das Blut vergossen,
dann erst, wofür der Mütter Tränen flossen –
und mit dem Leben bin ich dann versöhnt!

Wie in ›Wolkenkuckucksheim‹ ist auch hier seine Grundhaltung die seines »Umlernens« am 1. August 1914: utopischer Sozialismus.

Und wie in ›Literatur‹ ist das Kernstück des Dramas ein großes satirisches Couplet, das Karl Kraus immer wieder gern als »Einzelnummer« vorgetragen hat (die Musik nach seinen Angaben).

Die drei »Psychoanalen« treten in seinen Traum ein, den sie sich zu eigen machen wollen. Über Karl Kraus und Sigmund Freud ist später noch manches zu sagen. Hier nur soviel, daß dieses Couplet von großer Witzigkeit Ausdruck einer lebenslangen Gegnerschaft, weniger gegen Sigmund Freud als gegen die Psychologie und die Psychoanalyse, ist:

Man färbt jetzt die Bäume,
wir töten die Träume,
wir treten durchs Tor.
Es welken die Wiesen,
es gibt Analysen,
uns macht man nichts vor.
...
Der dort und die do
haben eine Libido,
wir wissen es wohl.
Er reicht ihr ein Messer,
wir wissen es besser,
es war ein Symbol.

Muß eine stets niesen,
da ist bald bewiesen,
wie sie dazu kam.
Sie war als Säugling im Zimmer,
als der Großvater immer
die Großmutter nahm.
...
Ihn (den Patienten) krank zu bewahren
bis in hundert Jahren,
das ist uns ein Spiel.
Sind Satyrn und Sylphen
Zwangshandlungsgehilfen,
bleibt er schön infantil.
...
Wer nicht abreagiert hat
oder sonst sich geniert hat,
zahlt fürchterlich drauf.
Mit Traumen und Träumen
gilts aufzuräumen.
So wachen sie auf.
...

Und antithetisch zu dem Eingriff der Naturwissenschaft in den Geist kommt nach diesem Trio das Verse sprechende Bild und hat als Namen den psychoanalytischen Terminus »Imago«.

Auch im ›Traumstück‹ spannt sich wieder, wie so oft bei Karl Kraus, der große Bogen zwischen hoher Dichtung und derbem Bänkel: wienerisches Theater nach dem hohen (von

Karl Kraus meines Wissens nie gewürdigten) Vorbild der ›Zauberflöte‹.

Der große Widerspruch ist evident. Karl Kraus wußte, daß Theater im Zwischenreich von Kunst und Kunstgewerbe siedelt, daß der Schauspieler sich gegen den Text erfüllen soll; Theater war für ihn Scribe und Sardou, »Narziß« und »Kean«, war die geniale Verwirklichung Girardis über den Anlaß hinaus. Und doch schrieb er für das Theater sakrosankte, vom Wort her konzipierte Texte, bei denen es ihm auf jede Silbe ankam. Er hat das Wesen des Theaters erkannt, hat aber gegen diese Erkenntnis für das Theater, also eigentlich gegen das Theater geschrieben, immer für ein Traumtheater, ein Wolkenkuckucksheim-Theater; so mußte er scheitern und die Andeutung des Vortragssaales gegen die erträumte Wirklichkeit setzen.

Er hat aber weitergeträumt. Er hatte ›Die letzten Tage der Menschheit‹ ausdrücklich für unaufführbar, einem »Marstheater« zugedacht, erklärt und Max Reinhardt und anderen die Aufführungserlaubnis verweigert. Aber er hat eine ausdrücklich als solche bezeichnete »Bühnenbearbeitung« seiner Tragödie hergestellt und an je zwei Abenden 1930 in Wien, Berlin, Prag und Mährisch-Ostrau vorgelesen.

Er hat noch ein abendfüllendes Theaterstück geschrieben: ›Die Unüberwindlichen. Nachkriegsdrama in vier Akten.‹ Wieder ist der Versuch unternommen, die vertane Chance der Republik darzustellen, der Kriegstragödie die Nachkriegstragödie folgen zu lassen. Doch ›Die Unüberwindlichen‹ sind kein großes Panorama einer Welt, sondern nur ein Schlüsselstück; sie stellen eine (gewiß bedeutende) Affäre dar, aber gleichsam als dramatisierte ›Fackel‹, auf der Basis realer, allzu realer Fakten. Da ist nicht der schäbig-grausige Konnex von Schiebertum, Revolverjournalismus und Polizei an sich Gegenstand des Stücks, sondern es sind die gegenständlichen Erfahrungen des Herausgebers der ›Fackel‹ (Arkus, Herausgeber des ›Pfeil‹) mit dem Großfinancier Camillo Castiglioni (Camillioni), dem Bankpräsidenten Bosel (Lobes), dem Zeitungsherausgeber Békessy (Barkassy), dem Polizeipräsidenten Schober (Wacker), dem christlich-sozialen (trinkfreudigen) Finanzminister Kollmann (Vollmann) abgehandelt und abgewandelt. Da beginnen die Akte wieder in der alten Wiener Weise mit Chören oder Ensembles, da gibt es große (aber zu lange und zu wortreiche) Szenen mit einzelnen herrlichen Pointen, da ist wieder ein großes Couplet der Höhepunkt (das Lied des Polizeipräsidenten), doch die angestrebte Wirkung bleibt aus, die dramatische Machart ist, brutal gesprochen, dilettantisch und streckenweise nur ein Protokoll tatsächlicher Vorgänge und Gespräche; der volle Effekt ergab sich vor allem nur bei der Vorlesung durch den Autor.

›Die Unüberwindlichen‹ erreichten das Theater. Am 5. Mai 1929 fand in Dresden die Uraufführung durch das »Studio Dresdner Schauspieler« unter Leitung von Paul Verhoeven statt. Da Camillo Castiglioni mit einer einstweiligen Verfügung gedroht hatte, mußte der dritte Akt, in dem »Camillioni« auftritt, im letzten Moment gestrichen werden. Karl Kraus las den Akt noch am selben Abend nach der Vorstellung in Dresden vor.

Am 20. Oktober 1929, vormittags, spielte die »Berliner Volksbühne« unter der Regie von Heinz Dietrich Kenter ›Die Unüberwindlichen‹ mit Peter Lorre (Barkassy), Hans Peppler (Wacker), Leonhard Steckel (Hofrat Veilchen), Ernst Ginsberg (Arkus), Kurt Gerron (Camillioni). Die vorgesehenen weiteren Aufführungen in der (sozialdemokratischen) Volksbühne unterblieben auf Grund einer Demarche der österreichischen Gesandtschaft. (An dieser Intervention waren außer dem rechtsstehenden Schober auch österreichische Sozialdemokraten beteiligt.)

Am 7. November 1931 wurden ›Die Unüberwindlichen‹ im Komödienhaus, Leipzig, als Vorstellung des Arbeitertheaters gespielt.

Auf Grund der Vertragslage war die Berliner Volksbühne zu einer Wiederaufführung der ›Unüberwindlichen‹ verurteilt worden. Diese fand am 13. Dezember 1931, vormittags, als Gastspiel des Leipziger Komödienhauses statt.

Vorher, gleichsam als Sühne und Demonstration anläßlich der überwundenen ›Unüberwindlichen‹, war in Berlin am 15. Januar 1930, nachts, als Veranstaltung der »Versuchsbühne« unter Leitung von Heinrich Fischer im Theater am Schiffbauerdamm ›Die letzte Nacht‹ aufgeführt worden. Regie: Leo Reuß, Musik: Hanns Eisler; mit Margarete Melzer, Agnes Straub, Erich Ponto, Ernst Ginsberg, Hans Hinrich, Hans Schweikart, Theo Lingen, Leo Reuß und anderen.

Ein letztes Mal stand Karl Kraus auf einer Bühne, einer echten Bühne, und dankte für Applaus. Ein letztes Mal, lange nach Mitternacht, war sein Traumtheater wirklich geworden. Das Gastspiel in der Dreidimensionalität war zu Ende. Das Wort hatte das Wort.*

* Der Vollständigkeit wegen ist im Register der Karl-Kraus-Aufführungen noch eine Matinee der »Jungen Bühne« in den Münchener Kammerspielen am 1. März 1928 zu erwähnen. In der Inszenierung von Julius Gellner wurde ›Traumstück‹ mit Maria Bard, Bertha Drews, Therese Giehse, Hans Schweikart, Kurt Horwitz, Max Werner Lenz und anderen gespielt.

Shakespeare, Goethe, Nestroy und Offenbach begleiteten als große beglückende Konstanten Karl Kraus durch sein Leben und Denken. Und wenn man ihm vorwirft, daß er sich im Negativen erschöpft und an kleinen Eintagsfliegen übernimmt, läßt sich dies durch sein großes, vielfaches Ja entkräften.

Er ist gegen Hans Müller und für Goethe, er ist gegen Felix Salten und für Shakespeare, gegen Alfred Kerr und für Nestroy, gegen Johann Schober und für Bismarck, gegen Lehár und für Offenbach, gegen Charles Weinberger und für Johann Strauß, gegen Alice Schalek und für Else Lasker-Schüler, gegen Moriz Benedikt und für Frank Wedekind, gegen Max Nordau, Siegfried Trebitsch, Ludwig Ganghofer, Paul Goldmann, Franz Werfel, Berthold Frischauer, Julius Bauer, Richard M. Meyer, Bernard Shaw, Alfred Biese, Heinrich Heine, Eduard Engel, Kasimir Edschmid, für Detlev von Liliencron, Ferdinand Raimund, Matthias Claudius, Adalbert Stifter, Jean Paul, Nikolaus Gogol, Gerhart Hauptmann, Oscar Wilde, Henrik Ibsen, Peter Altenberg, er ist gegen Maximilian Harden und für Ludwig Speidel, gegen Hermann Bahr und für August Strindberg.

Die Leitsterne leuchteten seit seiner Jugend. Offenbach kommt schon im Sommertheater zu ihm. Mit Nestroy ist er von Anfang an vertraut und zitiert ihn immer wieder. Und Shakespeare ist ihm so nahe wie dem Theologen die Heilige Schrift.

Von Goethe liebt er besonders den Helena-Akt, die ›Iphigenie‹ und das große ›Pandora‹-Fragment. Ein unrichtig gesetztes Komma in der Großherzoglich Weimarischen Ausgabe der ›Pandora‹ (»der heiligen ›Pandora‹«) inspiriert ihn zu einem wütenden Angriff, den er »Schändung der Pandora« nennt. Immer wieder verteidigt er Goethe gegen die Entstellung seines großen Gedichts, sei's daß es im Weltkrieg verballhornt wird ...

Unter allen Wassern ist – »U«
Von Englands Flotte spürest du
Kaum einen Hauch ...
Mein Schiff ward versenkt, daß es knallte.
Warte nur, balde
R-U-hst du auch!

... sei's daß es 1930 im christlich-sozialen Regierungsblatt ›Reichspost‹ wie folgt abgewandelt ist:

An alle Eck' und End'
Redt man mit die Händ' –
Nach östlichem Brauch.
Das Deutsche längst schon verhallte.
Warte nur, balde
Mauschelst du auch.

Er setzt Goethe als Gegenbeispiel gegen Heine. Wenn bei Heine »ein Fichtenbaum im Norden auf kahler Höh' steht und von einer Palme im Morgenland träumt, so ist das eine besondere Angelegenheit der Natur, die der Sehnsucht Heines allegorisch entgegenkommt«, doch wie »über allen Gipfeln Ruh ist, teilt sich Goethe, teilt er uns in so groß empfundener Nähe mit, daß die Stille sich als eine Ahnung hören läßt«. Und in einem anderen Zusammenhang findet er den großen Satz über die Rechner des wissenschaftlichen Zeitalters: »Wenn zweimal zwei wirklich vier ist, wie sie behaupten, so verdankt es dieses Resultat der Tatsache, daß Goethe das Gedicht ›Meeresstille‹ geschrieben hat.«

Goethe ist für Karl Kraus der Heilige des Wortes, Shakespeare ist der Heilige der Bühne. Karl Kraus kehrt im Krieg bei ihm ein und nimmt ihn von da an immer wieder in seine Vorlesungen auf. Aber schon vorher, ganz von Anfang an, war Shakespeare ihm nahe. Anläßlich einer Wiener Gemeinderatswahl im Jahre 1900 hat er Zitate aus ›Coriolan‹ parat, und so selbstverständlich ist ihm Shakespeare, daß er ihn voraussetzt und ohne Anführungszeichen zitiert: daß ein Auge im schönen Dichterwahnsinn rollt ... daß Apoll mit einem Lumpenkönig betrogen wird ... Menschenopfer unerhört ...

Er setzt an den Eingang des Essays ›Sittlichkeit und Kriminalität‹ Zitate aus ›König Lear‹ und ›Maß für Maß‹ und findet im zweiten Absatz seines Textes den Satz »Shakespeare hat alles vorausgewußt«, der leitmotivisch noch oft wiederkehren wird.

Er lebt so sehr in der Welt Shakespeares, daß sich ihm immer wieder Parallelen zwischen der Gegenwart und Shakespeare-Situationen aufdrängen. Dem Bericht »Das übervolle Haus jubelte den Helden begeistert zu, die stramm salutierend dankten« läßt er eine sehr stimmende Paraphrase der Schauspielerszene aus ›Hamlet‹ folgen. Im »Nachruf« findet er zu einer grandiosen, Satz für Satz treffenden Parallele zwischen dem Verhältnis

Deutschland-Österreich und dem ungleichen Paar Rülp und Bleichenwang aus ›Was ihr wollt‹.

Wenn er zum Lyriker wird, ist es (wie charakteristisch für ihn!) zunächst der Vers Shakespeares, also eines Dramatikers, keines Lyrikers, der sich ihm anbietet; und auch später, wenn er sich selbst mitteilt, etwa in den großen rückblickenden Rechenschaftsberichten nach zwanzig und nach dreißig Jahren der ›Fackel‹ (1919 und 1929), geschieht es im Blankvers, der, wie bei Shakespeare, an den Höhenpunkten gereimt ist.

Ohne Englisch zu verstehen, unternimmt er es, die Sonette Shakespeares neu zu übersetzen. Und am Ende seines Wirkens will er in einer vierbändigen Ausgabe (von der nur zwei Bände erscheinen konnten) die von ihm für die Vorlesungen eingerichteten Dramen Shakespeares, neu durchgesehen, herausgeben. Am Beispiel der Hexenszenen aus ›Macbeth‹ analysiert er die bisherigen Shakespeare-Übersetzungen, in einer großen späten Polemik setzt er sich mit der Übersetzung der Sonette durch Stefan George auseinander. Von den spärlichen ›Fackel‹-Heften zwischen 1934 und 1936 ist eines ›Macbeth‹ und eines ›König Lear‹ vorbehalten.

Zu Goethe und zu Shakespeare betet Karl Kraus. Nestroy und Offenbach fühlt er sich verwandt. (Wie ja auch Nestroy und Offenbach sich als Verwandte fühlten. Theaterdirektor Nestroy brachte Offenbach erstmals nach Wien und spielte in seinem letzten Theaterjahr noch Offenbach-Rollen und übersetzte Offenbachs Einakter ›Vent du Soir‹.)

Im ersten großen Theaterartikel der ersten ›Fackel‹ beklagt Karl Kraus die Degeneration der »Szene, die einst Nestroy und einem herrlich verwienerten Offenbach gehört hat«.

Er hat einen wesentlichen Teil seiner Kraft erfolgreich daran gewendet, Nestroy und Offenbach zur Nachwelt zu bringen. Hätte er nichts getan als das, was er für Nestroy getan hat, wäre er in die Literaturgeschichte und Theatergeschichte eingegangen. Er sprach im Jahre 1912: Es werde Nestroy! Und es ward Nestroy.

Schon im Dezember 1901, als hundert Jahre nach Nestroys Geburt vollendet waren, nahm Karl Kraus »unseren Nestroy« gegen Theodor Herzl in Schutz, der ihn abschätzig »Hanswurst«, »Clown des Direktors Carl«, »grinsenden Übertreiber« und »wildgewordenen Spießbürger« genannt hatte. In diesem polemischen Aufsatz ›Der Zerrissene (Causa Herzl contra Nestroy)‹ klingen bereits spätere Erkenntnisse über Nestroy an. Und da die ›Fackel‹

in Wien zwar weitgehend ignoriert, doch heimlich von Journalisten und Theaterleuten intensiv zur Kenntnis genommen wurde, war dieser Hinweis im Dezember 1901 schon ein erster Anstoß zur Revision des damaligen Urteils über Nestroy.

Im Mai 1912 war Nestroys fünfzigster Todestag. Anfang April stand in der ›Fackel‹ die Ankündigung, daß Karl Kraus den Wunsch habe, »dem größten satirischen Philosophen, den die Deutschen je gehabt haben«, zu seinem fünfzigsten Todestag zu huldigen, und daß er alle, »die am 25. Mai 1912 es wagen sollten, Nestroy nicht in Ruhe zu lassen«, schonungslos insultieren werde. Er verteidigt Nestroy vorwegnehmend gegen eine Mißdeutung als liberal und fortschrittlich, er zitiert ihn ausgiebig und hat sich gewiß ad hoc nochmals ganz intensiv mit Nestroys Œuvre befaßt.

Es ist nicht zu beweisen (und auch unerheblich), ob diese provokatorische Vorankündigung ein taktischer Schachzug war, um Wien auf Nestroy aufmerksam zu machen und den großen, bisher kaum erkannten Dramatiker aufzuwerten. Sie tat jedenfalls ihre Wirkung – und das Gedenkdatum wurde in Wien allgemein so wichtig genommen, wie es ohne den Hinweis in der ›Fackel‹ wohl kaum geschehen wäre. Karl Kraus hat im April den Ehrgeiz aller in Betracht Kommenden für den 25. Mai mobilisiert und Nestroy einen Rang als Klassiker zugewiesen, der bisher nicht anerkannt gewesen war.

Dazu aber veranstaltete er im ausverkauften Großen Musikvereinssaal am 2. Mai (!) eine Nestroy-Feier. Sie war Anfang April noch als Vorlesung von Szenen, Couplets und Monologen Nestroys und von eigenen Satiren und Glossen angekündigt, inzwischen aber hatte Karl Kraus eine Rede konzipiert und konnte Ende April zu der Vorlesung aus Nestroy und Karl Kraus schon die »Gedenkrede: Nestroy und die Nachwelt (aus dem Manuskript)« ankündigen. Fünfzehnhundert Menschen waren im Saal, fünfhundert konnten keinen Eintritt erlangen. Der Vortrag wurde am 23. Mai mit teilweise geändertem Programm wiederholt, die Rede erschien am 13. Mai (!) in der ›Fackel‹, im Juni dann auch als Sonderdruck. An die Protokollierung des Vorlesungsprogramms in der ›Fackel‹ vom 13. Mai schloß sich die Feststellung: »Ich werde ... auf die Finger sehen, die am 25. Mai Nestroy zu berühren wagen.« Als dies dann geschah, stellte Karl Kraus fest: »... ich bin schuld, daß sie gerade die Wichtigkeit des Todesdatums Nestroys überschätzen mußten«, und »... eine völlig ahnungslose Journalistik erfährt von mir, wie groß Nestroy war« und: daß die Wiener »Crapüle« ohne sein »Dazwischentreten keine Ahnung gehabt hätte, daß es hier etwas zu feiern gibt«.

Wenn es sich in einem Fall von selbst versteht, Karl Kraus gegen den Vorwurf der Selbstüberschätzung zu verteidigen, dann ist es dieser! Völlig berechtigt stellt er ein Jahr später fest, seine Nestroy-Feier habe »den Dichter zur Auferstehung gebracht und seinen Historikern, die es in Dankbriefen bekundeten, Aug und Ohr geöffnet«.

Einer dieser Historiker war Otto Rommel, der im folgenden Jahrzehnt die große, fünfzehnbändige historisch-kritische Gesamtausgabe der Werke Nestroys vollendete, in der er sich zu Karl Kraus bekennt, und der damit die textliche Grundlage für eine Nestroy-Renaissance schuf, die theatergeschichtlich einzigartig ist und bis heute an Intensität zunimmt. Sie wäre ohne Karl Kraus vermutlich nicht zustande gekommen.

Karl Kraus hat ein damals unbekanntes Nestroy-Stück ›Die beiden Nachtwandler oder Das Notwendige und das Überflüssige‹ besonders geliebt, er hat es mehrmals vorgelesen, unter anderem auch in Berlin, allerdings in einer verknappenden, nicht abendfüllenden Bearbeitung, die 1920 auch unter dem Titel ›Das Notwendige und das Überflüssige‹ als Buch erschienen ist, mit »Musik nach Angabe des Bearbeiters«. 1925 erschien eine weitere Bearbeitung ›Der konfuse Zauberer oder Treue und Flatterhaftigkeit‹, eine Verschmelzung der beiden frühen Nestroy-Komödien ›Der konfuse Zauberer‹ und ›Der Tod am Hochzeitstag‹, diesmal mit der Originalmusik; ein Teil des Ertrags fiel einer Verwandten des Dichters zu.

Fast ein Siebentel seiner siebenhundert Vorlesungen war Nestroy gewidmet. Schon 1923 bestand ein erster Nestroy-Zyklus aus Vorlesungen von ›Judith und Holofernes‹ – ›Die schlimmen Buben in der Schule‹, ›Das Notwendige und das Überflüssige‹ – ›Tritschtratsch‹, ›Eine Wohnung zu vermieten ...‹, ›Der Talisman‹, ›Weder Lorbeerbaum noch Bettelstab‹, ›Der Zerrissene‹, ›Lumpazivagabundus‹, bald folgte im Vorlesungsregister ›Der konfuse Zauberer‹, später noch ›Liebesgeschichten und Heiratssachen‹ und ›Eisenbahnheiraten‹.

Wegen der Meinungsverschiedenheit über Nestroy trat die Entfremdung zwischen Karl Kraus und Leopold Liegler ein, da Liegler versuchte, Nestroys Text in ein stilisiertes Wienerisch zu transskribieren.

Im Herbst 1924 findet im Wiener Lustspieltheater eine von

Karl Kraus angeregte Aufführung der seit der Uraufführung nicht mehr gespielten Posse ›Eine Wohnung zu vermieten ...‹ statt, Karl Kraus war beratend an den Proben beteiligt und konnte nur aus Termingründen nicht selbst Regie führen.

Im August 1926 veröffentlicht die ›Fackel‹ ausführliche und höchst verständnisvolle Kritiken, die 1854 in Prag über Nestroy erschienen waren, eine unschätzbare Quelle für die Nestroy-Forschung.

Er hat weiterhin denen, die über Nestroy schrieben, und auch denen, die Nestroy edierten und zitierten (den Herausgebern und »Herausnehmern«), und auch denen, die Nestroy bearbeiteten, auf die Finger gesehen, er hat Nestroy für das, was Bühnen oder Sender ihm antaten, durch Vorlesungen entschädigt, ihn rehabilitiert.

Egon Friedell, den Karl Kraus immer wieder akzeptiert und immer wieder kritisiert (aber nie kritisch vernichtet) hat, schrieb 1926, es gebe »heute ja nur eine Bühne, wo Nestroy mit vollendetster Besetzung jeder, auch der kleinsten Partie und unter souveräner Meisterregie zur Darstellung gelangt. Das ist das Vortragspodium von Karl Kraus, dessen Rezitation und Bearbeitung im wirklichsten Sinne des Wortes eine Nestroy-Renaissance herbeiführten«.

Im Januar 1923 war der Nestroy-Zyklus abgehalten worden, womit zwar Nestroy nicht aus dem Denken und Vorlesen des Karl Kraus verschwand, doch immerhin eine Art »Sättigung« erreicht war.

Im Oktober 1923 las Karl Kraus Shakespeares Lustspiel ›Liebes Leid und Lust (Verlorne Liebesmüh)‹; die Musik eines Liedes, einer Szene, der Ouvertüre und der Zwischenakte war Offenbachs Operette ›Blaubart‹ entnommen.

Am 20. Februar 1926 las Karl Kraus in einem großen Vortragszyklus zwischen ›Iphigenie auf Tauris‹ (14. Februar) und ›Troilus und Cressida‹ (25. Februar) im Mittleren Konzerthaussaal zum erstenmal Offenbachs Operette ›Blaubart‹ in eigener Bearbeitung.

Damit beginnt ein Erneuerungswerk von großer Bedeutsamkeit, wenn auch die Offenbach-Renaissance im Gebiet der deutschen Sprache bisher mit der Nestroy-Renaissance nicht vergleichbar ist. Karl Kraus kehrt, wenn er sich Offenbach zuwendet, zu seinen Ursprüngen und entscheidenden frühen Eindrücken zurück, zu dem »herrlich verwienerten Offenbach« des versunkenen Jahrhunderts, er holt Offenbach aus der Erinnerung, aus der vielfachen Verballhornung und Entstellung durch neuere Aufführungen (die glauben, »ihn durch musikalische Verödung, textliche Verkitschung und hundert süße Beinchen dem Geschmack einer Jazzbanditengesellschaft annähern zu müssen«), aus den Partituren, den in Wien erhaltenen Souffler- und Rollenbüchern, in die Gegenwart. Er nimmt von dem Erneuerungswerk mit Recht die beiden populärsten Operetten ›Orpheus in der Unterwelt‹ und ›Die schöne Helena‹ aus, »in deren Text der Wiener Knödelhumor Orgien feiert«, »auf Kosten der Grazien, die ihn ursprünglich zubereitet haben«, deren »theaterüblicher und immer neu aufgewärmter Helden- und Götterspaß« ihm nun anscheinend nicht mehr »herrlich verwienert« erscheint. Er findet, von diesen beiden durch traditionelle Extempores überfrachteten Libretti abgesehen, die alten Textversionen von Carl Treumann und Julius Hopp »in manchen Verspartien dem Original ebenbürtig, wenn sie es nicht gar übertreffen«. Er ließ auf ›Blaubart‹ im Lauf der Jahre ›Die Großherzogin von Gerolstein‹, ›Pariser Leben‹, ›Madame l'Archiduc‹ (auch gedruckt erschienen) folgen, dann ›Die Briganten‹, ›Die Prinzessin von Trapezunt‹, ›Fortunios Lied‹ und ›Die Insel Tulipatan‹, ›Vert-Vert‹ (auch gedruckt erschienen), ›Die Seufzerbrücke‹, ›Die Schwätzerin von Saragossa‹, ›Perichole‹ (auch gedruckt erschienen), ›Die Kreolin‹ und ›Die Reise in den Mond‹.

Die Verbindung mit Offenbach bringt Karl Kraus in seinem letzten Lebensjahrzehnt Beglückung und Erfüllung in vielen Bereichen seines Strebens und seiner Begabung, als Schriftsteller, Interpret, Regisseur und Theatermann. Die Berliner Funkstunde sendet 1930 zwölf Offenbach-Operetten in seiner Bearbeitung. Karl Kraus ist (wie später auch am Wiener und Prager Rundfunk) als Wortregisseur wirksam. Seine ›Perichole‹ wird an der Berliner Staatsoper aufgeführt, ›Madame l'Archiduc‹ in Hamburg, kleinere Bühnen folgen.

Karl Kraus versucht im Dienst an Offenbach sogar einen letzten Kontakt mit dem »Betrieb«. Er übergibt im Dezember 1930 seine Offenbach-Bearbeitungen ›Perichole‹, ›Madame l'Archiduc‹ und ›Vert-Vert‹ dem Bühnenvertrieb der Universal-Edition. Diese Verbindung mußte allerdings scheitern. Denn die »absoluten« Forderungen des Bearbeiters waren im praktischen Theater unerfüllbar.

Wieder tritt die Diskrepanz zwischen seinen Anschauungen vom Theater und seiner Rigorosität in Erscheinung.

Ich war mit den Herren der Universal-Edition bei einer Aufführung von ›Madame l'Archiduc‹ im Prager Deutschen Theater. Es war eine musikalisch einwandfreie, aber eben operettenhafte Aufführung mit den üblichen Extratouren der komischen Darsteller, insbesondere des Buffos Erich Dörner. Und es war uns klar, daß Karl Kraus derlei nicht zulassen würde und daß eine Krise, wenn nicht Katastrophe in seinen Beziehungen zu dem Bühnenvertrieb bevorstand. Für ihn waren Texte, ob Goethes ›Pandora‹ oder Operetten-Dialoge, sakrosankt bis auf das letzte Komma. Derlei konnte er im Rundfunk als sein eigener Regisseur, äußerstenfalls bei der Erstaufführung in der Großstadt, keinesfalls aber im laufenden Repertoire mittlerer und kleiner Bühnen durchsetzen.

Karl Kraus hat die Prager Aufführung besucht, er protestierte (August 1931) in der ›Fackel‹, stellte fest, daß die Universal-Edition den Bühnen in Prag und Essen wie dem Wiener Rundfunk einen entstellten Notentext überlassen hatte... »Sonstiges vertragswidriges Verfahren« bestimmte ihn, »kundzutun, daß weitere Aufführungen von ›Perichole‹, ›Madame l'Archiduc‹ und ›Vert-Vert‹ zwar unter seiner Kontrolle, jedoch gegen seinen Willen erfolgen werden«.

Die Universal-Edition wollte zunächst den Vertrag mit Karl Kraus nicht lösen, sondern verpflichtete sich, ihn strikt zu erfüllen, hat ihn dann aber am 28. Mai 1932 doch einverständlich gelöst.

Im Oktober 1932 und in der folgenden ›Fackel‹ war in der defensiv aggressiven Umschlagnotiz zu lesen: »Aufführung der im Verlag der Fackel erschienenen dramatischen Werke von Karl Kraus, seiner Shakespeare-, Nestroy- und Offenbach-Bearbeitungen werden nicht gestattet.«

Karl Kraus las »zur Rehabilitierung« in Prag ›Madame l'Archiduc‹ vor. Und im Ausklang der ›Fackel‹ bildet sein Offenbach-Epilog eine besondere Stimme. Der Prager »launige Buffo« Erich Dörner habe in seinen Text Wendungen wie »Und wenn Sie zerspringen!« aufgenommen, und diese Wendung allein wäre imstande, »die ganze Offenbach-Welt für Generationen zu verdörnern«. Dörner sei »ein Sendbote der Kalman-Welt«, »Spaß und Beifall entsprachen ganz und gar der plumpen Offensive, die gegen alles, was des Märchens ist, eingesetzt hat. Es war einmal; es wird niemals wieder sein. Der Textautor und Gesamtdarsteller des Theaters der Dichtung löst das Inszenierungsproblem damit, daß er jedem Versuch, ein von ihm bearbeitetes und dargestelltes Werk Offenbachs mit den vorhandenen Kräften anderer Theater und vor den vorhandenen Kräften der Theaterkritik zu inszenieren, entgegentritt«.

Man hat nach dem Zweiten Weltkrieg Offenbach-Bearbeitungen von Karl Kraus wiederbelebt, im Wiener Redoutensaal als Veranstaltung des Burgtheaters ›Madame l'Archiduc‹, im Theater an der Wien als Festwochenveranstaltung ›Die Prinzessin von Trapezunt‹ und auch im Deutschen Fernsehen.

Das Verdienst von Karl Kraus um Offenbach ist unbestritten. Doch muß gesagt werden, daß die Bearbeitungen, aller unvergeßlichen Erinnerungen an Kraus-Vorlesungen ungeachtet, eine gewisse Sprödigkeit und, mit allem Respekt gesagt, Theaterfremdheit aufweisen.

Karl Kraus übte gegenüber den alten Gesangstexten Pietät. (Er veränderte zum Beispiel den berühmten, von ihm so sehr geliebten Metella-Brief aus ›Pariser Leben‹ nur ganz unwesentlich gegenüber der Version von Carl Treumann.) Er »dichtete« selbst ergänzend nur dort, wo deutsche Unterlagen fehlten oder wo das Original nachweisbar gänzlich unbrauchbar war.

Einige Stücke gelangen ihm ganz hinreißend, wie etwa der Chor der kleinen Soldaten aus ›Madame l'Archiduc‹, der mit Recht in die ›Worte in Versen‹ aufgenommen wurde:

Jede Schlucht,
Jeden Steg,
Jede Bucht,
Jeden Weg,
Jeden Wall,
Jedes Schloß
Jeden Stall,
Jedes Roß,

Jeden Rain,
Jeden Strauch,
Jeden Wein,
Auch den Schlauch,
Jeden Baum,
Jedes Brett
Und den Raum
Wo ein Bett –

Selbst bei Sturm
Jedes Schiff,
Jeden Turm,
Jedes Riff,
Jedes Zelt,
Jedes Haus,
Jedes Feld,
Jede Maus,
Jedes Loch,
Jeden Schrank
Und dann noch
Jede Bank,
Eh sie kracht,
Und den Staat
Überwacht
Der Soldat!

Anderen Stellen der Gesangstexte aber haftet ein Rest von Übersetzung an, etwa

Am Ende kriegt satt nur die Liebe,
Wer vergebens zu essen begehrt.

oder

Ich fühl, wie dich schmerzt dieses Schreiben.
Was ich tue, ich kann nichts dafür.

aus der Briefarie der Perichole, oder

Das Wasser war tief und ich sank,
Weil leider ich schwimmen nicht kann,
Ich trank es und fast ich ertrank . . .

aus ›Vert-Vert‹ oder

In Trapezunt einst hausete
Die schönste Maid vom Orient.
Die Fürsten all' in Fern' und Näh
Von Liebe waren heiß entbrennt.
Doch leider sie geschworen hat
zu leben stets im Zölibat,

Sie lachte über alle nur,
Die töricht machten ihr die Kur.

aus der ›Prinzessin von Trapezunt‹.

In seinen Nestroy- und Offenbach-Vorlesungen fand Karl Kraus auch immer wieder einen sehr wienerischen Anlaß, aus der Handlung zu treten und zu aktuellen Fragen Stellung zu nehmen. Er sang Zusatzstrophen zu den Couplets, er hing sehr an diesen Strophen und hat sie als ›Zeitstrophen‹ 1931 in Buchform herausgegeben. (Dieser Band ist als einziges der Bücher von Karl Kraus nicht in der neuen großen Gesamtausgabe wiedererschienen.)

Die Wirkung solcher Strophen im Saal war elektrisierend, im Druck sind sie selten unmittelbar packend und meist nur historisch interessant. Jede Glosse der ›Fackel‹ hat über den Anlaß hinaus heute noch mehr Sinn und Gewicht und Bedeutung und Eigenwert als die meisten dieser Strophen.

Nach 1933 hat Karl Kraus bei seinen Vorlesungen auf Zusatzstrophen verzichtet, die für ihn »in der Welt der Hitler und Stalin« nicht mehr die Fähigkeit hatten, sich mit einer Aktualität solcher Art auseinanderzusetzen.

Er hat über hundert seiner siebenhundert Abende Jacques Offenbach gewidmet und unablässig, ein Jahrzehnt lang, Werk um Werk erarbeitet. Er hat sich, mit Recht, wie als Wiederentdecker Nestroys, auch als Apostel Jacques Offenbachs gefühlt und diesen, mit Recht, vehement gegen inkompetente, verflachende oder durch übermäßige textliche und regieliche Zutaten entstellende Bearbeiter verteidigt; er hat um Offenbachs willen Max Reinhardt viel Böses gesagt, ebenso über die »Schändung« von ›Pariser Leben‹ durch den Münchener Literaten Scher, die Entstellung der ›Großherzogin von Gerolstein‹ durch Walter Mehring, gegen Hubert Marischkas ›Schöne Helena‹ in Wien und die Aufführung von ›Blaubart‹ mit Leo Slezak.

Er setzte gegen diese von ihm immer wieder als »Schändung« bezeichneten Exzesse des neuen Theaters sein Worttheater, das er von Herbst 1925 an als »Theater der Dichtung« bezeichnete. Er eröffnete diese Institution, die freilich nur der längst etablierten, traditionell gewordenen Übung einen Namen gab, mit einem großen Zyklus: Shakespeare, Goethe, Raimund, Nestroy, Gogol, Hauptmann, Karl Kraus; er macht zweifach aus der Not eine Tugend: aus der Not des degenerierenden Theaters der unseligen zwanziger Jahre und aus seiner eigenen Not, die ihn und das Theater nicht zusammenkommen ließ. Er schwor dem Schauspieltheater ab, er führte die von ihm seit jeher als dem wahren Theater fremd bezeichneten Begriffe »Regietheater« und »Ensembletheater« ad absurdum, indem er als sein eigenes Ensemble und sein eigener Regisseur das literarische Theater verwirklichte. Immer stärker trat das vorgelesene dramatische Wort gegenüber den »eigenen Schriften« in den Vordergrund. Immer kleiner wurden aber auch die Säle dieses Theaters der Dichtung. Die zunehmende Isolation ist aus dem Vorlesungskatalog zu ersehen, der immer häufiger den Festsaal des Architektenvereins nennt, dann den kleinen Saal, den Karl Kraus Offenbach-Saal nannte, schließlich den ganz abseitigen Ehrbar-Saal in der Mühlgasse 30. Die Welt und er entfernten sich immer weiter voneinander. Er verstummte, indem er unter Ausschluß der Öffentlichkeit am 10. Januar seines Todesjahres »zur Wiederherstellung nach den letzten Inszenierungen des Burgtheaters« zum zwanzigstenmal den ›König Lear‹ vorlas und damit von der Dichtung und vom Theater Abschied nahm.

Die Sprache

Im Nachkriegswerk des Karl Kraus fehlt der große Essay, der, kritisch oder zustimmend, vernichtend oder feiernd, Heine demaskierend oder Nestroy erhöhend oder das Musiktheater charakterisierend, vom Anlaß her in das Allgemeine aufsteigt. Seine Arbeiten großen Atems gelten, wenn der »Nachruf« verklungen ist, nur der großen, der akuten Polemik, sie kämpfen gegen Kerr, Schober, Békessy, sind im weitesten Sinn des Wortes politisch, und literarisch nur im triumphal gemeisterten rhetorischen Stil. Der Dienst an der Literatur ist im Einrichten, Bearbeiten, Vorlesen des »Theaters der Dichtung« gebunden; die Tagtäglichkeit der Anlässe verallgemeinernd zu überwinden, versucht er sich als Lyriker und Dramatiker. Nur ein großer Essay, entstanden im Frühjahr 1927, steht als Ausnahme da und läßt uns die schicksalhafte Abhängigkeit seines Autors von seinem Stoff, den Zwang, sich vom Anlaß anregen zu lassen, tief bedauern: der Essay ›Der Reim‹. Hier ist in der Viel-Saitigkeit dieses Ingeniums eine besondere Saite angeschlagen, die sonst nicht so voll und rein ertönt, ist Sprache gestaltet, indem sie sich selbst erkennt.

Während sich bei Karl Kraus sonst die zunächst in Prosa geschriebenen Texte später vielfach in Verse verwandeln, ist es hier umgekehrt. Zehn Jahre früher war eines seiner schönsten Gedichte entstanden, Synthese von Erkenntnis und Anwendung, gleichfalls ›Der Reim‹ betitelt:

Der Reim ist nur der Sprache Gunst,
nicht nebenher noch eine Kunst.
...
Geboren wird er, wo sein Platz,
aus einem Satz, mit einem Satz.
...
Er ist ein Inhalt, ist kein Kleid,
das heute eng und morgen weit.
...
Er ist das Ufer, wo sie landen,
sind zwei Gedanken einverstanden.
...
Wenn Worte ihren Wert behalten,
kann nie ein alter Reim veralten.
...
Fühlt sich am Vers ein Puls, ein Herz,
so fühlt es auch den Reim auf Schmerz.
...
Gebundnes tiefer noch zu binden.
Was sich nicht suchen läßt, nur finden.
...

Was im Gedicht vorgedacht ist, nimmt der Essay argumentierend auf.

Hier muß Karl Kraus sich nicht von einem Anlaß ausgehend an das, was er sagen wird, heranarbeiten, hier ist auch keine essayistische Rhetorik, kein Gedanke an die Vorlesbarkeit dieser Prosa mitbestimmend; er kann von sich selbst ausgehen, vom »landen« und »einverstanden«. Er muß sich nicht befreien, um dann aufzusteigen. Er ist schon oben.

Gewiß, er bleibt sich und seiner Manier treu, er kritisiert die Reimlehre Gottfried August Bürgers, aber nicht diese Kritik um ihrer selbst willen, sondern ihre Anwendung auf das Thema ist ihm wichtig, und wenn er eigene Verse als Beispiele heranzieht, spielt er sie nicht gegen seine lyrischen Zeitgenossen aus, sondern zieht sie eben als Beispiele heran. Er weiß sehr viel über seinen Gegenstand, er hat neue Erkenntnisse auf diesem so wichtigen Gebiet der Poetik beizubringen, er stellt sie meisterhaft dar, und so entsteht eine Pracht von einem Essay, wie die deutsche Literatur vermutlich wenige aufzuweisen hat.

Das ist ja der Jammer aller Wissenschaft, doch insbesondere jener, welche mit der Sprache zu tun hat, daß die einen, die über wissenschaftliche Themen schreiben, wissen, und die anderen schreiben können. Thomas Mann ist kein Dostojewskij-Forscher, aber sein Essay ist ein Meisterwerk, obwohl er die erforderlichen umfassenden Grundlagen nicht verarbeitet, über welche ein anderer souverän verfügt, der sie aber nicht zu einem Meisterwerk verdichten kann.

Karl Kraus weiß und kann. Und wir bedauern, daß er nicht auch über Goethe, über Shakespeare und viele literarische und poetische Fragen so »gearbeitet« hat wie über den Reim.

Er nimmt den Reim gegen das philiströse Postulat des »reinen Reims« in Schutz: im Gegenteil, der bessere und beste Reim ist jener, der sich nicht glatt im Zweiklang fügt, sondern der zum Einklang Widerstände überwinden muß. Der Essay zieht geistvolle Parallelen zwischen der Begegnung im Reim und der erotischen Begegnung. Er räumt auf mit der Vulgär-Legende, daß ein Gedicht nur von der Inspiration her, unter Ausschaltung des Überlegens, des »Machens« gestaltet werden könnte; und nicht das Richtmaß der Form, sondern das der Gestalt bestimmt den Wert des Reims. Karl Kraus weist nach, wie »die Fähigkeit der Sprache, gestaltbildend und -wandelnd, am Gedanken wirkt, wie die Phantasie an der Erscheinung, bis immer wieder zum erstenmal, im Wort die Welt erschaffen ist«.

(Wir wissen, daß Josef Weinheber diesen Essay gelesen hat und an ihn geglaubt hat, wie er überhaupt von Karl Kraus ... man muß, eher als »beeinflußt«, sagen: sehr beeindruckt gewesen ist. Bei Karl Kraus finden wir keine Hinweise auf Weinheber, wohl aber bei Weinheber etliche auf Karl Kraus. Edwin Hartl hat in einer klugen und kompetenten Studie den Einfluß Karl Kraus' auf die Lyrik Josef Weinhebers dargestellt, auf die Verwandtschaft der Sprachgläubigkeit dieser beiden Lyriker hingewiesen. Weinheber war kein Epigone, aber im höchsten Sinn ein Schüler von Karl Kraus: »das lebenslang unauslöschliche Erlebnis Karl Kraus« war für ihn »kunstkategorischer Imperativ«, »sprachkünstlerisches Kriterium«.)

Karl Kraus diente der Sprache, indem er sie gestaltete und indem er ihre Entartung kritisch nachwies. Aber in den Jahren, die wir, vom Ende her, als seine »Spätzeit« ansehen, kommt noch eine Form dieses Dienstes dazu. Es lag nahe, daß er dem Unrichtigen immer wieder ausdrückliche Hinweise auf das Richtige entgegensetzte. In einer »Antwort des Herausgebers« heißt es schon Anfang Juni 1899 in der ›Fackel‹: »›Trotz‹ wird richtig mit dem *Dativ* verbunden. Die genitivische Anwendung ist eine ehrwürdige Schlamperei des Sprachgebrauchs, der aber logischerweise auch ›trotzdessen‹ statt ›trotzdem‹ sagen müßte.«

Im April 1903 schreibt er eine Glosse über die »grammatikalische Pest« und greift ein unrichtiges »bis« der ›Neuen Freien Presse‹ auf. Statt der Orthographie, meint er, sollte man lieber die Grammatik »sanieren«.

Kleinere Hinweise dieser Art folgen, und die große »dorten«-Polemik gegen Werfel ist ein erster bedeutender Versuch, ein Wort von allen Seiten her didaktisch zu beleuchten.

Im Juni 1921 trägt ein ganzes fünffaches Heft der ›Fackel‹ auf dem Umschlag die Inhaltsangabe ›Zur Sprachlehre‹.

Von da an bleibt diese Lehre ein durchgehendes Hauptmotiv in der Komposition der ›Fackel‹-Hefte. Karl Kraus hat von 1931 an alle Schriften zur Sprachlehre gesammelt und bis zu seinem Tod an dem Band ›Die Sprache‹ gearbeitet. Es ging mit diesem Buch wieder wie mit allen Buchprojekten: schon 1932 wird es auf dem Umschlag der ›Fackel‹ als bevorstehend erwähnt – 1936 wollte Karl Kraus das gesamte, in der Druckerei vorliegende Korrekturmaterial nochmals durchsehen, hatte die Auswahl und Reihenfolge der Arbeiten schon bestimmt, konnte aber das Werk nicht mehr abschließen. Es erschien, herausgegeben von Dr. Philipp Berger, 1937 und, um einige Stücke bereichert, 1954 als zweiter Band der ›Werke‹.

Dieses ist eine wichtige und gewichtige Sammlung, aber doch keine Sprachlehre, sondern nur eine Zusammenstellung von Texten »zur Sprachlehre«. Daß Karl Kraus kein wissenschaftlicher Kopf war, ehrt ihn und ist ein Glück für die Menschheit. Daß er jedoch des Systematischen ermangelte, ist bedauerlich.

Er hat sich über sehr vieles beklagt, aber er hat das, worüber er sich beklagt hat, dringend gebraucht; der Zorn, die Wut, der Ärger haben ihn schöpferisch gemacht. So hat er immer wieder die Zuschriften von Lesern verdammt und sich alle Arten von Zusendungen verbeten. Eine Fülle wesentlicher Aufsätze und

Glossen, die man um keinen Preis entbehren möchte, gerade auch zur Sprachlehre, wurde aber von diesen unwillkommenen Zuschriften ausgelöst.

Die Sprachlehre-Texte von Karl Kraus sind oft, ganz so wie sein Gedicht über den Reim, Beispiel und Lehre in idealer Kombination. Etwa: »Wieso kommt es, daß die wenigsten (Sprecher und Schreiber) wissen, daß diese Wendung falsch ist?« – »Etwas, wovor man zurückschrickt, dürfte die Enthüllung sein, daß diese Form richtig ist, während im Gegenteil kein Autor davor zurückschrickt, daß er vor etwas ›zurückschreckt‹.«

Karl Kraus gibt einleuchtend zu verstehen, welcher Unterschied zwischen »vom« und »von dem«, »am – an dem«, »im – in dem« besteht: »Am Tage, als ich den Brief schrieb« (ich habe den Brief bei Tag, nicht bei Nacht geschrieben) – »an dem Tage, als ich den Brief schrieb« (ich habe den Brief an demselben Tage geschrieben, von dem ich etwas aussagen will) – – zwischen »der« und »welcher«: »Der Bediente, der die Pflicht hat, zu chauffieren (kann leicht etwas im Zimmer vernachlässigen)« – »Der Bediente, welcher die Pflicht hat, das Zimmer aufzuräumen (ist für die Reinheit der Möbel verantwortlich)« – – und der so subtile Unterschied zwischen »nur noch« und »nur mehr«: »›Nur noch‹ bedeutet einen Rest, ›nur mehr‹ ein Minus.«

Von solchen autoritativen, aus der Kenntnis und aus der Intuition geschöpften, für jeden Sprechenden und Schreibenden verbindlichen und unentbehrlichen Belehrungen spannt sich der Bogen zu großen, auch metrischen, orthographischen und grammatikalischen Untersuchungen, deren tiefste mir der Aufsatz »es« zu sein scheint, der als Antwort auf eine Zuschrift an »eines der merkwürdigsten Sprachgeheimnisse« rührt, das die Grammatik »bis heute nicht zu erschließen vermocht hat«.

Manches in dem Band ist Sprachlehre ad personam beziehungsweise in eigener Sache, vieles ist Beispiel der herrlichen Glossentechnik; wenn etwa die Wendung in einem »dieser gräßlichen Leitartikel des Ernst Benedikt« (der als Herausgeber und Stilist in die Fußstapfen seines Vaters Moriz getreten war) zitiert wird: »Hoffen wir, das Ausland wird begreifen, daß die Rettung von Österreich wichtiger ist als alle Haftungen«, und Karl Kraus dazu meint, Benedikt habe damit dem Ausland die Aufgabe zugewiesen, »uns ... von Österreich zu retten«, anschließend ›Iphigenie‹ zitiert:

»Und rette mich, die du vom Tod errettet,
Auch von dem Leben hier, dem zweiten Tode!«

und schließt:

»Es geht hier also, wie man sieht, um die Rettung der Iphigenie von Tauris, nicht um die Rettung von der Iphigenie auf Tauris. Und damit um die Rettung Österreichs, nicht von Österreich. Aber man kann lang' Leuten zureden, die nur Taurisch verstehen!«

(Dieses unrichtige »von« findet sich übrigens nicht nur im taurischen Jargon, sondern auch bei dem von Karl Kraus als »Österreichs Klassiker für die reifere Jugend« bezeichneten Franz Grillparzer: »Das ist der Fluch von unserm edeln Haus...« Karl Kraus war auch darin scheinbar ein schlechter und in Wahrheit ein großer Österreicher, daß er Grillparzer gebührend abwertete und beispielsweise ›Medea‹ und ›Der Traum ein Leben‹ als »in den schlimmsten Zufallsversen gymnasialen Dilettantismus verfaßte unschöne Theaterstücke« bezeichnete.)

Er sieht in der Sprache die höchste Ordnungsmacht; sie ist für ihn Schlüssel zur Erkenntnis des Guten und des Bösen. Der Begriff des »Formalismus« ist zu sehr kompromittiert und mißbraucht, als daß man ihn noch ernsthaft anwenden könnte; man soll eher sagen, daß Karl Kraus formgläubig, formtreu, formbesessen gewesen ist, daß er das Wie himmelhoch über das Was stellte, und das gewiß darum so übermäßig, weil er in einer Zeit der allgemeinen Sprachdegeneration gegen eine fast lückenlos geschlossene Front von Zeitung, Literatur und Öffentlichkeit seiner Gegenwart die gemeisterte, beherrschte Sprache zu verteidigen hatte.

Er hat auch allen »Eindeutschern« gegenüber Front gemacht, und dies nicht mit politischer Zielrichtung, sondern im Dienst an der deutschen Sprache: »Gewiß muß man Fremdwörter nicht gerade dort gebrauchen, wo es nicht notwendig ist, und man muß nicht unbedingt von Kretins sprechen, wo man es mit Trotteln zu tun hat.« Aber er versichert, »daß das beste Deutsch aus lauter Fremdwörtern zusammengesetzt sein könnte«.

Zeit seines Wirkens hat Karl Kraus Beispiele gesetzt. Er hat sich gegen eine Welt behauptet, indem er sie dargestellt und ihr seine Ein-Mann-Gegenwelt entgegengesetzt hat: einen Vortragssaal gegen alle Theater, die Hefte einer Zeitschrift gegen allen Journalismus, die unbestechliche Isolation gegen allen Kompromiß und alle Konzession und alle Korruption, ein lyrisches Werk gegen alles Neutönende und Anempfundene, die

Wahrheit gegen alle Phrase und, in den Schriften zur Sprachlehre, den Kanon gegen alle Sprach-Häresie. Aber es bleibt immer nur beim Beispiel, bei der Möglichkeit. Er zeigt, wie es sein müßte, wie er es besser könnte. Sein ganzes Schaffen ist Konjunktiv und Optativ, ist die Skizze zum Entwurf einer Welt, ist, fern aller Systematik, nur indirekt ein geschlossenes System.

Wie christliche Theologen aus den Heiligen Schriften, marxistische Theologen aus ihren Klassikern, psychoanalytische Theologen aus Sigmund Freud in jedem Zusammenhang ein passendes Zitat zur Hand haben, wäre ein Karl-Kraus-Theologe gewiß imstande, sich auf jede Frage bei Karl Kraus die Antwort zu holen. (Widersprüche sind da ebenso irrelevant wie innerhalb der Bibel, innerhalb von Marx-Engels-Lenin oder bei Freud.) Nur fehlt dem System bei Karl Kraus der Bezugspunkt, die eigentliche Lehre, der Weltentwurf, das Grundgesetz. Er spricht nicht im Namen einer Idee, sondern im eigenen Namen. Er spricht auch nicht zu einer Gemeinde. Und er will nicht wie alle Stifter und Gründer eine Welt gewinnen. Im Gegenteil: er muß sich zwanghaft immer wieder, immer weiter isolieren. Er richtet sich an keine Adresse. Er will gewiß diesen und jenen einzelnen Zweck erreichen, diese und jene Erkenntnis durchsetzen, aber auch das nur als Beispiel; vor allem will er jenseits der Tatsächlichkeit sprachliche Akte setzen. Er will zu Papier bringen. Die Formulierung ist ihm schon Tat. Was gesagt ist, ist getan. Die Aussichtslosigkeit, die Vergeblichkeit ist Voraussetzung. Die Welt der Zeitgenossen wird, wie im Text, auch als Adressat negiert.

Und hier geraten wir wieder an einen seiner Widersprüche:

Er sagt, daß die Welt seit den Achtzigerjahren verdorben ist und immer verdorbener wird. Er sieht im Fortschritt, in der Entwicklung die Gewißheit immer tieferer Verderbnis. Er glaubt nicht daran, daß kommende Generationen des Denkens, des Lebens fähig sein werden. Apokalypse und Letzte Tage und Untergang der Welt sind zwar nur bildlich gemeint, aber doch überzeugend an die Wand des Zeitalters gemalt. In dem Essay ›Die chinesische Mauer‹, der einem Band den Titel gibt, wird der Mord an einer Weißen im Chinesenviertel zum Gleichnis des Untergangs erhöht – die christliche Welt geht an der Moral zugrunde, und die abendländische Kultur wird zu Grabe getragen.

Und doch wendet er sich, immer wieder, ausdrücklich und deutlich und in unerhörter Selbsterhöhung an die Nachwelt.

Nicht nur im Horatio-Zitat: »... laßt der Welt ... mich sagen ...«, nein, leitmotivisch in seinem ganzen Werk:

Im Sommer 1911 schreibt Paul Schlenther, Ibsen-Übersetzer und ehemaliger Burgtheaterdirektor und Kritiker, in einem Referat, »Krauß« statt »Kraus«, und Karl Kraus, der zwar gelegentlich auch Jacob Burckhardt, Hofmannsthal, Romako, Decsey, Csokor und andere in der ›Fackel‹ orthographisch unrichtig beim Namen genannt, aber auf die unrichtige Schreibung seines Namens stets sehr heftig reagiert hat, repliziert: »... ich wünsche das nicht, lieber Schlenter. Wir wollen uns in hundert Jahren wieder sprechen, lieber Schlenter. Wir wollen sehen, wers länger aushält.« – Kurz darauf, im Schlußkapitel der ersten Kerr-Polemik: »Sollte man Herrn Kerr nach dem Spruch beurteilen, ich fürchte, er käme nicht auf die Nachwelt... Er kanns nur mehr durch mich erreichen... Er muß sogar schon dort sein, denn ich sehe ihn nicht mehr.« – Bald darauf: »Mein von künftigen Historikern unbestrittenes Verdienst ist es, zwischen Leben und Phrase aufgeräumt ... zu haben«. Es ist die Zeit (1911), da er beginnt, die Resonanz seines Wirkens zu sammeln und zu kommentieren, sich mit dem lieben Gott und mit Christus zu vergleichen und sich mit Nestroy zu identifizieren, die Mitarbeiter abzustoßen und die ›Fackel‹ allein zu schreiben. »Diese Spediteure der Unsterblichkeit« (die Literarhistoriker) »werden sich verflucht wundern, wenn der, den sie nicht aufladen wollten, sie auf seinem Rücken hinübernimmt, um sie zum unbeschreiblichen Gaudium der herumstehenden Generationen hinplumpsen zu lassen!« 1912: »Zwei Wochen, nachdem dem Aphoristiker Blumenthal hochgestimmte Betrachtungen nachgerühmt werden, habe ich überhaupt nicht an derselben Stelle genannt zu werden. Die Quarantäne hat zwei Jahrhunderte zu dauern. In dieser Zeit lehne ich es ab, nach irgendeiner Richtung der Frankfurter Zeitung unverdächtig zu sein.« In der nächsten Nummer: »... daß die Herren Opfer« (der Satire) »in sich gehen, ihren Beruf aufgeben oder gar sterben können, ist nur eine fatale Komplikation, über die man aber nach fünfzig Jahren glatt hinwegkommt.« 1913: »Der Fall« (einer Intrige gegen Karl Kraus in Graz) »ist in Nr. 345/46 kulturgeschichtlich verbucht.« Frühjahr 1914: »So wenig die sogenannten Übelstände auszurotten sind, so wenig ist es der Glaube, daß es gelingen könnte. Als ob die Macht und die Ränke, ans Tageslicht gezerrt, sich genieren würden, Geschäfte zu machen, und als ob es auf etwas anderes ankäme, als den Stand der Welt zu überliefern, auf dem es möglich war. Daß der Herr Dörmann zu verdienen aufhört, wäre nicht der Triumph, mit dem ich meine Augen schließen möchte. Wohl aber werde ich hinüberlächeln, wenn man mir die Kunde bringen wird, daß die übernächste Generation mit einer ausgesprochenen Nichtschätzung für Dörmann auf die Welt kommt.«

Im Weltkrieg, 1915: »... mir, der bloß das Material für den künftigen Kulturhistoriker herbeischafft...«, – 1916, à propos Schalek: »... eine unerbittliche Serie von Feuilletons ... die sich ... durch den Vermerk ›Nachdruck verboten‹ vergebens gegen das Schicksal zu schützen versuchen wird, als Zeitdokument schweren Kalibers jenen kommenden Geschlechtern überliefert zu werden ... bewahrt zu werden als die nicht mehr steigerungsfähige Karikatur der Mißgestalt, in der ein völlig scham-, hemmungs- und verantwortungsloser Zeitgeist seine blutigen Possen getrieben hat. ... Ihre Worte in meinem Druck werden es bezeugen!« – 1917 (zu einer Vorlesung aus den ›Letzten Tagen der Menschheit‹): »Möchte doch der und jener vergessen, daß Namen Bekannte sind, und sie wie der Ortsfremde und wahrlich auch wie der Nachlebende dieser Schande nur als Symbole wiedererkennen!« – 1918: »Drum sei für alle Zeiten, denen das heutige fragwürdige Papier eine Kenntnis der unsern ermöglichen wird, bewahrt, was im fünften Kriegsjahr in deutscher Sprache, aus dem Munde eines Lenkers der deutschen Geschicke möglich war.«

Er glaubt so sehr an sich, daß dieser Glaube seine Skepsis gegen den Fortschritt der Menschheit, gleichsam unbewußt, überwindet. Weil er so sehr recht hat und weil eine Leistung wie die seine doch nicht vergeblich gewesen sein kann und weil die Zeitgenossenschaft ihn verkennt, mißachtet und ignoriert, muß es eine Nachwelt geben, die seiner wert ist. Weil er als einziger Gerechter dagewesen ist, muß Sodom verschont bleiben.

Die Nachwelt hat bereits eine zwölfbändige Ausgabe der ›Werke‹ veranstaltet und bereitet einen vollständigen Neudruck der ›Fackel‹ vor: »Etwa 23.000 Seiten. Originalformat, in Jahres- beziehungsweise Halbjahresbänden: etwa 40 Bände.«

So verdienstvoll und dankenswert und willkommen die neu herausgekommenen ›Werke‹ auch sind und die nachgedruckte ›Fackel‹ sein wird, wünschte man sich dennoch (wie schon einmal gesagt) eine andere Gliederung als die großenteils von Karl Kraus selbst vorgenommene beziehungsweise die vom ›Fackel‹-Ablauf bedingte chronologische. Man möchte vor allem auch einen Band besitzen, der enthält, was Karl Kraus in seiner Eigenschaft als Autor der ›Letzten Tage der Menschheit‹ zu diesem seinem größten Thema geschrieben hat, als es historisch geworden und doch aktuell geblieben war.

Karl Kraus fühlt sich nun endgültig und sehr intensiv als historische Erscheinung. Er sieht auch seine Objekte, soweit sie im Zusammenhang mit dem Weltkrieg zu solchen wurden, historisch.

Es ist schwierig, mit der solcherart zweifachen historischen Hypothek weiterhin die Aktualität zu meistern. Es ist schwer, von der »großen Zeit« in den Alltag zu gelangen. Daher die Ratlosigkeit, die Sprödigkeit, die besondere Widersprüchlichkeit der Nachkriegs-›Fackel‹. Karl Kraus polemisiert nicht eben glücklich gegen die linken Literaten, er setzt sich in übermäßigem Umfang immer wieder mit dem auseinander, was über ihn geschrieben wird und was mit ihm geschieht. In Innsbruck war 1920 eine Kraus-Vorlesung unwesentlich gestört und erfolgreich beendet worden, daraufhin wurde die Abhaltung der geplanten zweiten Vorlesung verboten. Es ist dabei viel Widerwärtiges und Inkorrektes passiert, aber Karl Kraus widmet diesem Ereignis den überwiegenden Teil einer ›Fackel‹ von zweihundertacht Seiten Umfang. Kasimir Edschmid hat ihn in einem dummen Feuilleton erwähnt, Karl Kraus schreibt vierzehn Seiten gegen Edschmid und den Expressionismus, er reagiert, wo immer es um ihn geht, und motiviert dieses sein Reagieren und Protokollieren in immer neuen Varianten eines bekannten Motivs: ». . . daß ich mich überschätze . . . weil ich in der ganzen Geschichte dieser Zeit keinen andern Fall kenne, an dem sich die von mir überschätzte Nichtigkeit der Presse so offenbaren ließe.« (Und wie war es mit Nestroy, wie war es mit Wedekind und Strindberg? Wäre alles an ihren Fällen nicht auch zu offenbaren gewesen?) Nach dem Innsbrucker Intermezzo geht er so weit: ». . . wäre Christus, der's ihnen weiß Gott christlich gewollt hat, unter sie getreten, sie hätten ihm aus Gründen der Rasse die Kompetenz, über das deutsche Volk zu richten, bestritten, falls der Allgemeine Tiroler Anzeiger die Ablehnung betrieben hätte.« Und jenen Lesern, die gegen das Übermaß der Innsbruck-›Fackel‹ Bedenken hatten, antwortet er, dies sei jene gleiche »Gemütsträgheit, die von den Kriegsschilderungen genug hat«; er stellt also das, was ihm in Innsbruch widerfahren ist, und den Weltkrieg auf die gleiche Ebene.

Er wird weiterhin halbe ›Fackeln‹ mit dem Abdruck und der Kommentierung der über ihn erscheinenden Kritiken und Berichte füllen. Er bittet darum, totgeschwiegen zu werden, und ruft angesichts dieser »Konvention des Schweigens« aus: »Welch grelleres Schandmal könnte ich ... an einer offiziellen Literatenwelt, die nun leider auch die Ehren der Weltliteratur verteilt, entdecken, als ihre Stellung zu mir?«, er nennt es »eine Schande für das geistige Wien, daß es über mich schweigt, aber es ist keine Ehre für mich, wenn es über mich spricht«, es ist eine »Ehre, von dergleichen besudelt zu werden«, aber sie wird »reichlich durch die Schmach wettgemacht«, »sich damit zu befassen«; er lehnt es ab, im Konversationslexikon genannt zu werden, und beschimpft die Konversationslexika, die ihn nicht nennen, er schmäht das Publikum seiner Vorlesungen und registriert seine Erfolge vor diesem Publikum, er spricht, wenn über seine Berliner Vorlesungen nicht berichtet wird, von dem »Glücksgefühl«, daß sie »ungelobt, ungeschmäht, so und so unbesudelt geblieben sind«, und sagt es zu einem Publikum, dem er in der ›Fackel‹ mitteilt: »Eine der unangenehmsten Begleiterscheinungen der Fackel sind ihre Leser.«

Er bemüht sich erklärtermaßen, die Leser abzustoßen, er schwankt zwischen abseitigen, schwer zugänglichen allgemeinen Betrachtungen und diesen Pro-domo-Orgien, um es den Lesern schwer zu machen, und kann es daneben doch nicht lassen, den Lesern zu bieten, was sie suchen: satirische Glossen zum Tag und gegen den Tag. Er macht es allen so schwer, wie er es mit sich hat.

Daneben aber tauchen in der ›Fackel‹ immer wieder Aufsätze und Dokumente auf, die sich legitim in den Rahmen seiner Größe als historische Figur fügen und die als Ergänzungsband zu seinen Weltkriegsschriften herausgegeben zu werden verdienten. Wann immer man, der Spur der ›Fackel‹ chronologisch folgend, diesen Texten begegnet, atmet man auf und stimmt ergriffen und bewundernd zu: Das ja!

Der Menschheit, die unbelehrt aus der Hölle aufgestiegen ist, zeigt er diese Hölle immer wieder.

Auf Seite 195 der Innsbruck-Nummer erzählt er auf Grund authentischer, nach dem Krieg veröffentlichter Zeugnisse, wie dieser Wilhelm II. wirklich gewesen ist, dessen angebliche Verzerrung ihm die »deutschen« Innsbrucker vorgeworfen haben. Er zitiert einen Admiral der deutschen Marine: »Man nahm ihn nicht ernst, wußte, daß er ein Charlatan war.« Er schildert Wilhelms Brutalitäten, seine handgreifliche Attacke gegen seinen Leibmedicus, einen alten Herrn, den er anpackte, so daß er »vor wahnsinnigen Schmerzen taumelte«, sich an das Geländer krampfte, um nicht umzusinken. Er weist nach, daß die Szene Wilhelms mit den Generalen, wie alles in den ›Letzten Tagen der Menschheit‹, authentisch war, nicht erfunden, sondern nur berichtet.

Er zitiert den Außenminister Kaiser Karls von Österreich, den Grafen Czernin, der wußte, daß der Krieg verloren und jeder einzelne Sieg sinnlos war, und der aus Furcht vor Ludendorff den Krieg dennoch fortsetzte.

Er veröffentlicht die »Festzugsordnung« anläßlich der »60. Geburtstagsfeier Seiner K. u. K. Hoheit des Durchlauchtigsten Herrn Erzherzogs Friedrich«, wo »die Höchste Persönlichkeit« die an ihn gerichtete Rede beantwortete und wo es sich bei dieser Beantwortung am 4. Juni 1916 begab, daß der Feldmarschall und Armeeoberkommandierende und Ehrendoktor der Philosophie, die Rede ablesend, mit einem dreifachen »Hoch« schloß und zwischen dem zweiten und dritten »Hoch« umblätterte. (Auch dies ist in den ›Letzten Tagen der Menschheit‹ verewigt und wird nur rückwirkend historisch notifiziert.)

Nach dem mißglückten Putschversuch des Exkaisers Karl in Ungarn, Frühjahr 1921, beginnt die ›Fackel‹ mit einem großen Rückblick auf das Abenteuer, der in keinem republikanischen Lesebuch fehlen dürfte.

Im November 1921 geht Karl Kraus in dem Aufsatz ›Vazierende Löwen‹ dem Schicksal der Heerführer des Weltkriegs nach und stellt fest, daß die Universität Königsberg Ludendorff das Ehrendoktorat verliehen hat, mit der Begründung, daß sein »starker Arm den makellosen Ruhm der deutschen Waffen und den Glanz deutscher Kultur getragen hat von den Gestaden des Atlantischen Ozeans bis in die Wüsten Arabiens«, und meint dazu: ». . . kurz überallhin, nur nicht nach Deutschland.«

Und im Januar 1924 zieht er in der großen Glosse ›Wir zwei‹

auf Grund neuester Veröffentlichungen ein erschütterndes Fazit. Franz Joseph war, wie sich nun herausstellte, »einer der wenigen gewesen, die von allem Anfang an das schreckliche Ende voraussahen«. In seinem Kriegsmanifest stand zwar der Satz: »Ich habe alles reiflich erwogen«, doch »als England den Krieg erklärt hatte, rief er aus: ›Jetzt ist unsere Partie endgültig verloren; wir sind nicht imstande, uns mit England zu messen.‹ – Auch ich rief damals etwas Ähnliches aus, wiewohl ich es schwerer hatte als er, einer Anklage wegen Hochverrats oder Verbrechens gegen die Kriegsgewalt zu entgehen. Aber die andern alle riefen damals, daß Gott England strafen solle und einen Kaiser erhalten, der, wissend, daß unsere Partie endgültig verloren sei, sie dennoch nicht aufgab«. – Schon Franz Joseph, nicht erst Graf Czernin, wußte (nach der Wiedereinnahme von Lemberg): »Noch einige Siege dieser Art und wir sind am Ende ...« Die gleiche, aus dem Kreis des Kaiserhauses, nicht etwa seiner Gegner, stammende Quelle (General Margutti) charakterisiert auch den Nachfolger Karl vernichtend als unpünktlich, unzuverlässig, systemlos und verlogen.

Und Karl Kraus sagt im Rückblick auf den Weltkrieg: »Was Franz Joseph anbelangt, so bleiben wir zwei bei vielfacher Verschiedenheit in Temperament und sozialer Stellung – ähnlich einander in der unermüdlichen Arbeit –, Schulter an Schulter verbunden in der Ansicht von einem freventlich angestifteten und ach so nutzlosen Weltmord. Und ich bin wahrlich erschüttert durch die Enthüllung, daß er, der zwar die Kriegsfackel gehalten, aber bestimmt nicht gelesen hat, vielleicht der einzige Mensch in der Monarchie war, der meine Überzeugung von der Unerläßlichkeit ihres Untergangs, von der Unentrinnbarkeit des sich selbst gestellten Ultimatums von allem Anfang geteilt hat. Mir bleibt doch nichts erspart.«

Als im Januar 1922 Anton Wildgans und Raoul Auernheimer österreichische Delegierte bei der Molière-Zentenarfeier in Paris sind, und Wildgans dort als Vertreter der Republik von »geistigen und kulturellen Zusammenhängen« zwischen Frankreich und Österreich schwafelt, erinnert Karl Kraus an die lyrischen Ergüsse des Wildgans im Herbst 1914:

> Kein Krämergötze führt das Bruderheer,
> Um Menschenwürde und um Menschenrechte
> Bekriegen freie Männer dumpfe Knechte
> In frech herauf beschworner Gegenwehr.

Diese vergeblichen und doch so unerläßlichen, für jede Nachwelt instruktiven, vom österreichischen und deutschen Gewissen ignorierten Hinweise auf die ungesühnte, die damals wahrhaft »unbewältigte« Schande wiegen schwerer als die Glossen über die Berufung desselben Wildgans zum Burgtheaterdirektor, über das neue Stück von Hans Müller, über die Theaterkritiken Felix Saltens.

In den ›Reklamefahrten zur Hölle‹ (1921) verdichten sich die Sünden der Gegenwart an der Vergangenheit zum eindrucksvollsten Text, der Karl Kraus und seine Größe charakteristisch offenbart, indem sein Hauptstück der Prospekt einer Baseler Zeitung ist, der zum Besuch der französischen Schlachtfelder auffordert, der ›Fackel‹ im Faksimile beigegeben, und dessen Lektüre, vor allem Vorlesung durch Karl Kraus allein schon fast alles sagt, was zu sagen ist, und nur noch eines sparsamen, abschließenden Kommentars bedarf. Karl Kraus ist an diesem Text besonders gehangen, er hat ihn immer wieder vorgelesen, auch in seinem Tonfilm (er ist auch auf der Schallplatte festgehalten), auch als Abschluß seiner letzten Vorlesung.

In diese Konfrontation des Nachkriegs mit dem Krieg gehört auch der »Fall Kerr«, der hier nachgetragen und vorweggenommen sei.

Es ist wesentlich zu wissen, daß Karl Kraus mit seinem glühendsten Haß nicht die Nationalisten wie Walter Bloem und Rudolf Herzog geißelte. Diese waren ja wenigstens ihrer Losung und Meinung treu geblieben, sie haben im August 1914 nicht sich selbst verraten wie die Demokraten und Sozialisten, die plötzlich den Krieg und den Kaiser besangen, sie blieben sich auch nach dem November 1918 treu, als die Kriegslyriker sich wieder in Demokraten verwandelten. Die demokratischen Literarten und Dichter, die – ohne daß Schweigen für sie (wie später im »Dritten Reich«) gefährlich gewesen wäre –, zum Haß aufgerufen, sich durch kriegshetzerische Schriften Vorteile verschafft haben und dann wieder geachtete Pazifisten und Prominente der Republik wurden, sie waren ihm vor allen anderen ein Greuel, und unter ihnen ganz besonders Kerr.

Alfred Kerr, ein lebenslanger Widerpart des Karl Kraus, ein lebenslang und posthum überschätzter, eitler und wenig angenehmer Literat von bedeutender sprachlicher Unerträglichkeit (ihn zu lesen, bereitet Pein, selbst wo er recht hat), hatte vor dem Krieg in Berlin eine angesehene literarische Zeitschrift, ›Pan‹, herausgegeben. Der Verleger dieser Zeitschrift, Paul Cassirer, war mit der Schauspielerin Tilla Durieux verheiratet. Der Berliner Polizeipräsident von Jagow war dieser Dame ungebührlich nahegetreten – die Affäre war aber zwischen dem Gatten und dem Polizeipräsidenten durchaus korrekt bereinigt und aus der Welt geschafft worden. Dies hatte sich anno 1911 begeben. Und als alles erledigt war, begann Kerr im ›Pan‹ eine Kampagne, er brachte einen Privatbrief vor die Öffentlichkeit, er machte aus einer durchaus zivilen (und bereits erledigten) eine politische Angelegenheit, um, wie Karl Kraus schreibt, »die käsigste demokratische Gesinnung« auf seine Seite zu bringen. »Pan war der Sohn des Hermes. Dieser aber ist ein Handelsgott und heißt jetzt Cassirer.« Gegen alle Gesetze der Fairneß spekulierten Cassirer und Kerr auf die Sensationslust der Leser. Karl Kraus, der den journalistisch-politischen Mißbrauch privater Tatbestände aus der erotischen Sphäre schon am Fall Harden angeprangert hatte, widmete der Affäre drei große polemische Aufsätze der ›Fackel‹. Nach dem zweiten replizierte Kerr mit dem Hinweis darauf, daß Karl Kraus durch den Kabarettisten Henry in Wien tätlich mißhandelt worden sei. Ferner hieß es: »Und Karlchen Kraus, der neuerdings als Zwanzigpfennig-Aufguß von Oscar Wilde oder als Nietzscherl Heiterkeit fand, schwenkte die betropfte Fackel.« Darauf Karl Kraus: »Das ist keine Antwort mehr, das ist ein Schwächezustand. ... Und wiewohl ich von Nietzsche wenig gelesen habe, habe ich doch die dumpfe Empfindung ... daß ein Nietzscherl immer noch ein Kerl ist neben einem ganzen Kerr.«

Und wenn man bis zu diesem Stadium der Polemik noch schwanken konnte, wie man sich zu ihr stellen sollte, so hat Alfred Kerr (wie Harden in seinem Hinweis auf den »grotesken Roman«) sich durch seine am 1. Juli 1911 im ›Pan‹ erschienenen ›Caprichos‹ freiwillig alle Achtung der Sauberen verwirkt.

Karl Kraus hatte eine fast chemische Eigenschaft, in allen seinen Gegnern Kräfte der Selbstentblößung auszulösen. Fast alle haben sich selbst in ihren Antworten weit gründlicher polemisch erledigt, als dies Karl Kraus in seinen Angriffen vermocht hätte.

Die ersten vier der mit römischen Ziffern numerierten ›Caprichos‹ sind in Prosa und auch nicht unbeträchtlich. Kerr wirft Karl Kraus »Epigonorrhöe« vor und meint, Karl Kraus stamme von der Insel »Mikrokephalonia«. Er nennt Karl Kraus eine »schale Haut« und ein »entsetzlich dummes Luder«.

Dann aber V.:

Krätzerich, in Blättern lebend,
Nistend, mistend, »ausschlag«-gebend.
Armer Möchtegern! Er schreit:
»Bin ich ä Perseenlichkeit ...!«

Wie der Sabber stinkt und stiebt,
Wie sich's Kruppzeug Mühe gibt!
Reißen Damen aus und Herrn,
Glotzt der arme Möchtegern.

Vor dem Duft reißt mancher aus,
Tachtel-Kraus. Tachtel-Kraus,
Armes Kruppzeug – glotzt und schreit:
»Bin ich ä Perseenlichkeit ...!«

Karl Kraus meint dazu: »Es ist das Stärkste, was ich bisher gegen den Kerr unternommen habe.«

Er schließt an diesen Satz noch einen vierten polemischen Artikel, doch der besiegelt nur das Vollzogene.

Kerr hat sich von diesem Kerr-Gedicht nur mühsam und langsam erholt und war in höherem Sinn eigentlich schon seit damals gestorben, obwohl er noch bis 1948 gelebt hat.

Alfred Kerr hat im (Ersten) Weltkrieg widerwärtige kriegshetzerische Gedichte veröffentlicht. Eines davon wurde schon zitiert. Ferner:

...
Hunde dringen in das Haus –
Peitscht sie raus!
Rächet Insterburg, Gumbinnen
Und vertobakt sie von hinnen.
Peitschet, das ist Menschenruhm,
Knutentum, Knotentum ...
...
Dürfen uns nicht unterkriegen –
Peitscht sie, daß die Lappen fliegen,
Zarendreck, Barbarendreck
Peitscht sie weg! Peitscht sie weg!

oder:

Wir lachen, wenn der Feind uns droht
mit Hungertod.
Und nährt (und bläht) Kartoffelbrot.
Wir essens, wir gedenken auch
Sir Edward Grey's – mit manchem Hauch.
Der Donner rollt wie Sturm auf See
Und grollt den Namen Edward Grey.
(Doch mancher Hauch sagt flüsternd still:
Churchill! Churchill!)

Bei eben jenem Churchill, der ihm anno Weltkrieg I ein Flatus gewesen war, hat Kerr anno Weltkrieg II Asyl gefunden und von dort aus jene bespien, die eben das taten, was er fünfundzwanzig Jahre vorher besungen hatte.

Aber zwischendurch ging er, als der Erste Weltkrieg zu Ende war – schon relativ bald, wie Wildgans –, als Apostel der Völkerversöhnung nach Paris und wurde dort von nichtsahnenden französischen Politikern des Grußes gewürdigt. Und Karl Kraus stellte, wie im Fall Wildgans, mit aller Berechtigung fest, wen Frankreich da begrüßt hatte.

Er selbst war schon vorher, im März 1925, in Paris gewesen und hatte als erster Ausländer nach dem Krieg in deutscher Sprache an der Sorbonne gelesen, hauptsächlich Texte über den Weltkrieg.

Kerrs Anwesenheit in Paris hatte einen kleinen Skandal ausgelöst, über den die Presse deutscher Sprache tendenziös und nur die ›Fackel‹ (Nr. 717–723, S. 59–60) wahrheitsgetreu berichtet hatte.

Es hatte, wie nicht anders denkbar, zwischen Karl Kraus und Alfred Kerr nachher wie vorher etliche polemische Attacken gegeben, wobei Kerr sich weiterhin als gottverlassen schäbig und taktlos erwies: »... Karlchen Kraus, welcher die verbitterte Lustigkeit eines Dorfkrüppels irrig als Rechtsgefühl ausbietet ...«

Der Pazifist und Demokrat Kerr war natürlich ungeheuer empfindlich gegen die Enthüllung seiner kriegerischen, lyrischen Vergangenheit, die auch in einer Szene der ›Letzten Tage der Menschheit‹ verewigt ist. Doch vermochten Enthüllungen und Reminiszenzen in der ›Fackel‹ ihrem Objekt äußerstenfalls moralisch in gewissen Kreisen zu schaden, ohne die geachtete Stellung in der Öffentlichkeit zu tangieren. Halb resignierend, halb selbstbewußt, stellt Karl Kraus in diesem Zusammenhang fest:

»Wesen und Erfolg meiner polemischen Satire beruhen in dem Phänomen, daß der von ihr Betroffene fortlebt, um ihre Berechtigung zu erweisen.«

Karl Kraus hätte demnach alle Betroffenen ruhig ihrer Arbeit überlassen und diese gelegentlich zitieren können, oder nicht einmal dies, da ja Kerr-Texte im ›Berliner Tageblatt‹ für die Aufgeklärten schon wie Zitate aus der ›Fackel‹ wirkten. Er hätte sich auf besondere spektakuläre Demonstrationen beschränken können, etwa: Bei einer neuerlichen Anwesenheit in Paris (insgesamt hat er zehnmal in Paris vorgelesen), nach Kerrs dortigem Gastspiel, wies er in einer Vorrede (Dezember 1927) auf das »Schauspiel ausgedienter Kriegslyriker und Speichellecker der eigenen Kriegsgewalt« hin, »die da nach Friedensschluß ins Feindesland kamen, um die schmierige Hand den Völkern entgegenzustrecken«, und wurde nach Schluß der Veranstaltung von dem Vertreter der deutschen Botschaft in Paris beglückwünscht.

Aber er läßt es nicht dabei bewenden und nicht beim Abdruck von Alfred Kerrs Kriegslyrik. Und es begibt sich, daß ein neuer »Fall Kerr« sich begibt.

Gedichte von Kerr waren im Krieg unter dem Pseudonym »Gottlieb« in August Scherls nationalistischer Zeitung ›Tag‹ veröffentlicht worden. Dieser Gottlieb war nicht nur Kerrs Pseudonym gewesen, sondern ein redaktioneller Sammelname für berufsmäßige und kriegsfreiwillige Lyriker, ein »nom de guerre« sozusagen. Karl Kraus hatte eines dieser Gottlieb-Gedichte fälschlich Kerr zugeschrieben, und Kerr verklagte ihn wegen Verleumdung. Daraus resultierte eine unübersichtliche Folge juristischer Aktionen. Karl Kraus brachte eine Gegenklage ein, Kerr und Kraus legten dem zuständigen Amtsgericht Charlottenburg Schriftsätze vor. Im Einvernehmen wurden dann Klage und Gegenklage gleichzeitig zurückgezogen. Dann nannte Karl Kraus Alfred Kerr einen Schuft und erklärte, er habe der Einstellung des Verfahrens nur der Möglichkeit willen zugestimmt, die von Kerr dem Gericht vorgelegten Schriftsätze veröffentlichen zu können. Dies geschah im September 1928 und nahm ein ›Fackel‹-Heft von zweihundertacht Seiten in Anspruch.

Der Epilog zum Ersten Weltkrieg hatte sich mit hundertzwanzig Seiten begnügt. Die »Akten zum Fall Kerr« waren mehr als eineinhalbmal so umfangreich.

Kerr steht in diesem seinem dem Gericht vorgelegten und in der ›Fackel‹ reproduzierten und kommentierten Text höchst erbärmlich da; er denunziert Karl Kraus vor einem deutschen Gericht des Jahres 1927 wegen dessen Haltung im Weltkrieg als Landesverräter und beruft sich hierbei unter anderem auf Tiroler Antisemiten des Jahres 1920, er fälscht und mogelt; aber das alles ist nur ein Schriftsatz in einem Gerichtsverfahren und ganz gewiß des großen Aufwands nicht wert. Es zeigt aber, wie die Neigung, pro domo die Öffentlichkeit anzusprechen, in Karl Kraus zu überlebensgroßen Formen angewachsen ist. Kerr bleibt so schäbig, wie er war, und Karl Kraus wird nicht größer in diesem großen ›Fackel‹-Heft, das schon mehr Buch als Broschüre ist; und selbst Edwin Rollett, ein getreuer Bewunderer, schreibt in einem 1934 publizierten Vorabdruck seines großen Karl-Kraus-Beitrags für den dritten Band der ›Deutschösterreichischen Literaturgeschichte‹, daß diese Auseinandersetzung »weder das Format noch die Intensität der vorausliegenden Kämpfe erreichte«.

Dem großen Zweihundertacht-Seiten-Heft ›Der größte Schuft im ganzen Land ...‹ (September 1928) folgte noch ein halbes ›Fackel‹-Heft, zweiundfünfzig Seiten, betitelt ›Der größte Schriftsteller im ganzen Land‹ (Dezember 1928), das die Kampagne fortführt, hauptsächlich durch den Abdruck von Ansprachen gegen Kerr, die Karl Kraus in Berliner Vorlesungen gehalten hat. Und dort, ganz zum Schluß, findet sich ein erheiternder, ein mit dem ganzen aufgeblähten Wust von Attacken und Argumenten versöhnender abschließender Schnörkel, ein unwiderruflich letzter Selbstmord des durch polemische Selbstmorde bereits stark strapazierten Kerr:

Im Buchhändlerbörsenblatt vom 28. September 1928 ist eine »Antwort und Abfuhr« Kerrs kontra Kraus angekündigt, »Leicht kartoniert 2 Mk.«, »Erscheint in 8 Tagen«. In einer anderen Annonce heißt es »Erscheint Mitte Oktober«.

Diese Broschüre ist im Jahre 1928 nicht erschienen.

Karl Kraus war damals in Berlin. Und er machte sich den Spaß, Alfred Kerr täglich anzurufen und mit verstellter Stimme nach dieser Broschüre zu fragen. Wir dürfen bei der Betrachtung der ›Fackel‹ und des ganzen offiziellen Wirkens von Karl Kraus nie ganz den Blick auf seine private Erscheinung verlieren. Er war und blieb, mochte sein Werk auch mehr und mehr Vergeblichkeit und Ratlosigkeit ausstrahlen, stets gesellig, heiter und freundlich gegen die Freunde, und nicht nur Don Quichote, sondern auch Eulenspiegel. »... jeden Mittag ... stand Kraus ... auf ... flüsterte fröhlich: ›Auf Ehrenwort, nicht verraten!‹ – und dann ging er mit mir zur Telephonzelle, um Alfred Kerr anzurufen. Einmal im Tonfall eines Rechtsanwalts vom Kurfürstendamm ... Am nächsten Tag ... als sächsischer Buchhandlungsgehilfe ...« (Heinrich Fischer, Erinnerung an Karl Kraus).

Zur Stunde, da diese Zeilen geschrieben werden (9. August 1967, 18 Uhr), ist die angekündigte Antwort und Abfuhr Alfred Kerrs noch immer nicht erschienen. Vielleicht ruht ihr Manuskript im Alfred-Kerr-Archiv, das der Berliner Magistrat in Obhut genommen hat, um an einem, der vieles schlecht gemacht hat, »Wiedergutmachung« zu üben.

Die Besten seiner Zeit

Im Jahre 1925 hatten neun Pariser Professoren und der Altertumswissenschaftler Prof. Walter Otto Karl Kraus für den Nobelpreis des Jahres 1926 vorgeschlagen.

In der Begründung, die Sigismund von Radecki verfaßt hat, wird Karl Kraus mit Aristophanes, Petronius, Juvenal, Swift und Gogol verglichen. »... er ist kein Wahrheitssucher, sondern ein Lügensucher. Die Lüge aber entdeckt er bei jeder Vermengung schöpferischer und unschöpferischer Dinge ... der Angreifer ist zugleich immer ein Verteidiger. Es gibt kaum einen wertvollen Schriftsteller unserer Zeit, für den Karl Kraus sich nicht eingesetzt hätte; es gibt kein Natur- und Menschengut, das er nicht beschützt und neu geweiht hätte.« Und: »In § 1 der Statuten der Nobel-Stiftung heißt es: ›... einen Teil (erhält) derjenige, welcher das Vorzüglichste in idealischer Richtung im Gebiete der Literatur geleistet hat ...‹ Diese Bedingung ist von Karl Kraus erfüllt worden. Er hat in seinem Leben und in seinem Werk einen neuen idealen Typus der Menschlichkeit geschaffen; das Wort ›Ideal‹ verdankt ihm eine neue Wirklichkeit.«

Den Nobelpreis erhielt 1926 Grazia Deledda, 1927 Henri Bergson.

Für 1928 wurde der Vorschlag erneuert – den Nobelpreis erhielt Sigrid Undset.

Die literarische Jury in Stockholm hat sich vorher wie nachher, von Heyse bis Hemingway, periodisch immer wieder blamiert, und wichtiger als das fast selbstverständliche Scheitern ist das Phänomen dieser Aktion, daß französische Professoren keinen Landsmann, sondern sieben Jahre nach einem Krieg einen ehemaligen Feind offiziell und wiederholt für den Nobelpreis vorschlagen. Karl Kraus war in der Nachkriegszeit, jenseits der kleinlichen Zwerge aller Größen in seiner Nähe, zweifellos eine bedeutende Erscheinung, doch galt die Anerkennung gleichsam seinem abgeschlossenen Werk und nicht seinem fortgesetzten Wirken in den Tag. Karl Kraus nach dem Krieg glich Gerhart Hauptmann, dem nach den ›Webern‹, ›Hannele‹, ›Rose Bernd‹, ›Fuhrmann Henschel‹, ›Biberpelz‹, ›Pippa‹ nichts mehr geriet, und Richard Strauss, dem Komponisten von, immerhin, ›Salome‹ und ›Elektra‹, der nach ›Ariadne auf Naxos‹ versagte.

Es ist Mode geworden, die Zeit zwischen Wilhelm und Hitler als große Zeit hinzustellen. Sie war es ebensowenig wie die wienerische »Welt von gestern« unter Franz Joseph. Die Berliner Zwanzigerjahre waren ein ratloser Zirkus voll Aufmachung und Hektik ohne Charakter, eine Orgie des leerlaufenden Betriebs rund um Scheinpersönlichkeiten. Dies wird unter anderem klar, wenn man bedenkt, wie etliche große Berliner Figuren sich in den U. S. A. verkauft und verraten haben: Kurt Weill, der sanfte Broadway-Musicals komponierte, und George Grosz, der in den U. S. A. ebenso sanfte Bilder malte. Nein, die erste wirklich gute alte Zeit im Bereich der deutschen Kultur dieses Jahrhunderts ist frühestens die, welche 1945 begonnen hat.

Was immer von Vorkrieg und Zwischenkrieg bis heute lebendig geblieben ist, war Außenseiter und gegen die Zeit gestellt.

Es ist bedauerlich, daß sich kaum Kontakte zwischen Karl Kraus und zwei zeitgenössischen Außenseitern aus seiner Nähe nachweisen lassen. Über Franz Kafka gibt es bei Karl Kraus nur eine Briefstelle. Als der Herausgeber einer Anthologie Franz Kafka und Willy Haas in einem Atem nannte, schrieb Karl Kraus, daß er »die Zusammenstellung der Namen des verstorbenen Dichters Kafka mit einem in Berlin tätigen Inseratenakquisiteur, der mit ihm den Geburtsort gemeinsam hat«, für verfehlt halte. In den Briefen Kafkas taucht Karl Kraus gelegentlich auf. Kafka hat Karl Kraus sichtlich geschätzt und wichtig genommen.

Ein geistreicher Ausspruch Kafkas über Karl Kraus ist überliefert: »Nur ein gerissener Wilddieb kann so ein strenger Waldhüter sein.«

Karl Kraus hielt Kafka für einen Dichter, doch das Gebiet der erzählenden Prosa war für ihn terra incognita.

Die Verbindung zwischen Karl Kraus und Robert Musil ist gleichfalls fragmentarisch und zudem nicht durchwegs erfreulich. Musil schrieb 1922 über eine Aufführung von Nestroys ›Liebesgeschichten und Heiratssachen‹, daß »in Nestroys Direktheit ein freskohafter Schwung« stecke »und in dem schamlos improvisierten Charakter der Stücke eine gewisse Großzügigkeit. Dennoch, zwischen erhöhten Punkten schweift, schleift dieses Spiel durch breite Niederungen, die unsäglich albern sind ... Wenn man viele Stücke von Nestroy hintereinander liest, hat man das entmutigende Gefühl wie bei der Berührung mit einem unreifen Menschen«. Karl Kraus zitierte den Satz von der »Großzügigkeit« mit dem Bemerken: »was ein absoluter Unsinn ist«, stellt fest, eine Niederung könne »nie so albern sein wie manches Urteil, das sich über sie erhaben fühlt«, und repliziert auf den Schlußsatz: »Das habe ich mir immer ganz anders vorgestellt, da ich geglaubt habe, daß selbst wenn die Literaten nur ein einziges Stück von Nestroy lesen, sie das entmutigende Gefühl haben werden, nichts mehr schreiben zu sollen. Das Gefühl, zum erstenmal mit sich selbst in Berührung gekommen zu sein, also allerdings mit einem unreifen Menschen.«

Als man 1924 in Wien ›Traumstück‹ und ›Traumtheater‹ spielte, schrieb Musil von dem »bösartigen Karl Kraus«: er sei ein Satiriker, »den man totschweigen möchte, während er sich längst schon, köstlich balsamiert, im Königsgrab einer Pyramide von Anhängerschädeln beigesetzt hat«. Und: »Seine mehr mit Beziehungs- als Bedeutungsfülle geladene Sprache deckt vollkommen ihr Gebiet der satirischen Prosa, für die sie geschaffen wurde, verliert ihre persönliche Ausdruckskraft aber in der dichterischen Prosa und im Vers. Seine unbiegsame Moral, als Rückhalt der Angriffe auf dubiose Zeiterscheinungen von höchstem Wert, ist ohne deren Gegendruck ein wenig spießbürgerlich. Sein Wille, Mut und Fanatismus, seine ungeheuer scharfe Witterung für das Unreinliche, die unnachahmliche Art seines Polizeigriffs, seine Fähigkeit, die Zeit als satirische Halbfertigware der Zeitung zu entnehmen und zu vollenden, all diese Eigenschaften, die in seiner Publizistik zum Gebilde werden, wirken in seiner Dichtung um viele Grade schwächer.«

Dies ist dem Anlaß der beiden tatsächlich schwächeren Stücke durchaus gemäß und läßt es bedauern, daß die beiden bedeutendsten Wiener Stilisten und vielfach gleichgerichteten Geister einander in der realen, räumlichen Nachbarschaft nie intensiver begegnet sind.

Alfred Polgar stand Karl Kraus viel näher als Robert Musil, wenn auch nicht wirklich nahe. Er war gleichfalls Außenseiter, doch nicht aus kämpferischer Neigung, er hat Karl Kraus gewürdigt und erkannt. Als er nach dem Zweiten Weltkrieg nach Wien kam und von der Wiener Stadtbibliothek gebeten wurde, irgendeinen Text für das dortige Tonarchiv zu sprechen, wählte er unter allen seinen Texten den Nachruf auf Karl Kraus, der am 16. Juni 1936 im ›Prager Tagblatt‹ erschienen war, und setzte damit eine schöne Geste des Respekts und des Bekenntnisses zu Karl Kraus. So konnten Karl Kraus und Alfred Polgar, die beiden großen Wiener Kritiker dieses Jahrhunderts – wenn auch ganz verschiedenartiger Konstitution –, auf einer Karl-Kraus-Schallplatte, die mit Polgars Nekrolog beginnt, gemeinsam in die Nachwelt eingehen.

Karl Kraus hatte Polgar (wie Friedell) mehrfach gerühmt und oft kritisiert, hielt aber Polgar immerhin für den »geistigsten und literarisch erheblichsten« Fall der Wiener Kritik.

Gegen Ende seines Nachrufs sagt Polgar, daß Karl Kraus »›den Besten seiner Zeit genug getan‹ hat; und, die Wendung anders verstanden, den Schlechten wahrlich auch!«

Karl Kraus hat den Besten genuggetan und den andern genug getan. Wir werden bei ihm immer wieder Übermaß und Unverhältnismäßigkeit in Zustimmung und Ablehnung feststellen, gewiß auch Einseitigkeit, gelegentlich erklärbares und berechtigtes Mißverstehen. Wir vermissen bedauernd die Spuren mancher Zeitgenossen in der ›Fackel‹, aber wir lesen kaum je ein völlig unrichtiges, unberechtigtes Urteil, es wäre denn die Ablehnung Gustav Klimts in den ersten Jahrgängen. Karl Kraus vermochte nicht, den großen Maler von dem Kreis der »Sezession« und ihres Apostels Bahr gebührend abzuheben.

Wir sehen ihn eine große Ausnahme von der rigorosen Unbedingtheit machen, einer einzigen Erscheinung gegenüber alles verstehen und alles verzeihen, was er sonst nicht verstehen und verzeihen konnte: so wie der Menschenfeind Alceste Célimène liebt und für ihre Schwächen Nachsicht hat, liebt Karl Kraus Peter Altenberg. Er hat ihn dem Fischer-Verlag empfohlen, er hat ihm das Wort zum Nachruf auf Annie Kalmar erteilt, er hat immer wieder Beiträge von ihm veröffentlicht, er hat die Vergebung von Literaturpreisen an Altenberg, der ihrer dringend bedurft hätte, vergeblich gefordert. Er hat bei Entgleisungen Peter Altenberg nicht angegriffen, sondern entschuldigt (»Peter Altenberg«, »dessen Pathos wahrlich seine eigene Unterschrift hat, wenn es sich auch öfter in der Adresse irrt ... einer, den die Zeit in schlechte Gesellschaft gebracht hat ... Das Gesindel nimmt ihn nicht ernst, weil er heiter ist, und um ernstgenommen zu werden, muß er mit dem Gesindel wetteifern«.) – er statuiert die Verpflichtung, »die Würdelosigkeit des Genies für ehrwürdig zu halten«. Er kündigt Altenbergs neues Buch ›Semmering 1912‹ an: »Diese von Gott autorisierte Übersetzung des Menschen in die Sprache wird – die Empfänglichkeit späterer Welten vorausgesetzt – noch zu Menschen sprechen, wenn fast alles, was heute gedruckt wird, nicht mehr mit freiem Auge wahrnehmbar sein wird ... der Genius ist Gott sei Dank der Intelligenz nicht Rechenschaft schuldig, auf welchem Weg er den Zusammenhang so entfernter Dinge wie eines Dienstmädchens und der Ewigkeit erfahren hat.«

Karl Kraus feiert Peter Altenberg zum fünfzigsten Geburtstag als einen, »der im schmutzigsten Winkel des Lebens Literatur geschaffen hat, gleich unbekümmert um die Regeln der Literatur und des Lebens«. »... das Staunen des gesunden Verstandes, dessen niederträchtige Erhabenheit sich hier voll entfaltet, sieht bloß die gelockerte Schraube und fühlt die bewegende Kraft nicht, die den Schaden schuf, um an ihm zu wachsen.« Als Peter Altenberg im Krieg eine geschmacklose Skizze veröffentlicht, rückt er von ihr, doch nicht von ihm ab und versichert ihm dabei seine Liebe. Er hält Peter Altenberg die Grabrede: »... nun muß es aller Welt so laut, daß es auch die umgebende hört, gesagt werden: Daß Du, Peter Altenberg, einer der großen Dichter warst, die ihrer Zeit nur geliehen sind, doch vorbehalten zu besserm Gebrauche; einer der seltenen die das Glück hatten, ein Echo zu empfangen, wenn sie in den Wald riefen ... möchte Dein Mut, vor einem Kinde, vor dem Tier und der Pflanze, ehrfürchtig zu verweilen – ein hoch- und schlechtfahrendes Geschlecht Bescheidenheit vor der Natur lehren! ...«

Er schreibt ein Gedicht in memoriam Peter Altenberg:

Vergebens bot er euch das Leben an.
Er gab das Wort. Ihr glaubt nur den Roman.

Ihr seid Papier; er war ein Element,
dess Zorn und Güte keine Grenzen kennt.

Er konnte toben; ihr jedoch seid stumm.
Ein Narr verließ die Welt, und sie bleibt dumm.

Wie wurde mir in seiner Nähe warm.
Ein Bettler ging von uns. Wie sind wir arm.

Er verteidigt Peter Altenberg gegen mißverstehende und übelwollende Charakteristiken der Journalisten und Literarhistoriker, er nimmt ihn in seine Vorlesungsprogramme, er druckt Prosa aus Altenbergs Nachlaß (den Alfred Polgar herausgegeben hat), und er veranstaltet eine Auswahl aus dem Werk Peter Altenbergs, um die er vom Fischer-Verlag gebeten wurde. Das Erscheinen in diesem Verlag – dem Verlag Kerrs – kam dann nicht zustande, und so erschien denn die »Auswahl aus seinen Büchern von Karl Kraus« 1932 im Wiener Verlag Anton Schroll & Co. »mit Erlaubnis des S. Fischer-Verlags in Berlin, der im Interesse der Erben Peter Altenbergs, der Kinder-Schutz- und Rettungsgesellschaft in Wien auf jede Entschädigung für das Verlagsrecht verzichtet hat«.

Neben dieser Linie sind es drei andere, die man im Reagieren des Karl Kraus auf seine Zeitgenossen aufspüren und nachzeichnen muß. Denn es scheint seine ganze Negation zu entkräften und zu entwerten, daß sie auch Arthur Schnitzler, Hugo von Hofmannsthal und Sigmund Freud einbezogen hat. Wäre dem so, könnte man Karl Kraus tatsächlich kritiklos, maßstablos, einen Neinsager um jeden Preis nennen (wie immer man Hofmannsthal einschätzen mag). Doch ist festzustellen, daß im Abbild Schnitzlers und Hofmannsthals bei Karl Kraus stets eine Respektdistanz gewahrt ist, daß er auf sie, gewissermaßen, mit Munition anderen Kalibers schießt, daß er ihnen gegenüber Gegner ist, nicht Feind.

Er war mit beiden gemeinsam aufgebrochen, mit dem gleichalten Hofmannsthal und dem wesentlich älteren Schnitzler. Es gibt im Schnitzler-Nachlaß etliche Dokumente der kollegialen Verbundenheit aus den Jahren 1892, 1893 und 1894, und im Text einer Postkarte vom 22. Januar 1893 lesen wir den für die geistige Biographie des Karl Kraus so bedeutsamen Satz: »Verzeihen Sie mir, Liebster, den Franz Moor. Soll gewiß nimmer vorkommen!«

Er hatte sich von ihnen getrennt, weil sie innerhalb blieben und sein kategorischer Imperativ ihn auf eine Position außerhalb verwies. Seine Schnitzler- und Hofmannsthal-Kritik in Heft 1 der ›Fackel‹ ist in aller Negation doch keineswegs vernichtend.

Bei Schnitzler bekümmert ihn vor allem die Gesellschaft, in der er ihn findet; und die Biographie Schnitzlers, die noch nicht geschrieben ist, wird feststellen können, daß Hermann Bahr und Felix Salten und andere wohl nicht der Umgang gewesen sind, den man sich für Schnitzler gewünscht hätte. Karl Kraus schreibt 1900 über Bahrs Lustspiel ›Wienerinnen‹, in dem eine Schlüsselfigur die Züge Schnitzlers trägt, von der »Gemeinheit«, mit der Bahr »die Maske eines harmlosen und anständigen Wiener Schriftstellers, dessen nüchtern ironische Art hundertmal weniger Schaden in der Literatur gestiftet hat als die Luderhaftigkeit Bahrscher Kulturförderung, dem Gespötte preisgibt«; er verteidigt Schnitzler gegen antisemitische Ausfälle: »... würde sich Herr Schnitzler nicht zuweilen freiwillig in ein verrufenes Milieu begeben, so könnte es dem objektiven Urteiler sogar erwünscht sein, ihn gegen die Flegeleien eines bornierten Rassenscharftums, dessen Talente das seine zehnfach aufwiegt, ebenso in Schutz zu nehmen wie gegen die beleidigenden Verhimmelungen der Wiener Clique.« Er zitiert den Satz eines sterbenden Journalisten aus einem Schnitzler-Einakter und sagt, daß dieser »der Gesinnung seines Autors alle Ehre macht«. Er schreibt, wieder gegen eine antisemitische Attacke auf Schnitzler: »Schnitzlers ganzes Ansehen auf das Konto der jüdischen Cliquenwirtschaft zu setzen, ist ein Beginnen, über das man selbst in antisemitischen Redaktionen gelacht haben muß.«

An einem scheinbar unauffälligen Detail ist seine Einstellung zu Schnitzler abzulesen. Karl Kraus apostrophiert seine Gegner entweder mit ihren Familiennamen (Salten, Großmann, Kerr) oder als »Herr«; doch er spricht von Peter Altenberg, Gerhart Hauptmann, Ludwig Speidel. Und auf Seite 23 in Heft 354–356 der ›Fackel‹ geschieht es, daß er nicht »Schnitzler« und nicht »Herr Schnitzler« sagt, sondern: Arthur Schnitzler. Immer wieder hält er sich in der Negation mehr an das Echo als an das Werk, an die (sehr schlechte) Schnitzler-Monographie von Julius Kapp, an die Gratulanten zum fünfzigsten Geburtstag, an die liberalen Verteidiger des ›Professor Bernhardi‹, der verboten worden war. Seine Indifferenz gegenüber erzählender Prosa läßt ihn angesichts einer Schnitzler-Novelle verzweifeln. Beim ›Reigen‹-Skandal beklagt er vor allem, daß Schnitzler sich durch Zustimmung zu der Aufführung all dem ausgesetzt hat (und weiß nicht, daß Schnitzler sich vergebens gewehrt hat und von Max Reinhardt in die schlimme Situation manövriert wurde).

1922 veröffentlicht die ›Fackel‹ einen beiderseits höflichen und respektvollen Briefwechsel zwischen Schnitzler und Richard Lanyi.

Einige Monate vorher hat Karl Kraus die Ehrungen zum sechzigsten Geburtstag Arthur Schnitzlers glossiert und dabei den bemerkenswerten Satz geschrieben, sie seien »einem Manne wohl zu gönnen, der ... immerhin einer der wenigen Schriftsteller ist, die sich während des Krieges anständig benommen haben«. Bahr hatte in seinem Geburtstagsartikel gefragt: »Was meinst Du, lieber Arthur, wieviel wird in hundert Jahren von Dir noch am Leben sein? Und wieviel von mir? Wieviel von uns allen?« Karl Kraus antwortet: »Also wieviel von Schnitzler bleiben wird, das kann ich beim besten Willen nicht sagen. Aber von Bahr – also ganz bestimmt jene Stellen aus seinem Tagebuch, die in meinen Büchern enthalten sind.«

So gehen Schnitzler und Karl Kraus, wenn auch nicht verbunden, so doch immerhin nebeneinander in die Zukunft, mit dem Bedauern des Karl Kraus, »daß ich dich in der Gesellschaft seh'«, mit einem Verkennen und Unterschätzen der Dimensionen Schnitzlers, die nicht seine Extratour sind, sondern der ganzen Zeit bis in die Mitte des Jahrhunderts eigen, und mit einer sehr bedeutsamen Anerkennung, die Karl Kraus der Haltung Schnitzlers zollt:

> Sein Wort vom Sterben wog nicht schwer.
> Doch wo viel Feinde, ist viel Ehr:
> er hat in Schlachten und Siegen
> geschwiegen. (›Worte in Versen III‹)

Zwiespältiger und gelegentlich krasser ist die Stellung Karl Kraus' gegenüber Hugo von Hofmannsthal; hier ist, was gegen Schnitzler zwischen den Zeilen bleibt, einmal deutlich ausgesprochen. Der Titel der Glosse (Januar 1914) ist ›Ein Verlorener‹; sie betrifft eine Arbeit Hofmannsthals für den Film und fordert alle, die es »nach den Libretti des Herrn von Hofmannsthal noch nötig« haben, »eine Jugendliebe zu begraben«, auf, die Inhaltsangabe dieses Kinodramas zu lesen.

Diese Jugendliebe ist nicht nur in den Kritiken vor 1899 manifestiert. Wie Schnitzler wird auch Hofmannsthal in der ›Fackel‹ gegen »das Übermaß von Unverstand und Bösartigkeit« seiner Kritiker in Schutz genommen und gegen das »geschmacklose Lob seines Entdeckers und angestammten Verderbers« Bahr. Karl Kraus ließ in der ›Fackel‹ einen Hymnus Peter Altenbergs auf Hofmannsthals ›Elektra‹ erscheinen und bezeichnete sich 1904 als »Schätzer« Hofmannsthals. 1910: »Ich will den Mann ...

nicht in einem Atem mit seinen Freunden nennen. Aber wie ist auch dieses edle Sitzfleisch eingeschrumpft!« 1912 der Vorwurf, daß Hofmannsthal »mit dem Tag und dem Theater gepackelt hat« (anläßlich des ›Jedermann‹). Und 1912 das Zitat aus der Gesellschaftsrubrik: »Man bemerkte: die Industriellen Sobotka und Gemahlin, Hamburger, Hussar, Robert von Schlumberger, Bierinz, Urban, von Lenz, Hugo von Hofmannsthal ...«

Die Rede ›In dieser großen Zeit‹ nennt Hofmannsthal gleichfalls neben anderen, aber diese Reihung ist gleichfalls Ausdruck enttäuschter Liebe: »Hier steht ein Hauptmann, stehen die Herren Dehmel und Hofmannsthal ... und hinter ihnen kämpft der losgelassene Dilettantismus«, also jene drei in vorderster Front, deren Haltung Karl Kraus besonders schmerzen mußte. Bis zur Warschauer Entgleisung genießt Hofmannsthal dann Schonzeit. Und in der Hofmannsthal-Szene der ›Letzten Tage der Menschheit‹ spielt er eine durchaus respektable Rolle, indem er mit »Der Bahr is doch grauslich –«, »Hör auf!«, »Du, wenn du jetzt nicht aufhörst –«, »Aufhören!«, »Laß mich in Ruh!«, »Ich sag' dir, laß mich in Ruh –« ganz richtig auf den unsäglichen Feldpostbrief des unsäglichen Hermann Bahr reagiert.

Dann allerdings wird die Veröffentlichung des Briefwechsels zwischen Hofmannsthal und Richard Strauss zu Lebzeiten beider Briefschreiber, welche weiterhin im Briefwechsel stehen, gebührend glossiert (»... da sie weiter zusammenarbeiten und darum weiter einander Briefe schreiben, so ist es doch schlechthin unmöglich, daß sie nicht bei jeder Zeile an den neugierigen Leser denken, ja es kann sogar so weit kommen, daß die ›Neue Freie Presse‹ bei Herrn Hofmannsthal einen Brief an Herrn Strauss bestellt, während das ›Neue Wiener Tagblatt‹ auf die Antwort spitzt...«). Vor allem wird aber ein Aufsatz Hofmannsthals über Stifters ›Nachsommer‹ einer vernichtenden Analyse unterzogen. Da werden von Hofmannsthal »Gestaltungen« einer Welt, die »hervortritt«, »zugrunde gelegt«, da haben »wichtige Zweige« des verwaltenden Dienstes in Stifters »Händen gelegen«, da »pflegt an ein Dichtwerk ein Augenblick heranzutreten, in dem es stirbt« ... Selbst ein Hofmannsthal-Apologet hat festgestellt, daß der derart zerpflückte Aufsatz mit den einer hervortretenden Welt zugrunde gelegten Gestaltungen und dem tretenden Augenblick »tatsächlich bedenkliche stilistische Mängel« aufweist.

Den Tod Hofmannsthals nennt Karl Kraus tragisch und erschütternd. Er nimmt Abschied, indem er Hofmannsthal gegen einen phrasenhaften Nekrolog verteidigt.

Ja, und Sigmund Freud...

... zum »Fall Hervay« (1904) wird ein zustimmender Brief Sigmund Freuds an Karl Kraus in der ›Fackel‹ abgedruckt...

1905: ein Bekenntnis des Karl Kraus zu der Einsicht und dem Mut Freuds, der erklärt, daß der Homosexuelle weder ins Zuchthaus noch in den Narrenturm gehört...

1906 ein Brief Freuds an Karl Kraus: »... wir sollten zusammenhalten ...« – Karl Kraus nimmt Partei für Freud in dessen Kontroverse mit Wilhelm Fließ...

1907: eine im positiven Sinn zitierte Erkenntnis eines Forschers, »daß der Mensch eigentlich sein ganzes Leben hindurch, von der Geburt bis zur Hinrichtung, daß der Säugling beim Stuhlgang und der Delinquent, dem die Schlinge um den Hals gezogen wird, Sexualempfindungen haben« ...

... ferner: »wahrlich, der Professor Freud, der die Wünschelrute des Geschlechts an die verschütteten Quellen der Hysterie führt, wüßte« (diesen Traum) »zu deuten«.

... und dann die Wendung:

1912 über ›Die Kinder der Zeit‹: »Andere prahlten, wer einen schöneren Komplex hätte, und spielten Traumerraten.«

1913 in einer Polemik gegen das ›Zentralblatt für Psychoanalyse‹, das Aphorismen von Karl Kraus unautorisiert abgedruckt hatte: »... die Dichterin Else Lasker-Schüler, die, wiewohl sie weit mehr für die Menschheit leistet, mit ihren eigenen Träumen nicht annähernd soviel verdient als ein Psychoanalytiker mit fremden ... Die Psychoanalyse – dieses neueste Judenleid, die älteren haben noch Zucker – ... die Leidenschaft der zu keiner anderen mehr fähigen Generation ... (weder zu einer anderen Leidenschaft noch zu einer anderen Generation) ... Der Psychoanalytiker unterscheidet sich vom Teufel dadurch, daß er von Gott nicht abfallen kann, ohne ihn zu leugnen.«

Diese Glosse wurde für den Nachdruck in ›Untergang der Welt durch schwarze Magie‹ von Karl Kraus durchgearbeitet und um den Satz erweitert: »Die Psychoanalytiker ... ein Beruf, in dessen Namen schon die Psyche mit dem Anus verbündet erscheint ...«

Dementsprechend das Couplet der »Psychoanalen« im ›Traumstück‹ und viele Aphorismen, darunter: »Psychoanalyse ist jene Geisteskrankheit, für deren Therapie sie sich hält.«

Was bewirkte die Wendung um 1910? Wohl kaum nur der unbefugte Nachdruck von Aphorismen im ›Zentralblatt‹. Eher das Verlangen, wieder einmal Ballast abzuwerfen und mit der

»Sittlichkeits«-Thematik auch eine bis dahin durchaus willkommene parallellaufende Anschauung zu überwinden.

Es ist die Wendung zu Gott, die dieses Opfer fordert, und die sehr tief wurzelnde (einer großen tiefenpsychologischen Deutung werte) Verbindung des Karl Kraus mit der Welt des Traums.

Er hat sich mit der Psychoanalyse nie wieder verständigt, aber er hat seinen Frieden mit ihr gemacht, indem er ihr unbewußt eine Reverenz erwies. In seinem Testament findet sich eine Fehlleistung. »Nur weil mein Leben so wenig eine Familienangelegenheit sein sollte, wie es mein Leben – der Arbeit wegen – sein mußte, bitte ich meine Verwandten, meiner Bestattung (Beerdigung) fernzubleiben.« Anstelle des ersten »Leben« muß »Tod« stehen. Indem er seinen Tod abschiednehmend »Leben« nannte, hat er in seinem Irrtum sich selbst und zugleich Sigmund Freud bestätigt.

Die Macht der Ohnmacht

Zwischen dem Feldpostbrief Hermann Bahrs und dem ›Nachsommer‹-Aufsatz ist Hugo von Hofmannsthal allerdings noch einmal in der ›Fackel‹ sehr deutlich beim Namen genannt, wenn auch nur auslösend für eine große Entscheidung, die fällig war und die in bewußtem Nebenbei am 24. September 1922 vor einer Vorlesung des ›Talisman‹ von Nestroy dem Publikum mitgeteilt und im folgenden Novemberheft der ›Fackel‹ an leitender Stelle (»Vom großen Welttheaterschwindel«) gedruckt und unter dem Datum des 7. März 1923 behördlich registriert wurde. Seinen Austritt aus der israelitischen Glaubensgemeinschaft und seinen Eintritt in die katholische Glaubensgemeinschaft hatte Karl Kraus nicht derart öffentlich verkündet. Dieser Schritt aber schien ihm mehr als eine Privatsache zu sein.

Er hatte mit dem Kriegsbeginn seiner konservativen Haltung abgeschworen und war der Sozialdemokratie zwangsläufig sehr nahegerückt. Er hatte die Haltung der katholischen Kirche im Krieg mißbilligt und ebenso die reaktionäre, restaurative Nachkriegshaltung der österreichischen Christlich-Sozialen. Er sah das, was er als »jüdisch« ablehnte, nun in die Salzburger Kollegienkirche einziehen, die »Dreieinigkeit der Herren Reinhardt,

Moissi und Hofmannsthal«, »zu deren Ehre auch wieder die Kirchenglocken läuten, die so lange nur als Mörser zu uns gesprochen haben«. Der Altar diente ihnen »als Versatzstück«, an dem sie in einer Zeit, da Österreich noch hungerte, »etwas verrichten, was ein blasphemischer Hohn ist auf die Notdurft dieser Menschheit«. Eine Kirche, in der das »Salzburger große Welttheater« für Neureiche und Schmöcke gespielt wird, eine Kirche, »die derartige Greuel vor dem Herrn mit sich geschehen ließ . . ., hat es verwirkt, daß man ihre Angelegenheiten . . . noch mit Ehrfurcht unerörtert lasse oder mit Delikatesse erörtere«. Karl Kraus berichtet nun von seinem einstigen Austritt aus der »jüdischen« und Eintritt in die katholische Glaubensgemeinschaft, und »wenn der Grund nur in dem Wunsch gelegen war, die letzte Gemeinsamkeit mit den Literaturschwindlern zu verlassen, so bin ich gestraft genug durch die Enttäuschung, sie eben dort wiederzufinden, wo ich mich vor ihnen zu bergen wähnte«. – »Angesichts aller dieser Umstände . . . sehe ich mich genötigt, aus der katholischen Kirche auszutreten, nicht nur aus Gründen einer Menschlichkeit, die bei den Hirten in so schlechter Obhut ist, sondern hauptsächlich aus Antisemitismus.« Er meint, die Zeit hätte »auf Leichenfeldern nicht Festspiele zu veranstalten«. Er kennt von Hofmannsthals Stück nur eine Szene, die er aber »für einen so aberwitzigen Dreck« hält, daß er »selbst dieser unverlegensten aller Epochen nicht zugetraut hätte, so etwas mit den höchsten Begriffen der Menschheit in Verbindung zu bringen, selbst wenn ihr diese nur als die kümmerlichen Ornamente einer Zeitungswelt überkommen wären«.

Karl Kraus konnte keiner Gemeinschaft angehören und sich mit keiner auf die Dauer identifizieren. Er konnte nur ad hoc sein Ja sagen, in oft scheinbar überraschender, doch stets konsequenter Wahl seines jeweiligen Standpunkts. Es ist bemerkenswert, daß eine Angelegenheit des Theaters die entscheidende, wenn auch innerlich gewiß schon lange erwogene Trennung auslöste.

Er hat seine Vorrede zum ›Talisman‹ im nächsten Jahr mit stellenweise wörtlicher Übernahme gewisser Formulierungen zu einem Gedicht ›Bunte Begebenheiten‹ umgeformt und satirisch verdichtet, mit »Herr, gib uns unser täglich Barock!«, ». . . Ehre sei Gott in der Höhe der Preise!«, ». . . die Kirche, die selbst das verdaut, hat einen guten Magen«, und in der ersten und letzten Strophe wieder einer, im Hinblick auf seinen eigenen Austritt, Gleichsetzung Gottes mit Karl Kraus:

Seit jener göttliche Regisseur
dort erschaffen sein Welttheater,
geht in die eigene Kirche nicht mehr
der gute Himmelvater.
...
Doch da verzückt an der Kirchentür
sie zu Prominenten beten,
entschloß sich der liebe Gott, eben hier
auf der Stelle auszutreten.

1924 feiert er den fünfzigsten Geburtstag und die Vollendung des fünfundzwanzigsten Jahrs der ›Fackel‹.

Das Augustheft der ›Fackel‹ ist zum Gedenken an den August 1914 mit einer großen, erschütternden Zusammenstellung von Dokumenten und Kommentaren eingeleitet.

Dieses Jahr 1924 ist ein großes Jahr für Karl Kraus. Die Rückschau auf das Vergangene, die qualvolle Pflicht des ewigen Epilogs zu den ›Letzten Tagen der Menschheit‹ überschneidet sich mit dem ersten Schritt zu einer großen, seiner größten Kampagne.

Er hat seine Vorlesungen intensiviert. Er hat die persönliche Zustimmung, den Dank für sein Wirken anläßlich des fünfzigsten Geburtstags auf der Bühne ausgekostet. Der Bürgermeister von Wien, Karl Seitz, der ihn schon 1919, damals als Präsident des österreichischen Nationalrats, zum vollendeten zweiten Jahrzehnt der ›Fackel‹ gewürdigt, anerkannt und beglückwünscht hatte, gratuliert ihm zum fünfzigsten Geburtstag. Einen symbolischen Augenblick lang begegnen einander die geschmähte Stadt und ihr Schmäher in diesem Dank für den »Kampf gegen alles Schlechte und Verlogene in der Welt ... für die wahre und echte Liebe zu den Gepeinigten und Gedemütigten ... für die Treue zur Republik ... für den mit sittlicher Leidenschaft geführten Krieg gegen den Krieg ... für den moralischen Mut im Kampf gegen alle, die das öffentliche Leben verfälschen, die den Lügengeist der Zeit bestimmen« ...

Er hat die Zeitungen gezüchtigt und ist von ihnen ignoriert und beschimpft worden, er hat die Literarhistoriker gezüchtigt und ist von ihnen beschimpft, ignoriert oder verkannt worden, er hat Österreich gezüchtigt und wurde von Österreich offiziell nicht zur Kenntnis genommen, verhöhnt und verkannt, er hat Wien gezüchtigt, und einen Augenblick lang antwortete die Stadt, »die Sie so oft gescholten und immer geliebt haben«, daß sie »stolz darauf sein kann, Sie zu ihren Bürgern zu zählen«.

Auch dies mochte nur eine Quittung für Vergangenes sein, ein vorweggenommenes »Er war unser«, und war doch ein großer Augenblick.

Der Glückwunsch des Wiener Bürgermeisters deckt in seinem Maß der Zustimmung die Tätigkeit des Vorlesers Karl Kraus (die jetzt so oft den Wiener Arbeitern gewidmet ist), er ist nicht so sehr dem Wirken der Nachkriegs-›Fackel‹ angemessen, wo neben großartigen Witzen und Wortspielen und mancher meisterhaften Glosse (und der fortgesetzten »Sprachlehre«) doch ein gewisser Sättigungsgrad erreicht ist, wo längst Gesagtes immer wieder neu gesagt wird, wo Karl Kraus – wie die alte italienische Komödie mit Truffaldino, Brighella, Pantalone, Tartaglia und dem Dottore – seine stehenden Figuren hat: Ernst Benedikt, Hans Müller, Felix Salten, Hermann Bahr ...

Er hat sein Publikum, das sich in der allgemeinen österreichischen Verschlammtheit und Verschlamptheit der offiziellen österreichischen Welten an einem, der nicht korrupt ist und der nein sagt, aufrichtet; er findet in der Abkehr von den monarchistischen Regierenden einen modus vivendi mit den Arbeitern und der sozialdemokratisch verwalteten, oppositionellen Stadt Wien, er ist kein »Faktor«, keine »Instanz«, aber ein bedeutender Zeitgenosse und vor allem der Autor der ›Letzten Tage der Menschheit‹, er überkompensiert alles, was ihm versagt wird, in umfangreichen egozentrischen Auseinandersetzungen mit allem, was über ihn geschrieben und geschwiegen wird, und er beginnt, im Januar dieses Jahres 1924, seine größte Aktion, die ihn über alles Bisherige hinausgelangen läßt, indem – ein einiges, großes, beispielhaftes Mal – das geschriebene und gesprochene Wort direkt und unmittelbar in das Geschehen wirkt.

Imre (Emmerich) Békessy (dies ist die authentische Schreibweise des Namens, der bei Karl Kraus »Bekessy« geschrieben ist), 1887 geboren, in Ungarn wegen Verleumdung und Erpressung militärgerichtlich abgeurteilt, der als Leiter einer Budapester Einjährig-Freiwilligen-Schule seine Untergebenen buchstäblich vor die Alternative »Geld oder Leben« gestellt hatte, war 1920 nach Wien gekommen und 1923 dort eingebürgert worden. Er gab in Wien die Tageszeitung ›Die Stunde‹ und die Wochenzeitungen ›Die Bühne‹ und ›Die Börse‹ heraus. In einem Prozeß zwischen Békessy und Gustav Stolper und Karl Federn, den Redakteuren der höchst ehrenwerten Zeitschrift

›Der österreichische Volkswirt‹, in der Békessy ein »politisch schamloses, charakterloses Subjekt«, ein »Lügner und Schwindler« genannt worden war und die Békessy daraufhin als »Verleumder« bezeichnet hatte, waren Klage und Gegenklage zurückgezogen worden, weil Békessy gedroht hatte, einen Privatbrief Gustav Stolpers zu veröffentlichen. In diesem Stadium erscheint Békessy erstmals in der ›Fackel‹ und hat charakteristischerweise selbst das Stichwort hierzu gegeben, indem er Karl Kraus direkt apostrophierte.

1902 hatte Karl Kraus in dem Aufsatz ›Sittlichkeit und Kriminalität‹ Shakespeare zitiert und den Satz geprägt: »Shakespeare hat alles vorausgewußt.« Diesen Satz zitiert Békessy seinerseits, vermutlich in einem abenteuerlichen Versuch einer captatio benevolentiae. Er vergleicht den seinerzeitigen Kampf Karl Kraus mit seinem eigenen Kampf gegen österreichische Übelstände und provoziert damit eine Replik ›Bekessys Sendung‹ (Januar 1924).

Hier bietet sich ein neuer Gegner und ein neuer, sehr großer Stoff an. Békessy hat die Klage gegen Stolper und Federn zurückgezogen, aber Karl Kraus stellt ihn, jenseits des Prozesses mit den beiden Redakteuren und weit über den Anlaß hinaus, als einen neuen Typus des verbrecherischen Journalisten dar, als einen »Unabhängigen«, der sich nicht, wie andere Zeitungsleute, heimlich bestechen läßt, sondern die materiellen Zuwendungen offen einsteckt und seine »Unabhängigkeit« auslebt, indem er auch die Geldgeber angreift. Békessys Element ist die Erpressung, die Drohung, die Annahme von Geld zwecks Unterlassung von Angriffen; er beschmutzt das Privatleben seiner Opfer, er ist bereits tief in das politische und wirtschaftliche und gesellschaftliche Leben Österreichs eingedrungen und kaschiert seine Untaten mit dem Anspruch, ein antikapitalistischer, linksradikaler Sozialkritiker zu sein.

Karl Kraus, bisher »kein Rufer in Bekessys Streit, doch von ihm in den Streit gerufen«, analysiert diesen einen, Karl Kraus zitierenden, Artikel Békessys und damit seine ganze neuartige Nachkriegshaltung: »Jazzband neuartiger Verderbnis nach dem Walzer der Wiener Korruption.« Die alte Presse, die imstande war, »die Zeit zu machen, wie sie ist«, muß ins Wesenlose versinken gegenüber diesem neuen Machthaber.

Ein Jahr später, im März 1925 (»›Die Stunde‹ bietet die Darstellung der wirklichen Ereignisse des Lebens«), wird die Kampagne wieder aufgegriffen. Der Aufsatz beginnt als Glosse über die Skandalsucht und die erpresserische Indiskretion der ›Stunde‹: «. . . es gibt keine Nuance des Liebeslebens, die jetzt nicht, wenn die Sonne am höchsten steht, zu ihrem selbstverständlichen publizistischen Recht gelangte . . .« (›Die Stunde‹ war ein Mittagsblatt), »Wien fühlt sich im Besitz eines Sexualorgans . . .« – doch dann wird diese Ebene verlassen – man kann auf Seite 133 der Nummer 679–685 der ›Fackel‹ optisch miterleben, wie der Fall sich weitet, wie Karl Kraus Atem holt und nun in einem anderen Schriftgrad, der den großen Auseinandersetzungen vorbehalten ist, die eigentliche Kampfhandlung eröffnet:

»Aus dem Blutdunst einer Epoche, die den Heldentod als Vorwand zum Betrug an der Menschheit gebraucht hat, ist ein Raubtiergesicht aufgestiegen, ein höchst affenähnliches Ungeheuer . . . Seine Züge sind die Schriftzüge einer erbarmungslosen Journalistik . . . Seine Stimme ist der Schrei von den Lettern, die die Welt bedeuten.«

Karl Kraus ist zurückgetreten, um des Übels gewahr zu werden, und nun springt er es an. Er hat ein neues Objekt gefunden und einen neuen Ton und neue Kräfte. Er ist der Alte, aber mit regenerierter Intensität. Keiner kann sagen, daß er diesmal überschätzt und überwertet. Was im Kampf gegen den Krieg und seine Parasiten eine tausendköpfige Hydra war, hat hier ein Gesicht und einen Namen und ist ein Inbegriff des Üblen. Alles ist umgewertet. Selbst der Schieber und Bankier ist in seiner privaten Sphäre des Schutzes bedürftig, selbst dem »richtig erkannten Unwert« ist in der neuen Perspektive nun Ansehen gegeben, und diesem erpresserischen Nachkriegsjournalismus »ist es wirklich gelungen, selbst dort nicht recht zu haben, wo er recht hat, einem die verhaßten Übel in Staat und Gesellschaft in Glücksgüter zu verwandeln . . . Die bloße Vorstellung einer Bundesgenossenschaft der ›Stunde‹ macht das Angriffsobjekt zum Augapfel . . . das ›Neue Wiener Jornal‹ wird zum Erbauungsbüchel . . . von der ›Neuen Freien Presse‹ gar nicht zu reden, das ginge vor Rührung nicht«.

Diese große Abrechnung liest Karl Kraus am 16. April im Mittleren Konzerthaussaal, läßt den »Herrn der Hyänen« aus der ›Letzten Nacht‹ folgen und sodann die große nächste Abrechnung mit Békessy, ›Shakespeare hat alles vorausgewußt‹, die im Maiheft 1925 erscheint.

›Die Stunde‹ hat inzwischen auf ihre Weise reagiert. Sie bringt »Enthüllungen« über Karl Kraus und versucht, ihn auf jede denkbare Weise zu ärgern. Anton Kuh ist einer der Akteure dieser Aktion, und Felix Salten beteiligt sich gleichfalls. Die Gegenaktion reicht von einem Visitenkartenrätsel »R. R. Laus-Kak« über die Bezeichnung des Karl Kraus als »kleiner, mieser Bocher mit Buckel und Plattfüßen«, über Anspielungen auf die tätlichen Angriffe, deren Opfer er gewesen ist, und den Wiederabdruck des Kerr-Gedichts »Krätzerich ...« bis zur Veröffentlichung eines Jugendphotos, auf dem Karl Kraus und seine kleine Schwester zu sehen sind. An den beiden Kinderbildern sind böswillige Retouchen vorgenommen worden: insbesondere haben beide Kinder nun große abstehende Ohren. Karl Kraus erzwingt einen berichtigenden Wiederabdruck, und, als dieser neuerlich in unfairer Weise vorgenommen wird, einen neuerlichen Abdruck der konfrontierten beiden Bilder, des entstellten und des echten.

Die Tatsache, daß Karl Kraus Besitzer eines Automobils ist, wird »enthüllt«, ein angeblicher Erbschaftsstreit mit seiner Schwester wird erlogen ... dies alles wehrt Karl Kraus ab, und diesmal, wenn je, ist es ihm zu glauben, daß es ihm nicht um Persönliches geht, nicht um Reaktion auf Attacken, sondern um eine große Sache.

Die gesammelten großen Aufsätze in der Causa Kraus kontra Békessy sind nicht als Band der ›Werke‹ erschienen, und dies ist mehr als beklagenswert. Denn in der Folge dieser Aufsätze offenbart sich jenseits aller zeitgebundenen Voraussetzungen das klassische Beispiel eines bewundernswerten, mit geistigen Waffen und in sprachlicher Vollendung geführten Kampfes gegen ein Böses, ebenbürtig den größten polemisch-literarischen Dokumenten aller Zeiten.

Es ist für die Leistung des geistigen Kämpfers unerheblich, ob Philipp von Mazedonien gesiegt hat, ob Catilina besiegt worden ist. Im Fall Békessy ist aber sogar ein großer Sieg errungen worden.

Karl Kraus hatte das Glück, immer Analogien, Vorbilder und Beispiele zu finden. Er zitierte Worte Lassalles (dessen hundertster Geburtstag eben zu feiern war) vom »Hauptfeind Presse«, er zitierte, was Kierkegaard (der wie Karl Kraus gegen einen Journalisten seiner Zeit, Goldschmidt, und sein Blatt ›Korsar‹ gekämpft hatte) über die Journalisten geschrieben hatte, er wendete Schillers ›Kampf mit dem Drachen‹ auf seinen Kampf an, und er blieb bei Shakespeare, der Prolog zu seiner Békessy-Aktion gewesen war: »... ihr verdient kein Wort mehr, sonst nennt' ich euch noch Schurke«, sagt er angesichts der Tatsache, »daß mit einer noch nie, seit es Lügner und Lumpen gibt, erlebten Schamlosigkeit der Selbstbehauptung aller Nullität Dinge in die Welt gesetzt werden, die vordem nur das Zimmer verunreinigt hätten.« Er spürt den »Drang nach unmittelbarer Abwehr«. Er verteidigt sogar den Herausgeber der ›Neuen Freien Presse‹, dem in der ›Stunde‹ übelste private Schmach angetan wurde. Er ruft das Parlament auf, eine »lex Bekessy« zu erlassen.

Und am 25. Juni 1925 liest er einen »abendfüllenden« entscheidenden großen Text, ›Entlarvt durch Bekessy‹ (erschienen Juli 1925) im Mittleren Konzerthaussaal, vor neunhundert Menschen, die damals das Bedeutsame, ja: Historische des Anlasses spürten, jenes: und ihr könnt sagen, ihr seid dabeigewesen.

Diese Anrede ist grandios auch in ihrem Ton, in ihrer Würde, im Selbstbewußtsein ohne die Schlacken und Rückstände persönlicher Gesichtspunkte. Karl Kraus lebt in seinem Text seine eigene Bedeutsamkeit, nimmt sich selbst bei allem Engagement gleichsam schon historisch und spürt das Beispielgebende dessen, was er unternimmt.

Ich halte diese Anrede für den Höhepunkt seines Wirkens. Er war nie vorher und nie nachher in einer einzelnen seiner Äußerungen größer als damals. Er hat größere Witze gemacht, doch nie größeren Ernst. Er will diesmal nicht »Applaus ernten, statt Erfolgs«. Er will nicht nur »diesen Zustand zum abschrekkenden Beispiel für die Nachkommenden festhalten, deren Vorfahren ihn ertragen haben«. Er führt seinen Kampf im Bewußtsein, »daß ein ausgedientes Bollwerk gegen die Türkengefahr sich solchem Belagerer an jedem hellen Mittag unterwirft, und daß dieses Wien weder von den untätigen Hilfstruppen der Anständigkeit entsetzt wird, noch sich selber entsetzt«. Er ist allein gegen Békessy, »eine Natur, die unpathetisch, aber fest zugreift, jeden Schein verschmäht, der einen heimlichen Handel decken und eine Ehrbarkeit vortäuschen soll, wo sie nun einmal nicht vorhanden ist, und in einem Milieu der Unfreudigen und Bresthaften ein Mann von durchaus gesunder Prostitution«. Er durchleuchtet Békessys Angriffe, Békessys Praktiken, Békessys dunkles Budapester Vorleben, er zitiert, was im ›Österreichischen Volkswirt‹ gedruckt war und nie zurückgenommen wurde: ». . . schamlos, charakterlos, Lügner, Schwindler, käuflich . . .«, er erinnert an alle Ausflüchte Békessys, der sich jeder gerichtlichen Auseinandersetzung entzog, und er schreit in den Saal: »Hinaus aus Wien mit dem Schuft!«

(Dieses Wort, das wahrlich ein geflügeltes wurde, wird von Hans Habe in seinen Memoiren ›Ich stelle mich‹ zitiert wie folgt: »Hinaus mit dem Schuft aus Wien!« Soviel über die Glaubwürdigkeit Hans Habes.)

Karl Kraus wollte einst vom Schreibtisch forteilen und in die Vorgänge draußen eingreifen. Diesmal tat er es. Er stellte eine präzise Forderung. Er sagte nicht nur, was zu sagen war, er zog eine Konsequenz. Er war nicht mehr jener Prophet, den die Existenz des Üblen bestätigt. Er ging dem Übel gerade an den Leib. Er wollte in unmittelbarer Relation Ursache einer Wirkung sein. Er spricht den Wiener Bürgermeister direkt an: »Wie lange wird die Wirkungslosigkeit meiner Worte währen?« »Wie lange soll ich ›unbekümmert um äußerlichen Erfolg‹ dahinleben?« Er fordert Wien heraus, »einen Menschenschlag, der zu viel Mehl im Leib hatte, als daß darin noch Platz war für Ehre«.

Im Oktober 1925 variiert er das »Hinaus aus Wien« ironisch, indem er ein Bild aus Békessys ›Bühne‹ reproduziert, das den Titel trägt ›Mit den Reinhardt-Leuten ins Grüne‹ und Békessy Arm in Arm mit dem Ensemble der Wiener Reinhardt-Bühnen bei fröhlichem Treiben in der Umgebung Wiens zeigt. Wieder gelingt es ihm, die Abrechnung, vorbehaltlich gelegentlicher Steigerungen ins Pathos, in gelassen souveräner Darstellung zu führen: ». . . er wird als einer der unverwüstlichsten Spitzbuben der Weltliteratur fortleben, in der ihm der Verbleib gesichert ist durch die Kraft des Humors, den er mir zubrachte.« Er zitiert den ›Allgemeinen Tarif-Anzeiger‹ vom 20. Juli 1923, gegen den Békessy gleichfalls eine Ehrenbeleidigungsklage eingebracht und dann zurückgezogen hatte, was aber »von einer öffentlichen Meinung überhört« worden war, »der von allen quantités négligeables ihre Ehre als die unbeträchtlichste erscheint«. Er weiß von sich, daß er als einziger von Békessy keine Enthüllung zu fürchten hat. Er weiß auch, daß er durch seine Kampagne »die Skrupellosigkeit des fürchterlichen Nichts« steigert, doch er tut es, »weil seine Regungen einem Gebilde der Zeit entsprechen, das abzubilden« seine Aufgabe ist. Er hat an Békessy seine ganze moralische Autorität und seine ganze künstlerische Kraft zu wenden. Und wenn in dieser Auseinandersetzung das bei Karl Kraus bisher so dominierende Motiv des »Jüdischen« keine Rolle gespielt hat, deutet er doch sehr ernsthaft einen Aspekt des Falles an: daß es Blindheit wäre, »die Gefahr zu verkennen, die von den täglichen Aufreizungen eines Unwesens ausgeht, welchem noch das äußerste Stigma anhaftet, daß es sogar jenem unseligen Aufstand dumpfer Gefühle, der allem Sinn des Lebens sein Hakenkreuz entgegenhält, etwa die Berechtigung des unwiderstehlichen Zwanges verschaffen könnte«.

Diese Rede hat er am 8. Oktober 1925 im Mittleren Konzerthaussaal gehalten. Am 14. November folgt im selben Saal die nächste, »Vor neunhundert Zeugen« – dazwischen ein Zyklus von zehn Vorlesungen im »Theater der Dichtung«: Goethe, Shakespeare, Gogol, Nestroy, Hauptmann und eigene dramatische Dichtungen. Vor neunhundert Zeugen wiederholt er den Appell »Hinaus aus Wien mit dem Schuft«, in den der ganze Saal chorisch einstimmt.

Die Aktion drohte am passiven Widerstand der Maßgebenden zu scheitern. »Ich kenne keine Parteien mehr, ich kenne nur Feiglinge!« Karl Kraus muß eine übermenschliche Arbeit leisten, auf daß »die Indifferenz, die dem Treiben zusah, sich als Ehrlosigkeit erkennen wird und nicht wissen, ob sie vor sich selbst ausspucken soll oder vor dem Typus, den sie ertragen hat. Und gelänge es bei den Mitlebenden nicht, so hoffe ich doch für deren tiefe Verachtung durch die Nachlebenden vorgesorgt zu haben«.

Inzwischen ist ein Konflikt zwischen Karl Kraus und der Sozialdemokratischen Partei ausgebrochen. Ob Ursache oder Folge: Die Sozialdemokratie ist in dem Kampf des Karl Kraus gegen Békessy, einzelne Ausnahmen abgerechnet, sozusagen neutral, zumindest übermäßig inaktiv. Bei einer Rede vor Arbeitern am 9. Dezember 1925 war es zu Zwischenfällen gekommen, Karl Kraus war durch Herablassen des Vorhangs während seiner Rede zu einer Unterbrechung gezwungen worden, die ›Stunde‹ hatte diese Entwicklung mit hämischer Freude registriert, und Karl Kraus mußte einen Zweifrontenkrieg führen.

In jener Zeit wurde Alexander Weisz, ein anderer, gleichfalls übler, gleichfalls ungarischer, gleichfalls Wiener Journalist entmachtet, seinen Praktiken in der Zeitung ›Der Abend‹ das Handwerk gelegt. Und »es konnte geschehen«, daß dieser Fall »zum Asyl für den richtigen« Erpresser wurde. Karl Kraus und Békessy waren die beiden großen »Nichtgenannten« ihrer Zeit. Und jener forderte am 14. März 1926 in seiner Rede ›Der Nichtgenannte‹, erschienen im April 1926, in drohendem Ton die Politiker aller Parteilager auf, sich vor Békessy nicht länger zu fürchten.

Inzwischen waren Karl Kraus und sein Anwalt Dr. Oskar Samek fieberhaft tätig gewesen, hatten die Justiz und die Polizei zu mobilisieren versucht – während Karl Kraus weiter Theaterstücke von Hauptmann, Goethe, Nestroy, Wedekind und, am 20. Februar 1926, seine erste Offenbach-Bearbeitung vorlas. Er veröffentlichte Ende April auch ein ›Fackel‹-Heft, das seine Auseinandersetzungen mit den Übersetzern Shakespeares enthält: ›Hexenszenen und anderes Grauen‹, im Juniheft der ›Fackel‹ eine provokatorische Montage von Zeitungsberichten über den Fall Weisz, wo alles gesagt war, was eigentlich über Békessy zu sagen gewesen wäre, und eine sehr eindrucksvolle Darstellung einer Banditenjagd in Sizilien, gleichfalls auf Békessy anwendbar, insbesondere was die Duldsamkeit der Behörden gegenüber den Banditen betraf.

Inzwischen wurde ein großes nächstes ›Fackel‹-Heft vorbereitet, das in kleiner Münze von Glossen und Satiren den Békessy-Blättern gewidmet sein sollte. Vor diesem aber wurde Anfang Juli 1926 ein dünnes Heft eingeschoben: ›Die Stunde des Gerichts‹, und im August 1926 ein etwas stärkeres, ›Die Stunde des Todes‹ (vorgelesen am 3. und 9. August).

Diesmal bot der »Große Krumme« aus ›Peer Gynt‹ das Motto. Und der Text beginnt:

»Und schließlich schwindet der Krumme doch zu nichts zusammen und ruft mit erlöschender Stimme: ›Er war zu stark!‹«

Karl Kraus deutet an, daß er die Einzelheiten in seinen Memoiren wiedergeben werde. Er hat nicht nur in dieser Zeit auf seine Memoiren angespielt, sondern mehrfach, schon 1911; doch er hat, leider, nur ein Kapitel dieser Memoiren – Max Reinhardt betreffend (im August 1935) – veröffentlicht (und ebenso auch den geplanten und angekündigten Glossenband nie verwirklicht).

So sind wir auf seine Tagebücher: ›Die Fackel‹ angewiesen. Doch auch so ist die »für alle Zukunft eroberte Wahrheit« gesichert. Alle, selbst die hervorragendsten Vertreter der Sozialdemokratie, so sagte er ironisch, waren so sehr auf seiner Seite, daß sie den Kampf ganz und gar ihm überließen. Doch die Herrschaft Békessys begann zu wanken. Einer seiner Prokuristen wurde festgenommen. Der Reichsverband der öffentlichen Angestellten machte es »allen österreichischen Beamten zur Pflicht, die ›Stunde‹ weder zu abonnieren noch zu kaufen«, und bezeichnete sie als »Schandblatt«. Ein Vorverfahren wegen des Verdachts mehrfacher Erpressung war gegen Békessy eingeleitet worden. Gleichzeitig aber ließ der christlich-soziale Finanzminister Kollmann Békessy auf einem Fest in Baden bei Wien hochleben. Karl Kraus nennt den »Schuft« nun: einen Erpresser, Betrüger, Meineidigen, Zeugnisfälscher und Verleumder und fordert ihn zum letztenmal auf, den Gegenbeweis vor dem Schwurgericht anzutreten.

Und nun setzt er ein gewaltiges Exempel von der Macht der Wahrheit über den »Großen Krummen«:

Wenn Békessy der Justiz ausweicht und die Justiz ihm, »würde das Exempel der Straflosigkeit ... jeden Menschen berechtigen die gleichen Verbrechen zu begehen wie Imre Bekessy, und jeder dürfte auch ungestraft diese Verbrechen gutheißen, ja zu ihrer Verübung auffordern. Täte ich's, so würde ich es auf eine Art und Weise tun, daß die Anklagebehörde, zur Eindämmung der Anarchie, gezwungen wäre, mich vor ihre Geschworenen zu stellen, vor denen ich Gelegenheit hätte, die Fülle von Erpressungen auszubreiten, die in Österreich straflos geblieben sind... Dies wäre die eine Möglichkeit. Die andere ... es könnte doch sehr leicht geschehen, daß irgend jemand anderer mich, mündlich oder durch die Presse, einen Lügner nennt, weil ich den Bekessy einen Erpresser genannt habe... Was tun wir in einem Falle, wo ich die Möglichkeit habe, vor dem Bezirks- oder dem Schwurgericht ... den Erpresser selbst als Zeugen gegen den Vorwurf der Lüge zu führen... Ich glaube, er hat meine kriminalistischen Fähigkeiten unterschätzt, die gepaart mit den schriftstellerischen und der Überzeugung, der lautersten Sache dieses Landes zu dienen, es von der Schmach, die auf ihm lastet, schon befreien werden«.

Und er erläutert, warum er sich gerade in diesem Kampf so sehr engagiert hat. »Die simple Käuflichkeit des Journalisten als solche würde mich so wenig berühren wie aller vielfache Mißbrauch, der den Beruf des Politikers ermöglicht und wie der allgemeine Schmutz des Kapitals.« – »Nicht die Fakten der Korruption fesseln meine Aufmerksamkeit, sondern die Erscheinung, daß deren Vertreter heute ausschließlich berufen sind, Vermittler und Erzeuger kultureller Werte zu sein.« – »... ein Tag der Gehirnbetäubung durch Minderwertige ... raubt der Kultur mehr, als sie im Jahr von ihren Nährvätern empfängt.«

Békessy hatte sich zur Kur nach Bad Wildungen begeben.

Die nächste ›Fackel‹ begann: »Der Schuft ist draußen.« Karl Kraus hat die Genugtuung, »daß die Parole, an deren Erfüllung niemand außer mir geglaubt hatte, buchstäblich erfüllt wurde«. – »Wahrlich, wäre das Gefühl der Befreiung nicht so stark und das Glück nicht so groß, um es nicht auch mit Unwürdigen zu teilen – man müßte schaudern vor denen, welchen man es gebracht hat...«

Karl Kraus faßt das Endstadium der Affäre zusammen, die Klage, die einer seiner Gefolgsleute gegen Békessy eingebracht hat, das Entgegenkommen gewisser Minister (Rintelen, Ahrer, Kollmann), die dubiose Haltung gewisser Kreise der Wiener Polizei, das rigorose Vorgehen eines Wiener Staatsanwalts, die Demission des Chefredakteurs der ›Stunde‹, die Wendung in der Haltung der Sozialdemokraten, nachdem ihrem Chefredakteur eine unqualifizierbare persönliche Gemeinheit Békessys widerfahren war (wodurch Békessy, der »Linksradikale«, sich in äußerster Not bei der Regierung anbiedern wollte) ... und den Erfolg des Ganzen, der darin besteht, »daß es mit rein geistigen Mitteln gelungen ist, ein Genre umzubringen ... die Frechheit niederzupracken, die ... nun im hintersten Mist einen Scherben von Ehre sucht«.

Békessy reiste von Bad Wildungen nach Paris und von dort nach Ungarn. Die ›Neue Freie Presse‹ frohlockte, daß »Wien von einem der übelsten Gesellen befreit« sei, überschrieb diesen Freudenschrei ›Exit Herr Békessy‹, nannte dabei den Namen Békessys zum erstenmal und den Namen Karl Kraus' gar nicht und beklagte die »öffentliche Feigheit«, die Békessy hatte groß werden lassen. Die christlich-soziale ›Reichspost‹ benahm sich, »da sie drei Finanzministern zu kondolieren hatte«, zurückhaltend.

Im Oktober 1926 erschien, post festum, die für den frühen Sommer geplante ›Fackel‹ mit den vielen Glossen und Satiren, die noch geschrieben worden waren, als der Schuft im Land war: »künstlerische Belustigungen innerhalb der Aktion«; ebenfalls im Oktober erschien das 17.–23. Tausend der ›Letzten Tage der Menschheit‹. Am 20. November hielt Karl Kraus im Großen Konzerthaussaal seine vierhundertste Vorlesung und schloß sie mit dem resignierten Nachwort ›Ich und wir‹, worin er rekapituliert, daß »einem Künstler etwas gelungen ist, was von Natur wegen mehr dem Ehrgeiz einer Sicherheitsbehörde geschmeichelt hätte«, daß über die Bezeichnung seiner Tat als »die größte Leistung seit dem Umsturz« Einstimmigkeit unter allen Zeitungsleuten herrsche, diese aber in keiner Zeitung geäußert worden sei. »... nie hat in der Geistesgeschichte ein Schweigen lauter gesprochen ...« Békessy, sagt Karl Kraus, bleibe wesentlich, »um an einem praktischen Erfolg, dem größten, den ich je errungen habe, die ganze Größe meines Mißerfolgs darzutun«.

Im Dezember 1926 erreicht die ›Fackel‹ die Nummer 750.

Imre Békessy war 1930 bereits Herausgeber mehrerer Zeitungen in Budapest.

Er emigrierte während des Kriegs in die Vereinigten Staaten von Amerika.

1946 erschien bei Prentice-Hall in New York der Roman ›Barabbas‹, »a novel of the time of Jesus, by Emery Bekessy, with the collaboration of Andreas Hemberger, translated from the German by Richard and Clara Winston«.

Bald darauf kehrte Békessy in das kommunistische Ungarn zurück und endete 1951 durch Selbstmord.

Wenn außer den ›Letzten Tagen der Menschheit‹ nur ein Buch von Karl Kraus sein Gedächtnis der Nachwelt überliefern sollte, wäre dies meiner Überzeugung nach, aller anderen Herrlichkeiten der ›Fackel‹ ungeachtet, das ›Buch Bekessy‹, von ›Bekessys Sendung‹ bis ›Ich und wir‹.

Karl Kraus hat als einziger Österreicher dieses Jahrhunderts zwei Weltkriege gewonnen.

Du lebst noch?

Seinen dritten Weltkrieg hat Karl Kraus verloren.

Ein knappes Jahr lang hatte er Atempause. Im August 1926 hat er ›Die Stunde des Todes‹ vorgelesen und erscheinen lassen. Daraufhin erholt er sich an der Ostsee und bringt im Oktober die achtfache, bereits vorbereitete ›Fackel‹ heraus.

Sein Konflikt mit der österreichischen Sozialdemokratie (der in anderem Zusammenhang darzustellen ist) verschärft sich, wird aber nicht zum Hauptmotiv.

Karl Kraus glossiert die Glückwünsche zum siebzigsten Geburtstag Bernard Shaws. Kerr schreibt über Shaw: »Wenn Du ... ein Jüngling bist, bin ich erst ein Knabe. Du ein Süngling, ich ein Tnabe.« Karl Kraus nennt Shaw einen »Spitzgreis«. Und aus der Niederung des Glossierens alberner Gratulanten zwischen Brecht und Trebitsch erhebt er sich zu einer grandiosen Charakterisierung dieses Überschätzten:

»... ich halte ihn ... für eine Station im dichten Bahnnetz mitteleuropäischer Verirrungen, wenngleich für einen Hauptknotenpunkt des Verkehrs. Für die hohle Gasse, durch die alles liberalisierende und journalisierende Gelichter dieser Tage kommen muß. Für die Einkehr aller Zweifelsucht und für die tiefste Stelle im Geistesleben, in die sich der Flachsinn versenken kann. Daß die Substanz, der diese Negierung alles überzeitlichen Wertes entspringt, Geist sein soll, bejaht den zeitlichen ganz und gar. Aber vielleicht kommt es nur daher, daß es aus dem Irischen kommt und ins Deutsche geht, wo die ausgehungerte Phantasie leicht geneigt ist, jeden Bocksfüßler für den Pan zu halten. Doch im Erfolg dieses Aufrieglers soll das Bedürfnis der Epoche, von der er gemacht wurde, nicht verkannt werden. Mit seinem Gemeinverstand demonstriert er das Ungemeine und mit seinem weißen Haar bürgt er für eine Generation, die den Mangel an Persönlichkeit durch den Mangel an Ehrfurcht wettmacht. Er steht in der Reihe der Antizensoren, die es, von Zeit zu Zeit, dem Nichts erlauben, sich alles zu erlauben, und die, der Zeit verfallend, jeweils von einer Freiheit höherer Würde abgeschafft werden.«

Es war sinnvoll, und es ist tragisch, daß Karl Kraus, weil ihn ... die Arbeit, die er hatte, ehe er zu der Arbeit gelangte, die er haben wollte, an der Arbeit hinderte (formuliert im Juli 1925 auf dem Höhepunkt der Aktion Békessy), so selten – und nach 1914 immer seltener – derartige wesentliche, literarisch und zeitkritisch unschätzbare und gleichzeitig so brillant pointierte Erkenntnisse formulierte, die Allgemeingut der geistigen Menschheit zu sein verdienten und in irgend einer Glosse versteckt bleiben.

Ebenso sinnvoll wie tragisch war es, daß über den Theaterunfug dieses Jahrhunderts so viele Attacken, doch so wenige »statements« von Karl Kraus aufbewahrt sind. Was für ein Theaterkritiker an ihm verlorengegangen ist, zeigt er, auch in diesem Jahr der Atempause, durch seinen Bericht über den Regisseur Piscator (der bis in unsere Zeit hinein am Werk bleiben durfte) und seine ›Räuber‹-Entstellung am Berliner Staatstheater (›Mein Vorurteil gegen Piscator‹).

Er publiziert in diesem Jahr seinen Essay ›Der Reim‹. Nach ›Blaubart‹ und der ›Großherzogin von Gerolstein‹ hat er ›Pariser Leben‹ und ›Madame l'Archiduc‹ bearbeitet und kann zur Vorlesungspremiere von ›Pariser Leben‹ stolz melden: »Nun ist die Tat, die ich mir gleich der Erweckung Nestroys zuschreibe, in all den lebendigen Jahren, da ich das Zeitliche verflucht habe, nun ist dies ›Positive‹ in den Geltungsbereich der öffentlichen Meinung eingetreten.«

Ein Höhepunkt des Lebens mit dreiundfünfzig Jahren, und doch schon gezeichnet vom Stigma der äußersten irdischen Vergeblichkeit.

Sein geliebter Freund Georg Jahoda, der Drucker der ›Fackel‹ und seiner Bücher, war gestorben. Karl Kraus hielt ihm am 27. November 1926 die Totenrede. Er ging, gegen seinen Lebensrhythmus (den er nur außerhalb Wiens zu ändern pflegte), bei Tag durch die ihm in diesem Licht fremd gewordene Stadt Wien und findet in einem wunderschönen und tief traurigen Gedicht, ›Wiedersehen des Tages‹, über den Anlaß hinaus Ausdruck für alle Entfremdung zwischen ihm und der realen Wirklichkeit jenseits des Wortes; sein Tag ist die Nacht, sein Leben ist der Tod:

Wann hab zuletzt ich den Tag gesehn?
Ich mußte an einem Grabe stehn.
Dann ging ich im Leben weit und breit
und es war, als wär' es ein letztes Geleit,
leidtragend ging es den Ring entlang
und jegliches Ding den letzten Gang,
dahin, wo sich alle versammelt haben,
wie je und je, zum Graben, zum Graben.
An den Häusern und Läden war alles erneut,
die Waren lebendig, verblichen die Leut',
kein Gefühl, kein Gedanke, kein wirkender Wille,
nur Kinolarven mit starrer Pupille,
viel irdische Hülle auf allen Wegen,
kein Hinterbliebener kam mir entgegen;
du lebst noch? schienen sie zu fragen
und um Lebendiges zu klagen,
im Zeitlupenmaß erstarrte der Fuß,
doch die Hand erhob sich zum letzten Gruß.
Von einem Grabe ging ich zum Grab,
da ich den Tag gesehen hab.

Diesmal prophezeit er den Untergang nicht, er lebt ihn. Wer Wien in jenen Jahren erlebt hat, weiß – jenseits der Bestätigung durch das, was folgte –, wie berechtigt diese Vision eines bis auf Widerruf dem Leben ähnlichen Grabes gewesen ist (sie fand später auch überzeugenden Ausdruck in dem Dramolett ›Vineta‹ des hochbegabten Jura Soyfer, der Wien mit der versunkenen Stadt Vineta gleichsetzt, die nicht weiß, daß es sie in Wirklichkeit nicht mehr gibt).

Im Juli 1927 ereignete sich, was Doderer in den ›Dämonen‹ mit Recht als Cannae der österreichischen Freiheit bezeichnet. Den Anlaß schuf – oder: die Ursache war – oder: das Werkzeug war – der Wiener Polizeipräsident Johann Schober.

Ein Wiener Schwurgericht hatte Mörder, die einer rechtsradikalen Organisation angehörten und die im Burgenland unprovoziert auf Demonstranten geschossen und dabei ein Kind und einen Kriegsinvaliden getötet hatten, freigesprochen. Die christlich-soziale ›Reichspost‹ hatte das Urteil gutgeheißen. Wiener Arbeiter legten am 15. Juli spontan die Arbeit nieder und zogen vor den Wiener Justizpalast. Üble Elemente schlossen sich ihnen an. Man drang in den Justizpalast ein und zündete Akten an. Demonstranten verwehrten der Feuerwehr den Zugang. Sozialdemokratische Führer wollten eingreifen und die Katastrophe abwenden. Ehe ihre Aktion durchgreifen konnte, eröffnete die Polizei das Feuer, als wäre ihr an einem Blutbad gelegen und nicht am Verhüten des äußersten. Wien erlebte an diesem 15. Juli eine Orgie entfesselter Polizisten, die nicht nur auf Demonstranten schossen, sondern auch, fern von den Unruhen, auf Unbeteiligte. Achtundachtzig Tote waren die Folge, darunter auch Kinder. Selbst Verwundete und Ärzte, die sich ihrer annahmen, wurden von Polizisten mißhandelt, die auch in die Spitäler einzudringen versuchten. Die Attacken der Polizei setzten sich bis in die Abendstunden fort.

Die Mehrheit im Parlament sprach der Wiener Polizei das Vertrauen aus. Eine Untersuchung wurde nicht eingeleitet. Die von der sozialdemokratischen Parlamentsfraktion und vom Wiener Gemeinderat (wo die Sozialdemokraten die Mehrheit hatten) vorgebrachten und vielfach belegten grauenhaften Fakten wurden nicht zur Kenntnis genommen.

Karl Kraus ließ am 17. September 1927 an den Wiener Litfaßsäulen und Plakatwänden ein Plakat anschlagen, das bis zum 19. September affichiert blieb:

An den Polizeipräsidenten von Wien
Johann Schober
Ich fordere Sie auf,
abzutreten.

Karl Kraus
Herausgeber der Fackel

Und zwei Tage später geschah etwas, was Karl Kraus, wenn nicht gerade lächerlich machte, so doch in der Öffentlichkeit Wiens desavouierte.

In Wien lebte ein Füllfederhändler, der sich »Goldfüllfederkönig« nannte und durch Streiche und Eulenspiegeleien immer wieder erfolgreich Aufsehen zu machen wußte.

Dieser ließ ein Plakat anschlagen, in dem er den Polizeipräsidenten Johann Schober aufforderte, nicht abzutreten.

Seit dem Blutbad waren zwei Monate vergangen. Und das Lächeln oder Lachen und selbst der Ärger über die Persiflage des Karl-Kraus-Plakats waren in der öffentlichen Meinung ein böses, vermutlich entscheidendes Handikap für alles, was Karl Kraus nun folgen ließ.

Im Oktober 1927 erschien die nächste ›Fackel‹, ein Schober-Sonderheft wie auch die folgenden.

Sie begann mit einer erschütternden Montage von Zitaten und Dokumenten, durcheinander: die unbeschreiblichen Brutalitäten der Wiener Polizei und die Lobeshymnen der bürgerlichen Politiker und Zeitungen auf eben diese Polizei.

Die nächste ›Fackel‹, nach Weihnachten 1927 erschienen, begann mit einer nicht minder erschütternden Zusammenstellung von Fakten aus den Juli-Prozessen und weiteren Beschönigungen der Gegenseite.

Die Texte der ›Fackel‹, die den Zitaten folgten, begannen im Oktober wie im Dezember mit leidenschaftlichen, von höchstem Pathos und tiefstem Abscheu getragenen Anklagen gegen das unfaßbare Geschehene und das noch Unfaßbarere seiner Duldung und Glorifizierung:

»... daß, was immer am Vormittag jenes Unglückstages geschehen wäre, die beispiellose Vergeltung der folgenden Stunden nicht rechtfertigen kann; daß durch die Missetat einiger Steinwerfer, Brandleger und Plünderer die einer Überzahl von Ordnungsstützen nicht Sinn und Sühne empfängt, daß die mörderische Razzia gegen Wehrlose, Ahnungslose und Unschuldige für alle Zeiten ein Brandmal Wiens bleiben wird ... daß diese entseelte Bürgerwelt nicht mehr willens, nicht mehr imstande ist, die Sache mißbrauchten Menschentums zu führen ... daß am 15. Juli unschuldiges Blut geflossen ist ... die Brandröte des Himmels über dem Wien des 15. Juli müsse verblassen vor der Scham über die Toten und das kannibalische Wohlsein einer staatlichen Autorität und einer bürgerlichen Publizität ... keiner ist aufgestanden, um zu erklären: daß das Wiener Blut erst wieder präsentabel, fibelreif und operettenfähig sein wird, wenn der Einfall, es auf der Ringstraße fließen zu lassen, gesühnt ist ...

... wie werden sie mit der Vorstellung fertig, die ich ihnen hiemit vermache, daß, während sie die Errungenschaften der Republik feiern, Mitbürger in Wachstuben geprügelt wurden ... daß neben der Freistatt solcher Handlung Parteitage und Parlamente Sitzungen halten und den Lobrednern des Fortschritts das Wort nicht erstirbt ... man müßte doch glauben, daß ein gutes und von Sittensprüchlein teils gestütztes, teils geziertes Gewissen den Weg ins Freie fände wenigstens aus dem Konflikt, in dem es zwischen den Kompetenzen eines Präsidenten« (der Polizei) »und einem Ehrenpräsidenten« (der Wiener Rettungsgesellschaft) »unstreitig gerät, wenn in einer Wachstube ein Verwundeter noch einmal blutig geschlagen wird, dieweil ein Arzt der Rettungsgesellschaft einen andern Verwundeten verbindet ...«

Die beiden Dokumentensammlungen und die beiden Proteste, heute noch erschütternd und tief beschämend für Österreich, das derart mit seiner eigenen Schande konfrontiert ist, stießen damals ins Leere. Und daran war nicht allein der Gegenstand schuld, und das spricht nicht gegen ihre Gerechtigkeit und Berechtigung. Da war erstens der fatale Streich des »Goldfüllfederkönigs«, der später behauptet hat, daß ihn die Polizei zu dem Plakat veranlaßt habe. Karl Kraus bezog, zweitens, im Übermaß seines »Alles oder nichts!« auch Fakten, die außerhalb der Juligreuel lagen, in seine Polemik gegen Schober ein. Er hatte schon im Endstadium der Békessy-Kampagne auf gewisse Seltsamkeiten bei der Polizei angespielt. Er kam darauf zurück und klagte Schober nicht nur dessen an, was er als Verantwortlicher der Juliereignisse zu verantworten hatte, sondern, jetzt erst, auch vehement und ausführlich der Duldsamkeit gegenüber Békessy und der Treulosigkeit gegenüber seinen eigenen Aktionen, die ihn im Zuge der Békessy-Affäre mehrfach mit Schober zusammengeführt hatten.

Nun war der Kampf des Karl Kraus gegen Békessy in all seiner unerhörten Großartigkeit nicht allgemein als bekannt vorauszusetzen; er war den Eingeweihten vertraut, aber von der Presse nicht registriert, also von der Öffentlichkeit nicht gebührend wahrgenommen worden. Und es war nun ein nur schwierig verständliches Faktum, daß Karl Kraus auf Grund der Juliereignisse dem Polizeipräsidenten vorwarf, er habe, lange vor dem Juli, »... dem Erpresser für eine anhängige Gerichtssache und für sein weiteres Wirken Vorschub geleistet«, und später, im Januar 1928, die Polizeidirektion des »Mißbrauchs der Amtsgewalt«, »der Lüge und Fälschung« und der »Felonie« bezichtigte und dies durch höchst umständliche juristische Darlegungen begründete.

Karl Kraus hatte im Oktober 1926 die Verbindung mit Schober aufgenommen und war von ihm der tätigen Mithilfe im Kampf gegen Békessy versichert worden. Die angesagte Unterstützung war jedoch nicht nur ausgeblieben; im Zuge der Aktion war sogar das belastende Material gegen Békessy weniger belastend geworden. Hätte nicht der Staatsanwalt sein Vorverfahren weiter betrieben und schließlich einen Steckbrief erlassen, wäre Békessy, so behauptet Karl Kraus, ungeschoren geblieben. Er sei mit Hilfe der Polizei vor der Verhaftung bewahrt worden, man habe ihm zur Flucht verholfen; Karl Kraus machte sich erbötig zu beweisen, »daß derselbe Machthaber, der fünfhundert Karabiner befehligte ... sie allesamt ins Korn warf, als ein einziger Revolver gegen ihn gezückt war«.

Während Schober sich scheinbar mit Karl Kraus identifiziert hatte, sei seine rechte Hand, Hofrat Bernhard Pollak, mit Békessy zusammengetroffen und habe »es ihm gerichtet«. Karl Kraus kann sich dabei sogar auf Angaben von Békessy berufen, die dieser von Ungarn aus machte.

Es unterliegt kaum einem Zweifel, daß es bei der Wiener Polizei in Sachen Békessy ebenso skandalös zugegangen ist wie auf den Straßen und in den Wachstuben Wiens am 15. Juli 1927. Doch der Kampf in der ›Fackel‹ wurde auf eine Ebene verlegt, die nicht wie ein Kampf um die Menschenrechte wirkte, sondern wie eine Polemik in eigener Sache.

Schober, von Karl Kraus zur Klage aufgefordert, verklagte Karl Kraus nicht. Alle Kommentare der sozialdemokratischen Presse und des ›Österreichischen Volkswirt‹ blieben wirkungslos. Am 25. Februar 1928 hält Schober einen Vortrag im Niederösterreichischen Gewerbeverein. Die Frist zur Einbringung der

Klage ist an diesem Tag abgelaufen. Schober spricht in dem Vortrag davon, daß er »wider besseres Wissen« angegriffen worden ist, er spricht von einem »losen Maul« und von einem »Zerrbild«. Er wird daraufhin von Karl Kraus verklagt und läßt in der Verhandlung durch seinen Vertreter feststellen, »es sei ihm ferngelegen«, »bei diesem Vortrag an Karl Kraus zu denken«.

Und so wurde denn der blutige Polizeipräsident zur Panoptikumfigur, und der einsame Krieg des einzelnen gegen diesen Gegner endete in Glossen und Zusatzstrophen und verlief im Sand. Das »Aber er muß weg!« vom Oktober 1927 bekam nicht die Flügel des »Hinaus aus Wien mit dem Schuft!« Schober blieb Polizeipräsident und wurde später Bundeskanzler; von ihm stammte der unsägliche Plan einer Zollunion Österreichs mit Deutschland, der durch internationales Veto vereitelt wurde; und nicht Karl Kraus, sondern eine französische Intervention veranlaßte, viel später, seinen Rückzug aus der Aktivität.

Er war inzwischen als »Wacker« in dem Nachkriegsdrama ›Die Unüberwindlichen‹ verewigt worden, das zwischen Dezember 1927 und Februar 1928 geschrieben und im Mai 1928 erstmals vorgelesen wurde und als Buch erschien. Auch dieses Drama geht zu sehr von der eigenen Erfahrung aus; bei geteilter Bühne konferiert rechts Schober (Wacker) mit Karl Kraus (Arkus), links gleichzeitig Hofrat Pollak (Veilchen) mit Békessy (Barkassy), seinem »lieben Freund«. Die Handlung ist zu eng mit der wirklichen Aktenlage verknüpft, um wirksam zu sein. Und nur ein Couplet bleibt lebendig, Wackers ›Lied von der Pflicht‹, in dessen vierzig Zeilen sich alles auf »Pflicht« reimt und dessen Melodie den Radetzkymarsch mit ›Üb immer Treu und Redlichkeit‹ kombiniert:

> . . .
> Daß ich aufs Amt nicht verzicht',
> das gebietet die Pflicht.
> Wohl wagt's mancher Wicht
> und verkennt meine Pflicht.
> Doch vor's G'richt geh' ich nicht,
> das ist nicht meine Pflicht.

Karl Kraus hat sich von diesem Lied viel versprochen; es sollte populär werden und erschien, mit ironischem Hinweis auf das im Sommer 1928 zu Wien abgehaltene große Sängerfest, als Sonderausgabe der ›Fackel‹ zu niedrigem Preis. Doch diese Ausgabe war im Straßenhandel nicht erhältlich. Denn: »Herr Johann Schober, Ehrenmitglied des Gewerbevereins, hat, nachdem er sämtliche Termine zur Einbringung von Offizial- oder Privatklagen gegen mich vor dem Schwur-, beziehungsweise Bezirksgerichts wegen des Vorwurfs des Amtsmißbrauches, der Lüge, der Fälschung und der Felonie ungenützt hat verstreichen lassen, nun endlich doch pflichtgemäß Schritte unternommen und sich diesbezüglich Genugtuung verschafft. Wenn schon nicht gegen mich, so gegen arme Kolporteure, welche die Verteilung des Schober-Liedes übernommen haben ...«

Das Schober-Lied wurde nicht so populär, wie Karl Kraus gehofft hatte; ›Die Unüberwindlichen‹ erwiesen, daß sich die Form des abendfüllenden Schauspiels Karl Kraus versagte. Und die Schober-Kampagne war ein Fehlschlag – nicht weil sie die Ohnmacht des Geistes gegenüber der Macht erwies, sondern weil Karl Kraus sie mit einer Forderung eingeleitet und taktisch unrichtig geführt hatte. Er hat einmal geschrieben: »Nicht Wanzen zu töten, aber den Glauben an die Nützlichkeit der Wanzen zu vertilgen, ist meine Sache.« Seine Tat hatte sich im Fall Békessy triumphal über die bloße Demonstration erhoben, doch der Fall Schober erwies nicht vorweggenommene Ohnmacht, sondern das Scheitern einer politischen Aktion. Er nahm ein rundes Jahr bis zum Juni 1928 fast völlig in Anspruch, begleitet von vielen Nestroy- und Offenbach-Vorlesungen. Und in der ›Fackel‹ vom Juni 1928 beginnt bereits die Kerr-Kampagne, die wieder in extremer Ausführlichkeit eine juristisch komplizierte Auseinandersetzung darstellt und wieder ins Leere stößt, wie berechtigt auch die Argumente gegen den Gegner sein mögen.

Und in dieser Zeit der Kerr-Auseinandersetzung ist noch ein weiterer »Fall« zu registrieren, der zwar keine »Riesenblamage« des Karl Kraus war, wie es höhnisch von journalistischer Seite behauptet wurde, doch ein bedauerlicher Irrtum, ein Symptom für das Nachlassen der Selbstkontrolle.

Karl Kraus hatte am 9. Februar 1928 in einer Vorlesung behauptet: »Der größte heute in deutscher Sprache denkende, vielleicht der einzige große Dichter, und einer der größten, die je gelebt haben, ist ein Schlosser, der in der Irrenanstalt von Czernowitz lebt.« Dies ist keine satirische Antithese, dies ist ein Werturteil, das beim Wort genommen werden muß. Karl Kraus waren Gedichte bekanntgeworden, die der in Czernowitz verwahrte Schlosser Karl Piehowicz gesprochen hatte und die aufgezeichnet wurden – sehr schöne Gedichte, und nach Karl Kraus sämtlicher Dichterpreise wert, die Deutschland zu vergeben hat. In einer Nachschrift zu dem gesprochenen Text wird diese Behauptung in der ›Fackel‹ dann eingeschränkt. Der Patient war Fremdenlegionär gewesen und schien die Verse von seinen dortigen Kameraden gehört und im Gedächtnis bewahrt zu haben. Diese Nachschrift zieht das Resümee, daß – was immer die Untersuchung der Autorschaft ergeben mag – hier ein »durch Jahrhunderte unbekannter Dichter gefunden sei«.

Im nächsten Jahr liefert Karl Kraus auf mehr als fünfzig Seiten der ›Fackel‹ ein Rückzugsgefecht mit einigermaßen problematischen Argumenten. Auf diversen Umwegen waren Friedrich Theodor Vischer, Karl Graf Berlepsch, Paul Zech und Otto Ernst Hesse als Autoren agnosziert worden beziehungsweise hatten sich als solche gemeldet. Das Gedicht von Berlepsch war 1925 in Scherls ›Woche‹ erschienen, das von Hesse in Scherls ›Magazin‹, 1926, das Gedicht von Zech, Variation eines Verlaine-Gedichts, gleichfalls 1925 in der ›Woche‹.

Karl Kraus rang sich zwar ein »Gewiß, ich habe gefehlt« ab, aber er erklärt es mit dem Zustand der österreichischen Innenpolitik, daß man da die Wahl habe, »trübsinnig zu werden oder einen geisteskranken Schlosser für ein Genie zu halten«, und: ». . . der wundgeriebenen Logik bleibt nur die Flucht ins Irreguläre.«

Nicht, wie man ihm immer vorwarf, durch Negation und Verkleinerung, sondern durch polemische Überschätzung hat Karl Kraus sich in diesem Zusammenhang einigermaßen ins Unrecht gesetzt.

Die große, mehr als fünfzig Seiten beanspruchende Replik steht in der ›Fackel‹ vom Februar 1929, die die Ziffer 800 auf dem Titelblatt zeigt. Das dritte Jahrzehnt ist nahe dran, sich zu vollenden. Ein Rechenschaftsbericht, im November 1928 vorgelesen, hat den Titel ›Im dreißigsten Kriegsjahr‹. Er beginnt, wie alle großen Abrechnungen bei Karl Kraus, mit »In der Zeit . . .« und kommt von der Standortbestimmung des Satirikers zur Kritik der Republik in ihren ersten zehn Jahren; er geht über Schober zur Wiener Kochkunstausstellung, von dort zur ›Neuen Freien Presse‹, zur Presse im allgemeinen, er spielt auf die Irrenhauslyrik an, er endet mit einer großen Polemik gegen das ›Neue Wiener Journal‹, das im Textteil zustimmend den Polizeibericht über die Aushebung fragwürdiger »Massagesalons« zitiert und im Inseratenteil bis zum Tag vor der Aushebung Annoncen dieser selben Salons veröffentlicht hat.

Was an dieser polemisch-satirischen Rundschau so beklemmend, so tragisch ist, steht zwischen ihren Zeilen.

Sie wurde am 30. November 1928 gesprochen und erschien Anfang Februar 1929 in der ›Fackel‹.

Anfang Dezember 1928 aber war in der ›Fackel‹ der am 22. September 1928 gesprochene umfassende »Rechenschaftsbericht«, erschienen, und dieser war die historische Ankündigung einer historischen Tatsache gewesen: Karl Kraus wollte »am Ausgang dieser dreißigjährigen Niederlage« Wien verlassen. ». . . bis ich mich der grausigen Banalität dieser Gegend entreiße, habe ich nur noch Atem zu dem Rechenschaftsbericht, der mich berechtigen wird, auch gegen den Anhang dieser trostreichen Inselwelt unerbittlich zu sein.«

Schon im Frühjahr 1928 war der Entschluß angedeutet worden: in einer Zusatzstrophe zu dem Lied aus ›Pariser Leben‹ mit dem Refrain: »Ich stürz' mich in den Strudel, Strudel hinein . . .«:

Ich stürz' mich aus dem Strudel, Strudel hinaus,
ich stürz' mich bald aus dem Gesudel hinaus.
Das ist der Ausgang, der wohl allen frommt:
ich geh, Schober bleibt und Bekessy kommt!

Er hat damals, erklärt er jetzt im »Rechenschaftsbericht«, »nicht gemeint, daß die Fackel nicht mehr hier erscheinen und ihr Autor nicht mehr zu seinen Hörern sprechen werde. Freilich wird jenes und dieses seltener geschehen müssen, weil die Notwendigkeit der Rettung eines Restes von Nervenwohl gebietet, sich in dieser Stadt nur als Besucher seiner Freunde aufzuhalten«. Er begründet seinen Entschluß durch eine ausführliche Darstellung seiner Erfahrungen mit den österreichischen Sozialdemokraten und schließt: »Ich kenne keine Parteien mehr, ich kenne nur Österreicher!«

Karl Kraus hat im März und April 1928 in München und Hamburg, in Berlin (achtmal), im Mai und Juni in Preßburg, Prag (viermal), Teplitz-Schönau, Aussig, Karlsbad und Gablonz, im Oktober in Berlin (sechsmal), Königsberg, Hamburg (dreimal) und Neustrelitz, dazwischen mehrfach in Wien vorgelesen.

Er hatte die Übersiedlung nach Deutschland deutlich und bedeutsam angekündigt (». . . für meine Person bin ich anschlußfreundlich . . .«). Der Entschluß ist nie ausgeführt, doch auch nie ausdrücklich widerrufen worden. Er hat in der Folgezeit weiterhin häufig in Deutschland, vor allem in Berlin, wie auch in der

Tschechoslowakei vorgelesen. Er hat im Oktober 1929 geschrieben: »... während ich mir von keiner Idiotokratie das Naturrecht verkennen ließe, mir gegebenenfalls das Vaterland auszusuchen, an das ich mich anzuschließen wünsche ... wenn das Gebot, ihnen eben in ihr« (der Sprache) »die Wahrheit zu sagen, nicht zugleich der Zwang wäre, der lästige Inländer zu bleiben, den sie nicht ausweisen können.« 1930 heißt es von Wien, daß er dort »nur mehr als Fremder« sei, und von Berlin: »... jetzt, da ich in dieser Stadt mit dreißigjähriger Verspätung das zu tun beginne, was man festen Fuß fassen nennt ...«

Aber er war in Wien und blieb in Wien in jedem Sinne so zu Hause und so fremd wie bisher. Er ist immer von Wien nach Berlin gereist und nach Wien zurück, nie umgekehrt.

Und die zweifellos als solche gedachte große Geste stieß ins Leere, sie wurde nicht mit jener Aufmerksamkeit registriert und kommentiert, die ihr zugekommen wäre und die wohl erwartet worden war.

Er hatte zum erstenmal »die Nerven verloren« und eine dezidierte Ankündigung ohne spätere Motivierung nicht ausgeführt. Sie ist nur in seinem Text und nicht in seiner Biographie enthalten und ist eben darum ein wesentliches Element seiner Biographie. Denn sie zeigt ihn in bisher bei ihm unvorstellbarer Manier ratlos, unsicher, gebrochen, verbittert und alleingelassen nach dem Versanden des Schober-»Abenteuers« und dem Bruch mit der Sozialdemokratie und der Enttäuschung an der Republik.

Er hatte sich, aus der selbstgewählten Position des einzelnen, wenn auch nicht an sie »angeschlossen«, so doch mit der Republik und dieser Partei identifiziert. Darum war dieses neue Nein so schmerzlich und enttäuschend. Der Bruch mit der Republik und ihrer Partei hat ihn gebrochen. Die Ohnmacht, bisher seine konstitutionelle Stärke, wurde nun zur Schwäche.

Der Heimat treuer Hasser

Wenn Karl Kraus in seiner allerersten Zeit der Theaterbetrachtung Wien gegen Berlin ausspielte, hat er das sonst geschmähte Wien doch dem Berliner »Natürlichkeits-Wahn«, dem falschen Ensemblegetue und dem Berliner Kult des Regisseurs stets vorgezogen.

Schon in seiner ersten Antwort an Harden (Heft 2 der ›Fackel‹) aber spielt er Berlin gegen Wien aus. Der Journalismus, die Cliquen und Klüngel scheinen ihm dort weniger übel als hier.

Diese Polarität Wien-Berlin ist nicht nur sein Leitmotiv, sondern eine wienerische Grundtatsache, dem Zustand England-Amerika vergleichbar. Berlin ist für Wien ein großer Bruder und eine Provokation, abwechselnd Beispiel und Gegenbeispiel, ständiger Anlaß, eigene Überlegenheit zu fühlen und fremde anzuerkennen. Berlin ist Anlaß, sich aus Wien fort und sich, in Berlin anwesend, nach Wien zu sehnen.

Karl Kraus hat in Berlin seine allerersten Vorlesungen gehalten und dann noch mehr als hundertmal dort gelesen, und dies stets mit lebhafter Resonanz. Berlin war seine zweite Heimat in dem Sinn, daß er auch mit der Berliner Presse und mit vielen Berliner »Größen« und mit dem Berliner Theater in Konflikt geriet und sich demgemäß in Berlin wie zu Hause fühlte. Die Möglichkeit, sich in Berlin anzusiedeln, hat ihn, wie viele gute Wiener der kulturellen Sphäre, die Existenz in Wien leichter ertragen lassen.

Er hat um 1910 begonnen, diese Polarität zu formulieren: ». . . daß der Tonfall des Berliner Tages die Selbstverständlichkeit ist, die alles Neue amalgamiert, während wir hier täglich das Alte ungewohnt finden, die Tradition beglotzen, auf die Vergangenheit hoffen und als Trockenwohner baufälliger Häuser uns fortfretten . . . Essen, um zu leben, nicht leben, um zu essen. Essen müssen, um gute Nerven haben zu können, aber nicht gute Nerven haben müssen, um essen zu können . . . es risse mich hin, dieser antiquierten Schönheitssucht, die sich in krummen Gassen weidet, die Poesie der geraden Linie vorzuziehen und diesem Leben, das auf Krücken zu seinen Wundern kriecht, das Leben der mysteriösen Selbstverständlichkeit.« – ». . . es ist erweislich wahr, daß aus einem Einspänner, wenn man sich einmal hinreißen ließe, Blut flösse, während ein Berliner Droschkenkutscher bloß in seine Bestandteile zerfiele.« – »Jeder Wiener ist eine Sehenswürdigkeit, jeder Berliner ein Verkehrsmittel.« – »In Berlin wächst kein Gras. In Wien verdorrt es.« – »Jeder Wiener steht allein im Weltenraum und bietet sich der Betrachtung. In Berlin ist bloß der Reinhardt eine Individualität und jeder Berliner sein Komparse . . .«

In den ›Letzten Tagen der Menschheit‹ ist die Absurdität der ›Nibelungen‹-Brüderschaft an etlichen Beispielen (vor allem sprachlicher Art) exemplifiziert, indem Deutsche und Österreicher einander in ihrer gemeinsamen Sprache mißverstehen und sich auch sonst weder als gleichberechtigt noch gleichartig erweisen.

Je mehr das Nachkriegswien ihn abstößt, um so intensiver sucht Karl Kraus das Nachkriegsberlin als Ausgleich, sei es auch nur, um dort an Gleichartigem zu leiden.

1926 sieht er eine Piscator-Inszenierung und widmet ihr, lange ehe er sich in Prosa mit ihr auseinandersetzt, ein Gedicht ›Berliner Theater‹:

> ...
> Alles rennt in wilder Hetze,
> was ist los, nanu, wo brennts,
> sie zertrampeln schon die Sätze –
> Tempo statt des Temperaments.
>
> Seelenreste ohne Reue
> raffte dieser Drang dahin.
> Verse wirft man vor die Säue
> und ihr Grunzen ist Doktrin.

Und als Fazit des grausamen Spiels:

> Ich, der Heimat treuer Hasser,
> will aus dieser Gegend weg –
> blau war nie das Donauwasser,
> doch die Spree hat noch mehr Dreck!

Man sollte meinen: dies ist die endgültige Absage. Doch nein; der Wiener, der sich dort, von wo er weg will, zu Hause zu fühlen pflegt, kündigte zwei Jahre später an, daß er in Berlin zu Hause zu sein vorhabe.

Er hat das Wiener Urdilemma Wien-Berlin salomonisch gelöst und blieb dabei ebenso der Hasser der Heimat wie der Heimat treu. Er hat sich für Berlin entschieden und ist in Wien geblieben. Er war gegen Berlin und gegen Wien, er war für Berlin, indem er Wien verlassen wollte, und für Wien, indem er es nicht verließ.

Wien und Berlin (und Prag) haben Karl Kraus in seinen letzten Jahren für vieles entschädigt, was sich ihm lebenslang versagt hatte. Im Zwischenreich zwischen Vortragssaal und Theater, im Rundfunk, wurde er als willkommener Gast akzeptiert. Es ist wie ein Wunder, daß der damals höchst problematische, kleinliche und provinzielle Österreichische Rundfunk die wahrhaft historische Größe aufbrachte, sich Karl Kraus, der in Fehde mit allem Offiziellen lebte, zu öffnen. Er hat dort mehrfach gelesen, der erste Teil einer Wiener Vorlesung mit ›Worten in Versen‹ wurde übertragen, er hat auch Funkregie geführt. Er ist in der letzten Phase seines Lebens und Wirkens zugleich sehr einsam gewesen und doch in die Breite wirkend wie nie zuvor. Auch Radio Prag hat eine Karl-Kraus-Vorlesung übertragen. Vor allem aber hat die Berliner Funkstunde durch ihren großen Offenbach-Zyklus die Offenbach-Renaissance, von der Karl Kraus geträumt hat und die ihm die dreidimensionale Bühne verwehrte, für ihre Zeit verwirklicht. Karl Kraus hat auch in Hörspielen Rollen gesprochen (den Timon in Berlin, die Hauptrolle von Nestroys ›Das Notwendige und das Überflüssige‹ in Wien), er war vor allem akustischer Regisseur dieses Traumtheaters namens Rundfunk, er war als Kollege in gemeinsamer Arbeit mit Schauspielern und Sängern tätig, mit Rita Georg, Irene Eisinger, Dolly Haas, Trude Hesterberg, mit Georg Alexander, Peter Lorre, Ernst Ginsberg, Ernst Legal, Joseph Schmidt und anderen, er war einmal mitten drin und nicht mehr außerhalb. Musikalische Leiter der Offenbach-Sendungen waren Friedrich Hollaender, Paul Breisach, Fritz Mahler und Franz Mittler. In der ›Fackel‹, wo alles getreulich registriert ist, sind nun nicht mehr die Theaterzettel von Pariser oder Wiener Aufführungen aus der zweiten Hälfte des vorigen Jahrhunderts abgedruckt, sondern »aktuelle« Besetzungen mit den Namen lebender Interpreten, und mitten unter ihnen Karl Kraus als Regisseur oder Sprecher. So war ihm eine Wunscherfüllung durch eben jene Technik beschieden, die er so sehr geschmäht hatte; sie brachte ihm das Medium der äußersten Annäherung an das Theater, das er sein Leben lang umworben hatte.

Die Vorlesetätigkeit bleibt daneben sehr intensiv und extensiv, ein großer Reigen abendlicher Begegnungen mit der lebendigen Welt, welche sich in jenen Jahren allmählich von der

›Fackel‹ abzuwenden beginnt. Doch innerhalb der Vorlesungen treten die »Eigenen Schriften« mehr und mehr zurück und werden nur noch ausnahmsweise dargeboten – wenn »zum Gegenstand« eine Rede zu halten ist. Die von der Aktualität nahegelegten Themen werden in Notizen auf dem Programm oder in Vorreden zu Abenden des »Theaters der Dichtung« behandelt und dann in der nächsten ›Fackel‹ registriert. Der Tag rückt ins Nebenbei; Karl Kraus führt ein Leben der Proben- und Sendungs- und Vorlesungstermine und erfüllt sich darin, als ein Schauspieler, »der er in höherem Maße war als er's wußte, und anders als er's wahrhaben wollte« (Friedrich Torberg).

Doch die ›Fackel‹ erscheint weiter, wenn sie auch nicht mehr der ausschließliche und nicht einmal mehr der dominierende Inhalt seines Wirkens ist. Sie ist Protokoll seiner anderen, publizistischen und politischen und prozessualen, Aktivitäten, seiner Kämpfe gegen Békessy, Schober, Kerr, sie verzeichnet weiterhin, teils bibliographisch, teils in breiter Zitierung und Kommentierung das Echo all seiner Bücher, seiner Vorlesungen, seiner Aufführungen.

Sie ist der Kriegsschauplatz der allmählichen und umständlichen Entzweiung mit der Sozialdemokratie.

Sie ist Rückzugsgefecht nach der Niederlage im Kampf gegen Schober.

Sie erfüllt die selbstgestellte Aufgabe, Chronik der Welt und Umwelt zu sein, und in dieser Eigenschaft haftet ihr fast etwas Statisches an. Sie weist auf nichts Neues mehr hin, sie bestätigt nur. Sie hat ihre ewigen Objekte, deren Spuren der »treue Hasser« vielfach schon seit Jahrzehnten verfolgt:

Ernst Benedikt, den »jungen Springinsgeld«, Siegfried Trebitsch, der die Stücke Shaws »aus dem Englischen in eine ihm gleichfalls fremde Sprache übersetzte«, Max Reinhardt, den »faulen Zauberer«, den alternden Gerhart Hauptmann (»Je offener und schmerzlicher der Verfall dieses Dichters, im Schaffen wie im äußeren Gehaben, im Zeitgehorsam der Produktion wie im wahl- und wehrlosen Umgang zu Tage kommt, desto unerläßlicher wird es, sich zu den reinen Werken seiner Vergangenheit zu bekennen«), Hermann Bahr (der inzwischen die Parole »Nie wieder Krieg«, die sich »ein entartetes Geschlecht aufschwatzen ließ«, überwunden und sich zu »Immer wieder Krieg« emporgeläutert hat), Felix Salten (der noch immer nicht völlig der deutschen Sprache mächtig ist und von einer »amüsant- und humorvollen Rede« schreibt, von einem »Apostulat«, der »Cherubim« für eine Einzahl und »Katheder« für ein Maskulinum hält), Franz Werfel (»der die bekannte Entwicklung von der Erkenntnis ›Der Mensch ist gut‹ bis zu dem Standpunkt ›Der Mensch ißt gut‹ längst hinter sich hat«).

Einige neue Figuren kommen hinzu und scheinen sich als Stammgäste zu etablieren: Ferdinand Bruckner, Bernhard Diebold, Willy Haas ... und es scheint einige Zeit, als würde »Herr Brecht« auch in diese Reihe aufgenommen werden.

Nachdem Brecht aber am Rande der ›Fackel‹ aufgetaucht war, rückt er in ihr Zentrum und wird jählings positiv bewertet. Denn Alfred Kerr hatte ihn angegriffen.

Es war offenbar geworden, daß sich Brecht für die Gesangstexte der ›Dreigroschenoper‹ zahlreiche Verse aus der Villon-Übersetzung von K. L. Ammer angeeignet hatte. Er entschuldigte, besser: erklärte dies, als er entlarvt wurde, mit seiner grundsätzlichen Laxheit in Fragen des geistigen Eigentums.

Die juristische Seite war bald geregelt. Der Verlag Felix Bloch Erben ließ K. L. Ammers Adresse durch die Wiener Polizeidirektion ausfindig machen und überwies dorthin zweieinhalb Prozent der Tantiemen der bisherigen und künftigen Gesamteingänge aus der ›Dreigroschenoper‹.

(K. L. Ammer, eigentlich Karl Klammer, 1879–1951, ursprünglich Offizier, dann Gesellschafter einer kartographischen Firma, der neben Villon auch Rimbaud und Maeterlinck übersetzt hatte, widmete ein Viertel dieser Einkünfte dem Schutzverband deutscher Schriftsteller, kaufte sich von den verbleibenden Erträgnissen einen großen Weinberg in Grinzing, dessen Wein er »Dreigroschentropfen« taufte, und lebte glücklich bis an sein Ende.)

Karl Kraus war bis dahin unbarmherzig gegen Plagiate gewesen. Das bewies nicht nur sein Vorgehen gegen Georg Kulkas Jean-Paul-Hochstapelei, sondern auch, neben manchem anderen, eine Zitierung Otto Julius Bierbaums, der ihm sonst wenig sympathisch war, dem er aber beipflichtete, als er geschrieben hatte: »... auf Kommunismus läuft es hinaus, wenn Sie das Recht auf Diebstahl an dem Eigentum predigen, das ein Mensch besitzen kann.« Auch in eigener Sache war Karl Kraus gegen jede Laxheit in Fragen des geistigen Eigentums mehr als kritisch. Nun aber war Kerr offensiv gegen Brecht geworden, und Karl Kraus meinte: »... im kleinen Finger der Hand, mit der er fünfundzwanzig Verse der Ammerschen Übersetzung von Villon genommen hat, ist dieser Brecht originaler als der Kerr, der ihm dahintergekommen ist.« Karl Kraus war dem Kommunismus gegenüber stets radikal ablehnend eingestellt, was er auch Brecht gegenüber betont. Aber er hat sich mit Brecht angefreundet, er hat Texte von Brecht in Wien und in Berlin (wo Kurt Weill ihn begleitete) vorgetragen, sichtlich von der genialen Kraft der Sprache Brechts angezogen, die ganz gewiß hoch über allem stand, was die damalige deutsche Literatur hervorzubringen vermochte.

Brecht gegenüber hat Karl Kraus eine bemerkenswerte Ausnahme von seinem rigorosen »Alles oder nichts!« gemacht. Es scheint wie eine Art von Kapitulation, nicht das einzige Symptom der Resignation in den letzten ›Fackeln‹, in denen sich auch das Epigramm ›Grabschrift‹ findet:

Wie leer ist es hier
an meiner Stelle.
Vertan alles Streben.
Nichts bleibt von mir
als die Quelle,
die sie nicht angegeben.

Und auch die Tatsache, daß Karl Kraus von einer Aussicht sagt, daß sie seinen »Lebensabend verschönert« – nicht »verschönern wird«, sondern »verschönert« –, zeigt die Stimmung dieser Zeit. Im Herbst 1932, eineinhalb Jahre vor seinem sechzigsten Geburtstag, ist ihm schon nach Lebensabend zumute. Er führt die ›Fackel‹ nur weiter, weil er sich einer stets tief empfundenen Pflicht gegenüber der Nachwelt bewußt ist. Er zeichnet auf, was gegen seine Zeit spricht, und er fühlt sich mehr und mehr, wieder und wieder zur Abdankung gedrängt, kündigt sie an und kann sich doch nicht dazu durchringen. Er hat, als Schober Bundeskanzler geworden war, in einer demonstrativ kleingedruckten Glosse resigniert, er hat vor Schober »in kleinem Druck beigegeben«, und er kann es doch nicht lassen, ihn weiterhin zitierend und kommentierend zur Kenntnis zu nehmen. Er kündigt an, daß er »noch einmal« die »Eigenen Schriften« vorlesend darbieten wird, und bietet sie doch nicht mehrmals dar; mit dem Bekenntnis, ». . . daß da nichts übrigbleibt als die Flucht in die geistigen Dinge«, ruft er: »Nehmen wir Abschied von der Politik«, doch er ist weiterhin, sogar mehr denn je, politisch.

Angesichts aller Alternativen ergeht es ihm wie mit der Wien-Berlin-Alternative: er steht am Scheideweg und wählt beide Wege.

Er kann und kann von der ›Fackel‹ nicht lassen, nicht von Wien, nicht von den Anreden mit eigenem, ad hoc geschriebenem Text, nicht vom Vorlesen seiner Verse und dramatischen Dichtungen. Er kann auch die Theaterkritik nicht entbehren, er negiert Piscator (und Jessner) und Elisabeth Bergner (»wenn man sich ... vergegenwärtigt, wie das Fräulein Bergner als Viola geredet hat, was sie wollte, und als Rosalinde, wie es den Berlinern gefällt ...«), er rühmt Gitta Alpar (»die einzige Sängerin seit der Stojan ... bei der – selbst in der Niederung der ›Dubarry‹ – Singen und Sprache, Ton und Gebärde selbstverständliche und nicht in Mühsal vereinte Funktionen bilden«), Lucie Mannheim, Friedel Schuster und Dolly Haas (»für deren kindmenschliche Züge P. A. gestorben wäre«), er findet immerhin, daß Werner Krauß »mit etwas mehr Recht als die anderen überschätzt wird«, und nennt Paul Hörbiger »einen der wenigen wirklichen Schauspieler, die es heute in Deutschland gibt«.

Er sendet Berichtigungen überall dorthin, wo von ihm ungenau die Rede ist, er führt weiter Prozesse wie zeit seines Lebens, er gewinnt einen gegen das ›Berliner Tageblatt‹, das ihm Reklamesucht vorgeworfen hat, und kann in einem Prozeß gegen Alfred Kerr nicht durchdringen, in dem es darum ging, ob Kerr, als er vom Verlag Scherl zum Verlag Mosse (›Berliner Tageblatt‹) überging, seine Haltung gegen Reinhardt, den er vorher angegriffen und nachher gelobt hatte, im Auftrag der neuen Herren als Bedingung seines Eintritts in das ›Berliner Tageblatt‹ geändert hatte. Es war in diesem Zusammenhang zu einer Verhandlung in Berlin gekommen, bei welcher Karl Kraus und Kerr einander erstmals persönlich begegneten und Karl Kraus nach mehr als dreißig Jahren Max Reinhardt wiedersah.

Eine bemerkenswerte Episode muß hier auch noch erzählt werden. Arturo Toscanini hatte sich geweigert, die faschistische Hymne ›Giovanezza‹ zu dirigieren, und war daraufhin tätlich mißhandelt worden. Karl Kraus huldigte Toscanini in einer Zusatzstrophe zu dem Couplet aus ›Blaubart‹: »Höfling muß mit krummem Rücken / immer sich noch tiefer bücken ...«:

Mussolini, er verzieh nie,
wenn ihm einer nicht pariert.
Und doch hat der Toscanini
nie die Hymne aufgeführt.
Weil er ganz anders dirigiert!

Rüpel schlugen seinen Rücken,
mit dem Stock schlug man den Rücken,
weil er sich nicht wollte bücken,
mit dem Stabe sich nicht bücken,
Ehre dem, dem sie gebührt!

Der Vortrag dieser Strophe in Berlin hatte »eine kaum je zuvor erlebte Saaldemonstration zur Folge«.

So begegneten einander, wenn auch nur im Geist, zwei Große, Einsame einen flüchtigen Augenblick lang, zwei sehr verschiedene Naturen aus sehr verschiedenen Sphären, und doch aus dem gleichen Stoff gewirkt. Auch Arturo Toscanini war unduldsam im Vollmachtsnamen der Größe, auch er hatte sich dem Absoluten verschrieben – auch er hat Mussolini und Hitler gehaßt und an das Österreich der letzten Jahre vor 1938 geglaubt wie Karl Kraus.

Karl Kraus wird zu Hause weiter totgeschwiegen. Die Aufführung seiner ›Perichole‹ an der Berliner Staatsoper wird von den Korrespondenten der Wiener Blätter nicht besprochen. Selbst seine Mitwirkung im Rundfunk wird aus dem Radioprogramm im ›Neuen Wiener Journal‹ eliminiert.

Ein Bändchen ›Epigramme‹ ist erschienen, Band IX, der letzte der ›Worte in Versen‹, die ›Timon‹-Bearbeitung, die ›Zeitstrophen‹, und alles das wird kaum gekauft. Der Ausweis der Spenden für wohltätige Zwecke erscheint im März 1932 zum letztenmal. Die »Gesamtsumme seit Mitte Juli 1922« beträgt: S 87.192,10 (heute etwa einer Million Schilling entsprechend, also weit über hunderttausend D-Mark beziehungsweise Schweizerfranken). Die ›Fackel‹ und die Bücher »gehen« nicht mehr. Auf den vollen Ertrag der Vorlesungen kann anscheinend nicht mehr verzichtet werden. »Diese Ausweisung der vom Verlag der Fackel oder von Lesern wohltätigen Zwecken zugewandten Beträge«, heißt es im Oktober 1932, »wird nicht mehr erfolgen. Die Leser werden ersucht, solche Zuwendungen direkt vorzunehmen.«

Die letzten beiden ›Fackeln‹, Nr. 876–884, Mitte Oktober 1932, und Nr. 885–887, Ende Dezember 1932, sind wie ein Vermächtnis.

Im Oktoberheft steht einleitend der größte und wichtigste politische Nachkriegsaufsatz von Karl Kraus: ›Hüben und drüben‹, der auch den Hinweis auf den »Lebensabend« enthält.

Diese ›Fackel‹ enthält auch, indirekt, in Form einer Berichtigung, die Mitteilung, daß Karl Kraus als einziger Österreicher an einem Antikriegskongreß in Amsterdam teilgenommen hat (August 1932), gemeinsam mit Rolland, Barbusse, Masereel, Russell, Einstein, Heinrich Mann, Michael Karolyi, Andersen-Nexö, Gorki, Dreiser, Dos Passos, Sinclair und anderen.

Diese ›Fackel‹ enthält auch den Bericht über die Lösung des Vertrags mit der Universal-Edition und die Ankündigung, daß Aufführungen der dramatischen Werke und Bearbeitungen von Karl Kraus nicht mehr gestattet werden.

Er isoliert sich mehr denn je und greift doch mehr denn je in das politische Geschehen ein.

Und er wendet sich zu seinem Shakespeare in innigerer Bindung denn je. Er kündigt im Dezemberheft an, daß seine Übertragung der Sonette »demnächst« erscheinen wird, er arbeitet von Mitte Oktober 1932 bis Mitte Januar 1933 an dieser Nachdichtung und läßt sie tatsächlich im Frühjahr 1933 erscheinen. Er liest bei seinem letzten Aufenthalt in Deutschland, am 30. November 1932, einige neu übersetzte Sonette vor, die er der belanglosen Übersetzung von Bodenstedt und der allverehrten, 1909 geschaffenen, 1919 neu erschienenen von Stefan George gegenüberstellt.

Das letzte Heft der ›Fackel‹ klingt aus in dem großen Aufsatz ›Sakrileg an George oder Sühne an Shakespeare?‹

Mehr denn je in seinem Leben ist Karl Kraus in dieser Phase des Lebensabends produktiv und reproduktiv, mehr denn je ist er als Erneuerer, Nachdichter, Bearbeiter und Vorleser das Gegenteil von destruktiv.

Und ein letztes Mal faßt er in seinem George-Shakespeare-Aufsatz, in seiner letzten großen kritischen Prosa alle seine guten, so tragisch vernachlässigten Kräfte zusammen und erhebt sich über Chronik, Glosse, Aktualität und Kleinkriege zur großen kritischen Synthese, die dem, was abgelehnt wird, das glorreiche Gegenbeispiel entgegensetzt.

Der Dienst an Shakespeare war für Karl Kraus identisch mit dem verlorengegangenen Respekt vor »jenem Unikum der

Geistesgeschichte ..., das der Fall Schlegel-Tieck vorstellt durch die Erschaffung gleichsam einer dritten Sprache als eines Amalgams«. Er hat in der Betrachtung der Hexenszenen aus ›Macbeth‹ die anderen Übersetzer, vor allem Friedrich Gundolf, kritisch abgewertet, er hat später Richard Flatter gebührend gezüchtigt; nun aber steigt er vom dramatischen zum lyrischen Vers auf und rechnet mit George ab, als hätte er sich diesen größten unter denen, die doch nicht wirklich groß sind, für das Ende aufgespart, jenen, bei welchem »einer journalistischen und auf jeglichen Humbug dressierten Öffentlichkeit die abweisende Aufschrift eines Werkes: ›Unbefugten ist der Eintritt verboten!‹ – zumal mit kleinen Anfangsbuchstaben – hinreicht zu dem Glauben, was dort getrieben wird, sei Fug«.

»Gewisse Stäubchen Goldes wiegen auf der Wage meines Sprachbewußtseins ja doch die massige Mühsal nicht auf, deren geistiger Inhalt und Sprachwert mich keineswegs als die Flucht aus der Zeit in die Ewigkeit überzeugt, aber durchaus als die Flucht eines Zeitgenossen ins Hieratische...« George habe seine Shakespeare-Übertragung nach dem Krieg neu hervorgeholt; »... in den Tagen, da alles Deutschtum Zuversicht in George suchte, machte es den Eindruck eines Planes kultureller Vergeltung, in dem Sinne, dem damals noch verbreiteten Wunsch, daß Gott England strafen möge, die Tat auf dem Fuß folgen zu lassen.« Doch: »das Deutsche hat noch mehr gelitten.«

Und nun folgt »nicht nur eine Exekution mit Beweisen, deren Kraft dem Glauben an die Sprache entstammt, sondern einmal auch dem Anspruch der Kritik, es besser machen zu können«.

Die Shakespeare-Sonette von Karl Kraus, deren kritische Wertung mir nicht zusteht, finde ich wunderschön und einen Höhepunkt im Schaffen dieses Lyrikers und Sprachenmeisters, der nicht vollkommen war, aber vieles Vollendete hervorgebracht hat. Daß sie dem Text Georges überlegen sind, mögen einige Gegenüberstellungen beweisen.

George:

Gönn dich der welt! Nicht wie ein schlimmer tu:
Eßt nicht der welt behör, das grab und du!

Karl Kraus:

Gewähre dich der Welt, der zugehört
die Schönheit, die das Grab der Zeit verzehrt.

George:

Den sommer treibt die zeit die nimmer steht
Greulichem winter zu und tilgt ihn dort:
Saft dürr im frost und üppig laub verweht!
Schönheit vereist! Kahlheit an jedem ort!

Karl Kraus:

Nicht ruht die Zeit und treibt das Sommerglück
in Winterelend, um es zu verderben.
Natur erstarrt in Frost, und Stück für Stück
muß unter Eis und Schnee die Schönheit sterben.

George:

Wie oft wenn du, mein klang, die klänge spielst
Auf dem beglückten holz dess regung tönt
Von deiner süßen hand und sanft befiehlst
Der drähte einhall der mein ohr umdröhnt:

Beneid ich diese tasten die mit eil
Das zarte innre küssen deiner hand . . .
Indeß mein armer mund, reif für solch teil,
Errötend bei des holzes kühnheit stand.

Um so gestreift zu sein nähm er in kauf
Tanzender schnitze formung und befund
Darauf dein finger geht mit sanftem lauf,
Tot holz beseligend statt lebendigen mund.

Da freches werkzeug so beglückt sein muß
Gib ihm den finger, mir den mund zum kuß.

Karl Kraus:

Wie oft, wenn deine lieben Finger leihen
dem toten Holze der Befühlung Glück
und lassen ihm die Wohltat angedeihen,
die meinem Ohr zuteil wird als Musik,

bin ich ein Bettler bloß vor solchen Tasten,
die spielend küssen deine holde Hand,
dieweil mein stummer Mund, verdammt zum Fasten,
nicht Töne hat wie jener Musikant.

Wie neidet er das Ding, das so genießt
und tief sich bückt, dem süßen Druck ergeben,
und wie's beglückt von Wohllaut überfließt,
weil deine Gnaden totes Holz beleben.

Sei weiter gnädig, doch gerecht auch, und:
gib ihm zum Kuß die Finger, mir den Mund!

Mit den Versen des einundachtzigsten Sonetts schließt das Heft:

Der Geist, der es erschuf (das Wort), kann Macht verleihn:
Solange Menschen leben, wirst du sein!

Und gegenüber, auf der inneren Umschlagseite, ist ein Shakespeare-Zyklus im »Theater der Dichtung« angekündigt, zwölf Abende vom 2. Januar bis 22. Februar 1933 in dem armseligen Saal in der Treitlstraße, den Karl Kraus »Offenbach-Saal« genannt hat und der heute nicht mehr so heißt.

Der verlorene Sohn

Jetzt erst, ehe sich die letzte politische Wendung begibt, die rätselhaft scheint und nur konsequent ist, jetzt erst soll die Stellung des Karl Kraus der Politik gegenüber historisch angesehen werden, eigentlich weniger eine Stellung gegenüber, auch keine Stellung außerhalb, sondern immer wieder und immer neu eine Stellung dazwischen.

Zunächst (und ein letztes Mal die Sozialdemokratie aussparend) sehen wir Karl Kraus, von Anfang an und bis weit in das letzte Stadium hinein, stets zwischen der liberalen Mitte und der Rechten. Er »ist zur Abwechslung einmal kein parteimäßig Verschnittener« (Heft 1 der ›Fackel‹, Seite 1). Er ist der Herkunft und der geistigen Haltung nach eigentlich ein Liberaler (darauf hat Ludwig Haensel in seinem vortrefflichen Kraus-Essay überzeugend hingewiesen), seine Stellung zur sexuellen Frage ist reinster Liberalismus, darum muß er sich, wie wir ihn kennen, als verlorener Sohn ganz leidenschaftlich vom Liberalismus distanzieren (wie von allen anderen Gruppen und Richtungen, denen er verbunden und verpflichtet gewesen ist), von den liberalen Zeitungen, die für ihn mit den Parteien identisch sind, von der ›Neuen Freien Presse‹, dem ›Tagblatt‹, dem ›Neuen Wiener Journal‹ (»das tiefststehende Klatschblatt des Kontinents«, »das ärgste Dreckblatt Europas«), von der neugegründeten ›Zeit‹, die ihm besonders auf die Nerven geht, weil sie sich zu Unrecht als »antikorruptionistisch« ausgibt. – Er ist den christlichen und den nationalen Antisemiten gegenüber zur Nachsicht und Duldsamkeit bereit, weil sie ihm ein erwünschtes Gegengewicht scheinen, und er klagt sie vor allem wegen ihrer Unbeholfenheit und Unbegabtheit in rebus antisemiticis an. Er will sich »weder durch die Totschweigetaktik der liberalen Presse noch durch das Lob der Christlichsozialen beirren lassen« (1899). Er schätzt den genialen und dynamischen christlichsozialen Führer, den Wiener Bürgermeister Dr. Karl Lueger, und ist gegen seinen »Troß, um dessen Gefolgschaft den Bürgermeister kein Schätzer seiner Fähigkeiten und seines ehrlichen Willens beneidet«.

Auf die Liberalen ist er böse, über die Christlich-Sozialen ist er traurig, fast könnte man gelegentlich meinen, daß er um sie wirbt, daß er ihnen ins Gewissen zu reden versucht. Aus ihren Reihen stammt ja auch sein Kampfgefährte – der allerdings konstitutionell oppositionelle – Joseph Schöffel. In seinem Prozeß gegen Hermann Bahr nimmt Karl Kraus sich den späteren christlich-sozialen Minister Dr. Kienböck zum Anwalt. Natürlich tadelt er den oberflächlichen Vulgär-Antisemitismus und nimmt seine Opfer gegen solchen »Stumpfsinn« in Schutz. Er ist gegen die »arischen« Feinde Heines wie gegen dessen »jüdische Lobredner«. Eine vom antisemitischen ›Deutschen Volksblatt‹ als solche bezeichnete »Elende« scheint ihm »wertvoller, dem Ideal der ethischen kaum bestimmbaren – Weiblichkeit verwandter als eine christlichsoziale Versammlungsmegäre«.

Immerhin erscheint die erste Besprechung einer Wiener Karl-Kraus-Vorlesung am 15. März 1912 in der christlich-sozialen ›Reichspost‹, ausführlich, sachlich und bei aller Distanzierung doch durchaus positiv. Karl Kraus hat sich, wie aggressiv er auch sein mochte, doch als Konservativen bezeichnet; er hat bis zum Ausbruch des Weltkriegs, wie er das Kaiserhaus anerkannte, auch viele Köpfe des konservativen Lagers, doch keinen einzigen Führenden des liberalen Lagers bedingt gelten lassen. Er hat in den letzten Jahren vor dem Sommer 1914 von der antiklerikalen Haltung fort zur Bejahung der Aristokratie, der Armee gefunden – wie sehr er auch dazwischen stehen mochte, stand er doch näher beim Konservativismus als beim Liberalismus.

Mit dem Kriegsausbruch ändert sich sein Standort grundlegend. Nun ist er, wenn auch nicht verbündet, so doch solidarisch mit der österreichischen Sozialdemokratie. Und wie immer er dann nach dem Krieg denken mag, ist er radikal und total (und berechtigt) gegen alles, was sich »bürgerlich« nennt, gegen die »Troglodyten« und die »Arischgesichter« der herrschenden Parteien, gegen die Restaurationsgesinnung der Christlich-Sozialen und gegen den ganzen trüben Sumpf der österreichischen Nachkriegspolitik mit ihren kaum vorstellbaren Versagern und Skandalen. Nach einer kurzen ersten Koalitionsperiode waren die Sozialdemokraten in die Opposition gedrängt worden, und die Regierung wurde weitgehend von Nullen und Schwächlingen ohne Format geführt; als einzige, aber nicht rühmliche Ausnahme hat der Prälat Dr. Ignaz Seipel zwar Persönlichkeit, ist aber doch, vor allem im Hinblick auf den Juli 1927, von Fehlbarkeit und Kurzsichtigkeit nicht freizusprechen. Rund um ihn und seine Bundeskanzler-Nachfolger tummelten sich Christlich-Soziale, Landbündler, Großdeutsche, später Heimwehren, Putschisten und Protektionisten ... ein Finanzminister mußte von einem Tag auf den anderen aus Europa verschwinden, ein anderer war ein notorischer Alkoholiker ... man deckte und feierte den unsäglichen Schober, machte ihn zum Ehrendoktor der Wiener Universität ... man hielt weiterhin an der unseligen Tendenz zum »Anschluß« an Deutschland fest. Im Herbst 1928 noch wurde ein Bekenntnis zum »deutschen Österreich von einer unfaßbar großen Menge führender (nicht nur »nationaler«, sondern auch christlicher und linker) Österreicher unterzeichnet.

Kriegsgewinner und Schieber wie Castiglioni und Bosel waren tonangebend und genossen eine höchst problematische Immunität. Die Arbeitslosigkeit wuchs bedrohlich an, die dubiosen Zusammenbrüche führender Bankhäuser steigerten die Unsicherheit und Unzufriedenheit ... und alles das wurde von einer zerbröckelnden Kulturfassade gedeckt, die mehr für Operetten und Wildgans-Prologe als für echte Werte Sinn hatte. Österreich zwischen 1918 und 1933 war eine Vor- und Zwischenhölle übelster Art.

Und Karl Kraus sah und schrieb und verzweifelte. Er war noch immer gegen die Liberalen, gegen die ›Neue Freie Presse‹,

»in deren Bauchfalten die Welt versinkt«, und doch auch wieder »von Sympathie für die Giftmischer bezwungen«, im »Anblick der christlichen, nationalen, vaterländischen oder sonstwie durch Bodenständigkeit selbst zum gemeinen Weltverkehr untauglichen Publizistik, die sich von dem Übel nur durch den Mangel an allem unterscheidet, was sie befähigen könnte, sich ihm gleichzustellen. ... was hier die Funktion hat, nur österreichisch zu sein, ist von einer so einzigartigen Verschnupftheit, von so autochthonem Mißwuchs, daß nur die Unübersetzbarkeit verhindert, es zum ethnischen Studium der Welt zu machen. ... Christlichsoziale und deutschnationale Literatur ist der Dilettantismus als geistige Richtung, das Analphabetentum als künstlerisches Prinzip ...« (1922.)

Immer, wenn er die ›Neue Freie Presse‹ sieht, werden ihm die Antisemiten sympathisch, und immer, wenn er die sieht, die ›Neue Freie Presse‹: »Man weiß, daß mein Haß gegen die jüdische Presse nur noch von meinem Haß gegen die antisemitische Presse übertroffen wird, während hingegen mein Haß gegen die antisemitische Presse nur wieder von meinem Haß gegen die jüdische Presse übertroffen wird ...« (1921.) Er fühlt sich auch noch nach dem Krieg dem konservativen Kreis um den edlen Innsbrucker Katholiken Ludwig von Ficker und seinen ›Brenner‹ verbunden, und er empfindet es als besonders erbitternd, daß er gerade in Innsbruck von den dortigen Nationalen und Antisemiten beflegelt wird, da er ja sein Leben lang alles, was gut deutsch ist, gepriesen und verteidigt, und alles, was ihm am »Jüdischen« verderblich schien, bekämpft hat.

Er ist in dieser Zeit längst an der Seite der Sozialdemokratie, ohne dabei seine alten Ideale zu verraten, die er in ihren Repräsentanten verraten sieht.

Die Annäherung an sie lag dem verlorenen Sohn des Liberalismus von Anfang an nahe; sie hätte sich als klassische Flucht des »bürgerlichen« Sohns nach links empfohlen, sie war ihm gewissermaßen konstitutionell vorgegeben. Es scheint eigentlich rätselhaft, daß Karl Kraus nicht diesen Weg gegangen ist. Es war wohl die Institution der Partei an sich, bei den Sozialdemokraten besonders ausgeprägt, die ihn abgestoßen hat, vermutlich aber vor allem die Beschränkung auf das Politische und Soziale, die mangelnde und unzureichende und höchst problematische Sorge der Sozialdemokratie für die Dinge des Geistes und der Kultur.

Es ist die zentraleuropäische Katastrophe dieses Jahrhunderts, daß die Sozialdemokraten der Welt den sozialen Aufstieg mit all seinen säkularen Errungenschaften gebracht haben, daß sie um Sicherheit und Gerechtigkeit und Menschenwürde gerungen und in diesem Kampf glorreich gesiegt haben, daß sie aus Herren und Knechten Partner gemacht und wahrhaftig und buchstäblich das Menschenrecht erkämpft haben – und dabei nur unzureichend, wenn überhaupt, die Wahrung des Ideellen, des Abstrakten, der Künste und Wissenschaften und des Geistes mit einbezogen haben. Sie haben sich dem Bürgerstand entgegengestellt und haben den Kampfplatz siegreich als Kleinbürger verlassen.

Der Bericht über die Beziehungen zwischen Karl Kraus und der Sozialdemokratie ist ein trauriges Kapitel dieser tragischen Geschichte.

In Heft 2 der ›Fackel‹ schreibt Karl Kraus sehr positiv über den sozialdemokratischen Parteiführer Viktor Adler und den »trefflichen« Chefredakteur der ›Arbeiter-Zeitung‹, Friedrich Austerlitz. »Der Zeitungsherausgeber Adler ist zugleich ein Mann, der unserer Zeit – nicht bloß unserer Journalistik – ein Beispiel von Heroismus gegeben hat. Ihn, der für sein Heiligstes, die sozialdemokratische Sache, sein Vermögen geopfert, suche ich nicht in der Gesellschaft anderer Journalisten, die durch ihr Heiligstes, die Börsenrubrik, ihr Vermögen erworben haben ...«

In Heft 18 beginnt die Mitarbeit des großen deutschen Sozialdemokraten Wilhelm Liebknecht, der hier allerdings ganz unorthodox ein Sprachrohr sucht und findet, da der Inhalt seiner Ausführungen der »Parteilinie« widerspricht. Der junge Karl Kraus war mit dem alten Wilhelm Liebknecht bis zu dessen Tod in ständigem herzlichem Kontakt, was aus den später veröffentlichten Briefen Liebknechts ersichtlich ist.

In Heft 25 der ›Fackel‹ äußert sich ein führender Wiener Sozialdemokrat über das Problem der Südbahn. Der Artikel hat die Form einer Zuschrift; sein Autor will sich, wie er ausdrücklich feststellt, über die ›Arbeiter-Zeitung‹ hinaus an »die Vielen« wenden, »die gleichgültig gegen die Politik und parteilos durchs Leben gehen und in den großen bürgerlichen Tageszeitungen – bei deren gewissenhaftester Lektüre – die Übelstände unserer Öffentlichkeit höchstens durch Annoncen, die von ihnen schweigen, verraten sehen«.

Im nächsten Heft stellt Karl Kraus fest, daß die ›Arbeiter-Zeitung‹ ihren Lesern vorenthalten hat, was Wilhelm Liebknecht in der ›Fackel‹ über die Dreyfus-Affäre zu sagen hatte; diese Feststellung wird in Heft 40 wiederholt und als »Anpassungsfähigkeit« der ›Arbeiter-Zeitung‹ an »die Gesinnung und die Gewohnheiten der liberalen Presse« bezeichnet.

Im nächsten Heft heißt es anläßlich einer Vorschau auf die Wiener Gemeinderatswahlen, auch die Sozialdemokratie habe »die Wirkungen des intellektuellen und moralischen Niedergangs unseres öffentlichen Lebens reichlich verspürt. Wer von ihrem Eintritt in die Politik eine Hebung des politischen Niveaus erhofft hatte, ist jetzt bereits stark ernüchtert. Aber hier darf man die Zuversicht noch nicht« (!) »sinken lassen ... wer wählen will, mag sie wählen«. Und nachher, als die Christlich-Sozialen die Wahl gewonnen hatten, weil weite Kreise über ihren ursprünglichen Anhängerkreis hinaus ihr die Stimmen gegeben hatten: »... die Gläubigen des Marxismus, der im Sieg ideologischer Momente über wirtschaftliche Interessen eine Anomalie erblickt, mag eine Rundschau über die europäische Politik belehren, daß solche Ausnahme fast die Regel ist.« (Diese beiden Wahlbetrachtungen sind nicht unbedingt von Karl Kraus selbst, aber gewiß mit seiner vollen Zustimmung geschrieben worden.)

In Heft 46, Anfang Juli 1900, ist nun das Hauptmotiv erstmals vernehmbar:

»Allgemeine Zustimmung in den Kreisen der Parteibeamten findet der kürzlich von der ›Arbeiter-Zeitung‹ geübte Vorgang, neben einem seitenlangen Inserat einer Aktiengesellschaft in derselben Nummer einen heftigen Angriff auf die nämliche Gesellschaft zu publizieren ...

Aufsehen erregt haben seinerzeit die Artikel der ›Arbeiter-Zeitung‹ über die ›Mordschiffe der Donau-Dampfschiffahrts-Gesellschaft‹ durch die Kühnheit ihrer Sprache. Seit damals – Herbst 1898 – erschienen statt der ›Mordschiffe‹ in kleinen Intervallen ›Mordinserate‹ der Donau-Dampfschiffahrts-Gesellschaft. Die Wiener Proletarier, die schon längst genau wissen wollten, wann man eigentlich von Galatz nach Rustschuk fahren kann, können sich nun allwöchentlich aus ihrer Zeitung den notwendigen Aufschluß verschaffen. Die ›Mordschiffe‹ werden allerdings nicht mehr angegriffen; sie sind zwei Jahre älter geworden, und das Alter muß man ehren.«

Daraufhin begann die ›Arbeiter-Zeitung‹ wüst zu schimpfen, schrieb von »feiger Verleumdung«, wollte Karl Kraus nicht einmal »eine Art von Banditencourage« zuerkennen, drohte mit Ohrfeigen (obwohl sie kurz vorher dieses brachiale Vorgehen gerade im Hinblick auf Karl Kraus verachtungsvoll verurteilt hatte) und konstatierte bei Karl Kraus »selbstmörderische Eitelkeit«. Karl Kraus wendet mit Recht ein, daß Eitelkeit den geringsten Anteil habe »an dem Kampfe gegen die Prostituierung eines antikapitalistischen Blattes durch Bankannoncen«. Und: »Mich ... kann der Anblick eines mit Prospekten der ärgsten Ausbeutergesellschaft gespickten Proletarierblattes nicht übermütig, nur traurig stimmen.«

In Heft 49 äußert sich Karl Kraus ausführlich und unangreifbar zu dem Problem. Er weist nach, daß für Aktiengesellschaften wie Privatunternehmen die »Inseratengebühren zugleich als Schweigegelder gelten«. Abschließend distanziert er aber die ›Arbeiter-Zeitung‹ von den anderen Blättern, die er angreift. Es scheint ihm, daß ihr allmählich »die richtige Größeneinschätzung für die Übel unserer Zeit« abhanden gekommen sei, und er ist überzeugt, »daß eine Bewegung von der Urkraft der Sozialdemokratie mit solchen Mitteln nicht arbeiten darf«. Er hält die Sozialdemokraten und ihr Zentralorgan für besserungsfähig.

Im Herbst 1900 bespricht er den Grazer Parteitag und konstatiert Müdigkeit, Ratlosigkeit, mangelnde Courage. Bemerkenswert daran ist das Bedauern. Karl Kraus kritisiert, weil er sich eine bessere Sozialdemokratie wünscht.

Im November 1900 wird ein anderes großes Leitmotiv hörbar. Die ›Arbeiter-Zeitung‹, »die doch bestrebt sein muß, ihre Scharen einer höheren Kunstgesittung als der die faulende Bourgeoisie anhängt, zuzuführen«, preist den üblen Vergnügungsunternehmer Gabor Steiner, der seine Untergebenen erbärmlich bezahlt.

Mitte April 1901 lesen wir an nicht exponierter Stelle der ›Fackel‹ eindeutig, daß Karl Kraus »die Gültigkeit von Schlußfolgerungen, die die Sozialisierung unserer Gesellschaft zur Prämisse haben, leugnet«. Er kann nicht Marxist sein; aber er möchte Freund und Bundesgenosse von Sozialdemokraten sein. Doch er muß (Ende Mai 1901) feststellen: »... unsere Sozialdemokratie weiß sich vor Verlegenheit nicht zu fassen, so oft die Regierung sich entschließt, eine ihrer Forderungen zu erfüllen.«

Als ihm das Malheur mit dem Drucker Moriz Frisch passiert, anerkennt Karl Kraus bereitwillig, daß die ›Arbeiter-Zeitung‹ seine Partei ergriffen hat, obwohl Frisch ihrer Partei nahesteht.

Im Oktober 1903 nimmt die ›Fackel‹ ausführlich zu dem sozialdemokratischen Parteitag in Dresden Stellung, wo das geistige Niveau »ein so erschreckend niedriges« war, »daß besorgte Anhänger der sozialistischen Idee wirklich nur mehr von den künftigen Unbesonnenheiten Wilhelms II. eine Förderung des Partei-

Ansehens erhoffen können«. Heinrich Braun hatte in Dresden die Haltung der ›Fackel‹ gegenüber der österreichischen Sozialdemokratie »niederträchtig« genannt. Der inzwischen verstorbene Liebknecht war wegen seiner Artikel in der ›Fackel‹ scharf kritisiert worden. Und in der Debatte darüber hatte Viktor Adler diese Mitarbeit Liebknechts als »Fehler« bezeichnet.

1906 wird in einer »Antwort des Herausgebers« die Tatsache glossiert, daß die Sozialdemokraten die Homosexuellen verteufeln und sich in diesem Zusammenhang sogar die Termini »Sündenpfuhl« und »Lasterhöhle« zu eigen machen, also durchaus im bürgerlichen Sinn reagieren.

1908 kritisiert Karl Kraus eine positive Äußerung von Dr. Bach, dem Musikreferenten der ›Arbeiter-Zeitung‹, über den Operettenkonfektionär und flachen Skribenten Julius Bauer.

1909 hielt der Abgeordnete Adalbert Graf Sternberg eine sehr mutige und aufschlußreiche Rede gegen die ›Neue Freie Presse‹ und ihre Finanzpraktiken. Die »wahren Patrioten« waren ihm, nach Karl Kraus, dankbar. Doch die ›Arbeiter-Zeitung‹ nannte die Rede »ein schier endloses Geschimpfe«.

Die Sozialdemokratie ist und bleibt in den Kampf der ›Fackel‹ einbezogen, doch wird, wo immer möglich, das Gemeinsame betont oder sein Nichtvorhandensein mit ehrlichem Bedauern festgestellt.

Im Krieg erweist sich die (österreichische) Sozialdemokratie als höchst ehrenwert. Eine echte Bundesgenossenschaft ist immer wieder deutlich, beiderseitige Hochschätzung und vielfache Zusammenarbeit dienen der gemeinsamen Sache.

Nach dem Krieg, vor den ersten Wahlen der Republik, veröffentlicht Karl Kraus auf dem Programm seiner Vorlesung vom 2. Februar 1919 im Großen Konzerthaussaal (ein Teil des Ertrages für den Arbeiterverein »Kinderfreunde«) den Aufruf ›An alle, die die Wahl haben‹, der dann im Aprilheft der ›Fackel‹ gedruckt wird. Er ruft auf zur Entschließung gegen die Christlich-Sozialen und gegen die Kommunisten und für die Sozialdemokraten; mögen den Wähler auch »alle Interessen oder Ideale einer Friedenswelt von der Sozialdemokratie scheiden«, müsse sich »auch der Antipolitiker, für den der Gedanke erst jenseits der Gemeinschaft anfängt«, zu dieser Partei bekennen.

Karl Kraus liest nun sehr häufig vor Arbeitern, er feiert mit ihnen den 1. Mai und den Tag der Republik am 12. November. Er wird von dem sozialdemokratischen Führer Karl Seitz beglückwünscht.

Die österreichische und die deutsche Sozialdemokratie hatten in der kritischen Umsturzphase das bedeutende historische Verdienst, sich radikal von den Kommunisten zu distanzieren, die in Berlin am 9. November 1918 hart an der Schwelle der Herrschaft standen und die auch in Wien am 12. November 1918 den Versuch unternahmen, die rotweißroten Fahnen, die vor dem Parlament gehißt werden sollten, zu zerreißen, um sie in rote Fahnen zu verwandeln. In München und in Budapest herrschten vorübergehend die Rätediktaturen – Wien, dazwischen gelegen, hätte die beiden Inseln des Bolschewismus verbinden können.

Diesem Verdienst der österreichischen Sozialdemokratie reihen sich vorbildliche Leistungen in Wien an, wo unter sozialdemokratischer Herrschaft ein Gegenbild gegen den Zustand des österreichischen Staats zu besichtigen war, wo soziale Steuerpraxis und Wohnbauförderung, ein vorbildlich reformiertes Schulwesen und Gesundheitswesen und vieles andere verwirklicht wurde. Der Kommunalpolitik entsprach aber, vom Schulwesen und den Arbeitersymphoniekonzerten abgesehen, keine gleichrangige Kulturpolitik. Und allmählich zeigten sich auch, wie einst auf dem Grazer Parteitag, Ermüdung, Ratlosigkeit und mangelnde Courage der Führer im Bereich der Innenpolitik, wo eine große Position nicht wahrgenommen und sukzessive vertan wurde.

Karl Kraus hatte erkannt, daß am Aufkommen des Kommunismus in Europa der Krieg (also das Regime Habsburg) die Schuld trug. Und er meinte später, daß am Aufkommen des Nationalsozialismus die deutschen und die österreichischen Sozialdemokraten schuld gewesen seien.

Er macht auch, schon 1922, die Sozialdemokratie für den üblen Stand der Dinge in Österreich verantwortlich und sieht es als ihre »historische Schuld« an, »daß sie durch jenes Paktieren und Koalieren in den Umsturztagen, durch die Rettung der Staatsscheißer und Staatsdiebe vor der Rache einer gewendeten Front sich ihren Undank verdient hat ... daß sie den Gewinn des verlorenen Krieges vertan, seiner Fortsetzung in den heiligsten Krieg gewehrt hat ...«. Dieses Klischee von der verlorenen Revolution ist recht anfechtbar. Es war durchaus geboten, die Christlich-Sozialen anno 1918/19 am Leben zu lassen, wenn man den Kampf gegen sie durch einen Bürgerkrieg und das Erstarken der Kommunisten hätte erkaufen müssen. Die Schuld am Niedergang der Ersten Republik Österreich ist auch den Siegern des Weltkriegs mit anzulasten; innerhalb Österreichs liegt sie auf beiden Seiten, wobei die Gewichte sicherlich ungleich verteilt, aber auch auf der linken Seite nicht wegzuleugnen sind.

Angesichts der kommunistischen Gefahr hatte Karl Kraus sich ja selbst, maßlos erstaunt, an der Seite des Bürgertums gefunden. Es ist also unbillig, wenn er der Sozialdemokratie vorwirft, daß sie in den Umsturztagen die Front nicht gegen das Bürgertum gewendet hat.

Friedrich Austerlitz, der Karl Kraus schätzte, fast verehrte, war immer noch Chefredakteur der ›Arbeiter-Zeitung‹. Sein Kronprinz war Oscar Pollak, ein sehr kluger Kopf und eine große Persönlichkeit, der sich 1945 historische Verdienste erwarb: Nach anfänglicher äußerster Unsicherheit in der politischen Haltung der Partei angesichts der westöstlichen Verbundenheit der Sieger des Zweiten Weltkriegs, angesichts der Tendenz zur Volksfront, angesichts sowjetischer Besatzung in und um Wien kam Oscar Pollak aus der Londoner Emigration nach Wien und übernahm die Leitung der ›Arbeiter-Zeitung‹, die von Stund an ein leuchtendes Beispiel politischer Klarsicht und Tapferkeit bot und die Freiheit Österreichs vor allem gegen den Kommunismus verteidigte. Oscar Pollaks Haltung in der zweiten Nachkriegszeit war das genaue Gegenteil von Müdigkeit, Ratlosigkeit und mangelnder Courage, war äußerste Tapferkeit auch innerhalb der eigenen Partei.

Dieser Oscar Pollak aber schätzte Karl Kraus nicht sonderlich. Dem Parteimann lag das Individuum Karl Kraus nicht. Im Januar 1923 veröffentlichte er in der sozialdemokratischen Monatsschrift ›Der Kampf‹ einen Artikel ›Ein Künstler und Kämpfer‹; neben anderen kritischen Bemerkungen bemängelt er, daß Karl Kraus sich vor einem »Publikum, das er verachten müßte, auch noch verbeugt, und sich den Beifall verbeten, sich ihm aber noch nie entzogen hat«.

Karl Kraus ließ es daraufhin nicht zum Bruch kommen und verlangte nur eine Klarstellung. Diese erfolgte in der folgenden Ausgabe des ›Kampf‹, in dem Dr. Bach replizierte, Pollaks Darstellung als »anfechtbar« bezeichnete und im Namen des Arbeiter-Publikums Karl Kraus rehabilitierte.

Im Frühjahr 1924 gratulierte nicht nur der sozialdemokratische Bürgermeister. Auch Friedrich Austerlitz schrieb zu Karl Kraus' fünfzigstem Geburtstag einen großen Artikel in der ›Arbeiter-Zeitung‹, pries ihn als »revolutionären Geist« und meinte: »... das Einzigartige seiner schriftstellerischen Persönlichkeit, in der sich höchste Begabung mit Treue des Charakters eint, macht ihn geradezu zum Wertmesser der Literaten: ob sie echt und wahr, oberflächlich und verlogen sind, erkennt man daran, wie sie zu Karl Kraus stehen.«

1925 wirkte Karl Kraus bei der Republikfeier nicht mit. Man hatte ihn brüskiert und hatte ihn für die Feier am 12. erst am 7. November eingeladen. Ob dies böse Absicht oder nur Schlamperei war, ist nicht nachzuweisen. Immerhin aber mußte es Karl Kraus in der Ära des Kampfs gegen Békessy schwer verstimmen, daß die ›Stunde‹ einige Zeit vorher behauptet hatte, Karl Kraus wäre den Arbeitern durch die sozialdemokratische »Kunststelle« als Vortragender »aufgezwängt« worden, und daß diese beleidigende Feststellung keine entsprechende sozialdemokratische Antwort ausgelöst hatte. Karl Kraus hielt am 9. Dezember 1925 im Favoritner Arbeiterheim eine »nachträgliche Republikfeier« ab und wurde dabei von Funktionären durch Herablassen des Vorhangs unterbrochen, während er von der »bedenklichen Neutralität« der Linken im Fall Békessy sprach.

Damit war der Konflikt akut und vor allem zum Konflikt zwischen Karl Kraus und der von Dr. Bach geleiteten Kunststelle geworden, die ihren Mitgliedern Schwänke und Operetten bot und – anscheinend auf Grund gewisser Antipathien gegen Karl Kraus innerhalb der Partei – seine Vorlesungen (gelinde gesagt) nicht so wichtig nahm, wie es ihnen gebührt hätte.

Karl Kraus singt nun schon Zusatzstrophen gegen die »Kunststelle« und Dr. Bach:

> ...
> Daß man hinnimmt als Kunst all den kläglichen Plunder
> und daß die Theater nicht zusperr'n – das nenn' ich ein Wunder.
> Aber ich weiß schon, warum: die Revolutionär' rücken aus
> und behüten den Bürgern das verkrachende Haus.
> Es erklärt sich ganz einfach: gehn die Theater auch schwach,
> so geht es doch weiter mit Bach und mit Krach!

Von zahlreichen sozialdemokratischen Unterorganisationen und Gruppen bekommt er Sympathie-Erklärungen und Einladungen, vorzulesen. Er bleibt auch im Konflikt mit der Partei ihrer Sache verbunden. Dies äußert sich schon in seiner Terminologie, die er, unbewußt, von den Sozialisten übernimmt, wenn er von »Ausbeutern« spricht und vom »Bourgeois«, und wenn nicht, wie bis 1914, der »Philister«, sondern der »Bürger« sein Feind ist.

Da er sich nach dem Zwischenfall im Favoritner Arbeiterheim mit der ›Arbeiter-Zeitung‹ auseinandersetzt, da Friedrich Austerlitz und er zum Duell der Argumente einander entgegentreten, ist beiderseits Behutsamkeit, Rücksichnahme, Zuneigung spürbar. Wie mit der Idee weiß sich Karl Kraus auch mit seinem Arbeiterpublikum verbunden. Im Saal war, als die Funktionäre gegen Karl Kraus vorgingen, die Arbeiter-Marseillaise angestimmt worden, und in einer späteren Vorlesung, nach den ›Webern‹, die ›Internationale‹. Wenn aber Austerlitz feststellt, daß »eine große Partei noch andere Sorgen hat, schwere und ernste, als es die sind, die das Interesse eines einzelnen Schriftstellers gefangennehmen«, trifft sie damit nicht nur das Selbstbewußtsein des »einzelnen Schriftstellers«, sondern seinen Kampf gegen alles, was der Republik feindlich ist und der Sozialdemokratie ebenso verhaßt sein müßte wie ihm.

Innerhalb der Partei scheint eine erhebliche Bewegung zugunsten von Karl Kraus wirksam gewesen zu sein, denn die Sympathie-Erklärungen und Aufforderungen zu Vorlesungen werden sehr zahlreich und scheinen demonstrativ. Die Anhängerschaft des Autors und Kämpfers Karl Kraus ist nun (1926) im wesentlichen auf einen Kreis oppositioneller, vorwiegend junger Sozialdemokraten reduziert. Doch innerhalb der Parteiführung bleibt es bei den »anderen Sorgen«, und man will lieber einen Unbequemen, der nicht der Partei angehört, vor den Kopf stoßen als einige gegen ihn eingestellte Genossen. Dr. Bach ist gereizt und beleidigt und durch die Kritik der ›Fackel‹ in seiner Vermittlung bürgerlicher Darbietungen an die proletarischen Mitglieder der »Kunststelle« gestört.

Neben ihm und Oscar Pollak ist auch Josef Luitpold Stern bei der Opposition gegen Karl Kraus. Er hatte der ›Fackel‹ im Herbst 1917 zwei Novellen eingesandt, Karl Kraus hatte ihm geantwortet, daß die ›Fackel‹ seit Jahren »keinen fremden Beitrag« veröffentliche, Stern wies beleidigt darauf hin, daß die ›Fackel‹ ja »fremde Beiträge« von »Goethe, Claudius, Shakespeare, Stifter u. a.« veröffentlicht habe. Diese seine Frechheit gegen Karl Kraus hat Josef Luitpold Stern dem Karl Kraus nie verziehen, und er war als Partei-Hausdichter ein maßgebender Faktor innerhalb der schmalen kulturellen Sphäre der SPÖ.

Békessy ist vertrieben. Die ›Arbeiter-Zeitung‹ hat dazu nur nachträglich gratuliert. Pollak und Stern erklären weiterhin – im Gegensatz zu Friedrich Austerlitz –, daß Karl Kraus kein Revolutionär sei, und Karl Kraus druckt im Dezember 1926 sein

Gedicht ›Weg damit!‹, das kein gutes Gedicht ist, das ihm jedoch so sehr am Herzen liegt, daß er es 1934 in den Tonfilm als viertes Stück neben drei Antikriegstexte aufnimmt:

Die ihr errungenes Gut geschändet habt,
bezwungenes Böses nicht beendet habt,
der Freiheit Glück in Fluch gewendet habt;
Hinaufgelangte, die den Wanst gefüllt,
von fremdem Hunger eigne Gier gestillt,
vom Futtertrog zu weichen nicht gewillt;
Pfründner des Fortschritts, die das Herz verstieß,
da Weltwind in die schlaffen Segel blies,
vom Bürgergift berauschte Parvenüs,
die mit dem Todfeind, mit dem Lebensfeind
Profit der Freiheit brüderlich vereint,
die freier einst und reiner war gemeint –
mein Schritt ist nicht dies schleichende Zickzack,
mein Stich ist nicht dies zögernde Tricktrack:
er gilt politischem Paktiererpack!

Im Frühjahr 1927 fand eine Nationalratswahl statt; Karl Kraus schreibt: »Meiner Wahlpflicht gegen die bürgerlich-sozialdemokratische Einheitsfront habe ich durch Enthaltung genügt« und: »Ich kenne keine Parteien mehr, ich kenne nur Bürger ...« Und er hofft, »in die späteren Lesebücher den Ruhm einer Stadt« zu bringen, »die ein Bollwerk des Ostens war gegen die drohende Gefahr der Kultur«.

Es kann in dieser bittersten Kampfansage seines Lebens kein Zurück zu einem Friedensschluß geben, nur einen Waffenstillstand: nach dem blutigen Juli-Massaker von 1927 stellt Karl Kraus die Differenzen zurück, macht die Sache der Sozialdemokraten zu seiner eigenen, kämpft mit ihnen und für sie; doch er merkt, daß sie ihm nur im Kampf gegen die konkreten Übeltaten des Juli folgen und nicht in seinen Angriffen gegen die Hilfsdienste, die der gemeinsame Feind Schober dem Békessy geleistet hat. Er hält 1928 zum Gedenken an seinen zehn Jahre vorher entstandenen Aufruf ›An alle, die die Wahl haben‹ eine Ansprache, in welcher er seine Hörer ganz direkt apostrophiert (... der Aufruf, »durch den ich viele von Ihnen der Partei zugeführt habe ...«), und betrachtet, wie schon so oft, seinen eigenen Fall als das ihm nächstliegende Beispiel für einen üblen Zustand. Er wird nun von der ›Arbeiter-Zeitung‹ totgeschwiegen wie von den »bürgerlichen« Blättern Wiens, er berichtet davon, daß die Parteiorganisation sich geweigert hat, sein Schober-Lied, von dessen Wirkung er sich so viel versprochen hatte, unter die Arbeiter zu bringen, und daß er genötigt war, die Leser der ›Arbeiter-Zeitung‹ auf die Publikation dieses Liedes und der ›Unüberwindlichen‹ durch ein Inserat aufmerksam zu machen. Ein der Partei nahestehendes Theater hatte ›Die letzten Tage der Menschheit‹ angekündigt, Karl Kraus war prinzipiell einverstanden gewesen, aber die Aufführung war nicht zustande gekommen. Vor allem aber: Der Schriftsteller Franz Leschnitzer hatte zum sechzigsten Geburtstag Stefan Georges einen Artikel in der ›Arbeiter-Zeitung‹ veröffentlicht. Darin war ein Hinweis auf Karl Kraus enthalten: »... edelstes Beispiel: der Kampf, den Karl Kraus, der treueste Diener am Wort, gegen so ephemere Figuren wie Schober und Bekessy führt«, und der Feuilleton-Redakteur Otto König hatte diesen Passus gestrichen. All dies und ähnliches trägt bei zu seinem Entschluß, Wien zu verlassen. In der fünfhundertsten Vorlesung (29. April 1929), zu seinem fünfundfünfzigsten Geburtstag, nach drei Jahrzehnten der ›Fackel‹ spricht er seinen großen Rückblick ›Nach dreißig Jahren‹, der als letztes Stück im letzten Band der ›Worte in Versen‹ steht und der wie folgt endet:

.... und nichts beugt tiefer,
als sich erinnern, daß die Zeit vergaß
ein Zwischenspiel, worin Millionen starben.

Doch hab' ich Atem noch, es ihr zu sagen,
und steh dem Haß, der diesen Mut vergilt,
als einer, dem die Kraft wächst mit der Last.
Noch hält der Glaube, daß ein Beispiel frommt,
dem Rest von Menschheit, der den Glauben rettet
aus dieser Schmach. Nur mein Vollbringen sei
das Vorbild, nicht mein Werk; daß ich's gewagt,
und daß ich Heerschau halte über Heere
von solchen, die einander Todfeind sind,
doch gegen mich verbündet, alle, alle;
und nichts als Zweikampf: Würger gegen Würger!
Ein Menschenalter lang und nicht entschieden.
Noch fernere Jahre stör ich diesen Frieden.
Hier Kämpfer, Künstler, Narr, und dort die Bürger!

Und nun findet er neben der fortgesetzten und intensivierten Polemik, neben seiner Abrechnung mit den sozialdemokratischen Führern und Redakteuren zum Wesentlichen. Was er dreißig Jahre früher anläßlich der Donau-Dampfschiffahrts-Gesellschaft festgestellt und was ihn damals erstmalig in Konflikt mit der ›Arbeiter-Zeitung‹ gebracht hatte, greift er nun wieder in konzentrierter Zusammenschau auf: das große Problem der Verbindung des Textteils und des Inseratenteils der Zeitung. Die Firma Julius Krupnik, die Waren zu Schleuderpreisen verkauft und ihre Untergebenen in sozial unhaltbaren Bedingungen arbeiten läßt, inseriert in der ›Arbeiter-Zeitung‹, um »Proletariern den auf Kosten der proletarischen Erzeuger verbilligten Luxuspofel aufzudrängen«.

Hier ist er am Ursprung und am Ziel seiner Kritik an der Presse, hier geht es um eine bis heute offene Wunde der öffentlichen Meinung, hier gibt Karl Kraus uns klassische Lesestücke der Kulturkritik und findet – im dreiunddreißigsten Kriegsjahr, Mitte April 1932 – die Kraft zu einer zusammenfassenden Darstellung mit allen Aspekten in einem dreifachen Heft der ›Fackel‹, dessen einziges Thema ist ›Die Kultur im Dienst des Kaufmanns‹, vom kleinen Fall ausgehend, im Faksimile den Zusammenstoß von Text und Inserat belegend und in einer gleichfalls faksimilierten beigehefteten ganzen Seite aus dem Reiseblatt der ›Frankfurter Zeitung‹ kulminierend, in der Bernhard Diebold Literatur produziert, um dem Inseratengeschäft zu dienen.

Oppositionelle Sozialdemokraten haben eine »Vereinigung Karl Kraus« gegründet, die einige Aktivität entfaltet, die aber die Lage der Dinge doch nicht verändern kann.

Die sozialdemokratische Presse und die sozialdemokratischen Führer sind in den Glossen und Zitaten der ›Fackel‹ nun gleichrangig neben den anderen Gestalten des österreichischen Hexensabbats festgehalten, die Hymnen der ›Arbeiter-Zeitung‹ auf Franz Lehár (». . . er hat eine Sympathie für das Volk, das arbeitende, werktätige Volk, dem er durch seine Kunst Erholung, Entspannung, Unterhaltung bieten will«) wie die Verbeugung eines prominenten Sozialdemokraten vor Schober (1930).

1931 stirbt Friedrich Austerlitz; und Karl Kraus schreibt einen Nachruf voll Mitgefühl für das Opfer einer Parteilinie, der Austerlitz sich widerstrebend gefügt hatte.

1931 aber beginnt auch die Polemik gegen die SP in einem anderen, dem allerwichtigsten Zusammenhang: gegen die »nationale Haltung« der Partei.

Die französischen Politiker hatten zur Lösung der unhaltbaren zentraleuropäischen Situation und als Gegengewicht zu dem bedrohlich erstarkenden deutschen Nationalismus das Konzept einer Annäherung Österreichs und Ungarns an die »Kleine Entente« (Tschechoslowakei, Jugoslawien, Rumänien), einen wirtschaftlichen Zusammenschluß der Nachfolgestaaten Österreich-Ungarns entwickelt. Die Sozialdemokratie aber tendierte zum »Anschluß« an Deutschland und leistete (›Fackel‹, Ende Juli 1931) »den großdeutschen Interessen nun geradezu als Hinternationale Gefolgschaft«.

(Dieses »großdeutsche« Konzept der österreichischen Sozialdemokraten blieb über 1933 und über 1938 hinaus aufrecht und wurde erst 1945 revidiert.)

Im Vermächtnis der letzten beiden ›Fackeln‹ von Ende 1932 steht der große politische Aufsatz ›Hüben und drüben‹.

Karl Kraus ist Politiker, anders als zur Zeit des Sündenfalls von 1914. Er sieht die tödliche Gefahr und den lebensgefährlichen Irrweg und tut einen entscheidenden Schritt. Er hebt alles, was bisher gewesen ist, auf und rechtfertigt es zugleich: er wendet sich vom Absoluten zum Relativen. Er sagt sein letztes großes Ja, das ihn seiner letzten Gefolgschaft beraubt und das doch von äußerster Sinnhaftigkeit ist.

Die sozialdemokratische Regierung Preußens ist durch die Reichsregierung entmachtet und hat sich ohne Gegenwehr absetzen lassen. Die Clique um Hindenburg ist in Deutschland an ihrem unseligen Werk. In dieser Situation – »... die Welt voll Hakenkreuzler ... an deren Erschaffung ja der Sozialdemokratie ... das Hauptverdienst gebührt ...« – sieht Karl Kraus die österreichische Sozialdemokratie »im Rückschritt vorangehen«, sich betont »deutschösterreichisch« nennen, von »Schicksalsgemeinschaft« der Arbeiterklasse »hüben und drüben« sprechen und sich für das »sozialistische Großdeutschland der Zukunft« stark machen und in gut nationalem Sinn gegen die Abhängigkeit von Frankreich auftreten.

Er sieht die Führer des Proletariats einer Ideologie und Phraseologie anhängen, »deren Verlust wir als einzige Entschädigung in all dem Unheil zu erlangen hofften, das eben dieser Geistestypus über uns verhängt hat!« Er sieht die naheliegende Versuchung, die Kritik an den Fehlern der deutschen Sozialdemokratie zu unterdrücken oder »relativ« zu halten, so relativ, »wie sie sich selbst zeitlebens hielten, die um des Verrats an der eigenen Sache vom Feind gefällt wurden. Doch in seinem Angesicht noch darf es nicht ungesagt bleiben, daß gemeinsame Feindschaft nicht gemeinsame Sache bedeutet«. Er würdigt die Haltung der österreichischen Sozialdemokraten im Ersten Weltkrieg, während ihre deutschen Genossen »Bebel« auf »Säbel« reimten; doch diese Haltung ist nun »hundertmal wettgemacht« durch die »zur Not und durch Not erhaltene Organisation einer Alterserscheinung«.

»Der Heimat treuer Hasser« ist nicht mehr Hasser und nur noch der Heimat treu, wenn es um die Existenz geht. Sein Satz, daß er »nur Österreicher kennt«, schlägt ins Positive um. Seine Landsleute sind, verglichen mit Deutschland, »wo man im Stechschritt durchs Leben geht und lieber tot ist als nicht Sklave«, »ein gutartiges Volk«, »welches das Übermaß der Buße trägt für die Ergebung« in den Weltkrieg. Die Sozialdemokraten »hüben« aber sind für ihn zwar nicht Nationalsozialisten, doch »Sozialnationalisten«: »Marx nimmt Turnunterricht bei Vater Jahn.«

Die Christlich-Sozialen jedoch, »– und mögen sie hinter der Abneigung gegen ein Hitlerdeutschland ihr eigenes Österreich verteidigen, ihre eigene politische Ambition verfolgen – haben natürlich ganz recht, jetzt gegen solchen Anschluß rühriger zu werden und aus ihrem Herzen nicht jene Mördergrube zu machen, in die wir« (durch Schobers Projekt der Zollunion mit Deutschland) »fast hineingefallen wären, wenn eben Frankreich dem außenpolitischen Drang unserer Sudetensozialisten ... nicht Kandare angelegt hätte«. Was immer die Christlich-Sozialen jetzt äußern, äußern sie mit Recht, »da eben jetzt die ostpreußischen Barone gefährlicher sind als die französischen Kapitalisten«. Diese Partei hat recht, »daß sie sich klerikal, wie sie ist, jetzt vor dem Anschluß zu bekreuzigen wagt«.

Karl Kraus verläßt den Schreibtisch und tritt in die Arena und optiert für Österreich. Er hat damit seine sozialistischen Freunde abgestoßen und die christlich-sozialen Gegner nicht gewonnen. Die Arena ist leer.

Wem habe ich denn je Unrecht getan?

Am 30. Januar 1933 wird Adolf Hitler Reichskanzler. Er »ergreift« damit noch nicht die Macht. Zu dieser läßt er sich durch eine Abstimmung im deutschen Reichstag ermächtigen, in welcher die deutsche Demokratie ihren Untergang auf Grund der parlamentarischen Geschäftsordnung gutheißt.

In Österreich ist durch einen historischen Zufall etwa gleichzeitig mit dem Berliner Reichstagsbrand das Parlament gleichfalls unter Mitwirkung des Parlaments entmachtet worden. Wegen einer formalen Äußerlichkeit legten alle drei Präsidenten des Nationalrates ihre Funktionen zurück, so daß die betreffende Sitzung nicht formell geschlossen wurde, also keine neue einberufen werden konnte.

Engelbert Dollfuß, seit Mai 1932 österreichischer Bundeskanzler, will ohne Parlament regieren. Er ist gewiß, ebenso wie sein Nachfolger Kurt Schuschnigg, ehrlich für Österreich und gegen den Nationalsozialismus, wenn er sich dabei auch ebenso gewiß fragwürdiger Mittel und Methoden bedient.

Das Ende kann nur verzögert, nicht aufgehalten werden. Schon 1918 waren in Österreich die »letzten Züge ... mit reichlicher Verspätung eingetroffen« (›Fackel‹, April 1919). Die Situation legt, wie vor 1914, auch jetzt wieder die prophetische Vorwegnahme des Untergangs nahe (... der weitere letale Verlauf der Angelegenheit ... – der »Weltuntergang, dem wir heillos überantwortet sind«, 1930) und 1931 bezeichnet Karl Kraus die »Richtung« der ›Fackel‹ als »apokalyptisch« und meint von dem oft mißbrauchten Wort »letzten Endes«, daß es »nun bald keine Phrase sein wird«.

Der Untergang Deutschlands raubt Karl Kraus das Wort, wie der Kriegsausbruch von 1914: »es verschlägt ihm die Rede«. Man weiß nichts, hört nichts, liest nichts von ihm. Erst im Oktober 1933 erscheint eine ›Fackel‹, eine allerletzte ›Fackel‹ nach den Vermächtnissen vom Herbst und Winter 1932, eine schmale, kaum recht vorhandene ›Fackel‹ von vier Seiten Umfang, enthaltend die Grabrede für Adolf Loos vom 25. August 1933:

»... Für diese Tat hast Du, wie jeder, der die Kommenden beschenkt, vielen Undank allzu Gegenwärtiger geerntet, den Widerstand des dumpfen Gefühls, daß ein Überlebensgroßer, einer, der sie überleben wird, ein Störer der Unordnung in die Zeit getreten sei. Für diese Tat und für dieses Erleiden, für den Glauben an eine Welt, die nicht glaubt und für die er sich doch in den Himmel der Erfüllung glaubt, wird sie um Dich, Adolf Loos, wissen und Dein Andenken als ihren lebendigen Besitz, als Bestandteil ihres Seins, als ein Haus, von Deiner sichern und gütigen Hand errichtet, wohnlich finden.«

Karl Kraus glaubt also an eine Welt von übermorgen, aber seiner Welt sagt er ab in dem unsagbar schönen, unsäglich traurigen Gedicht ohne Überschrift:

Man frage nicht, was all die Zeit ich machte.
Ich bleibe stumm;
und sage nicht, warum.
Und Stille gibt es, da die Erde krachte.
Kein Wort, das traf;
man spricht nur aus dem Schlaf.
Und träumt von einer Sonne, welche lachte.
Es geht vorbei;
nachher war's einerlei.
Das Wort entschlief, als jene Welt erwachte.
Alles ist zu Ende.
Alles ist gesagt.

Karl Kraus kann nun:

- weiter schweigen,
- erklären, warum er schweigt,
- nachdem er zu sich gekommen ist, zu dem, was geschehen ist, Stellung nehmen,
- die ›Fackel‹ weiterführen, mit Glossen und Polemiken über alle scheinbar »kleinen Themen«, die weiter aktuell sind,
- sich auf die Sprache, auf Shakespeare, auf den Dienst am Kunstwerk zurückziehen,
- seine oft angekündigten Memoiren schreiben.

Angesichts dieser Vielfalt sich anbietender Varianten wählt er alle. Und das macht seine letzten Jahre so schwer verständlich.

Zunächst feiert er den sechzigsten Geburtstag. Eine Veranstaltung am 29. April 1934, vormittags, im Schwedenkino (Karl Kraus hat ihr nicht beigewohnt) bringt nach Mozart-Musik, gespielt von Eduard Steuermann, und Offenbach-Musik, gespielt von Franz Mittler, Ansprachen von Heinrich Fischer und Prof. Karl Jaray und dann die erste Vorführung des von Prof. Karl Jaray hergestellten Tonfilms ›Karl Kraus liest aus eigenen Schriften‹. Eine Broschüre von Heinrich Fischer, ›Karl Kraus und die Jugend‹, erscheint, eine Festschrift erscheint (allerdings erst im August), »herausgegeben von einem Kreis dankbarer Freunde« in einer Auflage von 625 Exemplaren mit Grüßen, Briefen und

Beiträgen von Knut Hamsun, Else Lasker-Schüler, Henri Barbusse, Albert Bloch, Jacques Brindejont-Offenbach, Karel Čapek, Karl Borromäus Heinrich, Mechtilde Lichnowsky, Berthold Viertel, Alban Berg, Oskar Jellinek und einem Gedicht von Brecht sowie vielen Bildern von Karl Kraus.

Das Gedicht von Brecht ist sehr schön. Es knüpft an die Verse in Nr. 888 der ›Fackel‹ an und beginnt:

Als das dritte Reich gegründet war
kam von dem Beredten nur eine kleine Botschaft.
In einem zehnzeiligen Gedicht
erhob sich seine Stimme, einzig um zu klagen
daß sie nicht ausreiche.

Und endet:

Als der Beredte sich entschuldigte
daß seine Stimme versage
trat das Schweigen vor den Richtertisch
nahm das Tuch vom Antlitz und
gab sich zu erkennen als Zeuge.

Später ist Brecht von Karl Kraus in weniger schönen Versen abgerückt.

Daß Karl Kraus im Sommer 1933 einen großen Text schrieb, der schon gesetzt war, daß er sich dann aber nicht zur Veröffentlichung entschließen konnte, wußte man damals nicht. Man vernahm von Karl Kraus erst wieder im Juli 1934, als wieder ein schmales ›Fackel‹-Heft, Nr. 889, erschien, das ›Nachrufe auf Karl Kraus‹ enthielt und ankündigte: »Das nächste Heft (Nr. 890 bis 905) erscheint in einigen Tagen.«

Mit kaum verständlicher Eile wollte Karl Kraus einige polemische Artikel der Emigrantenpresse der Öffentlichkeit mitteilen, ehe er auf sie reagierte. In der ›Fackel‹ Nr. 889 ist auch der berühmt gewordene Rechtsfall verewigt, durch den Karl Kraus angesichts einer Weltkatastrophe um ein Komma prozessierte. Die Prager Zeitschrift ›Der Gegenangriff‹ hatte sein Gedicht ›Man frage nicht . . .‹ abgedruckt und zwischen »Kein Wort« und »das traf« das Komma weggelassen. In dem Kampf um dieses sein Komma ging Karl Kraus bis in die zweite Instanz.

Und dann erschien Ende Juli 1934 die umfangreichste aller ›Fackeln‹.

Karl Kraus unternahm es, sein Schweigen zu artikulieren. Er begründete auf dreihundertfünfzehn Seiten ›Warum die Fackel nicht erscheint‹.

Ich möchte diese zweitnächste nach der allerletzten ›Fackel‹ so gern im Gesamtbild von Karl Kraus vermissen, denn sie wäre entbehrlich und ist nur im Rahmen der Krankengeschichte des Karl Kraus, nicht unseres Jahrhunderts, relevant. Es läßt sich sehr vieles aus ihr ablesen, aber es ließ sich, als sie erschien, wenig aus ihr lesen, was nicht schon vorangegangene ›Fackeln‹ und ein Gedicht von zehn Zeilen gesagt hatten: ›Man frage nicht ...‹

Karl Kraus sprach für Dollfuß (wie schon 1932), denn Dollfuß war gegen den Nationalsozialismus. Karl Kraus hatte (wie schon 1932) nichts für die Sozialdemokraten übrig, auch wenn Sozialdemokraten im Februar 1934 und seinen blutigen Straßenkämpfen zu Märtyrern im Kampf gegen Dollfuß geworden waren, der gegen die Nationalsozialisten war.

Und dies alles sagte er, indem er sagte, warum er nichts sagte, auf über dreihundert Seiten, nur weil einige linke Emigranten sein »Wort« reklamiert und sein Schweigen kritisiert hatten. Er konnte es wieder einmal nicht lassen, sich mit seinen Kritikern auseinanderzusetzen. Und da er 1933 seinen großen Text von der ›Dritten Walpurgisnacht‹ geschrieben und als Heft 888–907 vorbereitet, dann aber zurückgehalten hatte, und da schon dieser Text im Umfang eines starken Buches die Aussage begründete »Mir fällt zu Hitler nichts ein«, spielte er in seinem nicht zurückgehaltenen späteren Text nunmehr auf den zurückgehaltenen früheren Text an und zitierte daraus, erklärte also in einer ›Fackel‹, die erschienen war, um zu erklären, warum die ›Fackel‹ nicht erschien, Stücke aus einer ›Fackel‹, die nicht erschienen war, um zu erklären, warum diese nicht erschienen war.

Diese große ›Fackel‹ ist in übermäßiger Manier unzugänglich und unübersichtlich, und dies anders als alle bisherigen Texte, welche man oft mit Gewinn mehrmals lesen muß, um ihnen ganz gerecht zu werden. Diesen aber schlägt die Fülle des Vorausgesetzten und die Unverhältnismäßigkeit zwischen Antworten auf Reklamationen und dem Ausmaß der Sache, um die es geht. Daß man gegen Hitler nicht polemisieren soll und warum Karl Kraus sich dazu außerstande fühlte, war ja schon in zehn Zeilen unvergänglich formuliert worden. Die neuformulierte Antwort enthält im polemischen Nebenbei die großen Hauptsachen, die schon in ›Hüben und drüben‹ vor Hitlers Ernennung zum Reichskanzler prophetisch und erschöpfend dargelegt worden waren.

Karl Kraus ist für Österreich; mit dem politischen Lager »rechts« verbindet ihn kein »anderer Gedanke als der der erkannten österreichischen Notwendigkeit«. Er vermutet in Dollfuß, »im Gehirn des einen kleinen Retters aus großer Gefahr mehr Grütze ... als vierzig Jahre österreichischer Regierung und insbesondere österreichischer Opposition aufzuweisen hatten«. Er findet, daß die österreichische Regierung »das Leben des Arbeiters behütet, auch wenn sie im Notstand mit betörenden Emblemen ohne Unterschied aufräumt«, also Hakenkreuze wie rote Fahnen kassiert.

Es war schwierig, diesen Gedanken zu folgen, die da im Nebenbei einer verwickelten Auseinandersetzung auftauchten. Das Dollfuß-Regime hatte faschistische Züge und innen wie außen fragwürdige Verbündete; es ließ die äußeren Formen der Monarchie, die man ja gerade durch Karl Kraus abzulehnen gelernt hatte, wieder aufleben. Es hatte mit Artillerie in Arbeiterwohnungen schießen lassen. Und wenn schon Hitler gegenüber das Schweigen geboten und angesichts Deutschlands der Künstler Karl Kraus unzuständig war, wäre sein Ja zu Dollfuß in anderer, klarerer Form nötig und hilfreich gewesen, nicht als fortgesetzte Polemik gegen die sozialdemokratischen Führer, sondern als Bekenntnis zu Österreich um jeden Preis. Auch unter Dollfuß war ja das Österreichische wie stets vorher zum Klischee von Sonntagsrednern und Lesebuchphrasen, zum Ragout aus Wildgans und Kernstock entartet. Ein klar ersichtliches und begründetes Ja aus der Gegend von Karl Kraus hätte vielleicht Wunder gewirkt. So aber blieb es für viele Ratlose rätselhaft und kann erst heute erkannt, entschlüsselt, aus dem Wust eines polemischen Labyrinths gelöst werden. Das verschlüsselte Ja nimmt vorweg, was Karl Kraus nicht mehr erlebte: die Welle des Patriotismus in äußerster Gefahr, die vom Februar bis zum März 1938 Österreich fast gerettet hatte, als Kurt Schuschnigg so spät das äußerste an Rettung unternehmen wollte.

Vorher und bis an sein Ende schien Karl Kraus seiner Zeit unbegreiflich, nicht weil ihm »zu Hitler nichts eingefallen« war, sondern weil ihm zu Dollfuß und Schuschnigg nicht das Rechte eingefallen war, um eine (wie rückblickend anzuerkennen ist) richtige Einstellung plausibel zu formulieren und zu begründen, weil er berechtigt gegen sozialistische und kommunistische Literaten polemisierte, statt, tausendfach berechtigter, für den Burgfrieden aller Österreicher angesichts der gemeinsamen Lebensgefahr einzutreten.

Die große ›Fackel‹ von Ende Juli 1934 ist in zwei Teile und einen Epilog gegliedert. Der erste Teil ist der fingierte Brief des Verlags »Die Fackel« an einen imaginären Leser, der das Erscheinen der ›Fackel‹ reklamiert, datiert »Anfang Januar bis 12. Februar 1934«.

An diesem 12. Februar hatte sich ein tragischer Akt der österreichischen Tragödie abgespielt, der mit dem Verbot der Sozialdemokratischen Partei, der Auflösung der Gewerkschaften, der Flucht sozialdemokratischer Führer ins Ausland und standgerichtlichen Hinrichtungen endete. Die »Linke« teilte sich in zwei illegale Gruppen, die »revolutionären Sozialisten« und die Kommunisten (die bis dahin in Österreich kaum recht vorhanden gewesen waren). Dazu kam die alte SPÖ im Brünner Exil, wo auch die ›Arbeiter-Zeitung‹ erschien.

Im zweiten Teil seiner großen ›Fackel‹ von Ende Juli 1934, datiert »April bis Anfang Juli 1934«, schreibt Karl Kraus einen Brief an seinen Verlag. Er geht auf die Februar-Ereignisse ein, bei denen, wie er sagt, von keinem anderen »Aufstand« die Rede sein konnte als »von dem einer bejammernswerten Kampftruppe, die Heilloses getan, Heilloseres erlitten hat, von Leitartiklern mit falschem Pathos berauscht, ins Verderben gerissen und nicht mehr aufzuhalten, als jene es nicht gewollt haben«; er setzt die Auslösung der Februar-Kämpfe durch die Generalstreik-Parole in Parallele mit dem Ausbruch des Ersten Weltkriegs: »Berchtold, 1914, konnte gemäß seiner intellektuellen Möglichkeiten noch wähnen, daß er über Serbien siegen würde, ohne daß Europa einen Finger rührt. Aber der 1934 vermißte Offensivgeist hätte die Blutschuld vielleicht ins Weltkriegsmaß gesteigert.« All dies sagt er in polemischer Analyse sozialdemokratischer Kommentare, mit denen er sich ausführlich befaßt, ebenso ausführlich wie mit der Analyse von Äußerungen zu seinem sechzigsten Geburtstag und der Geschichte eines vom Brünner Radio abgesetzten Vortrags zu diesem Geburtstag. Er geht vom Beispiel seines Echos aus und ist wieder das Echo dieses Echos, er spricht von sich und setzt sich absolut wie eh und je, statt auf der Basis dieser seiner Geltung, gerade weil man sein Wort reklamiert, »allen, die die Wahl haben«, obwohl nicht mehr demokratisch gewählt wird, mit seiner Stimme ein Beispiel zu geben. Er weiß: ». . . gegen die Auferstehung Wotans sei der Parlamentarismus nun unwirksam, gegen das Mysterium von Blut und Boden versage die Demokratie, und die Gnadenwahl von Gangsters sei durch das allgemeine

Stimmrecht nicht zu verhindern«, und er sagt es nur im Konjunktiv.

Als die erste Hälfte des Heftes in Druck gehen sollte, brachen die Februar-Kämpfe aus. Als die zweite Hälfte schon abgeschlossen war, ereignete sich der nächste Akt der Tragödie: am 25. Juli 1934 versuchten die Nationalsozialisten einen Putsch, der – nach Kämpfen in ganz Österreich – zwar scheiterte, doch dem Kanzler Dollfuß den Tod brachte. Das Postskriptum, das der ›Fackel‹ im letzten Augenblick angefügt wurde, ›Ad Spectatores‹, datiert »Mitte Juli«, bezieht sich aber nicht auf dieses Ereignis, sondern auf die kurz vorher in Deutschland ausgebrochene »Säuberung«, der Röhm und andere zum Opfer gefallen waren. Auch in diesem Epilog wie in dem ganzen Heft zitiert Karl Kraus wieder Stellen aus der 1933 geschriebenen ›Fackel‹, es ist mehr ein Monolog »ad me ipsum« als eine Anrede »ad spectatores«; er scheint nur mehr in Dialog mit sich selbst (oder mit der Nachwelt) zu sein, ohne Rücksicht auf die Leser.

Im Ersten Weltkrieg konnte Karl Kraus welche Erscheinung oder Äußerung immer ins Licht stellen, es war zur Sache gesprochen. Das Bekenntnis, daß man dies nun nicht konnte und sollte, war wichtig, aber bei Karl Kraus allzu intensiv an den Anlaß gebunden, den die Emigrantenpresse beigestellt hatte. Er konnte über sich sprechen und damit zugleich Békessy vernichten, er konnte sogar (wenn auch erfolglos und taktisch unklug) gegen Schober und gegen Kerr polemisieren, indem er über sich sprach; aber es war unmöglich, für Dollfuß, also für Österreich zu sein, indem er unter Einbeziehung der Öffentlichkeit zu den Prager und Amsterdamer und Brünner und Pariser Emigranten über sich sprach.

Er war tief berührt und verwirrt von dem, was da geschah, er war gestört und vermutlich weitgehend zerstört. Denn es traf ihn nicht nur als welthistorisches Elementarereignis, wie jeden Fühlenden, sondern ihn ganz besonders, in seiner Substanz.

Die Ereignisse der Jahre 1933 und 1934 in Deutschland und Österreich widerlegten Karl Kraus. Sie hatten seinen Fanatismus des Absoluten außer Kraft gesetzt und das Relative nahegelegt. Sie hatten die Form der Satire außer Gefecht gesetzt. Sie hatten ihn von der Negation des Politischen mitten in die Poltik geführt. Sie hatten ihn, der anno Harden und anno Weltkrieg und nachher erst recht den Patriotismus für verdächtig hielt (»... ich sage, daß die patriotische Gebärde mir in jedem Fall die literarische Persönlichkeit verdächtig macht«, 1908), zum Patriotismus geführt.

Er hatte alles Übel dieser Zeit der Presse zugeschrieben, den Weltkrieg eingeschlossen; doch dieses allerübelste Übel kam gewiß nicht von der Presse.

Er hatte den Krieg und das Militärische in jeder Form abgelehnt und wußte nun, daß die Welt nur durch einen Krieg zu retten war.

Vor allem aber – und daran ist er, glaube ich, gestorben: er hatte das »Jüdische« ein Leben lang angegriffen, hatte gelegentlich den Terminus »arisch« ganz ernsthaft verwendet, und mußte nun einen Antisemitismus völlig anderer Art, der aber doch auch Antisemitismus war, am blutigen Werk sehen. Er war den »Juden« feindlich gewesen, weil sie die Sprache entstellten und weil er die Anlässe für antisemitische Reaktionen eliminieren wollte.

Nun aber begann der Antisemitismus die »Juden« zu eliminieren. Nun nannte ein Kommentator unter den »geistigen Ahnen« Hitlers auch Karl Kraus, »dessen kühnste Wunschträume von Hitler erfüllt worden sind. Es gibt in Deutschland keine Journaille mehr, ausgetilgt sind alle Feinde der Fackel von Reinhardt bis Kerr! ...«.

Die Herstellung dieser Verbindung ist so aberwitzig, daß man es sich fast versagen möchte, auch nur zu widersprechen. Als Maximilian Harden, den Karl Kraus »erledigt« und dem er einen »Nachruf« geschrieben hatte, Opfer eines Überfalls geworden war, schrieb Karl Kraus voll Abscheu gegen die Aktion und mit Anteil über ihr Opfer, ähnlich auch nach dem Attentat auf Ignaz Seipel, den er gleichfalls mit Leidenschaft bekämpft hatte. Er hatte jede Gewalt stets abgelehnt.

Aber es konnte nicht ausbleiben, daß Argumente, die Karl Kraus geäußert hatte, nun von Mördern als Vorwand ihrer Verbrechen gegen die Menschheit herangezogen wurden. Ob, wie Karl Kraus schon am Ende des vorigen Jahrhunderts gemeint hatte, der Zionismus dem militanten Antisemitismus Auftrieb gegeben hatte, war nun nicht mehr erheblich, und Karl Kraus neigte nun dazu, die Sozialdemokratie für die Katastrophe verantwortlich zu machen. Doch die einst »fluchwürdige« Solidarität der Juden war nun durch den Verlauf der Weltgeschichte allen, ohne Ansehen der Person, oktroyiert und bezog Karl Kraus mit ein.

Er sah das ganze Gebäude seiner Meinungen und Haltungen

zusammenbrechen. Er mußte nun schweigen, sich in das »sichere Haus der Sprache« zurückziehen, »im sicheren Satzbau wohnen« und zu Shakespeare, Nestroy und Offenbach heimfinden. Die ›Fackel‹ konnte tatsächlich nicht mehr erscheinen, und das Heft, worin diese Erkenntnis formuliert war, mußte das letzte sein.

Ende April 1934 ist der erste Band einer auf vier Bände veranschlagten Ausgabe erschienen: Shakespeares Dramen, für Hörer und Leser bearbeitet, teilweise sprachlich erneuert.

Doch auf dem Umschlag der ›Fackel‹ steht immer noch »Erscheint vierteljährlich mindestens einmal«. Und im April 1935 erscheint wieder ein Heft, ›Lear im Burgtheater‹, im Mai 1935 ein Heft mit der Vorrede zum zweiten Band der Shakespeare-Ausgabe, Ende Mai ein Heft ›Glossen und Notizen‹, Ende August ein Heft ganz im alten Stil, im November 1935 ein schmales Heft, im Februar 1936 ein Heft, Nr. 917–922, im alten Stil.

Die Vorlesungen sind nicht mehr »öffentlich«, sondern nur auf Grund von Einladungen zu besuchen. Bei der vierhundertsten Wiener Vorlesung, am 26. April 1935 im Kleinen Musikvereinssaal, war ›König Lear‹ in Opposition gegen das Burgtheater »zur Wiederherstellung« vorgetragen worden. Karl Kraus hatte seine Äußerungen zum Tag und zum Gegenstand in Programm-Notizen und Vorbemerkungen zum »Theater der Dichtung« formuliert, nun zwangen ihn Pedanterie und Tradition, sie nebst dem Register der Vorlesungen weiterhin in der ›Fackel‹ zu veröffentlichen. Daneben stehen, in polemischer Absicht, Kritiken über andere Shakespeare-Vorlesungen und über Nestroy- und Offenbach-Aufführungen.

Im vorletzten Heft wird der Nachruf auf Dollfuß abgedruckt, den Karl Kraus, vor ›Macbeth‹, am 9. November 1934, als er erstmals nach dem tragischen Juli vor seine Hörer trat, gehalten hat:

». . . ›gleichgeschaltet‹ hat« (die Satire) »sich nicht der beredsamen Hinfälligkeit, wohl aber dem Gedanken an ein heldenmütiges Leben, an ein unbeschreibliches, nicht beschriebenes Sterben ... entgegen aller papiernen Pietät ... beugen sich Herz und Geist vor dem großen, kleinen, armen Schatten, in welchem wir vor einem fragwürdigen Europa bestehen werden, wenn uns das Verhängnis nicht ins falsche Licht verführt.«

Karl Kraus kann die Stellungnahme zum Tag nicht entbehren. Er muß sich über Reinhardts ›Sommernachtstraum‹-Film, nein, über seine Resonanz in der Presse äußern, über eine schreckliche Oper von Franz Salmhofer, Text von Ernst Decsey, er ist noch ein letztes Mal im Theater gewesen, zu Silvester 1935 bei der ›Fledermaus‹ in der Wiener Staatsoper, und schreibt über sie seine letzte Theaterkritik und seine letzte Untersuchung über die Operette, er schreibt Glossen wie eh und je ...

... er kann ohne ›Fackel‹ nicht sein und nicht ohne das, wogegen er ist, wie er Wien verlassen wollte und Wien brauchte, um es Tag für Tag verlassen zu wollen, wie er die Leser braucht, die er nicht mag, die Hörer verachtet, deren Beifall ihn erfreut, er will alles zuhanden der Nachwelt »zur Sprache bringen«, aber auch der Mitwelt gegenübertreten ... und von seinen Memoiren existiert nur ein Kapitel, weil er von der Gegenwart nicht loskommen kann ... er kann es nicht ertragen, daß irgendwo etwas über ihn geschrieben wird (obwohl er doch die Zeitungen negiert) oder daß auch nur ein Brief an ihn gelangt (obwohl er sich doch alle Zusendungen verbeten hat), ohne zu reagieren und zu replizieren. Er muß das letzte Wort behalten.

Er ist einsam. Die neuen Herren Österreichs verstehen ihn nicht, und er muß ihnen fremd bleiben.

Nur, höchst sonderbarerweise, in der amtlichen ›Wiener Zeitung‹ etabliert sich eine Insel des Geistes und der Kultur, etwa nach dem Grundsatz Lichtenbergs, daß sich die Fliege, die nicht der Fliegenklappe zum Opfer fallen will, am besten auf diese Klappe setze. Dort, im innersten Kern des Offiziellen, im staatlichen Amtsblatt, waltet ein Kreis nobler Geister: der alte Freund und bedeutende (leider vergessene) Essayist und Erzähler, Otto Stoessl, Edwin Rollet, Armin Friedmann, Franz Glück, Ernst Křenek, Willi Reich und andere. Dort wird Karl Kraus gewürdigt, wie es ihm gebührt.

Und sein Atem reicht, wenn das Jahr 1936 begonnen hat, nur noch für eine letzte, große, erneuerte Abrechnung mit den Linken aller Schattierungen, denen er in dem letzten Aufsatz der unwiderruflich letzten ›Fackel‹, ›Wichtiges von Wichten‹, noch einmal absagt und der mit dem Wort »Trottel« endet (seine Kritiker wähnen, »daß dem Satiriker zu einem Jaguar so schnell etwas einfällt wie zu einem Trottel!«).

Schon im Februar 1933 hatte man bei Karl Kraus ein Herzleiden konstatiert. Ein Jahr später hatte er sich von einer Venenentzündung nur sehr langsam zu erholen vermocht. Im August 1934 hatte er einen schweren Herzanfall. Im Februar 1936, als die letzte ›Fackel‹ erschien, wurde er in der Dunkelheit von einem Radfahrer niedergestoßen. Er litt von da an unter starken Kopfschmerzen. Sein bis dahin phänomenales Gedächtnis begann nachzulassen.

Bei seiner letzten Vorlesung im April war er noch einmal im Mittleren Konzerthaussaal, wo er so viele historische Worte gesagt hatte, mit dem klein gewordenen Kreis seiner Hörer verbunden. Im Mai erkrankte er ernsthaft. Am 12. Juni 1936 ist Karl Kraus gestorben.

Man hat kolportiert, seine letzten Worte seien gewesen »Pfui Teufel!«, und dieser Bericht bedarf einer Ergänzung. Der behandelnde Arzt versuchte es erfolgreich, seinen Patienten über die Gefährlichkeit seines Zustands zu täuschen. Karl Kraus fragte ihn, ob er eine geplante Reise in zwei Tagen antreten könnte, der Arzt antwortete: »Ich verspreche es Ihnen bei Tristans Ehre!«, und darauf sagte Karl Kraus: »Pfui Teufel!«

Etwas früher, als seine getreue Pflegerin meinte, er sei nicht mehr recht bei Bewußtsein, hatte Karl Kraus diesen Arzt beschuldigt; Helene Kann meinte, ohne zu glauben, daß Karl Kraus recht aufnehmen konnte, was sie sagte: »Dem tust du auch Unrecht!« Da richtete Karl Kraus sich auf, war bei vollem Bewußtsein und fragte laut und kategorisch: »Wem habe ich denn jemals Unrecht getan?!«

Die Nachwelt

›Die Fackel‹ war defizitär geworden. Die Bücher und die Vorlesungen brachten wenig ein. Als Karl Kraus starb, da war, ohne daß er sich darüber Rechenschaft ablegte, eben noch so viel Geld vorhanden, um die Kosten seines Begräbnisses zu bestreiten. Ein weiteres Heft der ›Fackel‹ hätte er sich vermutlich nicht mehr leisten können.

Er wurde am 15. Juni auf dem Wiener Zentralfriedhof begraben (Erstes Tor, Gruppe 5 a, 1. Reihe, Grab 33–34). Ein Jahr später setzten Freunde ihm einen Grabstein. Das Grab liegt in unmittelbarer Nachbarschaft der großen jüdischen Totenstadt, aber auf der christlichen Seite – mitten unter Grabsteinen mit dem Zeichen des Kreuzes ein Grabstein ohne Kreuz, der heute so sehr verwittert ist, daß der Name kaum mehr gelesen werden kann.

Bei der Beerdigung sprachen am Grab Heinrich Fischer (»Wir, die wir Dich, Karl Kraus, geliebt haben, sind in Wahrheit verwaist; und doppelt verwaist ist eine Menschheit, die nicht mehr zu erkennen vermag, wen sie verloren hat.«) und Professor Karl Jaray (»Nie werden wir den Schmerz über diesen Tod verwinden, in den das größte, edelste Herz gejagt wurde, nicht nur vom Schicksal des Genies: Vereinsamung und Verkanntwerden, sondern auch von Haß und Schmähung, Untreue und Abfall, von Schmach und Gram einer aus den Fugen geratenen Zeit, in die Du, sie einzurichten, gekommen schienst.«).

Bei einer Trauerfeier sprachen, von Musik umrahmt, Georg Moenius und Ernst Křenek.

Aus der Rede Ernst Křeneks:

»... jenes geschriebene Buch, das am jüngsten Tag vorgebracht werden wird, damit daraus dieser Welt das Recht gesprochen werde, jenes Buch wird viele Seiten enthalten, die von den winzigen Hieroglyphen seiner Handschrift bedeckt sein werden. Unermüdlich und doch machtlos vor der Fülle des Andringenden, hat er das Protokoll des Wahns und des Zerfalls geführt, in welchem die Zeugenaussage eines ganzen Zeitalters bis zum unbewußten Lallen des letzten Figuranten mit grausamer Akribie registriert wird ...

... Im Traumland erwachte der Richter zum Dichter und sprach von der Schönheit und Güte Gottes. .. Es kam zur Sprache – und so an den Tag, daß er darum ein so strenger, ein so unerbittlicher Richter war, weil er so darunter leiden mußte, aus dem Traumland jener Schönheit wieder zurückgewiesen zu werden in diese Welt der Wahngestalten, die sich ebensosehr davor fürchteten, wie sie sich dazu drängten, von ihm Gestalt, Sprachgestalt zu bekommen ...

... Das Schweigen, das zu seinen Ausdrucksmitteln genauso gehört hat wie die Sprache und weit mehr war als die stumme Abwesenheit von Laut, nämlich ein ausdrucksvolles Negativ des Sprechens, dieses Schweigen ist nun absolut geworden, zur Totenstille.«

Es erschienen Nachrufe. Radio Wien ließ Leopold Liegler Worte des Gedenkens an Karl Kraus sprechen.

Sein Testament, 1935 niedergeschrieben, war mißverständlich und unkonzentriert, anscheinend nur mit Überwindung konzipiert und nachher nicht durchgelesen.

Es ergaben sich Differenzen und Divergenzen unter den Rechtsnachfolgern.

Leopold Liegler wollte ein Buch des Gedenkens ›Karl Kraus und seine Nachwelt‹ mit Briefen, Nachrufen, Bildern und Dokumenten herausgeben. Es lag im Umbruch vor, als im März 1938 der »Umbruch« über Wien kam, und ist nur in dieser Form in einer verschwindenden Zahl von Exemplaren vorhanden.

Helene Kann brachte vor dem Jahre 1938 ein von ihr angelegtes Karl-Kraus-Archiv in die Schweiz. Alles aber, was sich in Wien befand, wurde geplündert und zerstört. Das als Gedenkraum erhaltene, in der Wohnung des Anwalts und Freundes Dr. Oskar Samek rekonstruierte Arbeitszimmer wurde zerstört, Bibliothek, Manuskripte, Dokumente, Briefe wurden verbrannt oder weggeschleppt, die Möbel zertrümmert. So gingen auch die Unterlagen für die noch ausständigen zwei Bände der Shakespeare-Ausgabe verloren. Auch die Karl-Kraus-Sammlung des Buchhändlers und Verlegers Richard Lanyi ging zugrunde, Lanyi wurde in ein Lager gebracht und kam dort um, ebenso Dr. Philipp Berger, der Herausgeber des Bandes ›Die Sprache‹, der gemeinsam mit Professor Karl Jaray und Heinrich Fischer als literarischer Testamentsvollstrecker testamentarisch ausersehen war. Auch die Sammlung der Fürstin Mechtilde Lichnowsky, die viele Handschriften und Erinnerungsstücke umfaßte, fiel beim Zusammenbruchs Frankreichs der Weltgeschichte zum Opfer.

So sind nur wenige, aber doch wesentliche Unterlagen für die künftige Forschung über das Leben und Werk von Karl Kraus erhalten. In Wien wurde 1946 eine Karl-Kraus-Gesellschaft gegründet. Nachdem in der Schweiz vor dem Krieg die ›Ausgewählten Gedichte‹ und bald nach dem Krieg ›Die letzten Tage der Menschheit‹ neu erschienen waren, sollte nun in Wien eine große, zwanzigbändige Ausgabe herauskommen. Doch scheiterte das Projekt an der unübersichtlichen Rechtslage und an Unstimmigkeiten zwischen den Erben.

Die inzwischen in der Schweiz verstorbene Helene Kann, der inzwischen in den USA verstorbene Dr. Oskar Samek, ferner Heinrich Fischer, aus der englischen Emigration nach München zurückgekehrt, und Sigismund von Radecki fühlten und fühlen sich für das Erbe verantwortlich, welches unter einer divergierenden Vielfalt von Meinungen zu leiden hatte und hat.

Immerhin ist das Karl-Kraus-Archiv jetzt in der Wiener Stadtbibliothek konzentriert, die auch den nach vielen Abenteuern wie durch ein Wunder geretteten Karl-Kraus-Film verwahrt, von dem allerdings eine anfechtbare Kopie im Umlauf ist. Dieser Film wurde durch die Österreichische Gesellschaft für Literatur am 11. Mai 1964 im historischen Mittleren Konzerthaussaal (heute Mozart-Saal) erstmals wieder gezeigt. Die Texte dieses Films und die der 1930 von einer Außenseiterproduktion hergestellten beiden Schallplatten sind auf einer Langspielplatte ›Karl Kraus liest aus eigenen Schriften‹ vereinigt.

Karl Kraus war schon zu Lebzeiten in bemerkenswerter Weise literarisch gewürdigt (und angegriffen) worden. Nach dem Buch Leopold Lieglers ›Karl Kraus und sein Werk‹, das ursprünglich bei Kurt Wolff erscheinen sollte und dann 1920 bei Richard Lanyi herauskam, erschienen Broschüren von Berthold Viertel (1921), Max Rychner (1924), Liegler, Heinrich Fischer und Schaukal, ferner ›Stimmen über Karl Kraus‹ (1913), ›Rundfrage über Karl Kraus‹ (1917) und andere sowie Pamphlete von Robert Müller, Albert Ehrenstein, Anton Kuh, Richard Flatter und anderen.

Da Karl Kraus sich schon zu seinen Lebzeiten mit seiner Welt und der Mehrheit seiner Gemeinde auseinandergelebt hatte, da er schon zu Lebzeiten eine historische Figur geworden war, da sich die Welt nach seinem Tod sehr weitgehend verändert hatte, war die Annahme berechtigt, daß er nur als Name und Begriff in die Zukunft eingehen werde, daß er aber nicht in seinem literarischen Werk eine neue Gegenwärtigkeit gewinnen würde.

Schon nach 1933 waren ironische »Nachrufe« erschienen; und eine Emigranten-Publikation brachte die Nachricht von seinem Tod mit der Überschrift ›Ein Toter ist gestorben‹.

Was sollte einer Zeit, die von Harden und Moriz Benedikt nichts wußte, der die Jahre des Ersten Weltkriegs fremd und fern waren, die mit Schober und selbst mit Dollfuß keine konkreten Vorstellungen verband, ein Werk sagen, das vom Stoff des Tages angeregt war und seine literarische Meisterschaft vorwiegend im Kampf gegen das »Ephemere« auslebte? Selbst die Bewunderer, die Karl Kraus Entscheidendes verdankten und seinem Gedächtnis die Treue hielten (auch wenn sie ihn im letzten Stadium seiner Haltung nicht verstehen konnten), selbst sie meinten, er werde nur in ihnen fortleben und nicht zur Nachwelt sprechen.

Als Werner Kraft 1952 eine Auswahl und Einführung in der Reihe ›Verschollene und Vergessene‹ erscheinen ließ, schien diese Charakterisierung berechtigt.

Doch nicht nur Shakespeare hat, laut Karl Kraus, alles vorausgewußt, auch Karl Kraus hat, laut Karl Kraus, alles vorausgewußt und besser gewußt. Die Nachwelt, zu deren Händen er sein Werk dem Tag anvertraut hatte, bestätigte ihn.

»Es war alles vorausgeschrieben. Es war verschleiert, damit ihm der neugierige Tag nichts anhabe. Nun heben sich die Schleier.« (1908.)

1952 begann im Kösel-Verlag mit der ›Dritten Walpurgisnacht‹ eine Ausgabe der ›Werke‹ zu erscheinen. Der Kösel-Verlag wurde zum Zentrum der Betreuung; aber wie es schon so geht mit den Verlagen der Schriften von Karl Kraus, es geht da bekanntlich nie alles geradlinig vor sich, von den Divergenzen der Erben und Rechtsnachfolger ganz abgesehen. Die Bände ›Sittlichkeit und Kriminalität‹ und ›Die chinesische Mauer‹ widerstrebten zu sehr der Weltanschauung des christlichen Kösel-Verlags, und so erschienen sie und andere im Verlag Langen-Müller. Die Ausgabe, die derart bei konsequenter und einvernehmlicher Gesamtplanung zweispännig fährt, umfaßt die zu Lebzeiten erschienenen Bücher, ferner ›Die Sprache‹, das in einem Band vereinigte Aphorismenwerk, die in einem weiteren Band gesammelten ›Worte in Versen‹, einen Briefband (der Briefe des Verlags »Die Fackel«), einen Band Dramen, die Shakespeare-Sonette und zwei Glossen-Sammlungen ›Widerschein der Fackel‹ und ›Unsterblicher Witz‹. Es erschien ferner eine Auswahl aus dem Werk, ein Insel-Buch ›Die Sprache‹, etliche Taschenbücher (die allerdings zum Teil wesentlich gekürzt sind) . . .

Heinrich Fischer ist nun Treuhänder und, seit Oskar Sameks Tod, alleiniger literarischer Testamentsvollstrecker. Kurt Wolff hat 1963 an ihn geschrieben, die große Ausgabe sei ein »Karl-Kraus-Monument, das für alle Zukunft Gültigkeit und Autorität haben wird. Und wer wüßte nicht: Ihre Ausgabe der Kraus-Werke ist nicht entstanden, weil ein allgemeines Interesse, eine große Nachfrage bestanden hätte – sondern Sie haben eine Kraus-Renaissance geschaffen, die doch die kühnsten Hoffnungen der Kraus-Verehrer übertraf«.

›Die Fackel‹ und die Original-Ausgaben der Bücher von Karl Kraus sind höchstbezahlte und leidenschaftlich gesuchte Rarissima der Antiquariate. Die komplette Neuausgabe der ›Fackel‹ soll im Jahre 1974 abgeschlossen sein.

In Wien arbeitet der Schauspieler und ehemalige Buchhändler Otto Kerry seit Jahren intensiv und besessen an einer großen Karl-Kraus-Bibliographie, die vor allem auch die Veröffentlichungen vor 1899 erfassen soll, deren Erscheinen in Buchform dringend zu wünschen wäre.

Werner Kraft hat ein nicht systematisches, aber sehr viele wertvolle Aufschlüsse enthaltendes Buch über Karl Kraus (1956 bei Otto Müller) erscheinen lassen, Caroline Kohn in französischer und deutscher Sprache eine umfangreiche Monographie, die viel wesentliches Material vorlegt, aber in vielen Einzelheiten sehr ungenau ist. Im Band XVI (1965) der ›Neuen Österreichischen Biographie‹ steht zwischen Julius Meinl und Arnold Schönberg der hervorragende Essay von Herbert Cysarz über Karl Kraus. Ein unentbehrliches, mühsam erarbeitetes, dankenswertes, leider in Einzelheiten nicht ganz exaktes Quellenwerk sind die vom Adalbert-Stifter-Verein, München, veröffentlichten ›Zeittafeln zur ‚Fackel'‹ von Friedrich Jenaczek, eine kurzgefaßte, doch authentische und grundlegende Arbeit ist ›Karl Kraus in Selbstzeugnissen und Bilddokumenten‹, dargestellt von Paul Schick (Rowohlts Monographien, 1965); Paul Schick hat auch (›Wiener Schriften‹ IV) in dem Aufsatz ›Der Satiriker und der Tod‹ seine kenntnisreiche Verbundenheit mit Karl Kraus erwiesen.

Diesen Werken ist die vorliegende Arbeit verpflichtet, mit besonderem Dank an die Freunde des Autors: Edwin Hartl, Otto Kerry und Willi Reich für wesentliche, im Druck nicht vorliegende oder verschollene Unterlagen, und an Dr. Paul Schick für die Beantwortung zahlreicher Fragen.

Essays über Karl Kraus schrieben Heinrich Fischer, Elisabeth Brock-Sulzer, Ludwig Haensel (in ›Begegnungen und Auseinandersetzungen mit Denkern und Dichtern der Neuzeit‹, Wien 1957), Erich Heller (in ›Studien zur modernen Literatur‹, Edition Suhrkamp 1963), Texte über Karl Kraus finden sich bei Otto Stoessl, Walter Benjamin, Ernst Křenek (›Zur Sprache gebracht‹, 1958), vielfach in der Monatsschrift ›Forum‹, eine germanistische, aber dennoch mit Gewinn zu lesende Studie von Christian Johann Wagenknecht, ›Das Wortspiel bei Karl Kraus‹ (›Palaestra 242‹) ist zu erwähnen und die Erinnerungen von Kurt Wolff (Wagenbach, 1965). Die Anzahl der Karl-Kraus-Dissertationen ist erheblich, auch in Ostdeutschland, wo man sich allerdings schwer mit ihm tun wird. Über die Karl-Kraus-Bibliographie findet man Aufschluß vor allem bei Paul Schick und Caroline Kohn ... man liest über Karl Kraus bei dem vortrefflichen Walter Muschg (›Von Trakl zu Brecht‹, München 1951), bei Sigismund von Radecki und Mechtilde Lichnowsky ...

... und für die Mehrzahl aller posthumen Würdigungen, vor allem für das vorliegende Buch, gilt der Zuruf, den Karl Kraus 1928 vorwegnehmend allen Versuchen angedroht hat, ihn unter dem Motto »Denn er war unser« zu reklamieren:

»... weiß Gott, ich war ihrer nicht, und ich behalte mir vor, meinen Nachruf ihnen selbst zu halten, in dem Moment, in dem sie zum erstenmal das Maul aufmachen wollen. Er wird, testamentarisch vorbereitet, lauten: Kusch!«

Keiner hat Wien und Österreich derart verhöhnt, geschmäht, gehaßt ...

... dieses »kotige Klatschnest«, diesen »Völkerklumpen«, dessen Versuche, »Staat zu spielen, europäischer Heiterkeit begegnen«, die Stadt, »in der Gemüse und die Gehirne mit Mehl zubereitet werden« ... »Bahnzeit ist hier einige Minuten hinter der Stadtzeit zurück, aber Stadtzeit einige Jahrhunderte hinter der europäischen Zeit. In der Vergangenheit sind wir den andern Völkern weit voraus.« ... »in diesem durch jede Bloßstellung in immer noch tiefere Schmach masochistisch gepeitschten Österreich«, »in dessen Adern jüdisches Gift fließt«, »in diesem wilden Staatswesen, in dem nur durch Gemeinheit zur Einheit zu gelangen ist«, »wo selbst das Allzumenschliche unter dem Gesichtspunkt der Parteiverblödung betrachtet wird«, wo »der treueste Anhänger dieses verlorenen Staates sich sagt, daß ihm ein Heimatschein noch immer lieber ist als dieser Schein von Heimat ...«, wird zur Katastrophe, was anderswo ein Mangel ist; »das Unzulängliche, hier wirds Ereignis«. – »Dieses Staatswesen ist ja ein Angsttraum, gewiß, aber solche Übertriebenheiten kommen selbst in einem Angsttraum nicht vor.« – Unter der Überschrift ›Wien‹ zitiert die ›Fackel‹ 1911 Zeugnisse von Beethoven, Raimund, Schumann, Lortzing, Anselm Feuerbach, Richard Wagner, Hans von Bülow, Waldmüller, Friedrich Nicolai und anonymen Autoren, die Wien verdammen und unter Wien leiden. 1912: »Wien hat bekanntlich die schönste Umgebung, aber die schönste Umgebung hat dafür auch bekanntlich Wien. ... Am Fuße des Kahlenbergs liegt etwas, was ich dort lieber vermissen möchte.« – »Die grauenvolle Abbindung der Phantasie durch ornamentierte Nachttöpfe hat hier schon zu jener vollständigen Verjauchung geführt, die der europäischen Kultur im allgemeinen noch vorenthalten bleibt.« 1913: »So viele Hundspeitschen können gar nicht fabriziert werden, als man brauchte, um in Wien Anstand und Menschlichkeit zu erpressen.« – »... in einem Staatsleben, dessen Ordnung die Trägheit und dessen Farbe die Häßlichkeit ist ...« – Österreich gehört zu den »Völkerschaften, die wieder auf dem Wege sind, zum Urschleim zurückzukehren«, der Wiener, »diese Kreuzung aus einem Wiener und einem Juden ... dem noch die Schande mit Mehl eingebrannt ist«. – 1920:

»Ich habe mich mein Leben lang geschämt, ein Österreicher zu sein, und nie mich dieser Scham geschämt, wissend, daß sie der bessere Patriotismus sei.«

Dieses Bekenntnis verdient, festgehalten zu werden, wenn man die vergangenen Negationen (nur eine Auswahl aus der Fülle gleichartiger, gleich heftiger) und alle noch folgenden besichtigt. Etwa

> Nirgends auf der Hemisphäre
> leben solche Mißgeburten
> wie im Land der Habedjehre...

und: »Diesem Staat dringt die Ehrlosigkeit aus allen Poren. Er hat aus der Verlassenschaft der Monarchie nichts übernommen als die Schande, an der sie zusammengebrochen ist...«, dieser Staat ist »auch in republikanischer Verkleidung« der Hanswurst geblieben, »dessen Vertreibung von der Weltbühne keiner Dramaturgie der Welt gelingen könnte, und wenn auch die Tragödie vorangegangen wäre«, ein »Unwesen« (1923), »das nicht einmal richtig stehen kann, sondern im günstigsten Fall nur, je nach Rasse, torkeln oder hatschen« ... Wien ist eine »Gernegroß-stadt«, ist (1924) »eine Stadt, die die Vorzüge des Hochquellenwassers und der Moral insanity vereinigt«. Doch 1931 unterscheidet er zwischen dem Staat und dem Volk und sieht in diesem »unerträglichsten aller Staatswesen« dieses Staatswesen mit der »geduldigsten aller Völkerschaften einen einzigen Misthaufen bilden«.

Er ist gegen das Staatswesen und gegen den Misthaufen, aber für die Bevölkerung, die er ja auch gegen Richter und Staatsanwälte und Journalisten und Behörden so vehement verteidigt. Er fühlt sich nicht nur nach 1918 den Arbeitern, er fühlt sich dem Volk verbunden, den Erniedrigten und Beleidigten in Krieg und Frieden, er spricht, auch wenn er millionenfach »ich« sagt, nur stellvertretend, als negativer Patriot stellvertretend für Österreich, für das er sich schämt. Er liebt das Österreichische der Schauspieler, er hält den Schauspieler-Dramatiker Johann Nestroy für den größten deutschen Schriftsteller des neunzehnten Jahrhunderts und nennt ihn »unsern Nestroy«. Kaum gastieren Berliner in Wien, stellt er fest, was »wir in Wien« zustande bringen können, weil die Wiener Schauspieler die Berliner »turmhoch überragen«. Wenn Girardi nach Berlin geht, klagt er, daß »der Wiener Kultur das Herz herausgeschnitten wird«, wenn er den Julius Bauer angreift, will er ausdrücklich »Wien befreien« und ruft später ja auch »Hinaus aus Wien mit dem Schuft!« Er spricht im Namen der Stadt und um ihretwillen und ihr zuliebe, er nennt Wien »unsere Stadt«, deren Volk angesichts der kulturellen Degeneration »im Stillen trauert« (1900); »wir« sagt er, wenn er gegen Hermann Bahr ist, »wir«, denen »der jodelnde Freimaurer« nicht glaubhaft scheint, »wir anderen werden uns verwahren«, »wir brauchen ein Repertoiretheater für Spieloper und Operette«, er spricht vom Ruin »unserer Kunstproduktion« und dem Verfall »unseres Kunstgeschmacks«, er identifiziert sich mit Wien und mit Österreich, die er haßt und liebt und nicht entbehren kann wie seine Leser und Zuhörer, er leidet darunter, daß man im Ausland gewisse Witzblätter als die Repräsentanten der Wiener Literatur und des wienerischen Geistes betrachtet, er schätzt also eigentlich den wienerischen Geist und ist nur gegen seine Kompromittierung; »wir wollen«, sagt er, »das Repertoire befreien«, er freut sich, wenn ein »gutmütiges Publikum« zur Besinnung kam und gegen eine üble Theatermache protestierte, er spricht von der »armen Stadt Wien«. Er freut sich schon 1902, daß er »die Bildfläche des Wiener Geisteslebens von einem seiner ärgsten Bedränger gesäubert« hat, er beklagt es, daß durch eine verlogene Zeitung die »Öffentlichkeit« getäuscht und betrogen wurde. Jedesmal, wenn er »contra« gibt, steht zwischen den Zeilen »pro«: für die Stadt, für das Publikum, für die Öffentlichkeit, für das Volk. Er leidet darunter, daß ein Journalist »das berühmte Wiener Kunstinteresse als gesellschaftliche Streberei schmutzigsten Kalibers denunziert«. Gegen Hermann Bahr bringt er im Weltkrieg vor, er kompromittiere »die wenigen Persönlichkeiten, die in der Welt den Glauben befestigen könnten, daß sich das Österreichische mit dem Menschentum verbinden lasse« (darunter vermutlich Hofmannsthal). Als im Jahre 1917 eine baldige Beendigung des Kriegs möglich schien und »weil diese Hoffnung in Österreich geboren wurde, war's auch die Hoffnung, ein Patriot zu sein, Patriot im edelsten, längst nicht mehr vorrätigen, längst vergriffenen, längst ersetzten und verfälschten und nun plötzlich wieder lebendigen und heimatberechtigten Sinn«. Diese Hoffnung wird ihn am Ende seines Denkens zu Dollfuß und zu Österreich führen. In diesem Zeichen wird er die Augen schließen. Aber er wird immer, wo er nur konnte, dieser Patriot gewesen sein, würdig eines Denkmals, das sie ihm noch nicht gesetzt haben, würdig einer nach ihm benannten Straße oder eines Platzes, die Wien ihm bisher vorenthalten hat, auch darin über alle

Gegnerschaft hinaus Arthur Schnitzler verbunden, der an Österreich litt wie Karl Kraus, den Weltkrieg haßte wie er, wie er patriotischer Phrasen unfähig war und doch Österreich so sehr liebte und nach dem auch noch keine Straße und kein Platz in Wien benannt ist.

»Was immer er gegen Österreich und Wien im besonderen gesagt haben mag«, schreibt sein erster Biograph Leopold Liegler 1920, »es wurde ihm abgenötigt durch die teilnahmslose Verblendung, die seiner Liebe antwortete. Er hängt an diesem Land mit einer Inbrunst, die er sich kaum eingesteht, und bleibt ein Österreicher mit allen seinen charakteristischen Zügen. Das lebensfrohe Bekenntnis zum Geist und der ungezierte, von aller Pose freie künstlerische Trieb ... das Unrationalistische im Denken und Handeln, das Fröhliche, Kindliche und Wohlwollende neben der grausamen Verbissenheit, wenn einmal ein Verdacht rege ist, die Liebe zum Raisonnement ... all das sind österreichische Eigenschaften, die er in einer besonders glücklichen Zusammenfassung ... vereinigt.«

Er fordert, anno Békessy, einen Schandpranger »für neue Bürger der Stadt, deren Geschäft der Stadt nicht zur Ehre gereicht«. Er ist für Wien, wie er für Goethe und Shakespeare ist, die er gleichfalls »wiederherstellen« will, wenn er meint, es sei ihnen Unrecht getan worden. Er spricht, anno Schober, von Persönlichkeiten, »deren echtes Österreichertum sich doch in keiner Gebärde verleugnet hat«, und meint es ernst. »Österreich« ist also in seinem Mund kein Schimpfwort.

»Ich bin vielleicht nicht der schlechteste, nicht der unwürdigste Österreicher«, hat er im Mai 1911 geschrieben und hat sich zu den wenigen bekannt, »die den Inbegriff eines gutgearteten Österreichertums bilden und den einzigen Schatz, der uns der Welt ... fürder empfehlen könnte.«

Keiner hat so gehaßt wie er, denn wenige haben so geliebt wie er. Er strebte, wie Ibsens Brand, nach dem Absoluten:

> ...
> Doch mein Innensein verzichtet,
> eh es sich genügsam richtet,
> achtet nicht des Gleichgewichts.
> Immer steig' es oder fall' es,
> hat es vieles, will es alles
> oder nichts.

(›Worte in Versen‹ I)

Brand lebt in konsequenter Befolgung dieses kategorischen Imperativs »Alles oder nichts!« und endet wie Karl Kraus in äußerster, tödlicher Einsamkeit, in der Eiswüste, hoch oben im Gebirge, und ruft unter einer herabstürzenden Lawine:

Sag mir Gott, im Todesnahn:
Wiegt vor dir auch nicht ein Gran
Eines Willens – quantum satis?

Die Lawine begräbt ihn und füllt das ganze Tal.

Und eine Stimme antwortet durch das Donnern:

Gott ist deus caritatis!

Er schien nichts zu erreichen und hat alles erreicht. Weil Gott deus caritatis ist, hat er der Ohnmacht höchste Macht verliehen. Das Scheitern des Karl Kraus war Vollbringen; und an seiner großen Negation nehmen wir nur noch seine Größe wahr; denn er hat aus Liebe gehaßt.

Wien, Februar – November 1967

Register